创新系列·管理学

现代物流概论

Introduction to Modern Logistics

◆主编 王能 王彬 ◆副主编 杨娟 段文秀

電子工業出版社
Publishing House of Electronics Industry
北京·BEIJING

内容简介

本书内容包括现代物流的基本概念和理论、物流的功能要素及物流的管理与发展三大部分，系统介绍了现代物流概述、运输技术与管理、储存管理、包装技术与管理、装卸搬运、流通加工、商品配送、物流信息技术与信息系统、供应链物流管理、物流成本管理、物流标准化管理、企业物流与物流组织、第三方物流及回收物流、逆向物流和绿色物流等内容。

本书既可作为物流专业的基础课教材，也可作为经管类和计算机应用等各专业的本科或专科、高职的专业课教材，还可作为社会上物流从业人员的学习参考用书。

图书在版编目(CIP)数据

现代物流概论/王能，王彬主编. —北京：电子工业出版社，2016.1
(华信经管创新系列)
ISBN 978-7-121-27716-0

Ⅰ. ①现… Ⅱ. ①王… ②王… Ⅲ. ①物流-高等学校-教材 Ⅳ. ①F252

中国版本图书馆 CIP 数据核字(2015)第 287157 号

策划编辑：王志宇
责任编辑：王志宇
印　　刷：北京捷迅佳彩印刷有限公司
装　　订：北京捷迅佳彩印刷有限公司
出版发行：电子工业出版社
　　　　　北京市海淀区万寿路 173 信箱　邮编　100036
开　　本：787×1 092　1/16　印张：19.5　字数：500 千字
版　　次：2016 年 1 月第 1 版
印　　次：2020 年 1 月第 3 次印刷
定　　价：39.80 元

凡所购买电子工业出版社图书有缺损问题，请向购买书店调换。若书店售缺，请与本社发行部联系，联系及邮购电话：(010)88254888，88258888。

质量投诉请发邮件至 zlts@phei.com.cn，盗版侵权举报请发邮件至 dbqq@phei.com.cn。

本书咨询联系方式：(010)88254523，wangzy@ phei. com. cn。

前　　言

物流是现代经济的基础性产业，它对国民经济的发展和企业综合实力的提高具有极为重要的意义。进入21世纪，随着市场经济的发展，传统物流逐步向现代物流转型，物流业有了新的内涵，已由过去的末端行业上升为引导生产、促进消费的先导行业。新的经济形式下，现有物流模式亟待改进，物流观点亟须更新，物流管理水平有待提高，这对物流科学的研究提出了新的要求。

为了适应新的经济发展环境，满足现代物流专业教学和企业人员学习及更新知识的需要，我们编写了《现代物流概论》这本书。

物流科学是一门新兴科学，正处于建立、探索和完善的过程中，具有综合性、系统性和应用性等特征。综合性是指它是集自然科学与社会科学于一体的交叉学科，它的理论方法是在综合多学科基本理论的基础上形成的，所以在研究物流活动过程中，必然会运用这些学科的内容；系统性是指物流既是一个复杂的系统，同时又处在国民经济乃至世界经济系统中，所以系统论的观点和方法也是物流研究的重要观点和方法；应用性是指在研究、分析、论证物流问题时要从实际出发，解决企业物流的实际问题，并为国民经济发展服务。本书正是基于以上观点系统地介绍了现代物流的基本概念、物流各功能要素的内容及合理化实施，并结合我国物流发展的现状，有选择地介绍了能代表先进国际水平的物流技术和物流管理方法，通过章后的习题与思考、案例分析和实践训练题，使学生对现代物流建立比较全面的认识，并为进一步学习研究物流这门学科打下良好的基础。

本书在借鉴和吸收国内外物流学基础理论和最新研究成果的基础上，结合我国物流发展的现状及物流学教学特点，在知识体系、架构和编写内容上均体现了现代物流的特色。本书的内容包括物流的基本概念和理论、物流的功能要素及物流的管理与发展三大块。每章的开始有知识要点，结尾有习题与思考、案例分析和实践训练，以帮助学习者更好地掌握内容。本书既有物流基本概念、技术、理论和方法的介绍，又有具体理论方法在物流管理中的应用，内容全面、通俗易懂，又有一定的理论高度和实践应用性。

本书由王能、王彬任主编，负责全书写作框架的拟定和编写的组织工作，并最终定稿。全书共十四章，其中：第一、十、十一、十二章由王能教授撰写；第二、三、四、九章由王彬老师撰写；第六、七章由杨娟老师撰写；第八、十三章由段文秀老师撰写；第五、十四章由王超老师编写。孙会良教授审阅本书时提出了许多宝贵的意见和建议，在此表示诚挚的谢意。

本书既可作为物流专业的基础课教材，也可作为经管类和计算机应用等各专业的本科或专科、高职的专业课教材，还可作为社会上物流从业人员的学习参考用书。

本书在编写过程中参考了大量的文献资料，借鉴和吸收了国内外众多学者的成果，在此，对他们的辛勤工作深表谢意。由于水平有限，书中难免有不妥和错误之处，恳请读者批评、指正。

编　者

目　录

第一章

现代物流概述

知识要点

1. 物流概念的产生及内涵
2. 物流的若干理论及物流创造的效用
3. 物流的功能及其合理化
4. 物流在国民经济中的作用

第一节　物流与物流管理的概念

物流的概念是随着交易对象和环境变化而发展的，因此我们需要从历史的角度来考察。物流概念的正式形成经历了漫长的道路，从美国于20世纪初最先提出物流的概念至今，对物流活动和物流管理的认识经历了一个多世纪。

一、国外物流概念的产生与发展

物流一词最早出现于美国，并且是以两种不同的概念产生和发展的。

(一) Physical Distribution 与 Logistics 共存阶段

从20世纪初到50年代，物流概念处于孕育与产生阶段。对物流这种经济活动的认识，在理论上最初产生于1901年，John F. Crowell 在美国政府报告《农产品流通产业委员会报告》中第一次论述了对农产品流通产生影响的各种因素和费用，从而揭开了人们对物流活动认识的序幕。此后，1905年美国陆军少校琼西 · 贝克(Chauncey B. Baker)在其所著的《军队和军输品运输》一书中提出物流概念——Logistics。他是从军事后勤的角度提出的，称 Logistics 是"与军备的移动与供应有关的战争科学之一"。1915年，美国市场学者阿奇 · 萧(Arch W. Shaw)在他的由哈佛大学出版社出版的《市场流通中的若干问题》(Some Problem in Marketing Distribution)一书中提出物流的概念，称为"Physical Distribution"。他指出，在市场分销中，存在两类活动：一类称为创造需求，也就是通过广告、促销、市场分析、销售网络等手段，让更多的人来购买企业的产品；一类称为物资实体分配(Physical Distribution of Goods)，也就是怎样更省钱、更及时地将客户订购了的产品送到客户手中。他认为这两类活动是不同的，但是在市场分销中是相互平衡、相互依赖的。并提到“物资经过时间或空间的转移，会产生附加价值”。这里，Marketing Distribution 指的是商流；时间和空间的转移指的是销售过程的物流。应该说，这两个概念的实质内容是不同的。这两个不同的概念之所以都能存续下来，是因为它们分别在各自的专业领域中得到一定程度的应用和发展。在军事后勤领域，1941—1945 年第二次世界大战期间，美国军事兵站后勤活动的开展，以及英国在战争中对军需物资调运的实践都大大充实和发展了军事后勤学的理论、方法和技术，因此支持了 Logistics 的发展。美国在战时采用的后勤管理(Logistics Management)这一名词随后被引入商业部门，被称为商业后勤(Business Logistics)，定义为“包括原材料的流通、产品分配、运输、购买与库存控制、储存、用户服务等业务活动”，其领域统括原材料物流、生产物流和销售物流。1927 年 Ralph Borsodi 在《流通时代》一书中，用 Logistics 来称呼物流，为物流的概念化奠定了基础。在市场营销领域，在阿奇·萧(Arch W. Shaw)之后，相继得到其他一些营销专家的响应和发展。例如，1915 年，威尔德(Weld)指出市场营销产生三种效用，即所有权效用、空间效用和时间效用，同时还提出了流通渠道的概念，这在物流学理论上又进了一步。1929 年，著名营销专家弗莱德·E·克拉克(Fred E. Clark)在他所著的《市场营销的原则》一书中，将市场营销定义为商品所有权转移所发生的各种活动以及包含物流在内的各种活动，从而将物流进一步纳入市场营销的研究范围之中，将流通机能划分为“交换机能”、“物流机能”和“辅助机能”三部分，将物流活动上升到理论高度加以研究和分析。1933 年行业团体美国市场营销协会(AMA)最早给物流(Physical Distribution，PD)下的定义是，“物流是销售活动中所伴随的物质资料从产地到消费地的种种企业活动，包括服务过程”。

这个时候，上述两个不同意义的概念，之所以都存续下来，还因为它们在各自的专业领域中独立运用，互不冲突，也没有一个统一的物流学派来进行统一规范，也不需要得到社会公众的广泛认可，社会上绝大多数人基本没有物流和物流业的概念。

(二) Physical Distribution 阶段

从 20 世纪 50 年代中期开始到 80 年代中期，Physical Distribution 概念继续在美国得到发展和完善，并从美国走向世界，形成了比较统一的物流概念，也成为世界公认的物流概念。1956 年，Howard T. Lewis、James W. Culliton 和 Jack D. Steele 三人撰写了《物流中航空货运的作用》一书，书中第一次在物流管理中导入整体成本的分析概念，深化了物流活动分析的内容。1961 年，Edward W. Smykay、Donald J. Bowersox 和 Frank H. Mossman 撰写了《物流管理》，这是世界上第一本介绍物流管理的教科书，它详细论述了物流系统以及整体成本的概念。1963 年成立了美国物流管理协会(National Council of Physical Distribution Management，NCPDM)，该协会将各方面的物流专家集中起来，提供教育、培训活动，这一组织成为世界第一个物流专业人员组织。该协会此时对物流管理(Physical Distribution Management)的定义是：物流管理是为了计划、执行和控制原材料、在制品库存及制成品从起源地到消费地的有效率的流动而进行的两种或多种活动的集成。这些活动包括但不限于：顾客服务、需求预测、交通、库存控制、物料搬运、订货处理、零件及服务支持、工厂及仓库选址、采购、包装、退货处理、废弃物回收、运输、仓储管理等。1969 年 Donald J. Bowersox 在《市场营销杂志》上刊登了《物流的发展——现状与可能》一文，对综合物流概念的过去、现状以及未来发展做出了全面分析。1976 年，Douglas M. Lambert 对在库评价的会计方法进行了卓有成效的研究，并撰写《在库会计方法的开发：在库维持费用研究》一文，指出在整个物流活动所发生的费用中，在库费用是最大的一部分，并对费用测定进行了研究，对物流概念和物流管理的发展起到了非常重要的作用。

在 1964 年，日本也开始使用物流这一概念。在使用物流这个术语以前，日本把与商品实体有关的各项业务，统称为“流通技术”。1956 年 10 月下旬到 11 月末，日本生产性本部派出“流通技术专门考察团”，由早稻田大学教授宇野正雄等一行 12 人去美国各地进行了考察，首次接触了物流这个新事物，清楚了日本以往称为“流通技术”的内容，相当于美国称为“Physical Distribution”的内容，从此便把“流通技术”按照美国的简称，称为“P. D.”，“P. D.”这个术语得到了广泛的使用。1964 年，日本池田内阁中五年计划制定小组平原谈到“P. D.”这一术语时说，“比起来，称为‘P. D.’不如称为‘物的流通’更好。”1965 年，日本在政府文件中正式采用“物的流通”这个术语，简称为“物流”。到了 70 年代，日本已经成为世界上物流最发达的国家之一。1981 年，日本综合研究所编著的《物流手册》，对“物流”的表述是：“物质资料从供给者向需要者的物理性移动，是创造时间性、场所性价值的经济活动。从物流的范畴来看，包括：包装、装卸、保管、库存管理、流通加工、运输、配送等诸种活动。”同样，这样的物流概念也逐步流行到了西欧、北美和其他许多国家。

（三）Logistics 阶段

当人们正在专注地研究分销领域中的物流问题、发展各种专业理论和技术的时候，企业内部物流理论也逐渐发展起来。1965 年美国 Dr. Joseph A. Orlicky 提出独立需求物资和相关需求的概念，并指出基于订货点法的物资资源配置技术只适用于独立需求物资。而企业内部物流的生产过程相互之间的需求则是一种相关需求。相关需求应当用相关需求的物资资源配置技术。随着 MRP（Material Requirement Planning）、MRP Ⅱ、ERP（Enterprise Resource Planning）、DRP（Distribution Resources Planning）、DRP Ⅱ、DRP Ⅲ、看板制以及 JIT（Just In Time）等先进管理方法的开发和在物流管理中的运用，人们逐步认识到，光使用分销物流（Physical Distribution）的概念已经不太合适了，需要从流通生产的全过程来把握物流管理，物流也已经被提高到一个战略的高度，得到企业高层管理人员的充分重视。特别是到了 80 年代中期，随着物流活动进一步集成化、一体化、信息化、网络化的发展，改换物流概念的想法就更加强烈了。

因此，从 20 世纪 80 年代中期以来，世界各国的物流概念都相应做了改变，放弃使用 Physical Distribution，转而使用 Logistics。但是这个 Logistics 不同于 1905 年美国陆军少校琼西·贝克（Chauncey B. Baker）提出的那个 Logistics，两者在内容上有所不同。军事后勤学上的 Logistics 概念主要是指军队物资供应调度上的物流问题，而新时期的 Logistics 概念则是在各个专业物流全面高度发展的基础上基于企业供、产、销等全范围、全方位的物流问题，无论在广度、深度以及涵盖的领域、档次都有不可比拟的差别，因此这个阶段的 Logistics 应当译为现代物流，它是一种适应新时期所有组织，包括企业、军队、学校、政府机关等的集成化、信息化、一体化的物流概念。Logistics 与 Physical Distribution 的不同，在于 Logistics 已突破了商品流通的范围，把物流活动扩大到生产领域。物流已不仅仅从产品出厂开始，而是包括从原材料采购、加工生产到产品销售、售后服务，直到废旧物品回收等整个物理性的流通过程。1985 年，美国物流管理协会改名为 CLM，即 The Council of Logistics Management。将 Physical Distribution 改为 Logistics，其理由是因为 Physical Distribution 的领域较狭窄，Logistics 的概念则较宽广、连贯、整体。改名后的美国物流管理协会（CLM）对 Logistics 所做的定义是：Logistics is process of planning，implementing and controlling the efficient，cost effective flow and storage of raw materials，in process inventory，finished goods，and related information from point of origin to point of consumption for the purpose of conforming to customer requirements. 译成中文是："物流是对原材料、在制品、产成品以及相关信息从供应地到消费地的有效率、有效益的流动和储存而进行的计划、实施和控制，以满足客户需求为目的的过程"。1992 年，CLM 修订了物流定义，将 1985 年定义中的"原材料、在制品、产成品"修改为"产品、服务"（Logistics is process of planning，implementing and controlling the efficient，effective flow and storage of goods，service，and related in formation from point of origin to point of consumption for the purpose of conforming to customer requirements.）。这实际上把物流从以支持生产制造为核心的管理过程提升到企业市场营销管理的一般层面上，将物流运作的价值取向从面向企业内部调整到面向外部市场，因而更加强调了物流运作的客户服务导向性。从而大大拓展了物流的内涵与外延，既包括生产物流，也包括服务物流。1998 年，CLM 对物流的最新定义是：Logistics is that part of the supply chain process that plans，implements，and controls the efficient，effective forward and reverse flow and storage of goods，services，and related information between the point of origin and the point of consumption in order to meet customers requirements。译成中文是："物流是供应链流程的一部分，是为了满足客户需求而对商品、服务及相关信息从原产地到消费地的有效率、有效益的正向和反向流动及储存进行的计划、实施与控制过程"。该定义反映了随着供应链管理思想的出现，美国物流界对物流的认识更加深入，强调"物流是供应链的一部分"；并从"反向物流"角度进一步拓展了物流的内涵与外延。2000 年，CLM 为了响应信息技术特别是互联网技术发展对企业物流管理的影响，就把 2000 年年会的主题定位在"redefining logistics. com"，即"电子商务条件下的物流"。2001 年，CLM 把年会的主题确定为"在多变的经济环境中的协作关系"，因为协作物流，包括同业竞争对手之间的物流协作已经在实践中出现。如福特公司和戴姆勒-克莱斯勒公司早在 1998 年就试点分享 Exel 物流公司的服务，向各自的经销商配送零配件以降低分销成本。协作物流、协作竞争和协作创新将成为或已经成为企业物流管理的新境界。协作物流在成为物流新概念的同时，也将为企业指明一片新市场。

面对物流的发展，为了提高物流效率，日本、加拿大、欧盟国家也纷纷采用新的物流概念。日本物流系统协会（Japan Institute of Logistics Systems）专务理事稻束原树 1997 年在《这就是"Logistics"》一文中对"Logistics"下的定义是："'Logistics'是对于原材料、半成品和成品的有效率的流动进行规划、实施和管理的思路，它同时协调供应、生产和销售各个部门的个别利益，最终达到满足顾客的要求。"1967 年成立的加拿大物流管理协会（The Canadian Association of Physical Distribution Management）于 1992 年更名为 The Canadian Association of Logistics Management（CALM），2000 年 5 月进一更名为加拿大供应链与物流管理协会，（The Canadian Association of Supply Chain & Logistics Management，SCL）。这些国家基本上采用了美国物流管理协会的定义，现在的定义只是把美国物流管理协会前后两次的定义进行了综合。

二、我国物流概念的产生与发展

物流概念主要通过两条途径从国外传入我国，一条是 20 世纪 80 年代初随着"市场营销理论”的引入而从欧美传入，因为欧美的所有市场营销教科书都毫无例外地要介绍 Physical Distribution，这两个单词直译为中文即为“实体分配”，后来我们逐步将它翻译为“分销物流”。另一条途径是从欧美传入日本，日本人将 Physical Distribution 翻译为“物流”，80 年代初，我国从日本直接引入“物流”这一概念。

大多数观点认为，现代物流在中国从引入到全面发展大致经历了以下几个阶段。

第一个阶段：20 世纪 80 年代。这个阶段可称为物流起步阶段。其主要表现是，现代物流概念和相关理论从发达国家引入中国，现代物流理论研究开始起步，部分高等院校设立物流专业方向培养物流管理人才，物资流通行业于 20 世纪 80 年代中期率先开始了以物资配送为主要内容的现代物流实践活动。

第二个阶段：20 世纪 90 年代初至 90 年代中后期。在这个阶段，物流实践范围得到拓展，其主要表现是，随着零售业连锁超市等新型业态的出现，作为面向零售连锁业提供物流服务的配送中心在提高物流服务水平、降低物流成本和交易成本等方面的作用受到高度重视，对配送和物流系统的研究向深层次发展，配送实践活动逐步向其他行业渗透，进而推动了现代物流事业的发展。

第三个阶段：20 世纪 90 年代末至 21 世纪初。其主要表现是，电子商务改变了传统的交易方式，物流作为实现电子商务交易的商品供应保障系统，由于自身发展滞后，成为电子商务应用的瓶颈，制约了电子商务的发展。企业对物流的重要性有了新的认识和更为深入的思考，开始积极研究开发并引进适应信息化与电子商务环境的物流管理与运作模式，加强物流信息化建设和物流网络建设。

第四个阶段：21 世纪初至今。这个阶段可称为物流全面发展阶段。其主要表现是，物流事业发展进入一个新阶段，对物流的认识更加全面和成熟；物流管理从宏观层面到微观层面全面铺开，在发展现代物流的问题上有了统一的认识，发展方向逐步明确；物流产业地位在国家层面得到确立，政府将发展现代物流业作为了一项重要的产业政策；物流理论研究和物流教育水平显著提高。

三、物流与物流管理的定义

(一) 国外有关物流定义

1985 年美国物流管理协会(CLM)重新定义物流为：“物流是对货物、服务及相关信息从起源地到消费地的有效率、有效益的流动和储存进行计划、执行和控制，以满足顾客要求的过程。该过程包括进向、去向和内部、外部的移动以及环境保护为目的的物料回收。”

1985 年加拿大物流管理协会(CALM)定义物流为“物流是对原材料、在制品库存、产成品及相关信息从起源地到消费地的有效率的、成本有效益的流动和储存进行计划、执行和控制，以满足顾客要求的过程。该过程包括进向、去向和内部流动。”

1994 年欧洲物流协会(European Logistics Association，ELA)定义物流为：“物流是在一个系统内对人员及商品的运输、安排及与此相关的支持活动的计划、执行与控制，以达到特定的目的。”

1965 年日本通产省物流调查会对物流的定义为：“物流是制品从生产地到最终消费者的物理性转移活动，具体由包装、装卸、运输、保管及信息等活动组成。”

（二）我国有关物流定义

我们国家一直沿用“物流”两个字作为物流的概念。1987 年，在李京文教授等人主编的《物流学及其应用》一书中，物流被定义为：“物质资料在生产过程中各个生产阶段之间的流动和从生产场所到消费场所之间的全部运动过程。”

1995 年，王之泰教授在《现代物流学》一书中，将物流定义为“按用户（商品的购买者、需求方、下一道工序、货主等）要求，将物的实体（商品、货物、原材料、零配件、半成品等）从供给地向需要地转移的过程，这个过程涉及运输、储存、保管、搬运、装卸、货物处置和拣选、包装、流通加工、信息处理等许多相关活动。”

1996 年，吴清一教授在《物流学》一书中，将物流定义为：“实物从供给方向需求方的转移，这种转移既要通过运输或搬运来解决空间位置的变化，又要通过储存保管来调节双方在时间节奏方面的差别”。

1997 年，何明珂教授在《现代物流与配送中心》一书中，定义物流是“物质实体从供应者向需要者的物理性移动，它由一系列创造时间和空间效用的经济活动组成，包括运输（配送）、保管、包装、装卸、流通加工及物流信息处理等多项基本活动，是这些活动的统一”。

2001 年 4 月，中华人民共和国国家标准《物流术语》（以下简称《物流术语》标准）正式颁布。在充分吸收国内外物流研究成果的基础上，《物流术语》标准将物流定义为：“物品从供应地向接收地的实体流动过程。根据实际需要，将运输、储存、装卸、搬运、包装、流通加工、配送、信息处理等基本功能实现有机结合。”这个定义除了对概念准确性进行斟酌之外，还考虑了中国文化和国外现代物流理念接轨。本教材采用该定义。

（三）物流管理的定义

“管理”是指为实现一定的目标对管理对象实施一定的管理职能，如计划、组织、指挥、协调和控制、考核等的活动。

物流管理（Logistics Management）是指在社会生产过程中，根据物质资料实体流动的规律，应用管理的基本原理和科学方法，对物流活动进行计划、组织、指挥、协调、控制和监督，使各项物流活动实现最佳的协调与配合，以降低物流成本、提高物流效率和经济效益。它包括对物流活动诸环节（运输、包装、储存、装卸、流通加工）的管理；对物流系统诸要素（人、财、物、设备、方法、信息）的管理；对物流活动中具体职能（计划、质量、技术、经济等）的管理。

现代物流管理是建立在系统论、信息论和控制论的基础上的。实施物流管理的目的就是要在尽可能最低的总成本条件下实现既定的客户服务水平，即寻求服务优势和成本优势的一种动态平衡，并由此创造企业在竞争中的战略优势。

四、现代物流的特征

所谓现代物流是指具有现代特征的物流，现代物流是与现代化社会大生产紧密联系在一起的，体现了现代企业经营和社会经济发展的需要。在现代物流管理和运作当中，广泛采用了代表着当今生产力发展水平的管理技术、工程技术以及信息技术等。随着时代的进步，物流管理和物流活动的现代化程度也会不断提高。现代化是一个朝着先进水平靠近的过程，从这个意义上讲，“现代物流”在不同的时期也会赋予其不同的内涵。现代物流的特征可以概括为以下几个方面。

(1)物流反应快速化。物流服务提供者对上下游的物流、配送需求的反应速度越来越快、前置时间越来越短、配送间隔越来越短、物流配送速度越来越快、商品周转次数越来越多。

(2)物流功能集成化。现代物流着重于将物流与供应链的其他环节进行集成，包括：物流渠道与商流渠道的集成、物流渠道之间的集成、物流功能的集成、物流环节与制造环节的集成等。

(3)物流服务系列化。现代物流强调物流服务功能的恰当定位与完善化、系列化。除了传统的储存、运输、包装、流通加工等服务外，现代物流服务在外延上向上扩展至市场调查与预测、采购及订单处理，向下延伸至配送、物流咨询、物流方案的选择与规划、库存控制策略建议、货款回收与结算、教育培训等增值服务；在内涵上则提高了以上服务对决策的支持作用。

(4)物流作业规范化。现代物流强调功能、流程、作业、动作的标准化与程式化，使复杂的作业变成简单的易于推广与考核的动作。

(5)物流目标系统化。现代物流从系统的角度统筹规划一个公司整体的各种物流活动，处理好物流活动与商流活动及公司目标之间、物流活动与物流活动之间的关系，不求单个活动的最优化，但求整体活动的最优化。

(6)物流手段现代化。现代物流使用先进的技术、设备与管理为销售提供服务，生产、流通、销售规模越来越大、范围越来越广，物流技术、设备及管理越来越现代化。计算机技术、通信技术、机电一体化技术、语音识别技术等得到普遍应用。世界上最先进的物流系统运用了 GPS(全球卫星定位系统)、卫星通信、射频识别装置(RFID)、机器人，实现了自动化、机械化、无纸化和智能化，如20世纪90年代中期，美国国防部(DOD)为在前南地区执行维和行动的多国部队提供的军事物流后勤系统就采用了这些技术，其技术之复杂与精尖堪称世界一流。

(7)物流组织网络化。为了保证对产品促销提供快速、全方位的物流支持，现代物流需要有完善、健全的物流网络体系，网络上点与点之间的物流活动保持系统性、一致性，这样可以保证整个物流网络有最优的库存总水平及库存分布，运输与配送快速、机动，既能铺开又能收拢。分散的物流单体只有形成网络才能满足现代生产与流通的需要。

(8)物流经营市场化。现代物流的具体经营采用市场机制，无论是企业自己组织物流，还是委托社会化物流企业承担物流任务，都以“服务-成本”的最佳配合为总目标，谁能提供最佳的“服务-成本”组合，就找谁服务。国际上既有大量自办物流相当出色的“大而全”、“小而全”的例子，也有大量利用第三方物流企业提供物流服务的例子，比较而言，物流的社会化、专业化已经占到主流，即使是非社会化、非专业化的物流组织也都实行严格的经济核算。

(9)物流信息电子化。由于计算机信息技术的应用，现代物流过程的可见性(visibility)明显增加，物流过程中库存积压、延期交货、送货不及时、库存与运输不可控等风险大大降低，从而可以加强供应商、物流商、批发商、零售商在组织物流过程中的协调和配合以及对物流过程的控制。

第二节　物流的基本理论与基本观点

一、商流与物流

商品或服务从生产领域向消费领域的转移过程称为商品流通，在这个过程中，需要不断地完成由商品到货币和货币到商品的变化，这种变化既涉及商品价值形态的转换、商品所有权的转移，又涉及商品实体的位置移动。我们把前者称为商流，后者称为物流。商流和物流的统一，构成了商品流通。商品流通经济活动的主体是从事商品交换的人，其经济活动就是他们进行商品买卖的劳动过程；商品流通经济活动的客体是用以进行商品交换的劳动产品及交换商品所必需的劳动手段，如仓库、运输工具、店堂、设备、度量衡工具和货币资金等。

（一）商流的概念和内容

1. 商流的概念

商流即商品流通，是指以货币为媒介的所有权转移的商品交换。商流活动可以创造物资的所有权效用。

商品生产和商品交换是以商品存在的客观基础。生产者生产的产品必须投放到市场进行交换，才能获得利润，这种商品交换使其所有权发生了转移。消费者为满足自身的某种需要，到商店购买某种商品，这种买卖关系使商品从商店转移到消费者手中。商品所有权的转移使商品在空间和时间上发生了转移，形成商品流通。商品交换是商品流通的外在表现，商品所有权转移是商品流通的实质。

一般来说，商品离开生产领域走进市场再到达消费者手中，商品交换才能真正完成。在商品交换过程中，消费者注重商品使用价值，生产者注重商品价值，经过商品交换，才能实现商品价值和商品的使用价值。

2. 商流活动的内容

商流活动主要包含商业交易活动和商流情报活动两个方面。商业交易活动以批发、零售、期货、易货等交易形式完成其所有权的转移。商流情报活动是由服务于商流活动的商流计划、市场调查、资源调查、市场预测以及广告宣传、资料处理等多项工作所组成的。

（1）商业交易活动。商业交易主要是指商品买卖活动。随着我国经济体制改革的进一步深化，实行对外开放、对内搞活步子的加快，商品交易领域逐步扩大，使商业交易活动充分地发挥了其沟通城乡、连接内外流通的中心作用。商业交易的方式主要有零售活动、批发活动、期货交易和易货交易。

① 零售活动。零售活动是指将商品不成批地卖给消费者。这种交易不需要买卖双方预先订立合同，但往往需要通过商业广告使零售商品得到更多消费者的认可，以获得更多的零售交换次数，同时还要考虑售后服务的问题。

② 批发活动。批发活动是指商品成批出售，其价格低于零售价格。这种交易需要买卖双方预先订立合同或是预先订货洽商。批发对象主要是社会团体和单位。

③期货交易。期货交易是指买卖成交后，约定期限交付货物。这种交易需要预先洽

商，达成一致意见后签订买卖合同。期货交易不同于批发和零售这样的现货交易，有一个预约交货期问题。在期货交易的买卖合同中应注意付款方式、交货时间、交货地点等。

④易货交易。易货交易是指以物换物的商业交易活动。这种交易的特点是参与交换的商品都为对方所需要，在交易活动中不使用货币。进行易货交易时要搞清楚商品的品种、规格和数量等。

(2)商流情报活动。商流情报活动是指收集商品情况的消息，即商品信息的活动。商品情况的消息对商品流通能起到推波助澜的作用，一个好的商品情况报告能够带动大量的商品流动。获取商品信息的途径有市场调查、市场预测、广告宣传和信息反馈。

①市场调查。商业市场调查是取得市场信息的重要手段，是进行市场预测的前提条件。市场调查是指对市场营销组合各因素(包括已经发生的和正在发生的)的公开的、秘密的原始资料进行搜集、整理和分析，为商业企业提供商品流动趋向、市场竞争情况等方面的情报。市场调查不能脱离商品这个中心，通过市场上出售的各种商品来调查商业市场，可以说是以物为中心来研究商品从生产者到消费者的流通过程中的各种情况。市场调查的方法有室内研究法、访问法、观察法、实验调查法等。

②市场预测。市场预测是运用科学的方法，对影响供求的诸因素在调查的基础上加以分析综合，以探索其变化趋势，从而为决策服务的活动。市场预测的内容有社会购买力与商品供给量的平衡情况，商品的产、供、需情况和发展趋势，消费者对商品的品种、质量、型号、花色、价格、包装的需求和变化趋势等。

③广告宣传。广告宣传是商品经济的产物，它不仅介绍商品、方便消费，而且为物资交流调剂余缺穿针引线。广告宣传的方式主要有报纸广告、杂志广告、广播广告、电视广告和其他媒体广告。

④信息反馈。商业信息回馈后，人们根据所需要的商业信息，可以更准确地了解市场商品流通的情况，掌握市场竞争的主动权。

(二)商流与物流的关系

1. 商流与物流的统一

商流是物流的前提。商品交换活动没有产品所有权的转移，即买卖活动的发生，那么实物的空间位移则无从谈起。实物运动方向与商品交易方向具有一致性的普遍规律。

物流是商流的保证。商品发生所有权的转移，从根本上来讲购买者是对商品的使用价值情有独钟。如果设想由于物流条件的不具备或实物运动过程受阻，则商品不能到达购买者手中，那么商流则失去了保证。

在小额、零星的交易活动中，“一手交钱一手交货”的情况下，商流和物流会始终结合在一起。但是，随着商品经济的发展，上述商流与物流结合在一起的情况虽然仍有存在，但是人们站在现代管理科学技术上考察商品流通的全过程，结果发现：物流如果和商流完全一致，则存在着不合理性。

2. 商流与物流的分离

商流与物流产生分离究其根本原因是商流运动的基础——资金与物流运动的实体——物资，两者具有相对独立性。物资的运动是通过资金的运动来实现的，也就是说资金的分配是物资运动的前提。但是，正是物资受到实物形态的限制，其运动渠道、运动形式与资金运动很不相同。比如资金的运动是通过财政、信贷、价格、工资等形式进行的；而物资运动则是通过空间位移来实现的。资金的转移可以通过邮局汇款、银行转账瞬息完成；而物资的空间位移，则需经过运输、储存等一系列漫长的过程来实现。

在实际的流通活动中，既存在只有物流没有商流的情形，如搬家、自有物品的保管等；又存在只有商流而没有物流的特殊现象，如房屋、建筑物等的交易。这些商品虽然会发生所有权转移，但并不发生位置上的转移。商流和物流并不一定同时发生。

总之，商流和物流构成商品流通的两大支柱。商流与物流分离的积极意义，在于充分发挥资金运动和实物运动的各自的规律性和有效性，从而推动商品流通向更现代化的要求发展，如图 1-1 所示。

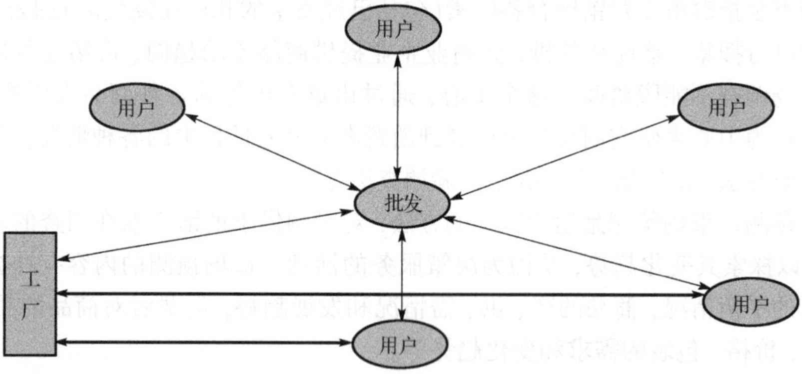

图 1-1　商流与物流分离的积极意义

（三）商流与物流分离的表现形式

商流与物流的分离是指商流活动与物流活动不是同步进行的，商品所有权的转移与商品实体的移动是分步进行的，两者的流转环节不同。下面是实践中常见的几种商流与物流分离的表现形式。

1. 结算程序引起的商流与物流的分离

采用“信汇”、“电汇”进行结算时，一旦买方付款发生，买方就从法律上取得了商品的所有权，这时商流发生了。但是卖方在收到货款后可能要延迟一段时间才能发运物资，此时物流尚未开始，形成了商流在前、物流在后的分离形式。

采用“托收承付”结算时，卖方先发运物资，再凭运输凭证通过银行办理托收手续。这时物流已经开始，但买方可能还未向卖方付款，或者卖方虽然已经办理了托收手续，而实际意义的商流尚未发生，即商品所有权的转让没有真正实现，出现了物流在前、商流在后的情况。

“三角结算”是指商品交换的三方当事人采用三方结算货款，商品实行直达供应的购销方式。这种交易行为多发生在批发企业的经营活动中。例如，对一批物资在 A、B、C 三方之间发生交易时，先是 B 付给 A 贷款，但商品仍然停留在 A 的仓库中，这时商品的所有权已从 A 转移到 B 手中，而 A 与 B 之间并没有发生物流；此后，B 又将商品的所有权转让给 C，C 付给 B 贷款，C 与 B 也只发生了商流而没有发生物流，最后 A 把商品直接发运给 C，A 与 C 之间没有商流却有物流，形成商流迂回、物流直达的分离形式。

2. 购销方式引起的商流与物流的分离

商品购销方式引起的商流与物流的分离，主要有三种情况。

第一种预购。这种方式是买方预先将货款支付给卖方，过一段时间后，卖方向买方交货。这是一种商流在前、物流在后的分离形式。

第二种赊销和第三种分期付款。这两种方式都是卖方先把商品交给买方，前者为买方延期付款，后者为买方分期付款，形成物流在前、商流在后的分离形式。赊销和分期付款的购销方式在现代商品经济中已经普遍为人们所用，尤其当商品总供给不断增长，甚至出现供过于求的时候，这种分离形式尤其常见。

3. 期货市场引起的商流与物流的分离

期货市场所表现的商流与物流的分离形式可谓一种极端形式。期货交易是指买卖双方支付一定数量的保证金，通过商品交易所进行的在将来某一特定时间和地点交割某一特定品质、规格商品的履行标准合约的买卖。此时，买卖双方关心的不是期货合约背后的真实商品，而是市场波动的商品价格差，即利用市场价格的波动进行套期保值或者利用价格差投机。只有当实物交割时，才发生物流行为。

4. 电子商务环境下商流与物流的分离

电子商务是集商流、物流、信息流、资金流为一身的完整的流通贸易形式。在电子商务环境下的商流、信息流、资金流可以凭借电子工具和网络通信技术的支持，通过轻点鼠标瞬息完成。但是，物质资料的空间位移，即具体的运输、储存、装卸搬运、配送等物流活动是不可能直接通过网络传输的方式来完成的。显然，此时的商流与物流是相互分离的。所以，缺少了现代化的物流系统，电子商务活动就难以顺利地完成。物流配送是制约电子商务发展的最关键因素。

在商品交换中，有些特殊商品只有商流，而没有物流。例如，房屋、建筑物、土地等的交易。这些商品虽然会发生商品所有权的转移，但不会发生位置上的移动。

在商品交换中，有时还会出现商流环节多于物流环节而使商物分离的情况。例如直线供货、曲线结算，商流与物流在起点和终点是结合的，而中间运动过程却是分离的。商品从产地到消费地，商流活动要经过收购、批发、零售，最后到达消费者手里。物流活动不需要经过这么多的环节，可以采取直接由产地运输到消费地的方式。

在商品交换中还会出现物流环节多于商流环节而使商物分离的情况。例如，由于交通条件的限制，而使物流环节多于商流。

（四）物流、商流、资金流、信息流

物流、商流、资金流、信息流是商品流通的要素。

在商品流通中，消费者取得商品所有权的过程，简称商流。

在商品流通中，通过进行包装、运输、储存、装卸、搬运等活动，将商品送达目的地的过程，简称物流。

在商品流通中，信用证、汇票、现金等在各个交易方之间的流动，简称资金流。

在商品流通中，所有信息的流动过程，简称信息流。

商品流通过程如图 1-2 所示。

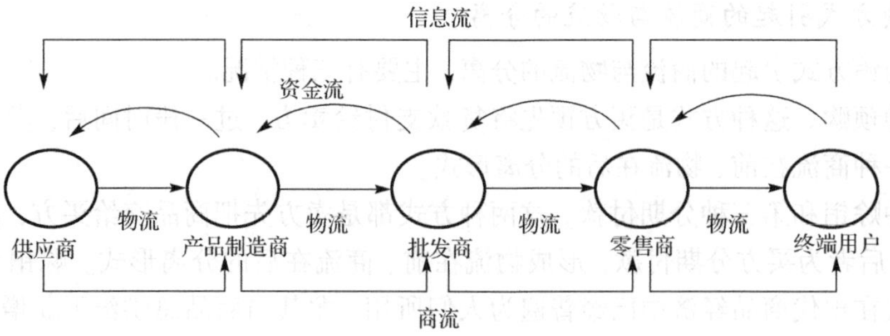

图 1-2　商品流通过程示示意图

二、物流的"黑大陆"说

1962 年 4 月，美国管理学家彼得·德鲁克在《财富》杂志上发表了题为"经济领域的黑暗大陆"的文章。文章认为"我们对物流的认识就像拿破仑当年对非洲大陆的认识。我们知道它确实存在，而且很大，但除此之外，我们便一无所知"，这里包含两层意思：其一是这个领域未知的东西很多，其理论和实践还不太成熟；其二是在该领域内有很多可供开发的东西。这篇文章被公认为首次明确提出物流领域的潜力，具有划时代的意义，从此标志着企业物流管理领域的正式启动。

三、物流的"冰山"说

该学说是由日本早稻田大学西泽修教授提出来的。他在研究物流成本时发现，现行的财务会计制度和会计核算方法都不可能掌握物流费用的实际情况，因而人们对物流费用的了解是一片空白，甚至有很大的虚假性，他把这种情况比做"物流冰山"。冰山的特点是，大部分沉在水面之下，而露出水面的仅是冰山的一角。物流便是一座冰山，其中沉在水面以下的是我们看不到的黑色区域，而我们看到的不过是物流的一部分。

西泽修用物流成本的具体分析论证了德鲁克的"黑大陆"说，事实证明，物流领域的方方面面对我们而言还是不清楚的，在黑大陆中和冰山的水下部分正是物流尚待开发的领域，正是物流的潜力所在。

物流"冰山"学说如图 1-3 所示。

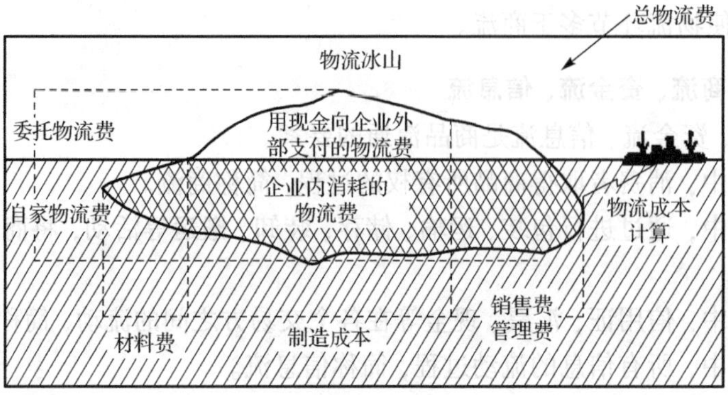

图 1-3　物流"冰山"学说

四、物流的“森林”说

物流的“森林”说是美国学者提出的，该学说认为物流整体效应如同森林。

物流过程包括一系列活动，如运输、储存、包装、配送、流通加工，等等。在物流过程中不是单纯地追求各项功能要素优化，而更主要的是追求整体效果最优化，将各个分功能有机联系起来，追求总体效果最优。

美国学者提出“物流是一片森林而非一棵棵树木”，用物流森林的结构概念来表述物流的整体观点，指出物流是一种“结构”，对物流的认识不能只见功能要素不见结构要素，即不能只见树木不见森林，物流的总体效果是森林的效果。即使是和森林一样多的树木，如果孤立存在，没有连成片，也不是森林。物流追求的是森林的总体效果。如果单搞运输、储存不能称为物流，将运输、储存等功能综合经营才能称其为物流。物流“森林”说强调的是总体观念。在物流理论中，还有很多提法也具有类似的观念，如物流系统论、多维结构论、物流一体化。

物流“森林”学说如图 1-4 所示。

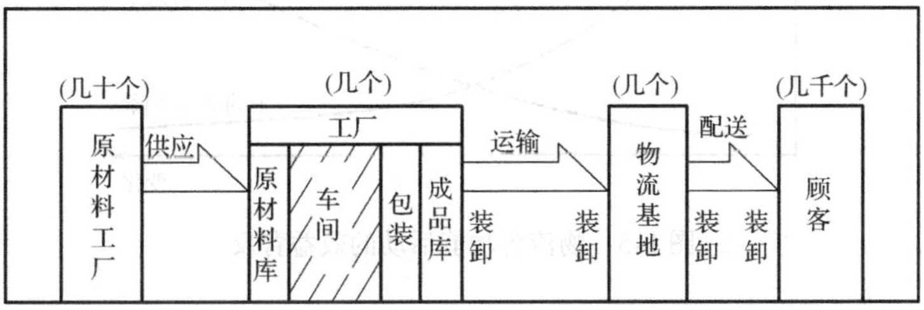

图 1-4　物流“森林”学说

五、物流的“第三利润源”说

“第三利润源”的说法来自日本，是人们对物流潜力及效益的描述。

20 世纪 60—70 年代，发达国家的企业大多把追求利润的竞争焦点放在生产领域，千方百计降低物资资源消耗获取“企业的第一利润源”，千方百计提高劳动生产率获取“企业的第二利润源”。然而，生产领域的这两个“利润源”，都要受到科学技术发展水平的制约，在生产机械化、自动化程度不断提高和生产工艺日趋程序化、规范化的新情况下，技术趋同性的增强使这两个“利润源”基本无“泉”可挖。

进入 20 世纪 80 年代，面对全球激烈的市场竞争挑战，人们开始把探寻利润的目光从生产领域转向非生产领域，惊奇地发现创造物流价值的成本相当高昂，企业生产经营过程中的浪费仍然十分突出。再加上微电子技术、信息技术以及制度创新等因素，自 80 年代以后，作为企业的“第三利润源”的物流，就自然成为市场竞争的一个新焦点，受到理论界和实务界的高度重视。

物流作为第三利润源，就是合理组织产供销环节，将货物按必要的数量以必要的方式、在要求的时间内送到要求的地点，就是让每个要素、每个环节都做到最好。

对第三利润源理论的最初认识基于两个前提条件：

第一，物流是可以完全从流通过程中分化出来的，物流自成一个独立运行的体系，有本身的目标和管理，因而能对其进行独立的总体核算；

第二，物流和其他独立的经营活动一样，它不是总体的成本构成因素，而是单独的盈利因素，物流可以成为“利润中心”型的独立系统。

六、物流的“效益背反”说

1. 物流各功能活动的效益背反

物流的若干功能要素之间，存在着损益的矛盾，即某一功能要素的优化和利润产生的同时，必然会存在另一个或几个功能要素利益的损失，反之也如此。

物流各功能活动的效益背反如图1-5所示。

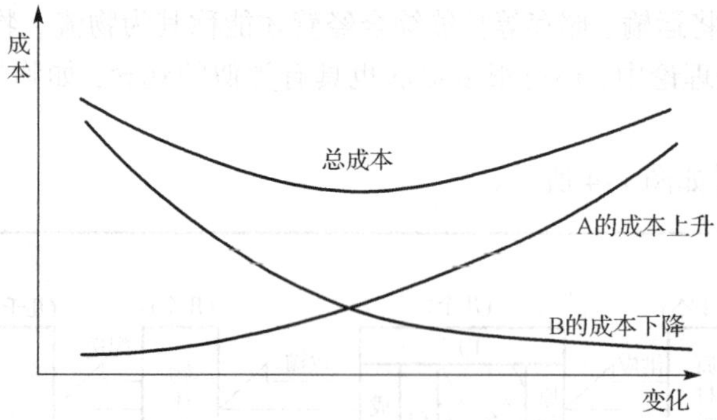

图1-5　物流各功能活动的效益背反

2. 物流成本与服务水平的效益背反

提高物流服务，则物流成本上升，它们之间存在效益背反。但物流成本与物流服务之间存在非线性关系。在低水平阶段追加成本，物流可以大幅度上升；在高水平阶段追加成本，服务水平上升幅度不大。

在认识“效益背反”的规律之后，要充分认识物流要素的功能，寻求解决和克服各功能要素间的效益背反现象，不是片面追求某个功能要素的优化，而是寻求物流的总体最优化。将物流细分为若干功能要素，将包装、运输、储存等功能有机联系起来成为一个整体来认识物流，进而有效地解决“效益背反”问题。追求物流整体效果最佳，这正是物流领域的一个新发展。

七、其他的物流理论

1. 物流“成本中心”说

欧洲人对物流的主体认识可以概括为成本型。物流在整个企业战略中，只对企业营销活动的成本产生影响，物流是企业成本的重要产生点。因而，要解决物流问题，主要是通过物流管理使物流的一系列活动 成本降低。“成本中心”说主张的是间接效益。

2. 物流“利润中心”说

“利润中心”说源于日本人对物流的主体认识。认为物流可以为企业提供大量的直接或间接的利润，是形成企业经营利润的主要活动，而且也是国民经济中创利的主要活动。“利润中心”说主张的是直接效益。

3. 物流“服务中心”说

“服务中心”说源于美国人对物流的主体认识。认为物流活动最大的作用，并不在于为企业节约了消耗，降低了成本或增加了利润，而在于提高企业对用户的服务水平进而提高企业的竞争能力。“服务中心”说主张的是总体效益。

4. 物流“战略”说

“战略”说是当前非常盛行的说法。实际上，学术界和企业中越来越多的人已逐渐认识到，物流更具有战略性，是企业发展的战略而不是一项具体操作性任务。应该说这种看法把物流放在了很高的位置。物流管理不仅仅是搞好其中的单一环节，如运输、包装、储存等，而是注重物流的整体效益，物流效益的高低是影响企业总体生存和发展的大问题。

第三节　物流的功能与重要性

一、物流的基本功能

物流的基本功能是指物流活动应该具有的基本能力以及通过对物流活动最佳的有效组合，形成物流的总体功能，以达到物流的最终经济目的。一般认为，物流功能应该由包装、装卸搬运、运输、储存保管、流通加工、配送以及与上述职能相关的情报信息等构成。也就是说，物流的目的是通过实现上述职能来完成的。

1. 包装

包装具有保护物品、便利储存运输的基本功能。包装存在于物流过程的各环节，包括产品的出厂包装，生产过程中在制品、半成品的换装，物流过程中的包装、分装、再包装等。一般来讲，包装分为工业包装和商业包装。包装是流通领域物流的起点。

2. 装卸搬运

装卸搬运是指在一定的区域内，以改变物品存放状态和位置为主要内容的活动。对装卸搬运的研究，主要是对装卸搬运方式的选择、装卸搬运机械的选择，以及通过对装卸搬运物品灵活性和可运性的研究，提高装卸搬运效率。

3. 运输

运输职能主要是实现物质资料的空间移动。运输是一个极为重要的环节，在物流活动中处于中心地位，是物流的一个支柱。对运输问题进行研究的内容主要有：运输方式及其运输工具的选择、运输线路的确定，以及为了实现运输安全、迅速、准时、价廉的目的所施行的各种技术措施和合理化问题的研究等。

4. 储存保管

一般来讲，储存保管是通过仓库的功能来实现的。物质资料的储存，是社会再生产过程中客观存在的现象，也是保证社会再生产连续不断运行的基本条件之一。有物质资料的储存，就必然产生如何保持储存物质资料的使用价值和价值不至于发生损害的问题，为此就需要对储存物品进行以保养、维护为主要内容的一系列技术活动和保管作业活动，以及为了进行有效的保管，需要对保管设施的配置、构造、用途及合理使用、保管方法和保养技术的选择等做适当处理。

5. 流通加工

在流通过程或生产过程中，为了向用户提供更有效的商品，或者为了弥补加工不足，或者为了合理利用资源，更有效地衔接产需，往往需要在物流过程中进行一些辅助的加工活动，这些加工活动，称之为流通加工。对流通加工的研究，包括的内容非常丰富，诸如流通过程中的装袋、单元小包装、配货、挑选、混装等，生产外延流通加工中的剪断、打孔、拉拔、组装、改装、配套等，以及因经济管理的需要所进行的规模、品种、方式的选择和提高加工效率的研究等，所有这些都是物流的职能。

6. 配送

配送是物流的一种特殊的、综合的活动形式，它几乎包括了物流的所有职能，是物流的一个缩影或在某一范围内物流全部活动的体现。一般来讲，配送是集包装、装卸搬运、保管、运输于一体，并通过这些活动完成将物品送达的目的。配送问题的研究包括配送方式的合理选择、不同物品配送模式的研究，以及围绕配送中心建设相关的配送中心地址的确定、设施的构造、内部布置和配送作业及管理等问题的研究。

7. 情报信息

物流整体职能的发挥，是通过物流各种职能之间的相互联系、相互依赖和相互作用来实现的。也就是说，各种职能的作用不是孤立存在的，这就需要及时交换情报信息。情报信息的基本职能包括情报信息的收集、加工、传递、存储、检索、使用，也包括其方式的研究，以及管理信息系统的开发与应用研究等，目的在于保证情报信息的可靠性和及时性，以达到促进物流整体功能的发挥。

概括地说，物流有四大综合功能：

(1) 克服供需之间物资的空间距离，通过运输、配送等方式，将供应者手中的物资转移到需求者手中，创造物资的空间效用；

(2) 克服供需之间物资的时间距离，通过储存、保管等方式，将供应者手中的物资转移到需求者手中，创造物资的时间效用；

(3) 克服供需之间物资形状性质的距离，通过加工的方式，将供应者手中所具有的形状性质的物资改造成具有需求者所需的形状性质的物质，创造物资的形质效用；

(4) 克服物资供应的各个环节之间的信息不对称，通过信息活动形成联系运输、储存、装卸、包装、加工等各环节的纽带，保证物资供应链各个环节的信息的通畅和及时供给，创造物资流通的整体效用。

二、现代物流的重要性

(一) 对消费者的重要性

现代物流可以为消费者提供种类丰富、价格低廉、购买方便的商品。实际上，生活中的许多环节，都有物流的存在。通过国际间的运输，可以让世界名牌出现在不同肤色的人身上；通过先进的储藏技术，可以让新鲜的果蔬在任何季节亮相；搬家公司周到的服务，可以让人们轻松地乔迁新居；多种形式的行李托运业务，可以让人们在旅途中享受舒适的情趣。

(二)对企业的重要性

现代物流构成了企业价值链的基础活动，是企业取得竞争优势的关键。许多生产企业在加强技术开发和推进全面质量管理的同时，已经把寻求成本优势和价值优势的目光转向生产前后的物流领域。

1.现代物流是生产流通企业的第三利润源

人类历史上曾经有过两个大量提供利润的领域。第一利润源是利用资源获得利润。这里的资源起初是指廉价原材料、燃料，其后是依靠科技进步、节约消耗、节约代用、综合利用、回收利用乃至大量人工合成资源而获得高额利润。第二利润源是利用人力资源获得利润，这里的人力领域最初是指廉价的劳动力，其后是依靠科技进步提高生产率，降低人力消耗或采用机械化、自动化来降低劳动消耗而降低成本，增加利润。

物流因其贯穿了生产和流通的全过程，所以合理、高效的物流能够通过对企业的整个生产和流通结构的协调与完善带来巨大的利润。

物流成为第三个利润源要基于它的自身能力：物流在整个企业战略中，对企业营销活动的成本发生重要影响，物流是企业成本重要的产生点。因而，通过物流合理化、现代化等一系列活动降低成本，支持营销和采购等活动。所以，物流既是主要成本的产生点，又是降低成本的关注点，物流是“降低成本的宝库”等说法正是这种认识的形象表述。成本和利润是相关的，物流作为主体可以为企业提供大量直接和间接的利润，是形成企业经营利润的主要活动。

物流作为第三利润源，已成为众多企业尤其是跨国公司的商战利器。

2.现代物流是企业获取竞争优势的重要源泉

近年来，企业的经营理念在从“生产导向”过渡到“顾客导向”之后，迅速转为“为顾客创造价值”。在“为顾客创造价值”的时代，价值不仅意味着是有形的金钱，还意味着是无形的、可以感知的利益，这是当前企业参与市场竞争的新规则。

管理大师迈克尔·波特在《竞争优势》一书中指出，企业竞争的成功只能通过成本优势或价值优势来取得。一个既无成本优势又无价值优势的企业只能属于前途渺茫的企业，必将走向衰亡。但是，企业只做到最低成本，还只是一个成本领先者，就不得不与对手在价格上展开单一的竞争，这种价格上的低级竞争会强化顾客对该产品只是一种普通商品的认识。而一个基于价值优势的竞争战略比单纯的价格竞争战略要优越得多，因为物质上的价值固然重要，而使顾客对所要得到产品的整体价值的认同，感到物有所值甚至物超所值更为重要，即使价格稍高一些，顾客也会接受。

当前既能提供成本优势，又能提供价值优势的管理领域是极少的，而物流管理则是这些并不多的管理领域中的一个。高效、合理的物流管理，既能降低企业经营成本，又能为顾客提供优质服务；既能使企业获得成本优势，又能使企业获得价值优势。因此，物流管理日益受到企业的重视，被纳入企业战略管理的范围，甚至成为企业发展战略的基石。

一个拥有卓越物流能力的企业，可以通过向客户提供优质服务获得竞争优势；一个物流管理技术娴熟的企业，如果在存货的可得性、递送的及时性和交付的一贯性等方面领先于同行业的平均水平，就能成为有吸引力的供应商和理想的业务伙伴。放眼世界500强企业，它们都拥有世界一流的物流管理能力，通过向顾客提供优质服务获得竞争优势。可以说，物流管理已成为当今工商企业最具挑战性的领域之一。发展物流、强化物流管理不仅能使企业获取“第三利润源”，而且是企业获取竞争优势的重要源泉。例如，我国的海尔集团把物流能力定位为形成企业竞争优势的核心能力，重组成立了专业从事物流改革的推进本部，使原料采购、生产支持、物资配送从战略上实现了一体化。该企业希望通过物流重组，实现“以最低的物流总成本向客户提供最大附加值的服务”的管理目标。为了应对加入WTO的严峻挑战，中国企业必须将物流管理作为降低经营总成本和提高顾客服务水平的主要手段，把物流能力作为企业的核心竞争力。

(三)对地区的重要性

和谐的物流环境可以促进地区的商业集聚繁荣，具体表现如下。

1. 现代物流业的发展可以形成新的产业形态，调整优化区域产业结构，促进区域产业的发展

区域产业的发展包括新兴产业的兴起，产业结构的调整、升级和合理布局等。产业是由提供一系列相近商品或服务，在相同或相关价值链上活动的企业共同构成。社会越发展，社会分工越细，则产业的价值链越长，产业结构越复杂。一个社会的经济活动是由众多的产业活动组成，产业之间的关系和比例构成了产业结构。要保持一个产业内部和各产业之间的正常活动，必须通过一定的方式使各企业和各产业紧密联系起来，在各产业和企业之间进行物资、资金、人员、信息等资源的一系列交流。

物流业是第三产业中的流通服务业，具有重要的地位。按照现代物流观念，现有的物流资源已相当丰富，关键在于统一思想，妥善处理存量与增量的关系，加大资源整合力度，协作整合，系统化地将各企业组合起来。通过重新整合物流资源，发挥物流的整体优势和规模效益，向专业化、规模化、市场化和信息化发展，意味着一个新兴产业的兴起和产业结构的演进。

产业结构的合理化要求在一定的经济发展阶段上，根据消费需求和资源条件，对不尽合理的产业结构进行相关变量调整、理顺结构，使资源在产业间合理配置、充分利用，产业结构合理化的核心是协调。现代物流业的发展，使企业能够对市场上供求信息的变化及时把握，迅速做出调整生产经营活动的决策，降低因供给不平衡所造成的过剩的损失和风险。

现代物流业的发展，扩大了生产厂商的市场范围，改变了厂商以前的投资决策。传统的生产布局更多地受到自然条件、要素禀赋和区域市场等因素的制约而难以做出其他选择，而现代运输业快速发展、市场信息的迅速获得、物流业的各项功能的重新组合，使交易费用降低，企业及产业的选址布局将有更大的选择空间，产业的选址布局不再仅仅依靠原料产地或者消费市场，一切投资决策将根据经营战略及最经济的物流方案决定。

2. 现代物流业的发展能增加就业机会，促进以城市为中心的区域市场的形成和发展

现代物流业的发展增加就业机会。根据产业的发展规律，产业结构是不断优化和升级的，产业结构由低级逐渐向高级发展，即由一次产业渐次向二、三次产业演进，人口流动也随着产业发展方向向第二、三产业转移。物流业是由包装、装卸、运输、配送、储存、流通

加工、物流信息等功能集合而成的第三产业中的服务行业，从业人数基数大，有更多的就业机会，可以吸纳大量劳动力，促进区域经济发展目标的实现。

3. 整合物流资源促进区域市场的形成和发展

某些主导产业或具有创新能力的企业向特定区域或城市集中，使这一特定区域的经济比周边地区发展更快，从而对周边地区产生促进其经济发展的强大辐射作用，而这一区域或城市就成了经济增长中心（在经济生活中更多地表现为城市或城市群）即增长极。经济增长中心有着强大的支配效应、乘数效应、极化效应和扩散效应，物流的发展尤其使极化效应和扩散效应表现得更加明显。极化效应首先使迅速增长的推动型产业吸引和拉动其他经济活动不断向其集中，导致地理上的极化。城市是商品集散地、加工中心和消费中心，通过商流、物流、信息流、资金流向外辐射，而物流是城市系统工程中最重要的子系统，物流系统质量的高低、效率的高低决定着这个城市经济水平、竞争能力。随着物流业的发展、市场范围的扩大，因城市物流设施齐全，将会吸引越来越多的资金、技术和劳动力向城市集中，促进以城市为中心的区域经济形成。以城市为中心的区域经济结构的合理布局，有利于以城市为中心的网络化大区域市场体系的建立，有利于解决城市的交通问题，有利于城市的整体规划。这在一定程度上可以使城市的极化效应更加凸显。同时，物流业的发展，也会使增长极的扩散效应加大，使商品、技术、信息流动到更远和更偏僻的地区，有助于落后地区经济的发展。

（四）对国民经济的重要性

1. 物流是国民经济的动脉系统，它联结社会生产各个部分使之成为一个有机整体

任何一个社会（或国家）的经济，都是由众多的产业、部门、企业组成的，这些企业又分布在不同的地区、城市和乡村，属于不同的所有者，它们之间相互供应其产品用于对方的生产性消费和职工的生活消费，它们互相依赖而又互相竞争，形成极其错综复杂的关系。物流就是维系这些复杂关系的纽带和血管。马克思对此曾有过如下一段论述：“交换没有造成生产领域之间的差别，而是使不同的生产领域发生关系，并把它们变成社会总生产的多少互相依赖的部门。”（《资本论》第 1 卷，人民出版社 1975 年版，第 390 页）。“商流”和“物流”一起，把各个生产部门变成社会总生产中互相依赖的部门。

2. 物流是社会再生产不断进行，以创造社会物质财富的前提条件

社会生产的重要特点是它的连续性，这是人类社会得以发展的重要保证。一个社会不能停止消费，同样也不能停止生产。而连续不断的再生产总是以获得必要的生产原材料并使之与劳动力结合而开始的。一个企业的生产要不间断地进行，一方面必须按照生产需要的数量、质量、品种、规格和时间不间断地供给原料、材料、燃料和工具、设备等生产资料；另一方面，又必须及时地将产成品销售出去。也就是说，必须保证物质资料不间断地流入生产企业，经过一定的加工后又不间断地流出生产企业。同时，在生产企业内部，各种物质资料也需要在各个生产场所和工序间相继传送，使它们经过一步步的深加工后成为价值更高、使用价值更大的新产品。这些厂内物流和厂外物流如果出现故障，生产过程就必然要受到影响，甚至会使生产停滞。

3. 物流是保证商流顺畅进行，实现商品价值和使用价值的物质基础

在商品流通中，物流是伴随着商流而产生的，但它又是商流的物质内容和物质基础。

商流的目的在于变换商品的所有权(包括支配权和使用权),而物流才是商品交换过程所要解决的社会物质变换过程的具体体现。我国著名经济学家于光远同志为祝贺中国物流研究会成立的题词中写道:“货币的运动只是实物运动的反映,后者是第一性的,……”,“不仅要研究货币流通,还必须研究物资流通,把这两种流通科学地结合起来。”这些论述十分正确,充分说明没有物流过程,也就无法完成商品的流通过程,包含在商品中的价值和使用价值就不能实现。

第四节　物流的分类

社会经济领域中的物流活动无处不在,对于各个领域的物流,虽然其基本要素都存在且相同,但由于物流对象不同,物流目的不同,物流范围、范畴不同,形成了不同的物流类型。在对物流的分类标准方面,目前还没有统一的对物流进行分类的方法和标准。比较规范和便于研究的分类方法是按照物流系统的作用、物流活动的空间范围、物流系统性质等不同角度对物流进行分类。

一、按照物流所起的作用分类

1. 生产物流

生产物流(Production Logistics)是指原材料、燃料、外购件投入生产后,经过下料、发料,运送到各个加工点和存储点,以在制品的形态,从一个生产单位(仓库)流入另一个生产单位(仓库),按规定的生产工艺过程进行加工、储存的全部过程。生产物流区别于其他物流的最显著特点是它与整个生产工艺过程相伴相生,实际上已构成了生产工艺过程的一部分。只有合理组织生产物流过程,才能使生产过程始终处于最佳状态。生产物流的重要性体现在如果生产物流均衡稳定,可以保证在制品的顺畅流转,缩短生产周期;如果生产物流的管理和控制合理,也可以使在制品的库存得到压缩,使设备负荷均衡化。因此,生产物流的合理化对工厂的生产秩序和生产成本有很大影响。

2. 供应物流

供应物流(Supply Logistics)是指生产企业、流通企业或消费者购入原材料、零部件或商品的物流过程,也就是物资生产者、持有者至使用者之间的物流。工厂的供应物流是指生产活动所需要的原材料、备品备件等物资的采购、供应活动所产生的物流。流通领域的供应物流是指交易活动中从买方角度出发在交易中所发生的物流。供应物流的目标不仅是保证供应,还要求以最低的成本、最少的消耗、最大的保证来组织供应物流活动,因此,具有很大的难度。企业竞争的关键在于如何降低这一物流过程的成本,可以说是企业物流的最大难点。

3. 销售物流

销售物流(Distribution Logistics)是指生产企业或流通企业售出产品或商品的物流过程,也是指物资的生产者或持有者与用户或消费者之间的物流。工厂的销售物流是指售出产品。流通领域的销售物流是指在交易活动中从卖方角度出发的交易行为中的物流。在现代社会中,市场是一个完全的买方市场,因此,销售物流活动便带有极强的服务性,以满足买方的需求，最终实现销售。在这种市场前提下，销售往往以送达用户并经过售后服务才算终止，因此，销售物流的空间范围很大，这便是销售物流的难度所在。在这种前提下，销售物流的特点便是通过包装、送货、配送等一系列物流实现销售，这就需要研究送货方式、包装水平、运输路线等并采取各种诸如少批量、多批次、定时、定量配送等特殊的物流方式达到目的。

4. 回收物流

企业在生产、供应、销售的活动中总会产生各种边角余料和废料，也难免会有不合格产品。回收物流（Returned Logistics）就是指不合格物品的返修、退货，从需方返回到供方所形成的物品实体流动以及各种可再生资源的回收利用活动。在一个企业中，回收物品处理不当，往往会影响整个生产环境，甚至影响产品质量，也会占用很大空间，造成浪费，同时如果没有及时将不合格物品进行返修或办理退货手续，还会影响企业声誉。

5. 废弃物物流

废弃物物流（Waste Material Logistics）是指对商品的生产和流通系统中所产生的无用的废弃物（在现阶段技术和经济条件下不能再全部或部分使用，即基本或完全失去使用价值的废物）进行收集、分类、加工、包装、搬运、储存等，并分送到专门处理场所时形成的物品实体流动。比如，开采矿山时产生的土石、炼钢生产中的钢渣、工业废水以及其他各种无机垃圾等，这些废弃物在目前已没有再利用的价值，但如果不妥善加以处理，就地堆放会妨碍生产甚至造成环境污染。对这类废弃物的处理过程产生了废弃物流。为了更好地保障生产和生活的正常秩序，对废弃物资的研究也显得十分重要。虽然废弃物流没有经济效益，但是具有不可忽视的社会效益。

二、按照物流活动的空间范围分类

1. 国际物流

国际物流（International Logistics）就是在不同国家之间展开的商务活动中，与商品移动相关的运输、配送、储存、保管、装卸、流通加工以及信息管理活动，使商品在国际之间进行合理的流动。国际物流的实质是按照国际分工协作的原则，依照国际惯例，利用国际化的物流网络、物流设施和物流技术，实现实物在国际间的流动与交换，以促进区域经济的发展和世界资源优化配置。国际物流的总目标是为国际贸易和跨国经营服务，即选择最佳的方式与路径，以最低的费用和最小的风险，保质、保量、适时地将货物从某国的供方运到另一国的需方。

2. 国内物流

国内物流（National Logistics）是指为国家的整体利益服务，在国家自己的领地范围内开展的物流活动。国内物流作为国民经济的一个重要方面，应该纳入国家总体规划的内容。我国的物流事业是国家现代化建设的重要组成部分，因此国内物流的建设投资和发展必须从全局着眼，清除部门和地区分割所造成的物流障碍，尽早建成一些大型物流项目为国民经济服务。

3. 区域物流

区域物流（Regional Logistics）研究的一个重点，是城市物流，世界各国的发展，一个非常重要的共同点是，社会分工和国际合作的加强，致使一个城市及周边地区，逐渐都形成小的经济地域，这成了社会分工和国际分工的重要微观基础。城市经济区的发展有赖于物流系统的建立和运行。城市物流要研究的问题很多，例如，一个城市的发展规划，不但要直接规划物流设施及物流项目，例如建公路、桥梁，建物流基地，建仓库等，而且，需要以物流为约束条件，来规划整个市区，如工厂、住宅、车站、机场等。

三、按照物流系统的性质分类

1. 社会物流

社会物流(External Logistics)是指超越一家一户的以一个社会为范畴面向社会为目的的物流。这种社会性很强的物流往往是由专门的物流承担人承担的，社会物流的范畴是社会经济大领域。社会物流研究再生产过程中随之发生的物流活动，研究国民经济中的物流活动，研究如何形成服务于社会，面向社会又在社会环境中运行的物流，研究社会中物流体系结构和运行。社会物流涉及在商品的流通领域所发生的所有物流活动，因此带有综合性、宏观性和广泛性。因为社会的物资流通网络是国民经济的命脉，因此，流通网络分布是否合理、流通的渠道是否畅通、如何进行科学管理和有效控制、如何采用先进的技术来保证物流的高效率低成本运行等，都是社会物流研究的重点。

2. 行业物流

行业物流(Industrial Logistics)是指在一个行业内部发生的物流活动。在一般情况下，同一个行业的各个企业往往在经营上是竞争对手，但为了共同的利益，在物流领域中却又常常互相协作，共同促进行业物流系统的合理化。在国内外有许多行业均有自己的行业协会或学会，并对本行业的行业物流进行研究。在行业的物流活动中，有共同的运输系统和零部件仓库以实行统一的集配送；有共同的新旧设备及零部件的流通中心；有共同的技术服务中心进行对本行业操作和维修人员的培训；有统一的设备机械规格、统一的商品规格、统一的法规政策和统一报表，等等。行业物流系统化的结果使行业内的各个企业都得到相应的利益。

3. 企业物流

企业物流(Internal Logistics)是指在企业经营范围内由生产或服务活动形成的物流系统。企业物流是从企业角度研究与之有关的物流活动，是具体的、微观的物流活动的典型领域。企业作为一个经济实体，是为社会提供产品或某些服务的。一个生产企业的产品生产过程，从采购原材料开始，按照工艺流程经过若干工序的加工变成产品，然后再销售出去，有一个较为复杂的物流过程；而一个商业企业，其物流的运作过程包括商品的进、销、调、存、退等各个环节；而一个运输企业的物流活动包括按照客户的要求提货、将货物运送到客户指定的地点并完成交付。

习题与思考

1. 什么是物流？你眼中的物流业有哪些？
2. 物流包含哪些功能要素？各功能要素的合理化措施分别有哪些？
3. 什么是商流？商物分离具有什么意义？

4. 物流的“效益背反”说对我们进行物流管理有何启发？
5. 物流的重要性有哪些？
6. 什么是国际物流？
7. 你认为成为一个物流专业人才需要具备哪些条件？

案例分析

中国现代物流的发展

张小姐是正在英国读研的中国留学生，今年夏天她毅然决定转读物流专业。“现在就业形势比较严峻，物流虽然在中国起步时间短，但发展迅速，而中国的物流专业人才却不多。”她说：“这样的选择一方面是为了在以后减轻就业竞争的压力，另一方面，我也看好物流在中国未来的发展前景。”目前，中国的物流正面临着人才的匮乏，物流专业人才已被列为紧缺人才之一，缺口高达60余万。

中国物流业发展速度惊人，造成人才相对短缺。如今，中国物流市场的规模已经达到了2 400亿元，预计在今后几年仍会以每年30%的速度迅速增长。物流，这个对于许多人尚且显得陌生的名字，一夜之间就成了中国产业新秀。

外资纷纷进入物流市场

作为世界第三大贸易国和第四大经济体，中国的物流市场正在成为国外企业关注的重点和投资的热点。近几年FedEx、UPS、TNT等跨国公司的触角已经渗入我国传统大型物流企业。

目前，中国物流市场的跨国物流公司基本上可分为两类：一类是在空运、速递的基础上发展起来的，如UPS、TNT、FedEx等；另一类则是以海运为主，逐步向综合物流发展，以马士基和美集为代表。尽管跨国物流企业在中国的发展受到一些政策的限制，但他们却通过各种可能的途径，纷纷占领了中国物流市场的战略高地。截至去年年底，美国FedEx已覆盖中国200多个城市，并计划在未来4～5年内再新增100多个城市；美国UPS已拿到直飞北京、上海的6个航班，并在深圳、青岛、厦门等20多个城市设立了代表处；荷兰TNT的服务已覆盖200多个城市，网点超过2 000个，并使中国市场成为其在欧洲以外的最大的市场；德国DHL也已覆盖300多个城市，开设了50家分公司。

“中国市场太好了，我们已经没法等了。”联邦快递中国区国内快递业务副总裁陈信孝的一句话表达了外资进入中国物流业的迫切心情。

现代物流成为经济增长点

“现代物流”将从原材料采购到生产安排、订单处理、存货管理、运输仓储最后到销售和售后服务的全过程融为一个“天衣无缝”的工商业循环系统。当今许多城市都将现代物流产业作为新的经济增长点和支柱产业，企业也将其作为“第三方利润源”。中国仓储协会对450家大中型企业进行的物流意向调查结果表明，45%的企业将在未来一两年内选择新的物流商，其中75%的企业将选择新型物流企业，而不是原来的仓储运输企业，64%的企业将把所有的综合物流业务外包给新型物流企业。这几个数字反映出，我国第三方物流的市场需求相当可观。

以海尔集团为例：海尔物流通过积极开展第三方配送，使物流成为新经济时代下集团发展新的核心竞争力。海尔物流管理的“一流三网”充分体现了现代物流的特征：“一流”是以订单信息流为中心；“三网”分别是全球供应链资源网络、全球配送资源网络和计算机信息网络。“三网”同步流动，为订单信息流的增值提供支持。目前海尔物流已经成为日本美宝集团、AFP 集团、乐百氏的物流代理，与 ABB 公司、雀巢公司的业务也在顺利开展。

形成四大区域性物流圈

目前中国在东部地区已经形成了以沿海大城市群为中心的四大区域性物流圈格局：一、以北京、天津、沈阳、大连和青岛为中心的环渤海物流圈；二、以上海、南京、杭州和宁波为中心的长江三角洲物流圈；三、以厦门和福州为中心的环台湾海峡物流圈；四、以广州和深圳为中心的珠江三角洲物流圈。这四大物流圈以滚动式、递进式的扇面辐射，带动中部和西部地区的发展，这种辐射功能包含着巨大的物流辐射和集散功能，以激活和融通全国范围的物流、人流、信息流。

东中西部发展不平衡

由于我国地域辽阔，地区经济发展不平衡，东部沿海地区历史上经济发达且改革开放较早，经济发展快，基础设施完善，物流需求比较旺盛，提供物流服务的企业和机会较多，物流发展水平高，短时间内能实现物流现代化；而中西部地区由于经济水平、区位条件、历史因素、国家经济政策等原因，物流业发展水平低，发展物流业的难度较大，使我国在全国范围内出现物流业发展的东、中、西差异，1999 年东部地区物流产值高达 3 140.59 亿元，而中部和西部地区仅各为 1 401.23 亿元和 476.81 亿元，东中西部之间差距很大。这种不平衡性减少了商品流通的相对规模，给东中西部地区物流业的合作带来了一定的难度。但在中西部地区物流业发展也已经形成了一定的基础，在内陆腹地以大城市为中心，以交通运输线为纽带形成物流节点，为以后的物流业发展奠定了一定的基础。

政府出台相关文件

为了加快中国物流业的发展，政府先后出台了一系列的文件，“十一五”规划明确了“大力发展现代物流”，提出了“十一五”期间的五大任务，国务院专门成立了全国现代物流业发展部际联席会议，来指挥协调中国物流业的发展，并陆续出台了一系列政策措施，如土地政策、税收政策、财政金融政策等。2014 年，《物流业发展中长期规划(2014—2020)》正式出台，把物流业定位于支撑国民经济发展的基础性、战略性产业，是物流业产业地位进一步提升的重要标志。规划要求，到 2020 年，基本建立布局合理、技术先进、便捷高效、绿色环保、安全有序的现代物流服务体系，明确了中长期发展的战略目标。中国物流业正处在一个重要的发展期。

案例来源：直妮妮，张琳琳，严冰. 人民日报(海外版)[N]，2008 年 10 月 23 日第 01 版.

案例思考

1. 简述中国物流发展现状。
2. 外资物流企业为何纷纷进入中国市场？
3. 政府的相关政策文件对中国物流业有什么促进作用？
4. 你认为中国物流产业发展前景如何？

实践训练

1. 请深入调查一家工商企业的物流，总结其所具备的现代物流特征。

第二章

运输技术与管理

知识要点

1. 运输的概念、特征及在经济活动中的重要性
2. 各种运输方式的特点和运输方式的评价与选择
3. 影响运输合理化的因素及实现运输合理化的措施
4. 运输线路决策

第一节　商品运输概述

一、运输的概念与功能

(一) 运输的概念

运输根据所运输的客体不同可以分为客运和货运。鉴于物流业所涉及的运输主要是货运，因此本书所讲的运输均指货运。

一般来说，运输是使用运输工具对物品进行运送的活动，是使物品发生空间上的移动。严格来讲，运输是指物品借助于运力在空间上发生的位置移动。而在物流学中，运输被定义为通过运输手段使货物在物流结点之间流动。运输是整个物流系统中重要的环节之一。在现代物流观念迅速发展的今天，仍然有不少人将运输等同于物流，原因在于物流中有很大一部分的任务是由运输完成的，可见运输的重要性。在物流发展的初期，人们所谓的第二方物流主要就是指的运输过程。

此外，有人从马克思将经济社会分为生产领域和流通领域的角度出发，把运输划分为生产过程中的运输与流通过程中的运输。生产过程中的运输，也称为厂内运输，主要是在生产领域进行的，是在生产企业内部进行的。具体包括原材料、在产品、包装物和产成品的运输，例如企业自身生产的产品入库即为生产运输。流通过程中的运输，主要是在流通领域进行的，是生产领域的运输在流通领域的继续。这一运输完成了产品从生产所在地向消费所在地的空间物理移动。随着各个企业核心竞争力的增强，许多企业为了专注于自己的核心生产环节，而将其他的生产环节外包，这一趋势促使许多的生产领域运输向流通领域运输转化。因此，现代物流所讲的运输，一般指流通领域的运输。

(二)运输的功能

在物流系统中，运输的主要功能是物品转移以及在转移过程中提供的短期存储。

1. 物品转移

运输的主要目的是在最短的时间内以最低的成本将指定的物品转移到指定的地点。从供应链的角度来考虑，产品以不同的形式在供应链的各个环节中流动，这就需要运输来完成，例如将原材料从零部件或原材料供应商处转移到制造商处。因此，运输的主要功能是实现产品在供应链中的移动，从而最终促使产品的价值转化为使用价值。

2. 短期存储

运输工具可以有短期存储的功能。考虑运输成本最小化时，装卸成本与存储成本存在一定的替代性。如果物品需要存储，但短时间内还需要重新转移，如果装卸成本超过存储在运输工具中的成本，那么可以采取迂回或间接的路径运往目的地，使运输的整体成本最小化。

二、商品运输的特征

运输是一种特殊的物质生产活动，它具有很强的服务性。运输按其在社会再生产中的地位、运输生产过程和产品的属性来讲，和工农业生产相比有很大的差别。

(一)运输联系的广泛性

运输生产是一切经济部门生产过程的延续，通过各种运输方式，可以把原材料、燃料等送达生产地，又能把产品运往消费地，它贯穿于整个社会再生产过程。因而，运输和其他活动的联系要比生产活动更为广泛，它几乎和所有的生产经营活动都发生直接或间接的联系。运输线路是否畅通，对企业的连续生产、充分发挥生产资金的作用以及加速商品流通等方面，都具有极其重要的影响。

(二)运输不创造新的产品

在正常条件下，运输生产的产品只是货物在空间上的位移。其他生产活动是通过物理、化学或生物作用过程，改变劳动对象的数量和质量，从而得到新的产品，以满足人们的需要。运输生产则与此不同，它虽然也创造使用价值与价值，但不创造新的产品，它创造的产品是一种特殊的产品。它把价值追加到被运输的货物上，实现货物场所的变更。基于这一点，在满足运输需要的前提下，如果产生多余的运输产品和运输支出，对社会就是一种浪费。因此，在物流活动中，充分考虑节省运输能力、降低运输成本，具有极其重要的意义。

(三)运输生产的非实体性

运输产品是看不见、摸不着，和被运输的实体产品结合在一起的产品，它只是实现空间的位移。因此，运输产品的生产和消费是同一过程，它不能脱离生产过程而独立存在。也就是说，运输过程对从业者来说是生产过程，而对用户来说是对运输能力的消费过程。因此，运输的产品既不能储存，做到以丰补歉，又不能调拨，在地区间调剂余缺，只有通过调整运输能力满足运量的波动和特殊的需要。

由于运输生产是在广大的空间范围内进行活动，当各种运输线路和港站集散能力一旦形成后，也就形成了该地区的运输能力。因此，对于运输能力在地域上的布局应力求与货物的分布相适应。

另外，运输生产不需要原料，因而运输部门也就不需要原料储备和半成品、成品储备，与工业部门相比，在生产资金构成中，它的固定资产占的比重较大，这就决定运输部门的生产资金和运输成本具有特殊的构成，燃料费、折旧费在运输成本中占有很大比重。因此，充分发挥运输设备及工具的作用，对于降低运输成本和节省运输费用具有重要意义。

(四)运输生产的连续性

运输生产是在一个固定的线路上完成的，它的空间范围极为广阔，好像一个大的“露天工厂”。货物运输往往要求几种运输方式共同完成，而不像工农业生产那样在一定范围内即可完成其生产任务。因此，在物流规划中，如何保证运输生产的连续性以及根据运输需求按地区和货流形成综合运输能力，具有重要意义。基于这一特点，物流规划必须充分重视自然条件，运用其有利因素，克服其不利因素，提高物流活动中的运输效率和经济效益。

(五)各种运输方式产品的同一性

各种运输方式虽然线路、运输工具以及技术装备各不相同，但生产的是同一种产品，即货物在空间上的位移对社会有同样的效用。而工农业生产各部门，由于生产工艺不同，产品规格有很大差别。产品的同一性是运输生产的又一特征。在物流规划中必须研究各种运输方式在运输网中的地位和作用，促使各种运输方式合理分工和综合利用，形成综合运输网。

(六)各种运输方式之间的代替性较强

实现货物的位移，往往可采用不同的运输方式。出于各种运输方式的产品都是相同的“位移”，因此，每种运输方式都有可能被另一种运输方式所代替。这种运输需求在运输方式之间转移的可能性产生了各种运输方式之间一定的替代和竞争关系，而工农业部门的生产内部以及它们相互之间的生产一般是不能代替的，例如，工业内部的冶金、机械不能代替纺织、食品加工等。运输方式的这种代替性，使得有可能通过调节不同运输方式的供求关系，使运量在各种运输方式之间合理分配，形成较为科学的综合运输体系。作为运输的需求者，会根据货物运输的具体要求，合理选择适当的运输方式。当然，由于各种运输方式的经济、技术特征不同，在完成同一运输任务时的经济效益存在差异，所以对于运输生产者来说，应该满足用户对运输的需要，形成适应性较强的服务能力，提高运输产品的竞争力。

认真研究运输的这些基本特点，是物流规划、运输合理布局和运输决策的前提条件，在此基础上才能为实现物流管理目标提供最佳的运输服务。

三、商品运输的地位

(一)运输是物流的主要功能之一

按照物流的概念，物流是物品实体的物理性运动，这种运动不仅改变了物品的时间状态，也改变了物品的空间状态。运输承担了改变物品空间状态的主要任务，是改变物品空间状态的主要手段；运输再配以搬运、配送等活动，就能圆满完成改变空间状态的全部任务。在现代物流观念未诞生之前，甚至就在今天，仍有不少人将运输等同于物流，其原因是物流中很大一部分责任是由运输承担的，运输是物流的主要功能之一。

(二)运输是社会物质生产的必要条件之一

运输是国民经济的基础和先行。马克思将运输称之为“第四个物质生产部门”，是生产过程的继续。这个“继续”虽然以生产过程为前提，但如果没有它，生产过程则不能最后完成。虽然运输这种生产活动和一般生产活动不同，它不创造新的物质产品，不增加社会产品数量，不赋予产品新的使用价值，而只改变其所在的节点位置，但这一变动能使生产继续下去，使社会再生产不断推进，并且是一个价值不断增值的过程，所以将其看成一个物质生产部门。

(三)运输可以创造“场所效应”

场所效应的含义是：同种物品由于空间场所不同，其使用价值的实现程度则不同，其效益的实现也不同。由于改变场所而最大化地发挥使用价值，最大限度地提高产出投入比，因而称之为“场所效应”。通过运输，将物品运到场所效应最高的地方，就能发挥物品的潜力，实现资源的优化配置。从这个意义来讲，也相当于通过运输提高了物品的使用价值。

(四)运输是社会生产领域和消费领域的中介、纽带和桥梁

运输需求几乎是所有经济主体所具有的普遍需求，运输是生产过程在流通领域的继续，是属于流通领域的物质生产过程。在经济活动中，它连接着生产和生产、生产和交换、生产和消费、交换和消费等各个环节。因此，运输在社会再生产和经济生活中处于十分重要的地位，它与国民经济各部门有着密切的关系，是解决众多的经济问题、社会问题、生态问题和其他问题的重要途径，是社会生产领域和消费领域的中介、纽带和桥梁。

(五)运输是“第三个利润源”的主要源泉

首先，运输是运动中的活动，它和静止的保管不同，要靠大量的动力消耗才能实现，且运输又承担大跨度空间转移的任务，所以活动的时间长、距离远、消耗大。消耗的绝对数量大，其节约的潜力也就大。其次，从运费来看，它在物流总成本中占据最大的比例，综合分析计算社会物流费用，运输费在其中占近50%的比例，有些产品运费高于其生产成本，所以节约的潜力非常大。再次，由于运输总里程远，运输总量大，通过体制改革和运输合理化可大大减少运输吨公里数，从而获得比较大的节约。

第二节　商品运输方式

一、运输方式的分类

产品在物流结点上发生位置移动，是通过不同的运输方式来完成的。要合理有效地完成运输过程，首先必须了解各种运输方式及其特性，然后根据物品本身的特点选择合理的运输方式。

运输方式可根据不同的方法进行分类。

（一）按运输中途是否换载分类

1. 直达运输

直达运输是利用一种运输工具从起运站/港一直到达到站/港，中途不经换载，中途不入库储存的运输形式。直达运输可以避免中途换载所出现的运输速度减缓、货损增加、费用增加等一系列的弊端，从而提高运输效率，降低运输成本。

2. 中转运输

中转运输是指在物品到达目的地的过程中，在途中的车站、港口、仓库进行转运换载。虽然相比直达运输，中转运输有一系列的弊端，但是它可以化整为零也可以集零为整，有助于提高运输效率，降低运输成本。

（二）按运输的作用分类

1. 集货运输

集货运输是指将分散的货物汇集集中的运输形式。一般是短距离、小批量的运输，货物集中后再进行远距离、大批量的运输。

2. 配送运输

配送运输是指将物流结点中已按用户要求配好的货物分送到各个用户的运输。一般是短距离、小批量的运输。但是也有不同，大型超市的物流配送中心是集货运输和配送运输的连接点。根据超市的规模，集货运输和配送运输往往是长距离、大批量的。

（三）按运输的协作程度分类

1. 一般运输

孤立地采用不同的运输工具或同类运输工具而没有形成有机协作关系的为一般运输。

2. 联合运输

联合运输是指将两种或两种以上的运输方式或运输工具连接起来，实行多环节、多区段相互衔接的接力式运输方式。它是利用不同运输方式的优势以充分提高效率、降低成本的综合性运输方式。采用联合运输，可以扩大运输范围、缩短物品的在途时间、加快运输速度、降低运费、提高运输工具的利用率，最终提高用户的满意度。

（四）按运输设备及运输工具分类

这是最基本的分类方式。按照这种方式，运输可以分为铁路运输、公路运输、水路运输、航空运输、管道运输五种基本运输方式。随着经济的发展，运输方式经过了四个阶段：水运阶段、道路运输阶段（铁路为主，公路为辅）、现代运输方式阶段（高速公路、航空、管道运输）、综合运输阶段（多种运输方式的综合利用、互相协调、均衡衔接的现代化运输系统）。在现代综合运输中，每一种运输方式在速度、规模、成本和灵活性方面具有不同的特性，这决定了厂商对特定运输方式或联合运输方式的选择。本书重点介绍基本运输方式的特性。

二、基本运输方式的特性

（一）铁路运输

铁路是一国国民经济的大动脉。新中国成立以来，我国基本形成了横贯东西、纵穿南北的铁路网络，铁路运输也成为我国货物运输的主要方式之一。铁路运输，按照货物的数量、性质、装运方式可以分为整列运输、整车运输、零担运输、集装箱运输、混装运输、行李货物运输等。按照铁路的性质还可以分为营业性线路运输和专用线路运输等。我国《铁路货物运输规程》规定铁路运输分为整车运输、零担运输和集装箱运输，并对运输种类的选择做出了相应的规定。

1. 铁路运输的优点

(1) 运量大。通常，一列火车可运 2 ~ 3 千吨，单线单方向全年运量可达 1 千万吨以上，双线可达 2 ~ 4 千万吨。

(2) 连续性强。可以高速运输，一般铁路时速为 80 ~ 150 公里，高速铁路运行时速可达 220 ~ 275 公里，并且铁路网络遍布全国，运输范围大。

(3) 远距离运输费用低。铁路单位运输成本低于航空与公路运输，有的低于内河运输。

(4) 可靠性强。与水运相比，不受气候条件、自然条件等因素影响，稳定，安全。同时，铁路运输具有定时性，能够按照事先的计划运行。

2. 铁路运输的不足

铁路运输也有其不足之处，主要体现如下。

(1) 灵活性差。与公路运输相比，铁路运输欠缺灵活性。一方面，火车的运行时刻、配车、编列等都是事先有所规定的；另一方面，铁路分布、货站的设立也是短期内不可改变的。铁路运输受到上述因素的限制，不能随意修改车次增加行车，只能在固定的路线上行车，在固定的站点装卸货物。因此，铁路运输通常不能适应紧急性的运输。但是对于长期的有规律的运输是有保障的。

(2) 短途运输费用高。铁路运输的费用依照距离的不同有所不同。一般来说，距离越远费用越低，短途运输费用较高。

因此，铁路运输适于大宗货物的远距离集中运输，特别是可以集中整列运输。同时，铁路运输可以与水路运输、各种短途运输相连接形成以铁路运输为主的运输网络。

(二) 公路运输

公路运输也是货物运输的主要方式之一。公路运输主要依托于汽车与公路。近年来，我国高速公路发展迅速，带动了公路运输的发展。与铁路运输相比，公路运输具有较多的私人性质。中小运输公司一般以公路汽车运输业务为主。

公路运输的主要优点如下。

(1) 灵活机动。与其他运输形式相比，公路运输最大的优点就是灵活性高。首先，公路运输速度快、装卸速度快，甚至可以实现“门对门”的运输。许多城市内的快递业都是依托于灵活迅速的城内汽车运输。其次，运输富于弹性。汽车可以随时调拨，不受时间限制，几乎可以随时随地停靠，受地形、气候限制较少。因此，公路运输在紧急性运输以及限时运输方面具有优势。

(2) 适应性强。公路运输易于同铁路、水路、航空运输衔接，是综合运输体系的重要组成部分。

但是，与铁路运输相比，公路运输运量相对较小，而且长途运输的费用相对较高、发生事故的可能性较大。此外，汽车运输带来的环境污染也越来越受到人们的重视。

因此，公路运输适于中小量货物的中短途运输，以及承担水路、铁路运输难以到达地区的长途、大批量货运。同时，公路运输也可以与铁路、水路运输联运，形成以公路运输为主体的货物运输网络。近年来，随着汽车产业的发展、公路的建设，以及我国物流业的迅速发展、人们对长途运输的合理规划，公路运输已成为我国货物运输的最主要方式。

（三）水路运输

1. 水路运输的分类

水路运输是利用船舶等水上运载工具在水路上运输。它依托于船舶、河流、运河、海洋以及港口。水路运输是古老而又现代化的运输方式。在18～19世纪，资本主义早期的工业，大多沿通航水道设立工厂，对水运的依赖性很强。根据可以利用的水运线路，水路运输可以分为海洋运输和内河运输，海洋运输又可具体分为沿海运输、近海运输、远洋运输。

（1）沿海运输。使用船舶通过大陆附近沿海航道运送货物的运输方式。一般使用中、小型船舶。

（2）近海运输。使用船舶通过大陆邻近国家海上航道运送货物的运输形式。视航程可使用中型船舶或小型船舶。

（3）远洋运输。使用船舶跨大洋的长途运输形式。主要依靠运量大的大型船舶。

（4）内河运输。使用船舶在陆地内的江、河、湖、川等水道进行运输的一种方式。主要使用中、小型船舶。

2. 水路运输的优点

（1）成本低。水运能耗少，航道的投资较少，因此，一般来说，在中长途运输中，水运的费用是最低的。

（2）载重量大，能进行大批量运输。这就决定了水路运输能以最低的单位运输成本提供最大的货运量。

3. 水路运输的缺点

水路运输的缺点也是很明显的。

（1）速度慢。在途的货物多，会增加货主的流动资金占有量。

（2）与铁路、公路运输相比，受天气、自然条件等因素的影响大。

（3）虽然水运运费相对较低，但是在港口的停泊、装卸货物的费用较高。

因此，水路运输适于大宗货物或散装货物的长途运输。水路运输，尤其是海洋运输，是各国间进出口货物往来的主要运输方式。一般来说，在国际贸易中，约有三分之二的货物是通过海上运输的。国际贸易的海洋运输主要有班轮运输和租船运输两种方式，前者的运输船舶、运输时间、运输路线都是固定的，一般由专业的运输公司经营。后者灵活性较强，可以根据自己的需要租用合适的船舶，完成班轮所不能完成的运输。

（四）航空运输

航空运输，是在具有航空路线和机场的情况下，利用飞机作为运载工具进行货物运输的一种运输方式。我国的航空运输业并不发达，在我国货运中所占的比重较小。

航空运输的优点如下。

（1）航空速度是各种运输方式中最快的，时间效应高。同时航线不受地面的地形限制，因此航空运输可以到达地面运输难以到达的地方。

(2)飞机运输对货物产生的冲击力较小，散包事故少，因此对包装要求较简单。

但是，航空运输也有其明显的缺点，首先是运量小，其次受机场等大型设施要求的限制，再次是航空运输费用相对较高。同时，由于机场的位置一般较为偏僻，航空运输还需要借助于公路运输等短途运输方式。

因此，航空运输适于少量贵重物品、鲜活商品等远距离运输，例如药品、黄金等。这类商品运载价值高，运费承担能力强。由于航空运输的速度快，它也适合于紧急运输，以及对速度要求较高的物品的运输。例如，戴尔的直销模式中，许多计算机所需的零部件就是通过航空运输送交的。

(五)管道运输

管道运输在我国发展较晚。它是一种新型的运输方式，主要适用于一些液状、气态的特殊物品，如菜油、成品油、天然气以及其他气体等。现在，已经出现了通过某些特殊方法运输煤等固体物体。不同于其他运输方式，管道设备是静止不动的，它是利用物体在管道内顺着压力方向循序移动实现运输的。

管道运输的优点如下。

(1)运量大，可以不停地连续运输，不产生空驶。管径529毫米的管道，年输送能力可达1 000万吨；管径630毫米的管道，年输送能力可达1 500万吨；管径为1 200毫米的管道，年输送能力可达1亿吨。

(2)安全程度高、损耗小。

(3)运输成本较小。

(4)管道运输机械化程度高，管理简单方便。管道输送流体货物，主要依靠每60～70公里设置的增压站提供压力能，设备运行比较简单，且易于就地自动化和进行集中遥控。先进的管道增压站已完全做到无人值守。由于节能和高度自动化，用人较少，使运输费用大大降低。

(5)不占用土地，并且有利于环境保护。

管道运输的缺点主要是需要专门铺设管道，以及建立储存站和加压站，投资较大，事先规划性要求高，定向性强，灵活性差。此外，可运输的物品有限。

三、运输方式的选择

完成运输的关键是选择合理的运输方式。只有选择合理的运输方式才能保证运输质量，提高运输效益。不同的运输方式都有各自的特点，合理的运输方式首先要满足及时、准确、安全、经济的原则。在选择时，需要考虑的因素很多，例如货物的价值、易腐性以及季节因素等，但主要包括五个因素，即运输距离、运输环节、运输工具、运输时间或速度、运输费用。其中，运输时间和运输费用是基本因素。因此，寻求运输速度与运输费用的最佳结合，是选择运输方式的基本方法。

(一)运输方式选择的基本方法

运输时间与运输费用存在着“效益背反”的关系。从前面论述中也可以看到，航空运输的速度最快，但相对费用也是最高的。反之，水运较慢，但相对费用也较低。但是从更广的角度来看，运输成本不仅包括运输费用，还包括搬运、装卸和仓储等费用。当运输速度加快，运输时间缩短后，虽然增加了运输费用，但却降低了库存、缩短了储存和备运时间，因而降低了仓储费用。运输方式的选择如图 2-1 所示。

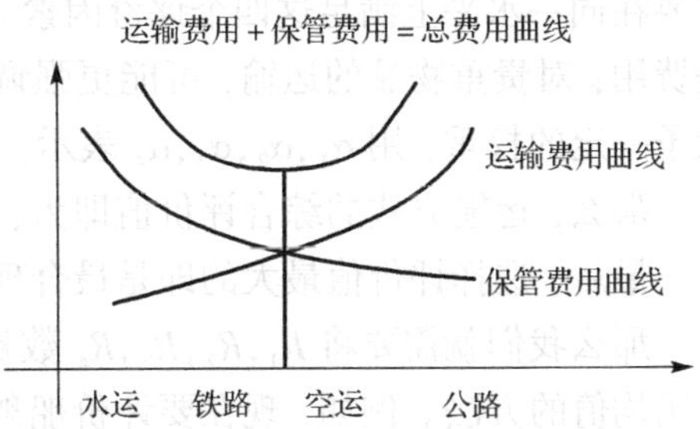

图 2-1　运输方式选择示意图

最佳运输方式的选择，应该在综合考虑运输成本的各个组成部分后，确定合理的运输速度和运输成本的搭配，进而选择合理的运输方式。

【例 2-1】某公司欲将产品从甲厂运往乙公司的自有仓库，年运量 q 为 700 000 件，每件产品的价格 p 为 30 元，每年的存货成本为产品价格的 30%（m），各种运输方式的有关参数见表 2-1。

表 2-1　四种载运工具参数统计

载运工具	运输费率 k（元/件）	运输时间 t/（天）	平均存货量 n/（件）
铁路运输	0.10	21	100 000
驼背运输	0.15	14	50 000 × 0.93
公路运输	0.20	5	50 000 × 0.84
航空运输	1.40	2	25 000 × 0.81

解　在途运输的年存货成本为 $pmqt/365$，两端储存点的存货成本各为 $pmn/2$，但其中的 p 值有差别，工厂储存点的 p 值为产品的价格，购买者储存点的 p 值为产品价格与运费率之和。具体计算结果见表 2-2。

表 2-2　四种载运工具成本比较表

成本类型	计算方法	载运工具			
		铁路运输	驼背运输	公路运输	航空运输
运输费用	qk	70 000	105 000	140 000	980 000
在途存货	$pmqt/365$	362 466	241 644	86 301	34 521
工厂存货	$pmn/2$	450 000	209 250	189 000	91 125
仓库存货	$m(p+k)n/2$	451 500	210 296	190 260	95 378
总成本		1 333 966	766 190	605 561	1 201 024

由计算可知，在四种运输方式中，公路运输方式的总成本最低，因此，该公司应选择公路运输。

（二）运输方式选择的综合方法

上述选择运输方式的方法，仅仅考虑了基本因素。但是在实际中，仅仅采用这种方法来进行决策显然是不够的。因此，还要考虑其他综合的方法。综合方法中应用最多的是综合评价法，即选定一定的对象，依据其所要达到的各项要求，分别进行评分，并赋予一定的权重，得出一个综合的评价值。根据这个最终的评价值来进行选择。这里简单介绍四原则综合评价法。

物流运输系统要实现及时、准确、安全和经济的目的，那么这四个因素可以作为合理运输方式的要求，我们把它们作为一个评价集，分别用 R_1, R_2, R_3, R_4 表示。

由于货物的不同，运输距离、环节、工具、时间和费用的不同，合理的运输方式可能不需要在同一水平上满足这四个评价因素。例如，对易腐物品的运输，可能更强调速度而不是费用；对贵重物品的运输，可能更强调安全性。所以，可以根据具体情况对这四个因素赋予一定的权重，用 $\alpha_1,\alpha_2,\alpha_3,\alpha_4$ 表示。

那么，运输方式的综合评价值即为，$R = R_1\alpha_1 + R_2\alpha_2 + R_3\alpha_3 + R_4\alpha_4$。

最后，选择评价值最大的即是最合理的运输方式。

那么我们就需要将 R_1,R_2,R_3,R_4 数量化，并且确定 $\alpha_1,\alpha_2,\alpha_3,\alpha_4$ 的大小。数量化通常采用均值的方法。例如，现在要评价船舶、公路和航空运输的及时性，其评价值分别记为 $R_1(s),R_1(t),R_1(p)$。及时性主要体现在运输的时间上（此处用"天"来计）。所需的时间越多，则越不及时。那么按照具体的运输任务，从出发地到目的地可以采用这三种运输方式，分别需要 $T(s),T(t),T(p)$ 天。

则其均值为

$$T = \frac{T(s) + T(t) + T(p)}{3}(\text{天})$$

那么，三种运输方式的相对值分别为

$$R_1(s) = \frac{T(s)}{T}, R_1(t) = \frac{T(t)}{T}, R_1(p) = \frac{T(p)}{T}$$

其他的评价因素也可以采取上述方法。这种方法看似简单，但在应用中，对评价因素数量化时需要注意根据具体情况，选择合适的数量化指标。例如，准确性可以用差错事故率来表示，安全性可以用货损率来表示，经济性可以用运输成本来表示等。

第三节 合理运输

由于运输是物流系统中的重要一环，因此，要想做到合理的物流系统，首先要做到合理运输。合理运输的要求就是立足于物流系统整体，合理选择运输方式，以最低的成本在最短的时间内以最快的速度安全优质地完成运输任务，将货物送达目的地。

一、合理运输的原则

合理运输的原则是及时、准确、安全、经济。

所谓及时，是指根据客户的需要和整个物流系统的要求，在规定的时间内，把货物运往目的地。做好货物的及时发送和到达，充分利用各种运输工具，尽量缩短货物的待运时间和在途时间。

所谓准确，是指在整个货物运输过程中，防止各种差错事故的发生，手续交接清楚，责任明确，准确无误地完成货物运输任务。一件货物从生产到消费，中间要经过许多环节，稍有疏忽，就会发生差错。因此，准确无误地发运和接运货物，降低差错事故率是合理运输应该做到的一个方面。

所谓安全，是指在货物运输过程中，防止损失、污染、渗漏、爆炸和燃烧等事故，保障人员、货物等安全地到达目的地。货物在运输中的安全，一方面要防止运输、装卸过程中震动和冲击等外力作用使商品破损，另一方面要注意由于物理、化学或生物等方面的变化所引起的货物的数量和质量的变化，尤其是对于鲜活、易腐、易爆炸货物等。

所谓经济，是指经济合理地选择运输方式，有效地利用人力、物力和财力，降低运输成本，提高运输经济效益。降低运输成本的主要方法是节约运输费用，节约运输费用的主要途径是开展合理运输，即选择经济合理的运输方式和路线，减少运输环节，缩短运输里程，力求花最少的钱把货物运到消费地。

上述四个原则是相辅相成的，需要综合考虑，不能片面强调某一方面。

二、影响合理运输的因素

在发送地与目的地之间，往往有多条运输线路，存在多种运输方式。理论上，应该按照合理运输的原则选择合适的运输方式。但是实际上，很难同时满足各方面的要求。例如，要想以最快的速度到达目的地可能会提高运输费用，使运输变得不经济。因此，组织合理运输，必须从实际出发，在保证客户要求、市场供应的前提下，根据当前的交通运输条件，合理选择运输线路和运输方式，保证运输任务的完成。

一般来说，影响合理运输的因素很多。但主要有五个，被称为合理运输五要素。

1. 运输距离

根据运输的定义，运输是指物品借助于运力在空间上发生的位置移动。因此，物品需要移动的距离即运输距离的远近，是决定合理运输选择的一个最基本的因素。例如，短途运输可能利用汽车运输比较方便，而长途运输选择铁路运输可能比较经济。

2. 运输环节

运输是物流最重要的职能之一，但不是唯一的职能。运输任务的完成涉及包装、仓储、搬运、装卸，甚至财务、市场、信息等各个环节。从整个物流系统来看，运输任务的完成需要经过多个环节，需要多个职能部门配合。因此，运输所涉及环节的多少也是决定运输合理性的一个重要因素。多一道环节，就需要多花时间、精力和成本。所以，在组织合理运输时，需要尽可能地减少运输环节，例如，能够组织直达、直拨运输的，就尽量不要采取中转运输。

3. 运输工具

正如本章第一节介绍的，不同的运输工具运输具有不同的特点。要根据运输任务和被运输货物的特点，合理选择铁路运输、汽车运输、水运或航空运输等不同运输方式。同时根据运输距离，选择最佳的运输线路，合理使用联合运输。

另一方面，改进车船的装载技术和装载方法，提高技术装载量，使用最少的运力，运输更多的货物，提高运输效率。例如，大型零售商沃尔玛的送货运营策略就是设法把车装满，即从底部到顶部把整个车厢填得满满的。

4. 运输时间和运输速度

现代经济发展使得大部分的商品都处在买方市场状态，因此满足客户的需要是第一要义。为了及时满足客户的需要，时间是一个决定性因素。特别是对大型的超市、零售商来说，运输不及时、商品补充不及时，很容易失去销售机会。同时，商品如果在运输过程中停留时间过长，也容易引起商品的货损货差，增加仓储等方面的费用，降低运输效率。在市场变化很快的情况下，时间问题更为突出。所以在物流过程中，要特别强调运输时间，想方设法加快货物运输，尽量压缩待运时间，使货物不要长期徘徊、停留在运输途中。运输时间对戴尔这类强调供应链反应速度的公司来说，更为重要。戴尔直销模式的特点在于根据顾客订单的要求设计组装计算机。因此，它需要计算机的各部分配件及时送达指定地点进行组装，这就要求尽可能地缩短运输时间。

5. 运输费用

运输费用占物流费用的比例很大，是衡量物流经济效益的重要指标，也是组织合理运输主要的考虑因素之一。当前我国出现的超载问题，很大程度上是由于我国运力不足、为了节约运输费用的权宜之计。

上述各个因素是相互联系、相互影响的，有的还是相互矛盾的。例如，在一定条件下，要减少运输时间，就要提高运输费用。这就要求在组织合理运输时，综合考虑各种影响运输的因素，根据运输的目的和原则合理权衡，追求最佳运输方案。在一般情况下，运输时间的长短或运输速度的快慢、运输费用的高低，是考虑合理运输的两个主要因素，集中体现了物流过程的经济效益。

三、不合理运输

组织合理运输也要防止不合理运输。不合理运输是指在组织货物运输的过程中，违反运输规律，不按经济区域和货物的自然流向组织货物的调运，忽视运输工具的充分利用和合理分工，装载量低，流转环节多，从而出现浪费运力和加大运输费用的现象。不合理运输主要有以下三种类型。

（一）浪费运力的运输

1. 返程或起程空驶

空车或无货载行驶，可以说是不合理运输最严重的形式。在实际组织运输中，有时候必须调运空车，从管理上不能将其看成不合理运输，但是，因调运不当、货源计划不周、不采用运输社会化而形成的空驶，则是不合理运输的表现。造成空驶的原因主要有以下几种：

（1）能利用社会化的运输体系不利用，却依靠自备车送货，这往往出现单程实车、单程空驶的不合理运输；

（2）由于工作失误或计划不周，造成货源不实，车辆空去空回，形成双程空驶；

（3）由于车辆过分专用，无法搭运回程货，只能单程实车、单程空驶周转。

2. 重复运输

重复运输是指货物本来可以直达目的地，但因某些原因，使货物在中途停卸重复装运，又第二次起运。虽然重复运输一般不会增加运输里程，但增加了中间环节，不仅导致装卸搬运费用的增加，而且延长了货物的在途时间，降低了运输工具的运输效率，甚至可能会影响其他货物的运输。

3. 托运不当

托运不当是指本来可以选择更好的托运方式而未选择。例如分散货流，即把有条件按整车发运的商品，化整为零，增加了运输单位成本。

4. 运力选择不当

运力选择不当是指未能利用各种运输工具的优势而不正确地利用运输工具造成的不合

理现象。例如，较近的距离却利用铁路或大型船舶运输，既浪费时间又发挥不了铁路或水路运费低的优势。

(二)流向不合理的运输

流向不合理的运输即运输的方向不合理，从而造成运力浪费。

1. 对流运输

对流运输也称相向运输、交错运输，即同一种货物可以相互代用而又不影响管理、技术及效益的货物，同一条运输线路上或两条平行的线路上做相对运输，而与对方运程的全部或一部分发生重叠交错的运输。已经制定了合理流向图的货物，一般必须按合理流向的方向运输，如果与合理流向相反，也属对流运输。

2. 逆流运输

逆流运输即货物从销地或中转地向产地或起运地回流的一种运输现象。这种运输方式的不合理性要高于对流运输。因为往返两程的运输都是不必要的，形成了双程浪费。

(三)运距不合理的运输

运距不合理的运输即运输舍近求远，没必要的道路迂回，造成运输里程过长。

1. 过远运输

过远运输是指本来可以就地就近采购调运的货物反而从远处调运进来的一种舍近求远的运输现象。

2. 迂回运输

迂回运输是指本来可以走直线或经最短运输线路运输的货物反而采用绕道运输的一种不合理运输现象。迂回运输有一定的复杂性，不能简单判断。只有当计划不周、组织不当而发生的迂回，才属于不合理运输。如果最短距离经常发生交通堵塞，那么选择迂回的路线则不能说不合理。

3. 交叉运输

交叉运输是指一种货物在两对以上的产销地点间的流向发生交叉，产生能避免但没有避免的不合理运输现象。

产生不合理运输的因素很多，除了上述合理运输的五大因素未能合理组合之外，还受产、供、销情况和交通条件等客观因素的影响。而且，上述不合理运输的描述，主要是从微观角度来考察的。在实践中，必须将其放在物流系统中做综合判断。因此，要消除不合理运输，就要合理布局生产力，改进分配供应体制，发挥价格体系的作用，合理设置批发机构及储运网点，并努力提高运输部门的经营管理水平。

四、运输合理化的有效措施

长期以来，我国劳动人民在生产实践中探索和创立了不少运输合理化的途径，在一定时期内，一定条件下，取得了较好的效果。在发展现代物流的今天，这些做法仍然是值得借鉴的。

(一)提高运输工具的实载量

提高运输工具装载量，是组织合理运输提高运输效率的重要内容。实载率有两个含义：一是单车实际载重量与运距之乘积和标定载重与行驶里程之乘积的比率，这在安排单车、单船运输时，是作为判断装载合理与否的重要指标；二是作为车船的统计指标的含义，即一定时期内车船实际完成的物品周转量（以吨公里计）占车船标定载重量与行驶里程乘积的百分比。在计算时车船行驶的公里数，不但包括载货行驶，也包括空驶。'

提高实载率的意义在于：充分利用运输工具的额定能力，减少车船空驶和不满载行驶的时间，减少浪费，从而使得运输合理化。提高装载量不仅可以最大限度地利用车船载重吨位，而且可以充分利用车船装载容积。具体做法有以下几种。

1. 实行"配送"

将多家需要的物品和一家需要的多种物品实行配装，以达到容积和载重量的充分合理运用，相比自家提货或一家送货车辆的回程空驶的状况，是运输合理化的一个进步。

2. 组织轻重配装

把实重货物和轻泡货物组装在一起，既可以充分利用车船装载容积，又能增加装载重量，从而提高运输工具的综合利用率。

3. 实行解体运输

它是针对一些体积大且笨重、不易装卸又容易碰撞致损的货物所采取的一种装载技术。例如，大型机电产品、科学仪器、自行车、缝纫机等，可将其拆卸装车，分别包装，以缩小其所占据的空间位置，达到便利装卸搬运和提高运输装载效率的目的。

4. 堆码技术的运用

根据车船的货位情况及不同货物的包装状态、形状，采取有效的堆码技术，如多层装载、骑缝装载、紧密装载等技术，以达到提高运输效率的目的。与此同时，改进包装技术，逐步实行单元化、托盘化，对提高车船技术装载量也有重要的意义。

（二）减少动力投入，增加运输能力

运输的投入主要是能耗和基础设施的建设，在设施建设已定型和完成的情况下，尽量减少能源投入，是减少投入的核心。做到了这一点就能大大节约运费，降低单位物品的运输成本，达到合理化的目的。

减少动力投入，提高运输能力的有效措施如下。

1. "满载超轴"

其中"超轴"的含义就是在机车能力允许的情况下，多加挂车皮。我国在客运紧张时，也采取加长列车、多挂车皮办法，在不增加机车情况下增加运输量。

2. 水运拖排和拖带法

竹、木等物资的运输，利用竹、木本身浮力，不用运输工具载运，采取拖带法运输，可省去运输工具本身的动力消耗；将无动力驳船编成一定队形，一般是"纵列"，用拖轮拖带行驶，具有比船舶载乘运输运量大的优点。

3. 顶推法

顶推法是我国内河货运采取的一种有效方法。将内河驳船编成一定队形，由机动船顶推前进的航行方法。其优点是航行阻力小，顶推量大，速度较快，运输成本很低。

4. 汽车挂车

汽车挂车的原理和船舶拖带、火车加挂基本相同，都是在充分利用动力能力的基础上，增加运输能力。

(三)发展社会化运输体系

运输社会化的含义是发展运输的大生产优势，实行专业分工，打破一家一户自成运输体系的状况。

一家一户的运输小生产，车辆自有，自我服务，不能形成规模，且一家一户运量需求有限，难于自我调剂，因而经常容易出现空驶、运力选择不当(因为运输工具有限，选择范围太窄)、不能满载等浪费现象，且配套的接、发货设施，装卸搬运设施也很难有效运行，所以浪费很大。实行运输社会化，可以统一安排运输工具，避免对流、倒流、空驶、运力不当等多种不合理形式发生，不仅可以追求组织效益，而且可以追求规模效益，所以发展社会化的运输体系是运输合理化非常重要的措施。

当前火车运输的社会化运输体系已经较完善，而在公路运输中，小生产的生产方式非常普遍，是建立社会化运输体系的重点。社会化运输体系中，各种联运体系是其中水平较高的方式，联运方式充分利用面向社会的各种运输系统，通过协议进行一票到底的运输，有效打破了一家一户的小生产，在社会上受到了欢迎。

利用联运这种社会化运输体系，创造"一条龙"货运方式。对产、销地及产、销量都较稳定的产品，事先通过与铁路、交通等社会运输部门签订协议，规定专门收、到站，专门航线及运输路线，专门船舶和泊位等，能够有效保证许多工业产品的稳定运输。

发展社会化的运输体系能够使物流形成良好的第三方物流，形成一种物流产业。这样不仅能够使供应链的效应获得提高，而且还能够促进物流产业本身的完善和发展。

(四)开展中短距离铁路、公路分流，"以公代铁"的运输

在公路运输经济里程范围内，或者经过论证超出通常平均经济里程范围，也尽量利用公路，"以公代铁"运输。这种运输合理化的优势主要有两点：一是对于比较紧张的铁路运输，用公路分流后，可以得到一定程度的缓解，从而加大这一区段的运输通过能力；二是充分利用公路从门到门和在中短途运输中速度快且灵活机动的优势，达到铁路运输服务难以达到的水平。

我国"以公代铁"目前在杂货、日用百货运输及煤炭运输中较为普遍，一般在200公里以内，有时可达700～1 000公里。山西煤炭外运经认真的技术经济论证，用公路代替铁路运至河北、天津、北京等地是合理的。

(五)尽量发展直达运输

直达运输是追求运输合理化的重要形式，其对合理化的追求要点是通过减少中转过载换载，从而提高运输速度，省却装卸费用，降低中转货损。直达的优势，尤其是在一次运输批量和用户一次需求量达到一整车时表现最为突出。此外，在生产资料、生活资料运输中，通过直达，建立稳定的产销关系和运输系统，也有利于提高运输的计划水平。因此用最有效的技术来实现这种稳定运输，从而大大提高运输效率。

特别需要一提的是，如同其他合理化措施一样，直达运输的合理性也是在一定条件下才会有所表现，不能绝对认为直达一定优于中转，这要根据用户的要求，从物流总体出发做综合判断。如果从用户需要量看，批量大到一定程度，直达是合理的；批量较小时中转是合理的。

(六)“四就”直拨运输

“四就”直拨运输，即就厂直拨，就车站、码头直拨，就库直拨，就车、船过载等。直拨运输是指在组织货物运输的过程中，对当地生产或外地到达的货物，不运进流通批发仓库，采取直拨的办法，把货物直接分拨给批发商、零售商或用户，而不需要经过当地的流通批发仓库，从而减少一道中间环节。

“四就”直拨运输通常一般是指运输里程较短、批量较小的运输，通常在大中城市批发站所在地办理直拨运输业务。而直达运输一般是运输里程较长、批量较大的运输。两者既有联系又有区别。

(七)发展特殊运输技术和运输工具

依靠科技进步是运输合理化的重要途径。例如，专用散装及罐车，解决了粉状、液状物运输损耗大、安全性差等问题；袋鼠式车皮、大型半挂车解决了大型设备整体运输问题；“滚装船”解决了车载货的运输问题，集装箱船比普通船能容纳更多的箱体，集装箱高速直达车船加快了运输速度等，都是通过采用先进的科学技术实现合理化。

(八)流通加工合理化

有不少产品，由于产品本身形态及特性问题，很难实现运输的合理化，如果进行适当加工，就能够有效解决合理运输问题，例如将造纸材在产地预先加工成干纸浆，然后压缩体积运输，就能解决造纸材运输不满载的问题；轻泡产品预先捆紧，包装成规定尺寸，装车就容易提高装载量；水产品及肉类预先冷冻，就可提高车辆装载率并降低运输损耗。

第四节　运输路线决策

运输路线决策就是，找到运输网络中的最佳路线，以尽可能缩短运输时间或运输距离，达到降低运输成本、改善运输服务的目标。运输路线决策问题有三种基本类型：单个起点单个终点的最短路径计划、多起点多终点的调配计划和起点终点相同的运送计划。

一、单个起点单个终点的最短路径计划

已知一个结点 $V=\{v_0,v_1,\cdots,v_n\}$ 和边 $E=\{e_0,v_1,\cdots,v_n\}$ 组成的网络，每条边代表了两个结点直接相连，并且已知它们之间的长度——运输成本。要寻找一个结点到另一个结点之间总长度最短的路径。

假设要求从 v_0 到 v_n 的最短路径，已知：

$$c_{ij}=\begin{cases}|e|, & e=(v_i,v_j)\in E\\ 0, & i=j\\ \infty, & \text{其他}\end{cases}$$

一个简单的办法是根据原理 2-1 设计的。

原理 2-1 如果$\{v_0, v_1, \cdots, v_k\}$是从$v_0$到$v_k$的最短路径，则$\{v_0, v_1, \cdots, v_{k-1}\}$也是从$v_0$到$v_{k-1}$的最短路径。

方法是个迭代过程，希望至少能在第k步找出第k个离起点最近的结点，这样最多n步就能得到v_0到v_n的最短路径了。

在第k步开始时，我们有一些“已解结点”(已经算得v_0到它的最短路径，第1步时仅有v_0)，对于要求的结点，其最短路径可以从所有的已知最短路径上加一个结点所形成的路径中去求。

这样，我们就可以得到一个标号的过程来求起点到任何结点的最短路径，以l_{ij}表示从v_i到v_j的最短距离。

一般的计算步骤如下。

(1)每个与v_0直接相连的结点v_j，标号(v_0, c_{0j})，表示从已解结点v_0到v_j的路径距离为c_{0j}。将其中路径距离最小的v_k，标定为$(v_0, c_{0j})^*$。

(2)如果v_n是已解结点，则结束；否则，所有与已解结点直接相连的未解结点都是候选点，对于每个这样的候选点v_k，得到所有新的标号$(v_j, l_{0k}=l_{0j}+c_{jk})$，其中$v_j$是新的已解结点，计算所有的未解结点中具有最小$l_{0k}$的结点$v_l$，假设相应的标号为$(v_m, l_{0l})$，将其标定为$(v_m, l_{0l})^*$，即$v_l$成为新的已解结点，其最短路径的前一结点是$v_m$。

(3)重复第2步。

v_0标定后，可以从v_0开始，循着有 * 号标记的结点就可以得到v_0到v_n的最短路径。

【例 2-2】 求图 2-2 中的v_0到v_5的最短路径。

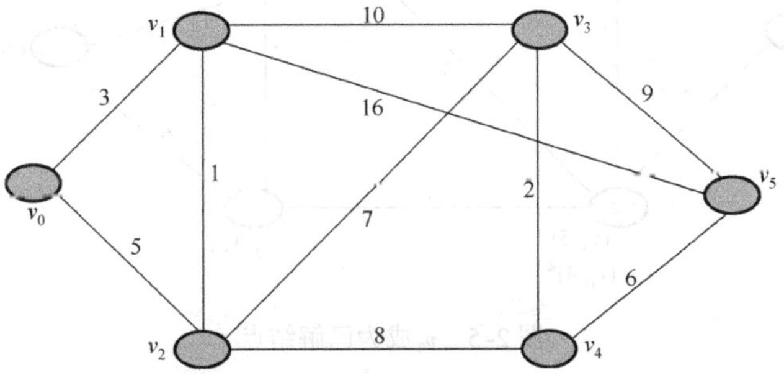

图 2-2 点与点之间的连接路径点

第 1 步：已解结点为$\{v_0\}$，与v_0相连的是$\{v_1, v_2\}$，得到它们的标号，并将v_1标定，如图 2-3 所示。

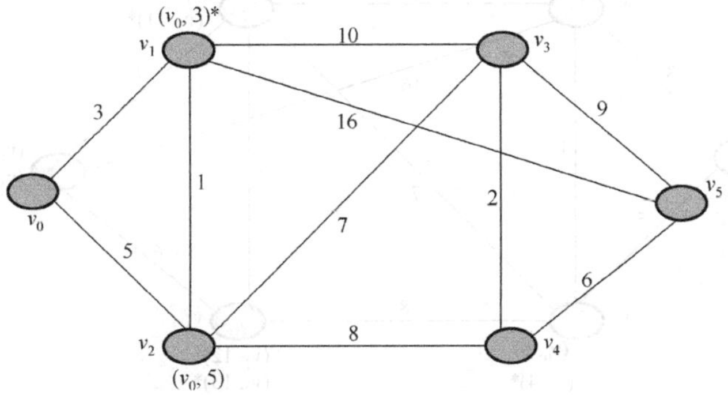

图 2-3 v_1成为已解结点

第 2 步：对新的已解结点 v_1，与它相连的未解结点是 $\{v_2, v_3, v_5\}$，得到它们的标号（注意 v_2 有新的标号），$\{4, 5, 13, 19\}$ 中 4 最小，所以 v_2 得到标定，如图 2-4 所示。

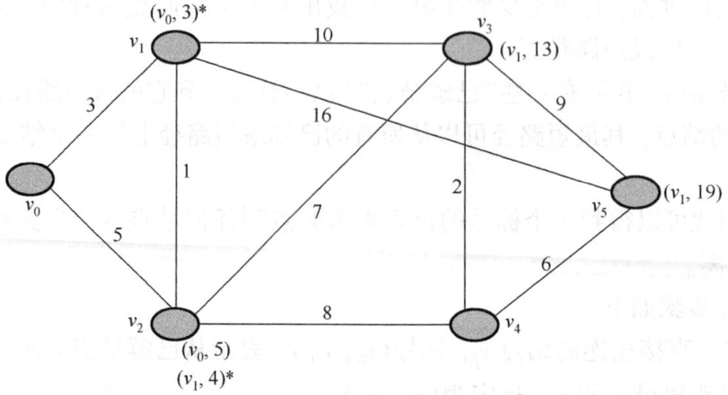

图 2-4　v_2 成为已解结点

第 3 步：对新的已解结点 v_2，与它相连的未解结点是 $\{v_3, v_4\}$，同样可以得到它们新的标号，v_3 得到标定，如图 2-5 所示。

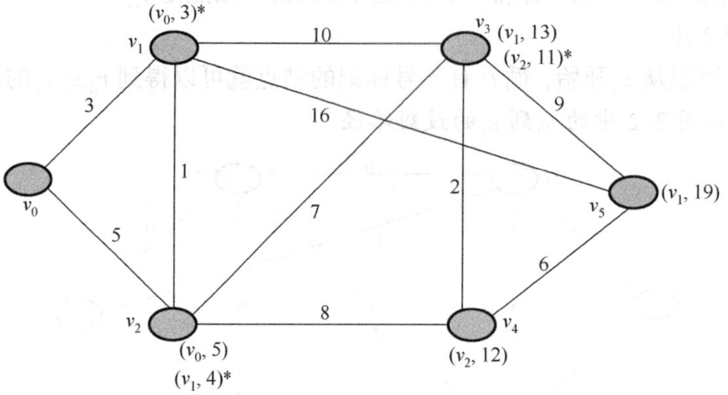

图 2-5　v_3 成为已解结点

第 4 步：对新的已解结点 v_3，与它相连的未解结点是 v_4、v_5，得到新的标号，v_4 得到标定，如图 2-6 所示。

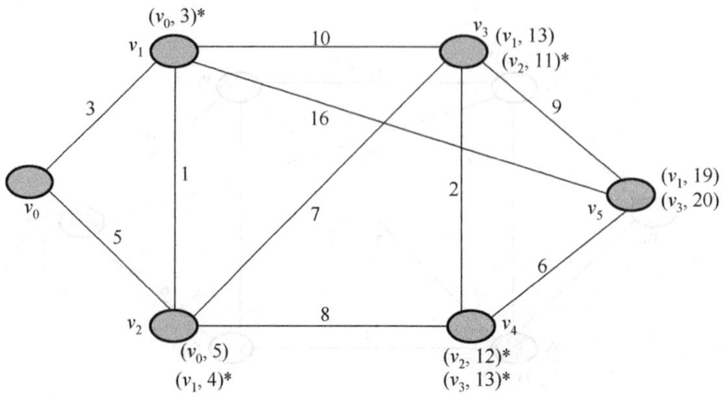

图 2-6　v_4 成为已解结点

第 5 步：对新的已解结点 v_4，与它相连的未解结点唯有 v_5，v_5添加新的标号后，得到它的标定为$(v_4, 18)^*$，如图 2-7 所示。

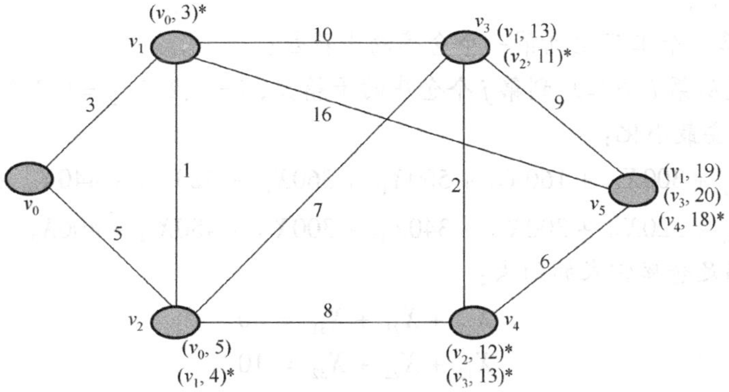

图 2-7　v_5成为已解结点

从标定中知道，v_5的前一结点为 v_4，v_4的前一结点为 v_2，v_2的前一结点为 v_1，v_1的前一结点 v_0，这样就得到了从 v_0到 v_5的最短路径为 $v_0 \to v_1 \to v_2 \to v_4 \to v_5$，总长度为 18。

二、多起点多终点的调配计划

这里考虑的多个起点多个终点的调配计划问题，由于假设已知从每个起点到每个终点的运输成本，因此问题并不比上述最短路径问题更加复杂。

问题描述：有 m 个供应点，有 n 个需求点，每个供应点的供应能力为$\{a_1, a_2, \cdots, a_m\}$，已知每个需求点的需求量为$\{b_1, b_2, \cdots, b_n\}$，从各个供应点到需求点的运输成本为$\{c_{ij}\}$($i = 1, 2, \cdots, m$; $j = 1, 2, \cdots, n$)，那么运输成本最小的调配计划可用下述数学模型来表示：

$$\min \sum_{i=1}^{m} \sum_{j=1}^{n} c_{ij} x$$

$$s.t. \sum_{j=1}^{n} x_{ij} \leqslant a_i, i = 1,2,\cdots,m$$

$$\sum_{i=1}^{m} x_{ij} = b_j, j = 1,2,\cdots,n$$

$$x_{ij} \geqslant 0, i = 1,2,\cdots,m; j = 1,2,\cdots,n$$

式中，x_{ij}表示从供应点 i 到需求点 j 的发送量。

这是一个线性规划问题，可以用一般的线性规划解法来解。

【例 2-3】一家肥皂和清洗剂生产商有三个生产基地，向五个仓库供货，预计下一年各仓库的需求量为仓库 1：50 000 箱，仓库 2：10 000 箱，仓库 3：60 000 箱，仓库 4：30 000 箱，仓库 5：20 000 箱。各生产基地与仓库之间的运价见表 2-3。

表 2-3　各生产基地与仓库之间的运价　　　　单位：元

生产地	仓库 1	仓库 2	仓库 3	仓库 4	仓库 5
生产地 1	240	300	160	500	360
生产地 2	420	440	300	200	220
生产地 3	300	340	300	480	400

各生产基地的生产能力限制为生产地1：100 000箱，生产地2：60 000箱，生产地3：50 000箱。

数学模型如下。

设X_{11}是从第一个工厂运到第一个仓库的千箱数；

同理设X_{ij}是从第i个工厂到第j个仓库的千箱数，$i=1,2,3$；$j=1,2,3,4,5$；

则问题就是要最小化：

$$C=240X_{11}+300X_{12}+160X_{13}+500X_{14}+360X_{15}+420X_{21}+440X_{22}+300X_{23}+200X_{24}+220X_{25}+300X_{31}+340X_{32}+300X_{33}+480X_{34}+400X_{35}$$

变量X_{ij}要满足仓库需求的约束：

$$X_{11}+X_{21}+X_{31}=50$$
$$X_{12}+X_{22}+X_{32}=10$$
$$X_{13}+X_{23}+X_{33}=60$$
$$X_{14}+X_{24}+X_{34}=30$$
$$X_{15}+X_{25}+X_{35}=20$$

和生产能力的约束：

$$X_{11}+X_{12}+X_{13}+X_{14}+X_{15}\leqslant 100$$
$$X_{21}+X_{22}+X_{23}+X_{24}+X_{25}\leqslant 60$$
$$X_{31}+X_{32}+X_{33}+X_{34}+X_{35}\leqslant 50$$

另外还有：$X_{ij}\geqslant 0$。

利用一般的线性规划解法，可以解得：

$X_{11}=40$；$X_{13}=60$；$X_{24}=30$；$X_{25}=20$；$X_{31}=10$；$X_{32}=10$；其余为零。分配结果如图2-8所示。

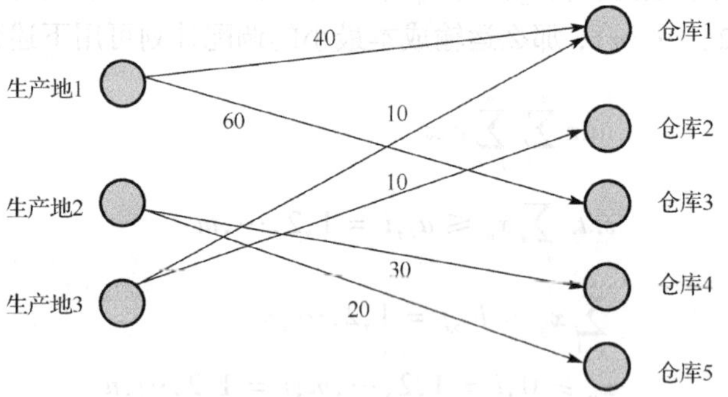

图2-8　各生产基地向仓库供货安排

三、起点和终点相同的路径规划

起点和终点相同的路径规划问题是物流配送业务中的常见问题。由于要求车辆必须返回起点，问题的难度提高了。这类问题的目标是找出途中经过的点的顺序，使运输工具依次经过所有送货点并满足各点对送货时间的要求，且总出行时间或总距离最短，即旅行推销员(TSP)问题，属于NP难题。

随着问题中包含节点个数和约束条件的增加，求解问题的复杂程度增加，要找到最优路径非常困难。即使用最快的计算机进行计算，求最优解的时间也非常长。启发式求解法是求解这类问题的好方法，我们主要介绍其中两种方法：扫描法和节约法。

(一)扫描法

路线设计中的扫描法(The Sweep Method)很简单，即使问题规模很大，也可以通过手工计算得出结果。如果利用计算机程序计算，可以很快求出结果，所需的计算机内存也不大。对于各类问题，该方法的平均误差率预计约在10%。如果我们需要很快得出结果，且只要求结果是合理的(而不是最优的)，那么误差水平还是可以接受的。实际上，调度员常常要在接到有关站点和各站点货运量的最新数据后一小时内设计出路线。该方法的缺陷与路线构成的方式有关。

具体步骤如下。

第一步，将仓库(出发点)和所有的停车点位置画在地图上或坐标图上。

第二步，通过仓库位置放置一直尺，然后顺时针或逆时针方向转动，直到直尺交到一个停车点。询问累计的装货量是否超过送货的载重量或容积(首先要使用最大的送货车辆)。如是，最后的停车点排除，将路线确定下来。然后再从这个停车点开始继续扫描，开始一条新的路线。这样扫描下去，直至全部的停留点都被分配到路线上。

第三步，对每条路线安排运行顺序，以求运行距离最小化。

【例2-4】某运输公司为其客户企业提供取货服务，货物运回仓库集中后，将以更大的批量进行长途运输。所有取货任务均由载重量为10吨的货车完成。现在有13家客户有取货要求，各客户的取货量、客户的地理位置坐标见表2-4。运输公司仓库的坐标为(19.50, 5.56)。要求合理安排车辆，并确定各车辆行驶路线，使总运输里程最短。

表2-4 客户数据信息

客户	1	2	3	4	5	6	7	8	9	10	11	12	13
D_i(吨)	1.9	2.8	3.15	2.4	2	3	2.25	2.5	1.8	2.15	1.6	2.6	1.5
X_i	20.0	18.8	18.3	19.1	18.8	18.6	19.5	19.93	20.0	19.5	18.7	19.5	20.3
Y_i	4.80	5.17	5.00	4.78	6.42	5.88	5.98	5.93	5.55	4.55	4.55	5.19	5.20

解 将仓库和所有取货点的位置画在坐标图上，利用扫描法求出结果如图2-9所示。

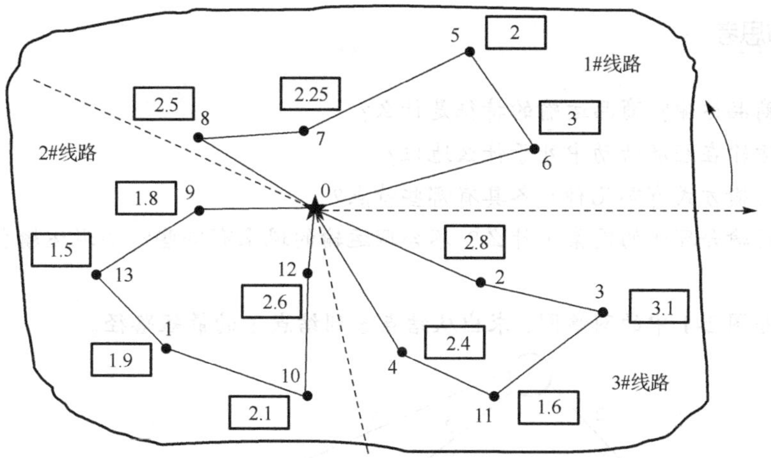

图2-9 扫描法求出的行车路线与货车安排

(二)节约法

多年来，克拉克·怀特的节约法(The Savings Method)一直是一种颇为出色的方法，它能够灵活处理许多现实中的约束条件，对站点数量不太多的问题能较快地算出结果，且结果与最优解很接近。对仅有几个约束条件的小型问题，比较研究显示，利用节约法得到的结果平均值比最优解高 2%。该方法能够处理有众多约束条件的实际问题，主要因为它可以同时确定路线和经过各站点的顺序。节约法的目标是使所有车辆行驶的总里程最短，并进而为所有站点提供服务的卡车数量最少，其步骤如下。

第一步，首先假设每个站点都有一辆虚拟的卡车提供服务，随后返回仓库。

第二步，将两个站点合并到同一线路上，缩短了路线里程，减少了一辆车。

节约法的图形描述如图 2-10 所示。

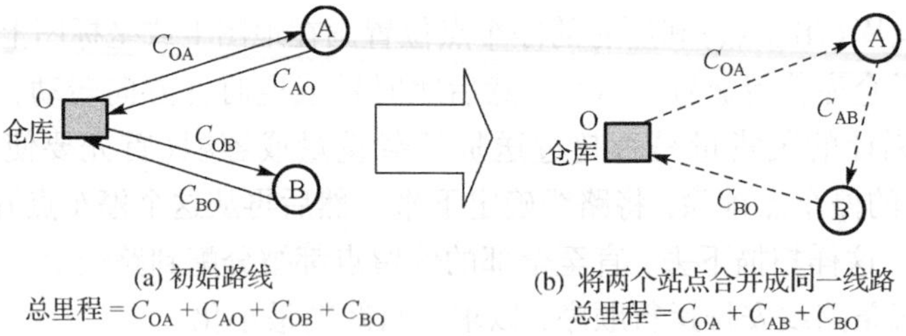

图 2-10 节约法的图形描述

节约法强大的处理能力使得它能够包含实际应用中许多重要的约束条件。该方法可以在指定各路线途经站点的同时确定站点的先后顺序。因此，在将站点归入某条路线之前，应该预先考察加入新站点后路线的情况。此外，还要考虑一系列有关路线规划的问题，如行车路线是否超过允许的最长驾驶时间，是否满足司机休息时间的要求，是否有足够载运量的车辆装载所有的货物，各站点时间窗口的要求是否满足，等等。不满足条件可能导致该站点不能并入这条路线或者说明该站点在新路线中的排列顺序不当。接着就要按照最大节约值原则选取下一个站点，重复考虑上述问题。因为扩展问题的难度较大，节约法不能保证将得到最优解，但能够获得合理解。

习题与思考

1. 何为商品运输？商品运输的特征是什么？

2. 商品运输在经济活动中处于什么地位？

3. 商品运输方式有哪几种？各具有哪些特点？

4. 影响运输合理化的因素是什么？不合理运输的现象有哪些？实现运输合理化可采取哪些措施？

5. 对于题图 2-1 中的网络图，求出从结点 S 到结点 T 的最短路径。

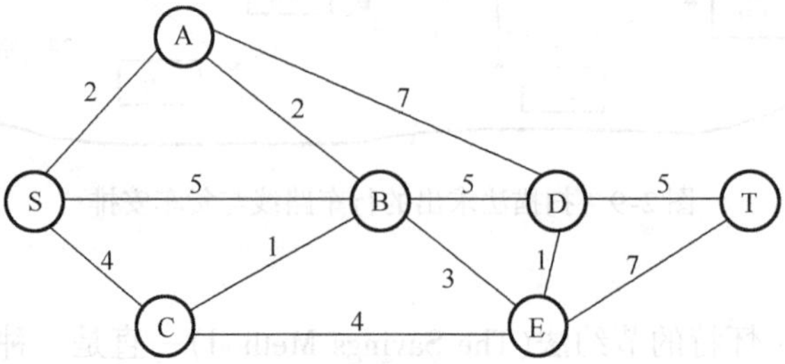

题图 2-1 网络图

案例分析

沃尔玛通过物流运输的合理化节约成本

沃尔玛公司是世界上最大的商业零售企业，在物流运营过程中，尽可能地降低成本是其经营的哲学。沃尔玛有时采用空运，有时采用船运，还有一些货物采用卡车公路运输。在中国，沃尔玛百分之百地采用公路运输，所以如何降低卡车运输成本，是沃尔玛物流管理面临的一个重要问题，为此他们主要采取了以下措施。

(1) 沃尔玛使用一种尽可能大的卡车，大约有16米加长的货柜，比集装箱运输卡车更长更高。沃尔玛把卡车装得非常满，产品从车厢的底部一直装到最高，这样非常有助于节约成本。

(2) 沃尔玛的车辆都是自有的，司机也是它的员工。沃尔玛的车队大约有5 000名非司机员工，有3 700多名司机，车队每周每次运输可以达7 000～8 000公里。沃尔玛知道，卡车运输是比较危险的，有可能会出交通事故。因此，对于运输车队来说，保证安全是节约成本最重要的环节。沃尔玛的口号是“安全第一，礼貌第一”，而不是“速度第一”。在运输过程中，卡车司机们都非常遵守交通规则。沃尔玛定期在公路上对运输车队进行调查，卡车上面都带有公司的号码，如果看到司机违章驾驶，调查人员就可以根据车上的号码报告，以便进行惩处。沃尔玛认为，卡车不出事故，就是节省公司的费用，就是最大限度地降低物流成本，由于狠抓了安全驾驶，运输车队已经创造了300万公里无事故的纪录。

(3) 沃尔玛采用全球定位系统对车辆进行定位，因此在任何时候，调度中心都可以知道这些车辆在什么地方、离商店有多远、还需要多长时间才能运到商店，这种估算可以精确到小时。沃尔玛知道卡车在哪里、产品在哪里，就可以提高整个物流系统的效率，有助于降低成本。

(4) 沃尔玛的连锁商场的物流部门24小时进行工作，无论白天或晚上，都能为卡车及时卸货。另外，沃尔玛的运输车队还利用夜间进行运输，从而做到了当日下午进行集货，夜间进行异地运输，翌日上午即可送货上门，保证在15～18个小时内完成整个运输过程，这是沃尔玛在速度上取得优势的重要措施。

(5) 沃尔玛的卡车把产品运到商场后，商场可以把它整个地卸下来，而不用对每件产品逐个检查，这样就可以节省很多时间和精力，加快了沃尔玛物流的循环过程，从而降低了成本。这里有一个非常重要的先决条件，就是沃尔玛的物流系统能够确保商场所得到的产品是与发货单完全一致的产品。

(6) 沃尔玛的运输成本比供货厂商自己运输产品要低，所以厂商也使用沃尔玛的卡车来运输货物，从而做到了把产品从工厂直接运送到商场，大大节省了产品流通过程中的仓储成本和转运成本。沃尔玛的集中配送中心把上述措施有机地组合在一起，做出了一个最经济合理的安排，从而使沃尔玛的运输车队能以最低的成本高效率地运行。

沃尔玛的集中配送中心把上述措施有机地组合在一起，做出了一个最经济合理的安排，从而使沃尔玛的运输车队能以最低的成本高效率地运行。

案例来源：马绝尘. 沃尔玛降低运输成本的学问[J]. 中国物流与采购，2003(19).

案例思考

1. 沃尔玛主要采取何种运输方式来完成物流运输？
2. 沃尔玛是如何通过运输合理化来降低运输成本的？

实践训练

请你选择一段公路，调查公路的车流量及空载率，写出一份调查报告，并谈谈自己的想法。

第三章

储存管理

知识要点

1. 储存的概念、作用及分类
2. 仓库及物流中心的种类
3. 仓储业务管理、储存合理化、商品的保养和维护
4. 库存的控制策略

第一节 储存概述

一、商品储存的基本概念

商品储存在物流系统中是一个相对比较传统、也比较完善的环节。随着现代物流的发展与进步，商品储存的内容和技术有了较大的改变。

从广义上讲，储存就是保护、管理、贮藏物品。物资储存是指生产资料从生产出来到进入下一个生产过程前的短暂停留。储存是一种普遍存在的社会经济现象。

在物流科学体系中，经常涉及库存、仓储、储备和储存这几个概念，而且，经常被混淆。其实，这四个概念虽有共同之处,但仍有区别，认识他们的区别还是非常必要的，有助于理解物流中储存的真正含义。

1. 库存

库存是指仓库中处于暂时停滞状态的物质。这里需要强调的有两点：其一，物质所停滞的位置，不是在生产线上，不是在车间里，也不是在非仓库中的任何位置，如汽车站、火车站等类型的流通结点上，而是在仓库中；其二，物质的停滞状态可以是任何原因引起的，而不一定是满足某种特殊原因的停滞。

2. 仓储

仓储是对仓库中的物品进行存取、保管和控制的过程。进行仓储活动的场所是仓库，而不是其他结点。它与库存的区别是库存是物质，而仓储是一项活动。

3. 储备

商品储备是一种有目的的储存物质的行动，商品储备的目的是保证社会再生产连续不断地、有效地进行。所以，商品储备是一种主动的储存形式，或者说是物质有目的的在生产领域、流通领域中的暂时停滞。

储备和仓储的本质区别在于：第一，仓储明确了商品停滞的地点，即在仓库中，而商品储备所停滞的地理位置远比储存要广泛得多，可以在生产、流通中的任何结点上；第二，储备是有目的的主动行为，而仓储可能不是有目的的，可能完全是被动的。

4. 储存

储存是包含仓储和储备在内的一种广泛的经济现象，是一切社会形态都存在的经济现象。在任何社会中，不论任何原因形成停滞的物资，也不论是什么种类的物质，在没有进入生产加工、消费、运输等活动之前或在这些活动结束之后，都要存放起来，这就是储存。

在实际工作中，储存和储备这两个概念是不做区别的，在物流管理中研究的大多都是仓储管理。在这里将储存、储备、仓储、库存加以详细地描述，是为了使大家明确物流中的储存是个非常广泛的概念，物流中的储存功能要素（环节）是包括储备、仓储在内的广义的储存概念。

二、商品储存的作用

（一）储存的积极作用

1. 储存是物流的主要功能要素之一

在物流过程中，运输承担了改变空间状态的重任。物流的另一个重任，即改变"物"的时间状态是由储存来完成的。商品储存能保持生产、流通的正常进行，促进社会再生产的发展。储存使物资在效用最高的时候发挥作用。通过储存可以创造产品的"时间价值"，获得更高的效用。这里的时间效用的含义是指同种物品由于时间状态不同，其使用价值的实现程度可能有所不同，其效益的实现也不同，由于改变了时间而最大限度发挥使用价值，最大限度地提高了产出投入比。通过储存使物品在效用最高的时间发挥作用，就能充分发挥物品的潜力，实现时间上的优化配置。从这个意义上讲，也相当于通过储存提高了物品的时间价值。在物流系统中，运输和储存是并列的两大主要功能要素，被称为物流的两大支柱。

2. 储存是社会物质再生产的必要条件之一

储存在社会物质再生产各环节中，以及社会再生产各环节之间的停滞，构成了上一步活动和下一步活动的必要条件。在市场经济条件下，供求不平衡是经常的，这要求企业能够储存适当的物品来避免市场的波动。在某一时期内，如季节、节假日，由于市场需求量骤然上升，生产供给能力一时跟不上，供求关系可能会失去平衡，这都需要一定的库存数量来缓冲或减少市场需求对生产的压力，同样要求企业有充足的货源迅速满足市场需求。储存也是国家用于应付自然灾害、战争等人力不可抗拒的突发事变对物资的急需、特需，否则就难以保证国家的安全和社会的稳定。

储存的作用，在工业化时期被称作"蓄水池"的作用；在现代物流领域，储存起到对整个物流过程的调节作用，被称作"调节阀"的作用。

3. 储存是创造"第三利润源"的重要领域之一

商品储存是物流"第三利润源"的重要组成部分。企业有了库存保证，就对以免除加班赶工，省去了增大成本的加班赶工费。企业有了储存保证，就可以批量采购，可以低价购进原材料，也无须紧急采购，减少了采购成本。现代物流要求缩短进货与发货周期，物品停留在仓库的时间很短，甚至可以不停留，即"零库存"。进入仓库的货物经过分货、配货或加工后随即出库，物品在仓库中始终处于运动状态。这样通过储存的合理化，减少储存时间，来降低储存投入，加速资金周转，降低成本。因此，仓储是降低物流成本的重要途径。

4. 保存商品(产品)的使用价值和价值

由于科学保管和养护，使商品或产品的使用价值和价值得到完好的保存，才能达到及时供货的要求。库存商品的变化是有规律的。商品保管就是在认识和掌握库存商品变化的规律基础上，灵活有效地运用这些规律，采取相应的技术和组织措施，削弱和抑制外界因素的影响，最大限度地减缓库存商品的变化，以保存商品的使用价值和价值。

(二)储存的消极作用

物流系统中，储存作为一种必要活动，也经常有冲减物流系统效益的现象。例如，商品在储存的过程中使用价值降低、各种储存成本支出等。所以，有人明确提出，储存中的库存是企业的"癌症"，主要因为储存的代价太高。商品储存的消极作用，具体表现为以下几点。

1. 储存要产生相应的固定费用支出和可变费用支出

商品储存需要相应的固定费用支出和可变费用支出。如企业库存会引起仓库建设，仓库工作人员工资、福利等开支项增高；库存还会引起保险支出的增加，近几年为分担风险，我国已经开始对储存物品采取投保缴纳保险费的方法，保险支出在有些国家、地区已达到很高比例；企业库存还会引发商品进货、验收、保管、发货、装卸、搬运等费用支出。

2. 储存会造成一些机会损失

商品储存占用资金及资金利息，从而会丧失将这部分资金用于其他项目的机会。

3. 储存会造成库存物的有形损耗和无形损耗

商品储存期间经常发生物品的陈旧损失和跌价损失。商品在库存期间可能发生各种物理、化学、生物、机械等损失，严重者会失去全部价值和使用价值。

商品储存的各项费用支出是降低企业效益的因素。据有关资料统计，在企业运营中，储存的费用达到40% ~70%的高比例。在非常时期，有的企业库存竟然占用了全部流动资金，使企业无法正常运行。所以，有些经济学家和企业家将储存看成"洪水猛兽"。

商品储存的作用无论是积极的，还是消极的，都改变不了现代社会储存这一现实，这正说明储存既有有利的一面又有有害的一面的双重性。物流科学的研究，就是要在物流系统中充分发挥储存有利的一面，扼制其有害的一面。

三、商品储存的分类

(一)按储备在社会再生产中的作用分类

1. 生产储备

生产企业为了保持生产的正常进行而保有的物质储备。生产储备一般以库存形式存在，储备占用生产企业的流动资金。这种储备在生产领域之中，在此期间的损失一般都进入生产企业生产成本之中。

2. 消费储备

消费者为了保持消费的需要而保有的物质储备。消费者无须过多储备，也很少专设仓库，主要采取暂存、暂放的储存形式。

3. 流通储备

社会再生产中为保证再生产的正常而保持在流通领域中的“物”的暂时停滞，指已经完成了上一段生产过程，进入了流通领域但尚未进入再生产和消费领域的储备。

狭义：流通储备是指流通企业为实现企业经营所保有的物资准备，一般以库存形式存在。

广义：社会流通领域中的全部产品，衔接生产与再生产、生产与消费；可以以库存形式出现，也可以以非库存形式出现(在市场上、车站上、码头上或在运输中)。

4. 国家储备

国家有关机构代表国家为全国性的特殊原因而建立的物质准备。这种储备主要保持在国家专门设立的机构中，也有的保持在流通领域或生产领域之中。

国家储备有三种形式：国家的当年储备、国家的战略储备、国家的防灾保险储备。

(二)按储存的集中程度分类

1. 集中储存

储存以一定的大数量集中于一个场所之中称为集中储存。集中储存是一种大规模存储方式，可以产生“规模效益”，有利于储存时采用机械化、自动化设施，有利于先进科学技术的实行。集中储存从储存的调节作用来看，有比较强的调节能力及对某一需求巨大的保证能力。集中储存的单位储存费用较低，经济效果较好。

2. 分散储存

这种储存在地点上形成较广区域的分布，每个储存点的储存数量相对较低。分散储存是较小规模的储存方式，往往和生产企业、消费者、流通企业相结合，不是面向社会而是面向某一企业的储存，因此，储存量取决于企业生产要求及经营规模。

分散储存的主要特点是和需求紧密结合，储存位置离需求很近，但是由于库存数量有限，保证供应的能力一般比较弱。

3. 零库存

零库存是现代物流学中的重要概念，指某一领域不再保有库存，以无库存(或很低库存)作为生产或供应保障的一种系统方式，是企业库存管理的理想目标。

(三)按储存的位置分类

1. 仓库储存

商品储存在各种类型的仓库、库棚、料场之中。仓库储存是储存的一种正式形态，为进行这种储存，需要有一套基础设施，还要有入库、出库等正式手续。

2. 车间储存

这是生产过程中的暂存形式。生产过程中的仓库储存是生产过程中的正式储存形态，是整个生产计划的一部分，车间储存则是一种非正式储存形式。

3. 站、场、港储存

站、场、港储存是在物流过程中衔接点的储存。这种储存目的在于为发运和提货准备。这种储存的性质是一种暂存，是一种服务性的附属性的储存。因此，不能要求它像生产储存那样有很强的计划性。

第二节 仓库和物流中心

一、仓库

仓库是进行仓储活动的实体，是储存和保管商品的场所。一般使用建筑物作为仓库。现代仓库的功能，除了保管和储存物品外，还带有运输发送、流通加工、信息处理等功能。

(一)仓库的分类

为了有效地利用和科学地管调仓库，或为了研究问题的方便，从不同角度出发，按照不同的特征、标准、标志，把具有某些共性的仓库归类在一起，这就形成仓库的不同分类。这里介绍几种常用的分类方法，企业可根据自身的条件选择或租用不同类型的仓库。

1. 按在社会再生产中所处领域不同分类

(1)生产领域仓库。包括原材料仓库，半成品、在制品仓库和产成品仓库。其中，原材料仓库是指结束了流通阶段，进入生产准备阶段的原材料存放场所；产成品仓库是指存放生产企业的已经制成并经检验合格进入销售阶段但还未离开生产企业的成品的场所；半成品、在制品仓库是指在企业生产过程中，处于各生产阶段之间的半成品库和在制品库，其目的在于衔接各生产阶段和保证生产过程连续不断地进行。

(2)流通领域仓库。包括物流企业中转仓库和商业企业的自用仓库，主要用于商品的保管、分类、中转和配送。这种类型的仓库以商品的流通中转和配送为主要功能、机械化程度比较高、周转快、保管时间短、功能齐全。

2. 按仓库的使用范围分类

(1)企业仓库。企业自己投资兴建，用于保管自己生产经营所需货物的仓库。

(2)营业仓库。面向社会提供仓储服务而修建的仓库。这类仓库以出租库房和仓储设备，提供装卸、包装、流通加工、送货等服务为经营目的，功能比较齐全，服务范围比较广，进出货频繁，吞吐量大，使用效率较高。

(3)公用仓库。由国家或一个主管部门修建的，为社会物流业务服务的公用仓库，如车站货场仓库、港口码头仓库等。其特点是公共、公益性强，功能比较单一，仓库结构相对简单。

3. 按照储存物资种类的多少分类

(1)综合性仓库。同时储存一大类以上不同自然属性的物资的仓库。

(2)专业性仓库。在一定时期内，只储存某一类物资的仓库。

4. 按仓库保管的条件分类

(1)普通仓库。储存一些在保管上没有特殊要求的物资的仓库。

(2)保温仓库。仓库里设有采暖设备，能使库房保持一定温度的仓库。

(3)恒温恒湿仓库。能使库房保持一定温度和湿度的仓库。

(4)冷藏仓库。库房内能保持一定低温的仓库。

(5)特种仓库。用以存放易燃、易爆、有毒、有腐蚀性等一些对人体或建筑物有一定危害的物资的仓库。

5. 按仓库用途来分类

按照仓库在商品流通过程中所起的作用可以分为以下几种。

(1)批发仓库。主要用于储存从采购供应库场调进或在当地收购的商品，这类仓库一般贴近商品销售市场，规模同采购供应仓库相比一般要小一些，既从事批发供货，也从事拆零供货业务。

(2)采购供应仓库。主要用于集中储存从生产部门收购的和供国际间进出口的商品，一般这类的仓库库场设在商品生产比较集中的大、中城市，或商品运输枢纽的所在地。

(3)加工仓库。前述章节在介绍仓库功能时已经讲过仓库的加工延伸功能，一般具有产品加工能力的仓库被称为加工仓库。

(4)中转仓库。中转仓库处于货物运输系统的中间环节，存放那些等待转运的货物，一般货物在此仅做临时停放，这类仓库一般设置在公路、铁路的场站和水路运输的港口码头附近，以方便货物在此等待装运。

(5)零售仓库。主要用于为商业零售业做短期储货，一般提供店面销售，零售仓库的规模较小，所储存物资周转快。

(6)储备仓库。这类仓库一般由国家设置，以保管国家应急的储备物资和战备物资。货物在这类仓库中储存时间一般比较长，并且储存的物资会定期更新，以保证物资的质量。

(7)保税仓库。为国际贸易的需要，设置在一国国土之内，但在海关关境以外的仓库。外国企业的货物可以免税进出这类仓库而办理海关申报手续，而且经过批准后，可以在保税仓库内对货物进行加工、存储等作业。

6. 按仓库建筑的结构分类

(1)简易仓库。它的构造简单，造价低廉，一般是在仓库能力不足而又不能及时建库的情况下，采取临时代用的办法，包括一些固定或活动的简易仓棚等。

(2)平房仓库。它的构造较为简单，造价较低，一般只有一层，不设楼梯，有效高度不超过6米，适宜于人工操作，各项作业也较为方便简单。

(3)楼房仓库。两层及两层以上的仓库。它可以减少土地占用，分摊的地价便宜，但进出库需要采用机械化或半机械化作业，日常装卸搬运费用比较高。

(4)高层货架仓库。也称为立体仓库，是当前经济发达国家较普遍采用的一种先进仓库，主要采用电子计算机进行管理和控制，实行机械化、自动化作业。

(5)罐式仓库，它的构造特殊，或球形或柱式，形状像一个大罐子，主要用于储存石油、天然气和液体化工产品等。

(6)直通式仓库。库房内无墙壁的仓库。这类仓库适合储存品种单一、功能相同的大件商品，能充分利用库内面积，有利于机械化操作。

(7)间隔式仓库。库房内筑有墙壁，分成数间的库房。这类仓库适合储存品种繁多，性能不同，批量较小，需及时挑选、整理、包装的商品。这类仓库有利于商品的复验、分类和必要的密封管理。

(8)月台式仓库。在仓库的一面或两面筑有站台的仓库。这类仓库适合汽车、火车的装卸搬运，分为汽车用站台和铁路用站台。汽车用站台需高出地面0.9～1.0米；铁路用站台需高出铁路1.1米。凡是商品批量大宗整车发运或发出的商品，使用月台式仓库有利于装卸搬运。

(二)仓库的设施与设备

仓库中的设施与设备包括仓储业务活动的一切作业工具，是仓库不可缺少的物质技术基础。仓库设施与设备能够起到保障安全、合理组织商品运转、提高劳动生产率、减轻劳动强度的作用。根据这些设施与设备的不同用途，其类型大致分为以下几类。

1. 线路和站台

货场内的线路、站台是仓库进发货的必经之路，也是仓库运行的基本保证条件。

(1)线路。线路要能满足进出货运量的要求，不造成拥挤阻塞。线路形式主要有两种：铁道专用线和汽车线。

(2)站台。线路与仓库之间用于进出车辆、装卸货物的衔接设施。货运站台主要有两种形式：高站台和低站台。

2. 装卸搬运设备

(1)手推车。手推车是仓库中最基本的操作工具。一般有两轮手推车、三轮手推车、四轮平板车和油泵手推车。这些手推车适用商品的平面运输，具有轻巧、灵活、方便等特点。

(2)上桩机(又称堆垛机)。上桩机是仓库机械设备中专用于堆、拆桩的机具之一。主要类型有平台式上桩机、吊钩式上桩机、旋转式上桩机。这些上桩机同样具有方便、灵活等特点，并且特别适用于支道及较狭窄条件下的操作。

(3)运输机。运输机主要用于仓库内部运输，将商品送到先前安排的目的地。一般分为平面运输机和折叠输送机两种，适用于立体运输和平面运输两种功效。这种运输机具有操作连续、占地面积小和辅助作业等特点。

(4)叉车。叉车是仓库设备中具有较高效率的搬运工具之一。在仓库中选用较多的有直叉前移式硬胎电瓶叉车和直叉前移式充气胎电瓶叉车两种。叉车具有速度快、大大降低劳动强度等特点。

(5)电梯(又称升降机)。电梯是仓库进行垂直运送的有效工具，一般分为1吨、2吨、3吨、5吨和10吨等不同规格电梯。电梯具有载货量大、方便使用等特点。

(6)行车(又称起重机)、吊车。行车和吊车是主要用于装卸笨重商品的机械设备。行车可分简易式行车和龙门式行车两种。这些行车和吊车具有高效、方便等特点。特别适用散货和大型、特大型商品的装卸。

(7)滑梯。滑梯一般为钢筋混凝土螺旋结构形状，主要用于多层楼房的仓库选配。这种螺旋形滑梯具有速度快、操作简便且配合点数等辅助作业特点。

3. 保管设备

(1)苫垫用品。苫垫用品包括苫布(篷布、油布)、芦席、塑料布、枕木(楞木、垫木)、垫仓架、水泥条、花岗石块等。分为露天货物堆放商品的苫垫以及底层仓库的衬垫两种。具有防风、防雨、防水、防散、隔潮等作用。

(2)存放用品。存放用品包括货架、货橱等。主要用于批量小、拆零、贵重等物品。具有易点数、提高仓容利用率等特点。

(3)贮存容器。一种密存形贮存设施，全部仓容都可用于贮存，大多采用全封闭结构，其隔离、防护效果非常好。储存容器又可分为贮仓和贮罐两种。前者用来贮存粮食、水泥、化肥等散状非包装物品；后者用来贮存油料、液体化工材料、煤气等液体、气体物品。

(4)仓储机械辅助用品。包括平面托盘和立桩折叠式托盘两种。托盘用于辅助叉车装卸作业，适用于体积小或比较重的商品，具有点数方便、装卸简便等特点。

4. 计量装置

仓库中使用的计量装置种类很多，主要有以下类型。

(1)重量计量设备。如各种磅秤及电子秤等。

(2)液体容积计量设备。如流量计量仪及液面液位计量仪等。

(3)长度计量设备。如检尺器及自动长度计量仪等。

(4)个数计量装置。如自动计数器及自动计数显示装置等。

(5)综合的多功能计量设备和计量装置等。常见的有：轨道秤、电子秤、核探测仪(核子秤)、出库数量显示装置等。

5. 安全与养护设备

(1)消防设备。包括警报器、消防车、泵站、各式灭火器、水源设备、砂土箱、铁钩、斧子、水桶、水龙带等。主要用于防火和灭火。

(2)物资养护设备。主要有吸水机、隔潮机(风幕)、烘干机、测潮仪、温湿度计、鼓风机、冷暖机等。主要用于检验、保养商品。

(三)自动化立体仓库

自动化立体仓库是指采用货架储存货物并配有以巷道堆垛起重机或其他机械化设备进行作业的一种仓库。目前国外对自动化立体仓库的称谓并不一致，如称之为“高层货架仓库”、“货架系统”、“无人化仓库”、“信息仓库”、“情报仓库”等。这些名称的出现与仓库作业自动化程度息息相关。

自动化立体仓库大大提高了仓储管理、物资调动和作业的准确率，同时提高了物流速度。大量的管理信息由计算机数据库系统存储，计算机控制自动设备连续作业，并由计算机的逻辑判断进行合理的货位选择，保证了仓储管理的高效率。

自动化立体仓库（AS/RS）是由立体货架、有轨巷道堆垛机、出入库托盘输送机系统、尺寸检测条码阅读系统、通信系统、自动控制系统、计算机监控系统、计算机管理系统以及其他如电线电缆桥架配电柜、托盘、调节平台、钢结构平台等辅助设备组成的复杂自动化系统。运用一流的集成化物流理念，采用先进的控制、总线、通信和信息技术，通过以上设备的协调动作进行出入库作业。自动化立体仓库代表了现代物流的发展趋势。

二、物流中心

仓库的观念和功能的改变，引起了仓库形态和内容的变化。现代物流力求进货与发货同期化，从静态管理到动态管理必将使仓库设备、结构、流程等方面发生全面变化。为了和传统的仓库相区别，这种新型的物流据点则称之为“物流中心”。

（一）集货中心

将零星货物集中成批量货物称为“集货”。集货中心可设在生产点数量很多、每个生产点产量有限的地区，只要这一地区某些产品总产量达到一定程度，就可以设置这种有“集货”作用的物流据点。

（二）分货中心

将大批量运到的货物分成批量较小的货物称为“分货"。分货中心是从事分货工作的物流场所。企业可以采用大规模包装、集装或散装的方式将货物运到分货中心，然后按企业生产或销售的需要进行分装。利用分货中心可以降低运输费用。

（三）配送中心

专门从事配送工作的物流据点称为配送中心，是物流中心中数量较多的一种形式。配送中心的主要工作环节包括集货、储存、分货及配货和送货。

（四）转运中心

转运中心的主要工作是承担货物在不同运输方式间的转运。转运中心可以进行两种运输方式的转运，也可进行多种运输方式的转运。名称上有的称为汽车转运中心，有的称为火车转运中心，还有的称为综合转运中心。

（五）加工中心

加工中心的主要工作是进行流通加工。设置在供应地的加工中心主要进行以物流为主要目的的加工，设置在消费地的加工中心主要进行以实现销售、强化服务为主要目的的加工。

（六）储调中心

储调中心以储备为主要工作内容，从功能上看与传统的仓库基本一致。储调中心与传统仓库相比规模更大、功能更多、经营更灵活。

第三节 仓储管理

一、仓储管理的定义

仓储管理是指对仓库和仓库中储存的货物进行管理。仓储管理是一门边缘学科，既涉及经济管理科学，也涉及应用科学技术。仓储管理对仓储领域内的生产力、生产关系及相应的上层建筑的有关问题进行综合研究，以探索仓储管理的规律，不断进行仓储管理的科学化和现代化。

二、仓储业务管理

（一）商品入出库作业的特点

仓库的技术作业过程与物质生产部门的生产工艺过程相比较，特点主要表现在以下四个方面。

1. 作业过程不连续

仓库的技术作业过程，从入库到出库不是连续进行的，而是间断进行的。这是因为各个作业环节不是密切衔接的，各个作业环节之间存在着间歇。例如，整车接运的货物装卸后往往不能马上验收（交货单未到、单证不齐不能验收）因而需要一段待验时间；货物入库后，不是立即就出库，而要有一段在库保养时间；货物分拣包装完毕，需要有一段待运时间等。这与生产企业的流水线作业显然是不同的。

2. 作业量不均衡

仓库每天发生的作业量是有很大的差别的，每个月份之间的作业量也有很大的不同，这种日、月作业量的不均衡主要是由仓库入库作业和出库作业在时间上的不均衡（不确定）和批量的大小不等所造成的。

3. 作业对象复杂

除了专业性的仓库外，仓库的作业对象也是各式各样的，可能有成千上万的品种，不同的库存物资要求有不同的作业手段、方法和技术，情况比较复杂，例如铁路仓库等综合性仓库。当然也有专用性仓库，劳动对象比较单一，如碘盐仓库。

4. 作业范围广泛

仓库作业环节大部分是在仓库范围内进行的，但是也有一部分作业是在仓库以外的范围进行的，比如接运、配送等作业可能要在生产企业、中转仓库、车站或用户指定的地点进行，作业范围相当的广泛。

（二）商品入出库作业的流程

仓储作业过程是仓库以入库、保管、出库为中心的一系列作业阶段和作业环节的总称，包括实物流过程和信息流过程两个方面。

实物流是指库存物实体空间移动过程。在仓库里它是从库外流向库内，并经合理停留后再流向库外的过程。从作业内容和作业顺序来看，主要包括接运、验收、入库、保管、保养、出库、发运等环节。实物流是仓库作业的最基本的运动过程。仓库各部门、各作业阶段与环节的工作，都要保证库存商品的合理流动。仓储的实物流见表3-1。

表3-1　仓储的实物流

入库→保管→出库		
1. 装卸作业 2. 检验作业 3. 搬运作业 4. 分类作业 5. 堆码作业 6. 整理作业	1. 入库作业 2. 保持价值作业 （苫盖、衬垫、保养） 3. 盘点清查作业 4. 整理作业	1. 搬运作业 2. 分拣、拣选作业 3. 集中货物作业 4. 复核作业 5. 发货作业

信息流是指仓库库存物信息的流动。实物流总是伴随着一定的信息来实现的，这些信息包括与实物流有关的物资单据、凭证、台账、报表、技术资料等，它们在仓库各作业阶段、环节的填制、核对、传递、保存形成信息流。信息流一般是实物流的前提，控制着物流的流量、流向、流速和节奏。仓储的信息流见表3-2。

表3-2　仓储的信息流

入库→保管→出库		
1. 材料供应计划 2. 订货单 3. 采购计划 4. 交货单、入库单 5. 货物清单 6. 入库月报 7. 物品位置表	1. 库存余额表 2. 库存日期表 3. 货架卡 4. 物品位置表	1. 生产计划、出库计划 2. 发货传票 3. 出库传票 4. 订货付款单 5. 配套、分类表 6. 出库月报 7. 搬运路线图

(三) 商品入库阶段作业

商品入库阶段作业由接运、验收和入库三个环节构成。

1. 接运。接运是仓库直接同货物供给者或承运者发生经济联系的活动，接运的主要任务是向承运者或供货者办清业务交接手续，按质按量地将货物安全地运抵仓库。它的意义在于防止在运输过程中或运输前已发生损坏和差错的货物进入仓库，为验收和入库打好基础。

接运主要有到货和提货两种方式。到货形式下，仓库不需组织库外运输；提货形式下，仓库要组织库外运输，除要选择运输路线、确定派车方案外，更要注意货物在回库途中的安全。

2. 验收。验收是指仓库在货物正式入库前，按照一定的程序和手续，对到库物品进行数量和外观质量的检查，以验证它是否符合订货合同规定的一项工作。

3. 入库。货物经过验收合格，方可正式入库，此时需要做的工作是建立入库货物的明细账、保管卡片和业务技术档案。

(四) 商品出库阶段作业

商品出库作业是指仓库按照货主的调拨出库凭证、发货凭证（提货单、调拨单）所注明的货物名称、型号、规格、数量、收货单位、接货方式等所进行的核对凭证、备料、复核、点交、发放等一系列作业业务管理活动的总称。出库业务是保管各种活动的结束，出库既涉及仓库同货主、用货单位以及承运部门的经济联系，也涉及仓库各有关业务部门的作业活动。为了能保证出库物品按质、按量、及时、安全地发给用户，满足其生产建设的需要，仓库应主动向货主联系，由货主提供出库计划。这是仓库出库作业的依据，特别是供应异地和大批量出库的物品更应提前发出通知，以便仓库及时办理流量和流向的运输计划，完成出库任务。出库货物的包装必须完整、牢固，标记必须正确、清楚，复核必须仔细（品种、规格、发往地等）。

出库方式是指仓库用什么样的方式将货物交付用户。商品出库方式包括：托运方式、送货方式、自提方式和配送方式。托运方式是指由仓库委托运输部门将出库货物运抵需要单位，一切托运手续由仓库代办，在用户指定的地点交货。运输工具主要是火车、汽车和船舶。送货方式是指由仓库组织车辆将出库货物运抵需要单位。这是一种送货上门方式，对用户非常方便。自提方式是指由需要单位派车到仓库自提货物。这种方式主要多为特种货物的运输和短途运输。配送方式是在送货的基础上发展起来的一种出库方式，是仓库根据用户的需要，定点、定时、定量地将货物进行配货、分货再送交用户。选用哪种方式出库，要根据具体条件，由供需双方事先商定。

商品出库时要做好出库前的准备工作。出库前的准备工作可分为两个方面。一方面是计划工作，即根据存货单位提出的出库计划，或根据用户提供的货物出库单，事先做好货物出库的各项安排，包括货位、机械设备、工具和工作人员，提高人、财、物的利用率。另一方面是要做好出库货物的包装和标志标记工作。发往异地的货物，需经过长途运输的，包装必须符合运输部门的规定，如采用捆扎包装、容器包装等。成套机械、器材发往异地，事先必须做好货物的清理、装箱和编号工作。在包装上挂签（贴签）、书写编号和发运标记（去向），以免错发和混发。

三、储存合理化

（一）商品储存合理化的概念

商品储存合理化的含义是用最经济的办法，实现商品储存的功能。商品储存合理化的实质是在保证商品储存功能的前提下尽量减少投入，也是一个投入产出的关系问题。商品储存合理化的主要标志如下。

1. 商品质量标志。保证储存商品的质量，是完成商品储存功能的根本要求，只有这样，商品的使用价值才能得以最终实现。保证储存商品的使用价值是商品储存合理化的主要标志。

2. 商品数量标志。商品储存合理化的另一个标志是对储存商品合理数量范围做出科学的决策。

3. 商品储存时间标志。商品储存时间的合理与否是与储存商品的数量有关的。商品储存量越大，出库的速度越慢，则商品储存的时间就必然越长，相反则必然越短。在实际工作中，衡量商品储存时间往往用商品周转速度指标来反映，如商品周转天数、周转次数等。

4. 商品储存结构标志。商品储存结构的合理与否是从被储存商品不同品种、不同规格、不同花色的储存数量比例关系来判断的，尤其是相关性很强的商品之间的比例关系更能反映储存商品结构的合理性。

5. 商品储存分布标志。商品储存分布标志是指不同地区商品储存的比例关系，通过商品储存分布标志可以预测当地的市场需求变化，通过对需求的保障程度，来判断对整个物流的影响。

6. 商品储存费用标志。仓储费、保管养护费、商品损失费以及资金占用利息等，都能反映商品储存的合理与否。

（二）商品不合理储存的现象

商品不合理储存的表现主要有两个方面：一方面是由于商品储存技术不合理造成的商品损失；另一方面是储存管理组织不合理，不能充分发挥商品储存的作用。主要的不合理储存现象有：储存时间过长或过短；储存数量过多或过少；储存条件过剩或不足；储存结构失衡等。

（三）商品储存合理化的措施

1. 进行商品库存分类管理

商品库存分类管理也称 ABC 分类法，是以某类库存商品数占库存商品总数的百分比和该类商品金额占库存总金额的百分比的大小为标准，将库存商品分为三个不同的类别，进行分级管理。通过市场预测和经济分析，做到及时进货，保证需要，加速资金周转，避免资金积压，提高企业经济效益。

2. 采用先进先出的作业方式

先进先出是—种先进有效的作业方式，可以保证被储存商品的储存周期不至于太长。在实际运行中，往往是在保证先进先出的前提下，将周转快的商品放在便于存储之处，以加快周转，减少劳动消耗。

3. 提高储存密度，提高仓容的利用率

提高单位储存面积的利用率，主要目的是减少储存设施的投资，降低储存成本，减少土地的占用。

4. 采用有效的储存定位系统

商品储存定位的含义是对储存商品位置的确定。如果定位系统有效，能节省寻找、存放、取出商品的时间，这不仅可以节约物化劳动和活化劳动，而且能防止差错，便于货物的清点和货位点的管理工作。储存定位方法有“四号定位”和电子计算机定位等。

“四号定位”是用一组四位数字来确定商品存取位置的固定货位方法。这是我国仓储工作中采用的手工管理方法。这四个号码是：库号、架号、层号和位号。这就使一个货位有一个组号，在商品入库时，按规划要求，对商品编号，记录在账、卡、台上。提货时，按四位数字的指示，很容易将货物拣选出来。这种定位方式对仓库区域事先做出规划，并能很快地存取商品，有利于提高商品存取速度，减少差错。

电子计算机定位是利用计算机储存容量大、检索迅速的优势，在商品入库时，将商品的存放货位、入库时间输入计算机，出库时向计算机发出指令，并按计算机的指示人工或自动寻址，找到存放货物，拣选取货的方式。

5. 采用有效的监测清点方式

监测清点方式是通过对储存商品数量和质量的监测掌握商品储存的实际情况。在实际工作中稍有差错，就会账、卡、物不符，所以必须及时且准确地掌握商品储存情况。经常对账、卡、物进行核对，这无论是对人工管理还是计算机管理都是必不可少的。因此，经常的监测也是掌握被储存商品状况的重要工作。仓储管理中常用的监测清点方式有："五五化"堆码、光电识别系统和电子计算机监控系统。

(1)"五五化"堆码方式。我国仓储管理中常用的一种方法。储存商品时，以"五"为基本单位，堆成总量为"五"的倍数的垛形，如梅花五、重叠五等。采取这种方式堆码后，有经验的人可以过目成数，大大加快人工点数的速度，减少差错。

(2)光电识别系统。在货位上设置光电识别装置，该装置对被储存的商品进行扫描，并将准确的数目自动显示出来。这种方式不需要人工清点就能准确掌握库存商品数目。

(3)电子计算机监控系统。这种方式是用计算机指示货物的存取，可以防止人工存取容易出现的差错。如在被存商品上采用条形码认寻技术，使识别计数和计算机联结，每存取一件货物时，识别装置会自动将条形码识别并将其输入计算机，计算机会自动做出存取记录。用户需要查询商品信息时，只需向计算机查询，就可以了解所储存商品的准确情况，而无须再建立对实物的人工监控系统。

6. 采用现代商品储存保管养护技术

利用现代技术控制库存条件，采用集装箱、集装袋和托盘等储运装备一体化的方式进行商品储存。

四、商品的保管和养护

(一) 商品保管的任务

商品保管的基本任务是根据商品本身的特征及其变化规律，合理规划并有效利用现有仓储设施，采取各种行之有效的技术与组织措施，确保库存商品的质量与安全。其具体任务包括以下几个方面。

1. 规划与配备仓储设施

仓储设施主要包括仓库建筑物和有关保管设备。对仓储设施要有全面规划，包括库区的平面布局、仓库建筑物的结构特点和保管设备类型的确定等。

2. 制定商品储存规划

商品储存规划是根据现有的仓储设施和储存任务，对各类、各种商品的储存在空间和时间上做出全面安排，如分配保管场所、对保管场所的布置、建立良好的保管秩序等。合理的储存规划是进行科学养护的前提。

3. 提供良好的保管条件

各种商品具有不同的物理化学性质，要求相应的、良好的保管条件和保管环境。要为商品保管创造一个温度适宜，有利于防锈、防腐、防霉、防虫、防老化、防火、防爆的小气候。

4. 进行科学的保养与维护

根据不同的库存商品，采取一定的防治措施，抑制其变化，减少损失。如金属涂油防锈、有机物的防霉与救治、仓库害虫的杀灭、设备的检测与保养等。

5. 掌握库存商品信息

商品保管，除了对商品实体的保管，还要对商品信息进行管理。信息流和物流两者密不可分，信息流是物流的前提。在商品保管中，实物和信息两者必须一致。库存商品信息管理，主要包括各种原始单据、凭证、报表、技术证件、账卡、图纸、资料的填制、整理、保存、传递、分析和运用。

6. 建立健全必要的规章制度

建立健全有关商品保管的规章制度是做好商品保管的一个重要方面，如岗位责任制、经济责任制、盘点制和奖惩制。

(二) 商品储存规划

商品储存规划是根据仓库总平面布置、商品储存任务和人力设备等具体情况，对仓库生产作业区的库房、货棚、货场进行合理分配，并对其内部空间进行科学的布置。

1. 储存保管场所的规划

储存保管场所的规划是指在商品仓库内，按仓库建筑布局和储存商品的性质，将每一种库存商品分配到适当的储存保管地点，以便对各类商品进行集中统一管理的方法。它包括保管区的划分，库房、料棚、料场的分配，确定存入同一库房的商品品种等。场所分配合理可以做到物得其所，库尽其用，地尽其力。

2. 仓库内部的合理布局

(1) 仓库内部的平面布局

包括垂直式布局和倾斜式布局。

垂直式布局是指货垛或货架的排列与场所的主通道互相垂直或平行。具体包括横列式布局、纵列式布局和纵横式布局。

倾斜式布局也称斜式布局，是指货垛或货架的长度方向与保管场所的主通道方向呈一定夹角。具体包括货垛(架)倾斜式布局和通道倾斜式布局。

(2) 仓库内部的空间布局

库内商品在仓库立体空间上的布局，其目的在于充分有效地利用仓库空间。仓库内部的空间布局主要有就地堆码、上架存放、架上平台和空中悬挂。

(三) 库存商品的维护与保养

1. 库存商品(物品)的变化及损耗

(1) 库存商品变化的形式

商品(物品)存储在仓库内，不可能不发生变化。库存商品变化的形式主要有物理变化、化学变化和生物变化等。

库存商品的物理变化，是指只改变商品本身的外部形态，而不改变其本质，不生成新的物质的变化，如挥发、溶化、干燥、变形等。

库存商品的化学变化不仅改变物质的外部形态，而且改变物质的性质，并生成新的物质。常见的化学变化有化合、水化、分解、水解、氧化、聚合、老化、风化等。

库存商品的生物变化，是指库存商品受到生物和微生物的作用所发生的变化，如虫蛀、鼠咬、霉变、腐朽、腐败等。

(2)库存商品损耗的类型

库存商品的损耗包括有形损耗和无形损耗。

有形损耗按其损耗的原因可分为异常损耗和自然损耗。由于非正常原因，如对商品保管不善、装卸搬运不当、管理制度不严所造成的锈蚀、变质、破损、丢失、燃烧等称为异常损耗。而自然损耗是指商品在储存过程中，由于受自然因素的影响，本身发生物理或化学变化所造成的不可避免的自然减量，其主要表现为干燥、风化、挥发、黏结、散失、破碎等。

库存商品的自然损耗是不可避免的，但其损耗量应控制在规定的标准之内，若超出规定的标准，则视为不合理的损耗。衡量商品的自然损耗是否合理的标准是自然损耗率。自然损耗率是指在一定时间内和一定条件下，某种商品的损耗量与该商品库存量的百分比。不同商品在不同时间不同条件的自然损耗是不同的。

无形损耗是指由于更新、更好、更廉价的同类产品进入市场，致使库存商品贬值而产生的损耗。如机电产品、电子器件由于更新换代比较快，新的产品出现后，库存中同种类产品就会贬值甚至报废，造成无形损耗。

库存商品的无形损耗所造成的损失是巨大的，从某种意义上讲，减少库存商品的无形损耗比减少其有形损耗更为重要。因此，加速库存周转就显得越来越重要。

2. 库存商品(物品)发生变化的因素

导致库存商品(物品)发生变化、损耗的原因，归纳起来有内因和外因两方面。

(1)内因

引起库存商品(物品)发生变化、损耗的内因，主要是物品的化学成分、结构形态、物理化学性质、机械及工艺性质等。

物品的化学成分不同，或者成分相同但成分的含量不同，都会影响物品的基本性质及抵抗外因侵蚀的能力。如普通低碳素钢中加入适量的铜和磷的成分，就能提高其抗腐蚀能力。

物品的结构是指其原材料结构，通常分为晶体结构和非晶体结构；物品的形态主要分为固态、液态和气态。不同的结构形态的物品，产生的变化形式和程度都不相同。

物品的物理化学性质由其化学成分和结构决定，表现的物理性质有挥发性、吸湿性、水溶性、导热性等。表现的化学性质有结构稳定性、燃烧性、爆炸性、腐蚀性等。

物品的机械性质是指其强度、硬度、韧性、脆性、弹性等；物品的工艺性质是指其加工程度和加工精度。不同机械及工艺性质的物品，其变化程度不同。

(2)外因

库存商品(物品)发生变化、损耗的外因很多，主要指温度、湿度、日光、大气、生物与微生物等。

适当的温度是物品发生物理变化、化学变化和生物变化的必要条件。对于易燃品、自燃品，温度过高容易引起燃烧；含有水分的物质，温度过低则会结冰等。

大气温度对物品的变化影响也很大。怕湿的物品容易受潮，如金属会生锈、水泥会结块硬化等；怕干的物品如果过于干燥易开裂、变形等。

日光实际上是太阳辐射的电磁波，按其波长有紫外线、可见光和红外线之分。紫外线能量最强，它可促使高分子材料老化、油脂酸败、褪色等；可见光和红外线能量较弱，能加速物品发生物理化学变化。

大气由干洁空气、水气、固体杂质所组成。空气中的氧气、二氧化碳、二氧化硫等，大气中的水气、固体杂质等，都对物品有很大的危害作用。

致使物品发生生物变化的生物包括白蚁、老鼠、鸟类等，微生物主要有霉菌、木腐菌、酵母菌、细菌等。它们都能使有机物质发霉、木材及木制品腐朽等。

人为因素也是影响商品库存变化的外因，人为因素是指人们因未按物品自身特性的要求或未认真按有关规定和要求作业，甚至违反操作规程而使物资受到损害和损失的情况。

3. 减少库存商品质量变化的措施

(1)控制和调节库房温、湿度

一般控制和调节库房温、湿度应遵循两个原则：一是当库内温、湿度适宜商品储存时，要设法保持原来的温、湿度状况，防止库外气候对库内的不利影响；二是当库内温、湿度不适宜商品储存时，就要及时采取有效的措施，利用气候中的有利因素或其他办法控制和调节库房温、湿度。

根据我国仓库温、湿度管理的多年实践总结，控制和调节库房内温、湿度的常用方法有通风、密封、吸潮等方法。

(2)金属商品的防锈和除锈

金属商品的锈蚀(腐蚀)总是从金属表面开始，然后或快或慢地向里面深入，同时发生金属表面外形的变化。金属商品产生的腐蚀物多数结构疏松，不能防止氧、水气和其他腐蚀物的进入，故不能起到保护金属的作用。但镁、铝、锌、锡等金属，它们的腐蚀物(氧化物或氢氧化物)能生成一层致密的薄膜覆盖在金属表面，因此可以保护此金属不再继续锈蚀。

金属商品在库存管理过程中的防锈和除锈的方法是防止或破坏其产生锈蚀的条件。在仓库储存管理中，严格按照金属商品的保管条件来进行储存，杜绝促使金属锈蚀的一切外界因素，包括选择适宜的保管场所，禁止与酸、碱、盐等物质放在一起，妥善的堆码苫垫或密封等。

在金属商品的储存保管过程中，应贯彻“以防为主”的方针，也可以采取一些暂时性的保护措施。例如，利用防锈油、气相防锈剂、可剥性塑料等材料使金属表面与环境隔离开，以保护金属商品不受或少受环境中不良因素的影响。

仓库中最常用的防锈材料是防锈油脂。使用防锈油脂来防止金属商品生锈的方法称为油封。防锈油脂一般是由基础油、防锈添加剂和辅助添加剂等组成。

在金属商品的储存保管过程中，除了做好防锈工作外，一旦发现防锈失效或入库时已经发生锈蚀，就应对生锈商品进行及时的除锈处理，及时除去金属表面的锈蚀物，以便保护商品原有的使用价值。仓库中常用的除锈方法有手工除锈、机械除锈和化学除锈。

(3)库存商品的防虫害方法

仓库里的害虫对储存商品的威胁也很大。害虫不仅蛀蚀储存商品，使商品减量，品质受损害，而且还会对仓库建筑、仓库内设备、用具等产生很大的危害，因此必须彻底消灭仓库虫害，以保证储存商品的安全。保护储存商品应做到仓库内无虫害，商品入库时应清扫干净，同时运用各种方法防止虫害的发生和传播。仓库常用的虫害防治方法有清洁卫生防治法、物理机械防治法、化学药剂防治法等。

第四节 库存控制策略

一、ABC 分类控制法

(一) ABC 分类控制法的定义

ABC 分类控制法是指将库存货物按重要程度分为特别重要的库存(A 类货物)、一般重要的库存(B 类货物)和不重要的库存(C 类货物)三个等级，针对不同类级别的货物进行分别管理和控制的方法。一般认为，企业的库存货物无论是数量、价格，还是品种，均存在一定的差异性。一些货物品种不多但价格很高，相反，另一些货物品种很多但价格很低，因此，客观上造成企业对库存货物管理的困难。如果对每个品种均给予相同的管理，那是不可能或不切实际的。为了集中企业资源，更有效地开展科学管理，必须将管理的重点放在重要货物上，即依据库存货物重要程度的不同，分别进行不同的管理，这就是 ABC 分类控制管理法的主要内涵。

(二) ABC 分类控制法的主要步骤

1. 对库存货物进行排队

对库存货物通常按资金比例和品种项目比例这两个指标来分类。具体地说，编制库存品种累计与全部品种的比例，以及货物占用资金累计与全部资金的比例，见表 3-3。

表 3-3 货物排队序列表

品种数(个)	品种累计(个)	占存库品种(%)	占有资金(万元)	占用资金累计(万元)	占库存资金(%)
260	260	7	5 800	5 800	69
68	328	9	500	6 300	75
55	383	11	250	6 550	78
95	478	14	340	6 890	82
170	648	19	420	7 310	87
352	1 000	29	410	7 720	92
2 421	3 421	100	670	8 390	100

2. 对库存货物分类

根据对库存货物的排队状况，编制库存货物 ABC 分类表。ABC 分类表述基本思想认为：A 类库存品种少但资金占用大，即 A 类库存品种约占库存品种的5% ~10%，而其占用资金金额占库存金额的 70% ~75%；B 类库存品种占库存品种总数的 10% ~15%，而其占用资金金额占库存金额的 15% ~25%；C 类库存品种占库存品种总数的 70% ~75%，而其占用资金金额占库存金额的 5% ~10%，见表 3-4。

表 3-4 ABC 分类表

分　类	品种数(个)	占库存品种(%)	品种累计(%)	占用资金(万元)	占库存资金(%)	占库存资金累计(%)
A	328	9	9	6 300	75	75
B	672	20	29	1 420	17	92
C	2 421	71	100	670	8	100

3. 对库存货物进行 ABC 之后，对不同的货物进行不同的管理和控制

(1) A 类库存货物。这类货物数量虽少但占用资金大，对企业极为重要，是必须严格管理和控制的货物。企业必须对此类货物定时进行盘点，详细记录及经常检查分析货物库存量增减，在满足企业内部需要和顾客需要的前提下维持尽可能最低的经常库存量和安全库存量，加快库存周转。

(2) B 类库存货物。这类货物属于一般重要的库存货物。这类货物的库存量介于 A 类货物和 C 类货物之间，一般进行正常的例行管理和控制。

(3) C 类库存货物。这类货物数量最大但对企业的重要性最低，因而被视为不重要的库存货物，一般进行简单的管理和控制。

对上述管理和控制要求见表 3-5。

表 3-5　ABC 分类管理和控制表

项　目	A 类货物	B 类货物	C 类货物
控制程度	严格	一般	简单
库存量计算	按模型计算	一般计算	简单或不计算
进出纪录	详细	一般	简单
检查次数	多	一般	少
安全库存量	低	较大	大

二、确定性条件下的库存管理

在这种条件下，需求量和备货期是确定已知的，因此只要确定每次订货的数量是多少或进货间隔期为多长时间，就可以制订相应的库存策略。由于此类策略是依据库存总成本最小的经济原则来确定订货批量，故称该订货批量为经济订货批量。据此确定订货批量的模型即为经济订货批量模型（Economic Order Quatnity，EOQ）。经济订货批量又称 EOQ 法，它是指从经济的观点出发，考虑怎样选择订货批量，使得库存总费用最省最经济。这个使得库存总费用最省最经济的订货批量，称为经济订货批量。

EOQ 属于确定型库存控制模型，即需求量和提前期都是确定的条件下的库存控制模型，分为以下几种情况。

（一）不允许缺货、瞬时到货的确定性存储模型

1. 假设条件

(1) 缺货费用无穷大；

(2) 货物存储量减少到零时，可以立即得到补充；

(3) 货物需求是连续、均匀的，即货物消耗速率（单位时间提货量）为常数；

(4) 每次进货量不变，订货费不变；

(5) 单位存储费用不变。

2. 建立模型

该条件下的存储状态图如图 3-1 所示。

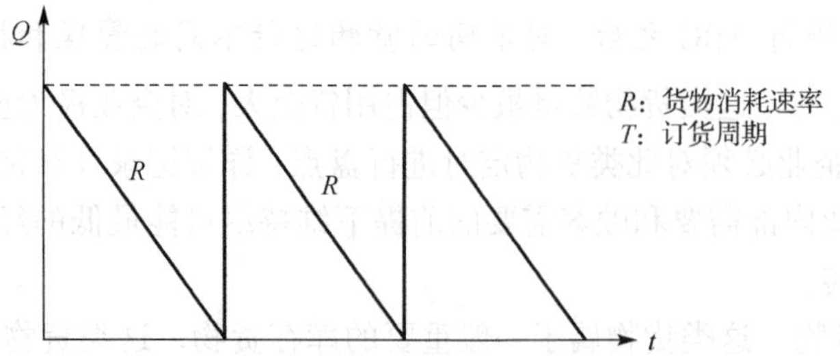

图 3-1　模型 1 下的存储状态

需求速度基本上是稳定的，年需求量为 D，每单位产品的年库存持有成本为 C_1，每次进货成本为 C_2 假设每次订货后，马上就可以收到货物(进货提前期为 0)，不允许缺货，如何订货？

由于订货提前期为 0，因此可以在每次断货时订货，与订货批量相关的成本是进货成本与库存持有成本，订货批量小，则库存费用低，但是订货次数多，因此进货成本高；反之，则库存费用高而进货成本低。用公式表示：

总成本 = 进货成本 + 库存费用

即

$$TC = \left(\frac{D}{Q}\right)C_2 + \left(\frac{Q}{2}\right)C_1$$

式中：$Q/2$ 是平均库存量，TC 对 Q 求导，令其为 0，得到总成本最小的经济订货批量

$$Q^* = \sqrt{\frac{2DC_2}{C_1}} \quad \text{(式 3-1)}$$

最佳订货周期为 T^*，$T^* = \dfrac{Q^*}{D}$。

如果订货提前期为常数 LT，订货批量和订货周期不受影响，只不过当库存量降到 LT^*d 时就需要订货，其中 d 是需求速率，$d = D/365$。

【例 3-1】 某公司是制造工业产品的企业，每年需采购零件 10 000 只，购买价格为 16 元，每次订购成本为 100 元，每只零件保管成本为 8 元，求该零件经济订购批量，并求订货次数和订货间隔期。

解　经济订购批量 $Q^* = \sqrt{\dfrac{2DC_2}{C_1}} = \sqrt{2 \times 10\ 000 \times 100/8} = 500$ (只)

年订购货物次数　$N = D/Q^* = 10\ 000/500 = 20$ (次)

每次订货间隔期 $T = 365/N = 365/20 = 18.25$ (天)

(二) 不允许缺货、持续到货的确定性存储模型

1. 假设条件

(1) 缺货费用无穷大；

(2) 进货需持续进行；

(3) 货物需求是连续、均匀的，即货物消耗速率(单位时间提货量)为常数；

(4)每次进货量不变，订货费不变；

(5)单位存储费用不变。

2. 建立模型

该条件下的存储状态图如图 3-2 所示。

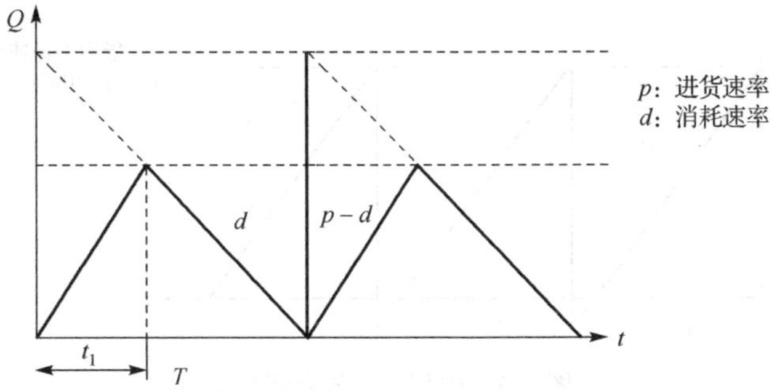

图 3-2　模型 2 下的存储状态

持时进货与瞬时进货的比较：

(1)持时导致储存费用减少，从而导致订货批量增大、订货周期增长、总费用减少；

(2)瞬时是持续时的特殊情况，也就是分批连续进货，相当于边生产边销售。

假设生产速率为 $p(p>d)$，则平均库存量变为

$$\frac{\frac{Q_p}{p}(p-d)}{2}$$

按照总成本的原则，得出，

$$Q^*=\sqrt{\frac{2DC_2}{C_1}}\sqrt{\frac{p}{p-d}} \qquad (式 3\text{-}2)$$

(三)允许缺货、瞬时到货的确定性存储模型

1. 假设条件

(1)缺货造成的损失可以承受(允许缺货)；

(2)货物存储量减少到零时，可以立即得到补充；

(3)货物需求是连续、均匀的，即货物消耗速率(单位时间提货量)为常数；

(4)每次进货量不变，订货费不变；

(5)单位存储费用不变；

2. 建立模型

该条件下的存储状态图如图 3-3 所示。

如果允许缺货，缺货后只需支付损失费，而不失去顾客，那么还需要在缺货成本与库存成本之间权衡。假设单位数量产品的年缺货成本为 C_3，则每年的总成本为

$$TC = C_1\,(Q-Q_s)^2/2Q + C_2D/Q + C_3Q_s^2/2Q$$

计算得

$$Q^* = \sqrt{\frac{2DC_2}{C_1}}\sqrt{\frac{C_1 + C_3}{C_3}} \quad \text{（式 3-3）}$$

相应缺货量为

$$Q_s = Q^* C_1/(C_1 + C_3)$$

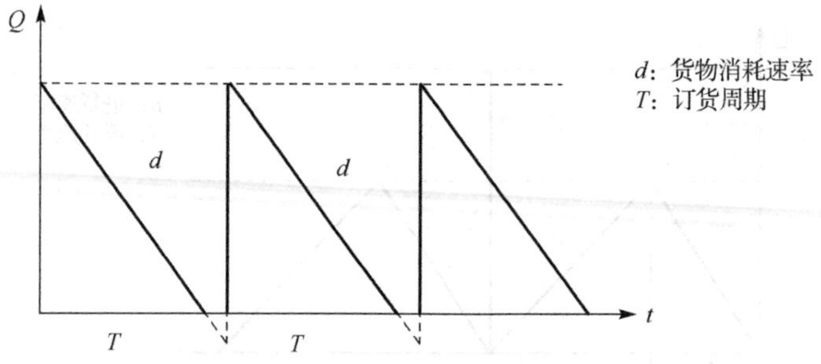

图 3-3　模型 3 下的存储状态

（四）允许缺货、持时到货的确定性存储模型

1. 假设条件

（1）缺货造成的损失可以承受（允许缺货）；

（2）进货需持续进行；

（3）货物需求是连续、均匀的，即货物消耗速率（单位时间提货量）为常数；

（4）每次进货量不变，订货费不变；

（5）单位存储费用不变。

2. 建立模型

该条件下的存储状态图如图 3-4 所示。

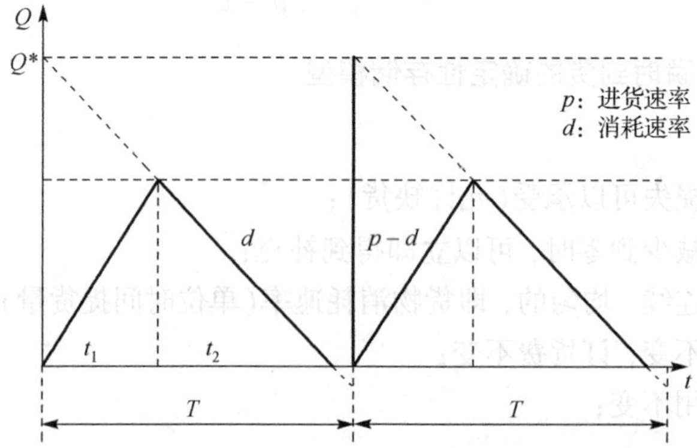

图 3-4　模型 4 下的存储状态

应用以上方法可得缺货成本为 C_3，进货速度为 p 时的经济订货批量为

$$Q^* = \sqrt{\frac{2DC_2}{C_1}}\sqrt{\frac{C_1 + C_3}{C_3}}\sqrt{\frac{p}{p - d}} \quad \text{（式 3-4）}$$

实际上，这是已经包含前几个模型的一般公式，例如，当 p 有限、C_3 很大时，即是分批到货、不允许缺货时的经济批量；当 p 和 C_3 都很大时，即是一般的经济批量。

三、不确定条件下的库存管理

(一)安全库存的概念

安全库存是指为防止因订货期间需求量增长和到货延迟所引起的缺货而设置的库存量，又称最低库存、保险库存或固定库存。

安全库存量的大小主要由顾客服务水平(或订单满足率)来决定，必须综合考虑顾客服务水平、缺货成本和存储成本三者之间的关系，最后确定一个合理的安全库存量。

(二)安全库存量的计算

1. 需求量和备货期均为随机

假设需求量和备货期的变化情况均服从正态分布，则可根据正态分布的原理确定安全库存量。假定需求量和备货期彼此独立，当需求量和备货期的均值和标准差确定后，就可利用下面的公式求得安全库存量

$$S_s = Z \times \sqrt{\bar{L} \times \sigma_d^2 + \bar{d}^2 \times \sigma_L^2} \quad (式 3\text{-}5)$$

式中：S_s 为安全库存量；Z 为一定顾客服务水平下的安全系数(可参考表3-5)；$\bar{L}$ 为平均备货期；σ_d 为在备货期内需求的标准差；$\bar{d}$ 为备货期内的日平均需求量；σ_L 为备货期的标准差。

2. 需求量是随机的，备货期为固定常数

$$S_s = Z\sigma_d \sqrt{L} \quad (式 3\text{-}6)$$

3. 备货期是随机的，需求为固定常数

$$S_s = Z\sigma_L d \quad (式 3\text{-}7)$$

式中：d 为备货期内的固定需求量。

服务水平与安全系数对应表见表3-6。

表 3-6 服务水平与安全系数对应表

服务水平	90%	91%	92%	93%	94%	95%	96%	97%	98%	99%	99.99%
安全系数	1.28	1.34	1.41	1.48	1.56	1.65	1.75	1.88	2.05	2.33	3.08

(三)订货点的确定

为了保证顾客购买，当存货下降到一定水平时，企业就需要再订货，这个水平的库存量称为订货点。存货下降到订货点，就是到了订货时间。在需求量和备货期都是确定的情况下，订货点(ROP)的计算公式为

$$\text{ROP} = dL$$

当需求量和备货期都不确定时，订货点的公式变为

$$\begin{aligned}\text{ROP} &= 备货期内的平均需求量 + 安全库存量 \\ &= \bar{d} \times \bar{L} + S_s \quad (式 3\text{-}8)\end{aligned}$$

【例 3-2】某超市婴儿奶粉平均日需求量为65罐，标准差为12罐/天，平均提前期为3天，标准差为1天，如果客户服务水平不低于97.7%，若需求量、提前期均服从正态分布，

则该超市婴儿奶粉的安全库存量为多少？（服务水平0.977，安全系数为2），请写出计算公式和计算步骤。

解 由题意知

$$\bar{d} = 65(\text{罐/天}),\ \sigma_d = 12(\text{罐/天}),\ \bar{L} = 3(\text{天}),\ \sigma_L = 1(\text{天})$$

$F(Z)=97.7\%$，查表知 $Z=2$，代入公式得

$$S_s = Z\sqrt{\sigma_d^2\bar{L} + \sigma_L^2\bar{d}^2} = 2\sqrt{12^2 \times 3 + 1^2 \times 65^2}$$

$$=136.48(\text{罐}) \approx 137(\text{罐})$$

所以，该超市婴儿奶粉的安全库存是137罐。

习题与思考

1. 什么是商品储存？商品储存有何作用？
2. 仓库和物流中心的种类有哪些？
3. 什么是商品储存的合理化？商品储存合理化的措施有哪些？
4. 某车间需要某种标准件，按生产计划，每年需要10 000件，每件价格1元，每采购一次的订货成本为25元，每件零件年保管仓储成本为价格的12.5%，求该零件经济定购批量和订货周期(周期单位为天)。
5. 某超市的某种食用油平均日需求量为1 000瓶，并且食用油的需求情况服从标准差为20瓶/天的正态分布，如果提前期是固定常数5天，该超市确定的客户服务水平不低于95%，请结合所提供的客户服务水平与安全系数对应关系的常用数据，计算出该食用油的安全库存量是多少？
6. 某超市的某种饮料的日需求量为1 000罐，提前期随机变化且服从均值为5天、标准差为1天的正态分布，如果该超市确定的客户服务水平要达到95%，请结合所提供的客户服务水平与安全系数对应关系的常用数据，计算出该种饮料的安全库存量是多少？
7. 天地公司是一家有30多年历史的国有企业，主打产品是日用洗涤品，生产所需的原料主要有8种(原料库存和货值数据见题表3-1)。按照企业的情况，A类商品的库存货值要占到总库存货值的70%~75%，B类商品的库存货值占总库存货值的20%~25%，C类商品的库存货值只占5%~10%，试用ABC分类法确定分类，并给出A类库存物资的管理方法。

题表3-1 天地公司生产所需原料库存和货值数据表

原料名称	库存数量(个)	商品单位货值(元)
001	6 000	4.8
002	1 200	110
003	1 000	6.2
004	800	10
005	150	450
006	95	300
007	10 000	0.5
008	9 000	1.2

案例分析

Spices 公司改善库存控制

一、基本情况

Spices 是美国一家已有 110 年历史的中等规模的调味品、提取物、蛋糕材料、沙司材料以及色拉调料生产商，其产品销售渠道有超级市场、杂货店、食品外卖店等。公司在印第安纳波利斯市有一个工厂，专门从事制造，产品经过印第安纳波利斯市和丹佛市的两间库房中转销往 10 个州。公司雇员 200 人，其中 30 名销售代表负责所有的销售和服务事务。

二、改善库存控制的背景

Spices 之所以要对库存控制进行改善，是基于以下因素的考虑。

1. 采购费用的增加是改善库存的直接原因

过去 10 个月中，Spices 耐用品的采购费用已经增加了 20 万美元。无论在采购人员的观念里，还是出于公司保持最小库存的目标，这个数字都太大了，必须对其采购费用进行削减。

2. 销售与营销部门的提前期与供应商的提前期之间的矛盾是改善库存控制的内在因素

在 Spices 公司中，销售与营销部门给采购部门下新耐用品订单时，提前期通常是 2 周，这当然不符合供应商所需的 4 ~ 8 周的提前期。于是，供应商往往会被要求加紧供货，而采购、销售与营销部门之间也会增加冲突。尽管采购人员每周都检查耐用品的库存水平，但分销仓库不予通知的缺货现象仍然经常发生。

3. 陈列品库存量太多与有效库存不足的矛盾是改善库存控制的重要原因

Spices 的采购人员还发现，无论何时，持有库存价值差不多都达到 20 万美元，理想的库存价值应该比较接近 8 万美元。同时，即使库存水平很高，采购人员也会因为各种细项经常性的缺货而受到销售代表的质问。已是 4 月底了，Spices 的采购经理面临着备用陈列品库存总量增加 25% 的问题。尽管如此，销售代表还一直抱怨经常出现缺货现象。在与物料经理计划的 6 月会议之前，采购经理必须找到一条改善库存控制的办法。

三、可以改善库存控制的几个方面

(一) 在营销与销售方面进行控制

1. 营销部门负责产品开发、包装以及各种备用陈列品的设计

陈列品属于耐用品，免费提供给零售商，用于 Spices 产品的商品展示。过去 5 年中，需要供应陈列品的零售商数目大幅度上升，对陈列品库存的需求也相应上升。

2. 陈列品订单通过采购部门发放

尽管营销与销售部门不对未来需求进行预测，但当销售代表签了新客户时，肯定会生成一张新报表并送到他们那里。报表中有关于该零售商所需陈列品数量的信息。在新报表生成前，如果现有库存不够的话，采购部门必须挖空心思在 1 ~ 14 天之内找到陈列品。

3. 销售代表对自己所属区域的销售与服务负责

服务包括为零售商提供和更换陈列品。一般情况下，如果陈列品不能用或不再需要了，零售商只会将它一扔了事，而不会将可用部分返还，因此需要销售代表去处理相关事项。销售代表从最近的库房领取陈列品时，只需要填写一张采购订单，再换取一张设备订单就行了。这个过程对所有的批量规模都一样。如果无法完成订单，销售代表或地区销售经理就会与采购部门联系，通知他们库存不够了。

(二)在分销方面的控制

目前尽管分销仓库只有两个，但明尼阿波利斯地区销售经理的车库里还有价值5万美元的库存。在印第安纳波利斯市和丹佛市，销售代表的采购订单是唯一的库存记录，没有人计算库存的日损耗数。分销仓库和采购部门之间的信息沟通不是很顺畅，因此，采购部门总是不知道库房里究竟还有多少陈列品库存。另外，销售代表们一般也在自己的地下室或车库里维持一定数量的库存，当然，没有任何记录。

(三)进行采购上的控制

采购部门负责所有的原材料、产品、包装物、易耗品、耐用品采购与库存控制。在6月份结束的上一财政年度中，耐用品采购价值50万美元。在所有物品的采购中，一个员工一个财政年度负责采购的价值总额就高达2 000万美元。

(四)进行库房检查

所有的库房每年都进行两次检查，采用实地计数的方式。同时，工作人员每周五去印第安纳波利斯市的库房，检查耐用品的库存情况。然后，他为各种细项计算相应的再订货点。再订货点记录在卡片上，同时记录的还有产品与供应商信息。如果某细项达到了再订货点，订单就会发放出去。10个月前，订单每月发放一次。

(五)确定耐用品的库存

耐用品库存包括75种不同型号的陈列品，有木制的、金属的、塑料的。产品与陈列品的迅速变化意味着库存中既有最近设计的新样品，也有出于替换目的的旧样品。供应商们的提前期一般是金属产品8周、木制或塑料产品4周。

四、改善库存控制的具体措施

基于对以上几方面的认识，面对严峻的形势，采购经理采取了以下措施。

1. 提高耐用品库存的再订货点水平。提高耐用品库存的再订货点水平虽然会因此增加总库存，但同时也消除了缺货。

2. 加强销售代表与分销部门间的信息流通。由于度量单位不统一，订单数目往往被表示成箱、个或其他单位，极易引起混淆。因此，必须更正错误的数字表达方式，同时要求分销部门准确理解销售代表发出的陈列品的订单信息。

3. 采购经理决定视丹佛市和明尼阿波利斯市的仓库为“外部顾客”，只对印第安纳波利斯市的库存水平进行集中管理。这样，采购经理便加强了对印第安纳波利斯市的仓库的库存控制，有利于库存水平的下降。所有的这些措施还只是初步的改善，因为仅在耐用品库存等较少的方面进行了控制，还有例如处理销售代表抱怨的缺货等问题，有待进一步的解决。以便真正做到对库存控制的改善。

案例来源：蒋长兵，白丽君. 仓储管理与库存控制：案例、习题与解答[M]. 北京：中国物资出版社，2010.

案例思考

1. 怎样针对不同的物品确定其库存控制计划？
2. 如何解决库存总量过多而局部缺货的矛盾？
3. 怎样对库存各关键控制点进行分析及运作？

实践训练

请调查一家企业的库存情况并为其设计库存控制策略。

第四章

包装技术与管理

知识要点

1. 包装的功能和分类
2. 包装技法与包装机械
3. 包装合理化
4. 商品集合包装和集装化

第一节 包装概述

一、包装功能

包装(packaging)是物流系统中的一个子系统，是物流过程的起点，也是保证物流流动顺利进行的重要条件。合适的包装能够保护商品实体，便于集中、分割及重新组合以适应多种装运条件及分货要求。包装材料的选用及包装技术的正确运用是包装合理化的基本条件。

我国的国家标准《包装通用术语》(GB4122—83)中对包装的定义是“为在流通过程中保护产品、方便储运、促进销售，按一定技术方法而采用的容器、材料及辅助等的总体名称”，也指“为达到上述目的而采用容器、材料和辅助物的过程中施加一定技术方法等的操作活动。”

包装的功能是指包装与产品组合时所具有的功能与作用。其功能主要表现在以下几个方面。

(一)保护功能

科学的包装可以保护商品在流通过程、储运过程中的完整性和不受损伤，是包装的基本功能。例如，防止物品破损、变形，发生化学变化；防止有害生物如鼠咬、虫蛀等；同时也防止危害性内装物对接触的人、生物和环境造成伤害或污染。

(二)便利功能

包装的便利功能指便于装卸、储存和销售，同时便于消费者使用。这就要求包装的大小、形态、包装材料、包装重量、包装标志等各个要素都应起到方便运输、保管、验收、装卸等作业的要求。进行包装及拆装作业，应当简便、快速，拆装后的包装材料应当容易处理，适应环保要求。

（三）单位化功能

包装具有将物品集合为便于理货的数量单位的功能，单位的大小决定于理货的便利性和交易的便利性两个主要因素。理货的便利性主要考虑多大的包装单位适合于托盘的堆码、运输带的传送、人工搬运的便利等。但是，包装单位化必须以确定包装模数为基础，要考虑与托盘、集装箱、货车等其他运输装卸的关联性，要以适合运输和装卸的集合单位，同时也要考虑消费者的期望购买的数量单位。

（四）促销功能

商品的包装是“无声的推销员”，在商业交易中促进销售的手段很多，包装是其中之一。恰当的包装能够唤起人们的购买欲望。对顾客的购买行为起着说服的作用。

二、包装分类

包装类型很多，按包装目的、包装形态、包装方法、包装材料及使用次数可做如下分类。

（一）按包装目的分类

按包装目的分类，可分为运输包装和销售包装两大类。

1. 运输包装

运输包装（transport package）以满足运输、储存、装卸的需要为主要目的，具有保障产品安全，方便运输、储存、装卸，加速交接、点验等作用。运输包装又称工业包装、外包装，以保护功能为主，兼具便利功能。

2. 销售包装

销售包装（promotion package）以商品销售为主要目的，是与内装物一起到达消费者手中的包装，具有保护、美化、宣传商品和促进销售的作用。

（二）按形态不同分类

按形态不同分类，可分为个包装、内包装、外包装三大类。个包装是指物品按个进行的包装，目的是为了提高商品的价值或保护物品；内包装是指包装货物的内部包装，目的是为了防止水、湿气、光热和冲击碰撞对物品造成的破坏；外包装是指货物的外部包装，其目的是方便物品的运输、装卸和保管，保护物品。

（三）按包装方法分类

按包装方法分类，可分为缓冲包装、防锈包装、真空包装、充气包装、灭菌包装、贴体包装、组合包装等。

（四）按包装材料分类

按包装材料分类，可分为纸类包装、塑料类包装、金属类包装、玻璃和陶瓷类包装、木材和复合材料包装五大类。

(五)按包装使用次数分类

按包装使用次数分类，可分为一次性包装(如纸盒、塑料袋)和复用性包装(如能直接消毒、灭菌再使用的玻璃瓶，或回收再复制的，如金属、玻璃容器等)两大类。

三、包装材料

常用的包装材料有纸、塑料、木材、金属、玻璃等。使用最为广泛的是纸及各种纸制品，其次是木材、塑料材料。

(一)包装用纸和纸制品

纸和纸板具有很多优良性能。如适宜的坚牢度、耐冲击性、耐摩擦性、易于消毒、易于成型、经济、重量轻、便于加工等。

1. 常用的包装用纸

(1)普通纸张。如牛皮纸、纸袋纸、中性包装纸、玻璃纸、羊皮纸等。

(2)特种纸张。如高级伸缩纸、湿强纸、保光泽纸、防油脂纸、袋泡茶滤纸等。

(3)装潢用纸。如胶版纸、铜版纸、压花纸、表面涂层纸等。

(4)二次加工纸。如石蜡纸、沥青纸、防锈纸、真空镀铝纸等。

2. 常用的包装用纸板

(1)普通纸板。如箱纸板等。

(2)二次加工纸板。如瓦楞纸板等。

(二)塑料

塑料具有机械性能好、阻隔性好、化学稳定性好、加工成型简单、透明性好等优良性能。常用的塑料包装材料有以下几种。

1. 聚乙烯塑料(PE)

按其密度分高、中、低三种。聚乙烯塑料已被广泛用来制造各种瓶、软管、壶、薄膜和黏合剂等。若加入发泡剂，还可以制成聚乙烯泡沫塑料。

2. 聚氯乙烯塑料(PVC)

聚氯乙烯是由单体氯乙烯加聚而成的高分子聚合物。聚氯乙烯的可塑性强，具有良好的装饰和印刷功能。聚氯乙烯是用途非常广泛的通用热塑性材料，不仅可以制作软、硬包装容器，而且还可以制作聚氯乙烯薄膜，更适合制作各种薄膜包装制品。

3. 聚丙烯塑料(PP)

聚丙烯是由丙烯为单体聚合而成的高分子化合物。属韧性塑料。聚丙烯塑料可用于吹塑和真空成型制造瓶子、器皿、包装薄膜以及打包带与编织袋。

4. 聚苯乙烯塑料(PS)

聚苯乙烯塑料由乙烯加聚而成。在常温下，聚苯乙烯高聚物为无定型的玻璃态物质。聚苯乙烯可用作盛装食品或酸、碱的容器。聚苯乙烯泡沫塑料常用作仪器、仪表、电视机和高维电器产品的缓冲包装材料。

5. 聚酯(PET)

聚酯薄膜是一种无色透明又有光泽的薄膜，具有较好的韧性与弹性。聚酯薄膜的主要缺点是不耐碱、热封性和防止紫外线透过性较差，所以聚酯包装一般不使用单层薄膜，而是与聚乙烯、聚丙烯等热合性能较好的树脂共聚，或涂层复合薄膜，以便用于制作冷冻食品及需加热杀菌包装的材料。

(三)木材及木制品

木材是一种优良的结构材料，长期以来，一直用于制作运输包装。近年来，虽然有逐步被其他材料所替代的趋势，但仍在一定范围内使用，在包装材料中占有一定的比重。木材主要使用板材制作各种包装箱，常用的一般包装木材有杉木、松木等。以木材为原料制成的胶合板、纤维板、刨花板等板材也用于制作包装箱、桶等。

(四)金属材料

包装所用的金属材料主要有钢材和铝材。其形态为薄板和金属箔，前者为刚性材料，后者为软性材料。金属材料具有较强的塑性与韧性，光滑、延伸率均匀，有良好的机械强度和抗冲击力，不易破损。但金属材料具有导电、导热、价格较高的缺点。

钢材中常用的有薄钢板(俗称“黑铁皮”)和镀锡低碳薄钢板(俗称“马口铁”)。薄钢板主要用于制作桶状容器。镀锡低碳薄钢板主要用于食品包装。

铝材包装材料主要有纯铝板、合金铝板和铝箔。纯铝板用作制桶，一般用于盛装酒类。合金铝板用作包装材料时要求其表面不能有粗槽、斑瘪、裂缝等质量缺陷。铝箔多用于复合软包装、硬包装及包装衬里等，也常用于食品、卷烟、药品、化妆品与化学品的包装等。

(五)玻璃

玻璃材料可用于运输包装和销售包装。用作运输包装时，主要是存装化工产品如强酸类；其次是玻璃纤维复合袋，存装化工产品和矿物粉料。用作销售包装时，主要是玻璃瓶和玻璃罐，用来存装酒、饮料、食品、药品、化学试剂、化妆品和文化用品等。

(六)复合材料

复合材料是将几种材料复合在一起，使其兼具不同材料的优良性能。现在使用较多的是薄膜复合材料，主要有纸基复合材料、塑料基复合材料、金属基复合材料等。

四、包装容器

包装容器是包装材料和造型综合的产物。现代运输包装容器有包装袋、包装盒、包装箱、包装瓶、包装罐五大类。

(一)包装袋

包装袋(packaging bag)按盛装重量分为如下种类。

1. 集装袋，盛装重量在1吨以上，一般用聚酯纤维纺织而成，顶部一般装有金属吊架或吊环，便于起重机吊装、搬运，卸货时可打开袋底卸货孔，即行卸货，非常方便。

2. 一般运输包装袋，盛装重量为50～100公斤，大部分是由植物纤维或合成树脂纤维编织而成，或者由几层挠性材料构成的多层材料包装袋。

3. 小型包装袋，也称普通包装袋，盛装重量较少，根据需要可用单层材料、多层同质材料或者多层不同材料复合而成。

（二）包装盒

包装盒（packaging box）是一种刚性或半刚性容器，呈规则几何形状，有关闭装置。包装盒通常用纸板、金属、硬质塑料以及复合材料制成。

（三）包装箱

包装箱（packaging case）是刚性或半刚性容器，一般呈长方体箱型，内部容积较大，其材料通常用纸板、木材、金属、硬质塑料或复合材料等制成。包装箱的种类很多，常用的有瓦楞纸箱、木箱、托盘集合包装、集装箱等种类，可根据实际需要合理地加以选用。

（四）包装瓶

包装瓶（packaging bottle）主要包装液体和粉状货物。包装瓶的包装量一般不大，适合美化装潢，主要做商业包装、内包装。包装瓶的材料要有较高的抗变能力，刚性、韧性要求也较高。包装瓶按外形可分为圆瓶、方瓶、高瓶、矮瓶、异形瓶等若干种。瓶口与瓶盖的封盖方式有螺纹式、凸耳式、齿冠式、包封式等。

（五）包装罐（筒）

包装罐（筒）（packaging tin）是罐身各处横截面形状大致相同，罐颈内径比罐身内颈稍小或无罐颈的一种包装容器，是刚性包装的一种。要求包装材料强度较高、罐体抗变形能力强。通常带有可密封的罐盖。包装罐是典型的运输包装，适合包装液体、粉状及颗粒状物品。也可做外包装、商业包装、内包装。

包装罐（筒）按容量分有小型包装罐、中型包装罐和集装罐三种；按制造材料分为金属罐和非金属罐两类。

五、包装标志

包装标志是指商品包装时，为便于货物交接、防止错发错运，也为运输、装卸、搬运、储存、堆码等的安全要求或理货分运的需要，在外部印刷、粘贴或书写的代号。

（一）包装标志的分类

商品包装的标志，通常分为运输标志、指示性标志和危险品标志。

1. 运输标志

运输标志即唛头。这是贸易合同、发货单据中有关标志事项的基本部分。它一般由一个简单的几何图形以及字母、数字等组成。唛头的内容包括：目的地名称或代号，收货人或发货人的代用简字或代号，件号（每件标明该批货物的总件数），体积（长×宽×高），重量（毛重、净重、皮重）以及生产国家或地区等。

2. 指示标志

指示标志用来指示运输、装卸、保管人员在作业时需注意的事项，以保证物资的安全。这种标志主要表示物资的性质，物资堆放、开启、吊运等的方法。指示性标志如图 4-1 所示。

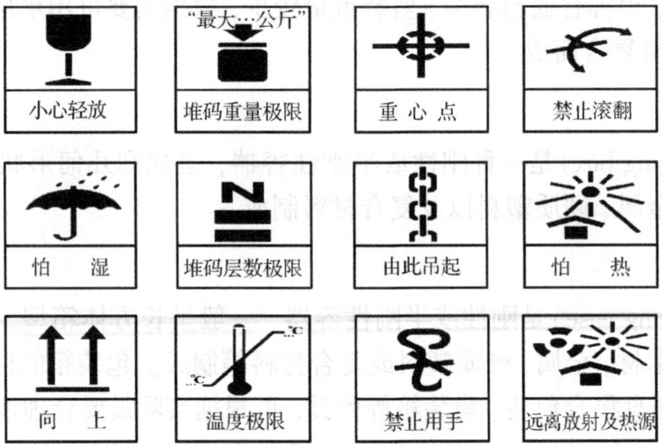

图 4-1 包装指示性标志

3. 危险品标志

危险品标志是用来表示危险品的物理、化学性质，以及危险程度的标志，又称警告性标志。它可提醒人们在运输、储存、保管、搬运等活动中引起注意。根据国家标准 GB190—73 规定，在水陆、空运危险货物的外包装上应当拴挂、印刷或标打危险品标志，如爆炸品、遇水燃烧品、有毒品、剧毒品、腐蚀性物品、放射性物品等。危险品标志共 21 种、19 个名称，其图形分别标示了 9 类危险货物的主要特性。危险品标志如图 4-2 所示。

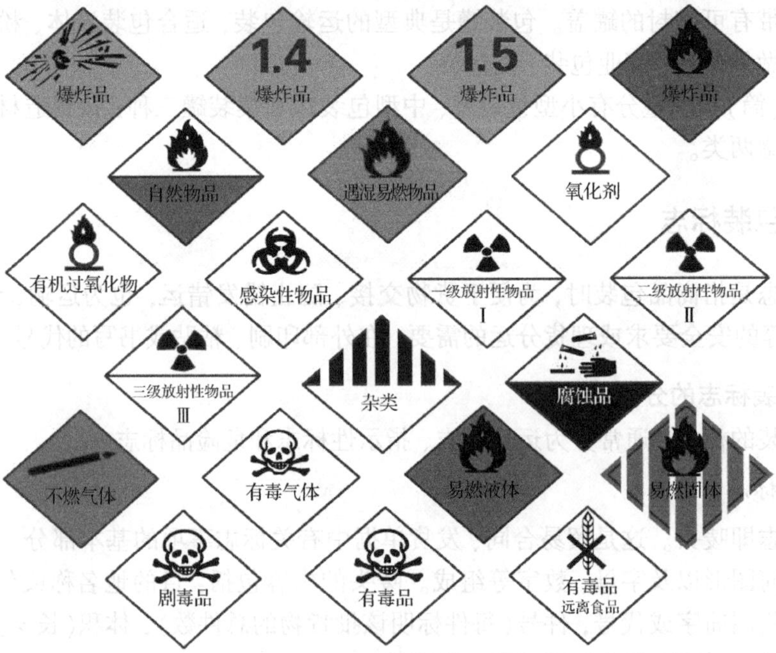

图 4-2 包装危险品标志

(二) 包装标志的要求

(1) 必须按照国家有关部门的规定办理。我国对物资包装标记和标志所使用的文字、符号、图形以及使用方法，都有统一的规定。

(2)必须简明清晰、易于辨认。包装标记和标志要求文字少、图案清楚、易于制作、一目了然、方便查对。标记和标志的文字、字母及数字号码的大小应和包装件的标记和标志的尺寸相称，笔画粗细要适当。

(3)涂刷、拴挂、粘贴标记和标志的部位要适当。所有的标记和标志，都应位于搬运、装卸作业时容易看得见的地方。为防止在物流过程中某些标记和标志被抹掉或不清楚而难以辨认，应尽可能在同一包装物的不同部位制作两个相同的标记和标志。

(4)要选用明显的颜色作标记和标志。制作标记和标志的颜料应具备耐温、耐晒、耐摩擦等性能，从而不发生褪色、脱落等现象。

(5)标志的尺寸一般分为三种。用于拴挂的标志为 74 ×52.5(平方毫米)；用于印刷和标打的标志为 105 ×74(平方毫米)和 148 ×105(平方毫米)两种。特大和特效的包装不受此尺寸限制。

第二节　包装技法与包装机械

一、包装技法

包装作业时所采用的技术和方法简称为包装技法，对任何包装件的操作都有技术问题和方法问题，通过包装技法，才能将运输包装体和产品(包括小包装)形成一个有机的整体。

(一)一般包装技法

1. 对内装物的合理置放、固定和加固

在包装容器中装进形状各异的产品(固体)，必须要合理置放、固定和加固。置放、固定和加固得巧妙，就能有效地缩小体积、节省材料、减少损失。

2. 对松泡产品进行体积压缩

对于松泡产品如羽绒服、枕芯、絮被、毛线等包装时占用容器的容积太大，会增加运输、储存费用，所以对松泡产品需要压缩体积。其中有效的方法是真空包装，它可大大缩小松泡产品的体积，缩小率可达 50% ~85%。

3. 合理选择外包装形状尺寸

在外包装形状尺寸的选择中，要避免过高、过扁、过大、过重等。过高会重心不稳，不易堆垛；过扁则标志刷字和辨认困难；过大则内装量太多，不易销售，且给流通带来困难；过重则纸箱易破损。

4. 合理选择内包装(盒)形状尺寸

内包装(盒)一般属于销售包装。在选择其形状尺寸时，要与外包装(箱)形态尺寸相配合，内包装(盒)的底面尺寸必须与包装模数协调，而且高度也应与外包装高度相匹配。

5. 包装外的捆扎

包装外捆扎对运输包装功能起着重要作用。捆扎的直接目的是将单个物件或数个物件捆紧，以便于运输、储存和装卸。而捆扎的功用远多于此，如能防止失窃、压缩容积、加固容器等。

(二)特殊包装技法

1. 缓冲包装

缓冲包装主要是利用缓冲作用，减少或避免被包装物品在装卸搬运、运输过程中受外界的冲击力、振动力等作用而造成损伤和损失。

对包装件来说，缓冲材料包括容器材料、固定材料、连接材料、封接材料等，主要指容器和产品之间的固定材料，但也不能忽视其他材料的缓冲作用。

各种物品因材质和结构不同，承受振动力、冲击力的能力也不一样。通常把物品承受外力的能力称为耐冲击度或易损性，它用物品能承受的最大冲击加速度的能力 G 值表示。G 值又称为 G 因数，它是物品允许的最大冲击加速度与重力加速度之比。物品的 G 值小于等于40者为A级，耐冲击度最弱；物品的 G 值为41～90者为B级。耐冲击度较好；物品的 G 值大于90者为C级，耐冲击度最好。

缓冲包装的设计，要合理地选定缓冲材料并确定其衬垫厚度。

缓冲包装方法一般分为全面缓冲、部分缓冲和悬浮式缓冲三类。

(1)全面缓冲。全面缓冲是指产品或内包装的整个表面都用缓冲材料衬垫的包装方法。

(2)部分缓冲。部分缓冲是指仅在产品或内包装的拐角或局部地方使用缓冲材料衬垫，通常对整体性好的或有包装容器的产品特别适用，既能得到较好的效果，又能降低包装成本。

部分缓冲可以有天地盖、左右盖、四棱衬垫、八角衬垫和侧衬垫几种。

(3)悬浮式缓冲。悬浮式缓冲是指先将产品置于纸盒中，产品与纸盒间各面均用柔软的泡沫塑料衬垫妥当，盒外用帆布包装或装入胶合板箱，然后用弹簧张吊在外包装箱内，使其悬浮吊起。这样通过弹簧和泡沫塑料同时起缓冲作用。这种方法适用于极易受损，且要求确保安全的产品，如精密机电设备、仪器、仪表等。

2. 防潮包装

防潮包装技法就是采用防潮材料对产品进行包装，以防止包装内部水分的增加，达到抑制生物的生长和繁殖，延长内装物贮存期的目的。采取的基本措施是以防潮性能良好的密闭容器或薄膜包装材料将已干燥的物品密闭起来，以隔绝外部空气中潮气变化对内装物的影响。防潮包装常用的包装容器有陶瓷容器、金属罐、玻璃瓶等。它们的防潮性能良好，但又有质硬体重、易破损、装运和使用不便等缺点。因而目前较多采用聚乙烯和聚丙烯等包装材料制成的容器进行包装。

3. 防锈包装

防锈包装技法是在运输储存金属制品与零部件时，为防止因锈蚀而降低价值或性能所采用的包装技术和方法。其目的是：消除和减少致锈的各种因素，采取适当的防锈处理。

4. 防霉腐包装

产品的发霉、腐烂变质是由霉菌引起的。霉菌从产品中吸取营养物质，产生生物霉，使产品牢度降低；有的产品长霉影响外观，还会引起机械、电子、仪器、仪表的机能故障；金属产品则会引起腐蚀的加快。因此必须采取防霉包装。

为防止霉菌侵袭而采取的包装方法称为防霉腐包装。防霉腐包装方法的实质是劣化某一环境因素，以达到抑制或杀灭微生物，防止内装物霉变、腐烂、保护物品质量的目的。

防霉腐包装技法大致有防潮包装(上述)和耐低温包装两类。

耐低温包装一般是用耐冷耐潮的包装材料制成。使包装件能较长时间地存放在低温条件下，包装材料不会变质，以抑制包装中微生物的生理活动，保护内装物不霉腐。如鲜肉、鲜鱼、鲜蛋、水果和蔬菜等要较长期储存，都必须采用耐低温包装。

防霉腐包装可根据具体物品采用密封包装和非密封包装。密封包装又可分为如下四种：抽真空换惰性气体密封包装、干燥空气封存包装、防氧封存、挥发性防霉剂防霉。非密封包装可采用产品经有效处理和包装箱开通风窗两种技法。

二、包装机械

(一)包装机械的定义

包装机械就是完成包装过程的机器。包装过程包括充填、裹包、封口等主要包装工序，以及与其相关的前后工序，如清洗、堆码和拆卸等。此外还包括盖印、计量等附属设备。真空包装机、贴体包装机、液体灌装包装机、粉末包装机等都属于包装机械。

(二)包装机械的作用

1. 提高劳动生产率

用机械包装代替手工包装，能大大提高劳动生产率。

2. 确保包装质量

机械包装使产品不与人体直接接触，保证了诸如食品、药品的清洁卫生及金属制品的防锈。机械包装计量准确、包装紧密、外形整齐美观、包装质量稳定。

3. 降低劳动强度，改善劳动条件

机械包装使工人从繁重的体力劳动中解放出来，降低了劳动强度，改善了劳动条件。

4. 降低劳动成本，减少流通费用

包装规格化、标准化，能适合集装箱、托盘、火车、轮船等各种运输条件和装卸方法。有些松泡商品，例如棉花、羽毛和某些服装、针棉制品等，经采用压缩包装机预压包装可以大大缩小包装件的体积，节省包装材料，降低了包装成本；在运输时缩小空间，节省运输费用；在储存时节省仓容，减少保管费用，增加仓库的储存量。

(三)包装机械的分类

目前对包装机的分类方法很多，常用的分类方法是按包装工序来进行分类。包装工序有裹包、灌装、充填等，完成这些包装工序的包装机械称为包装主机。另外还有洗涤、烘干、检测、输送和堆垛工作的辅助包装机械。

1. 裹包包装机械

裹包包装机械用于包装块状产品，按照裹包的不同工艺可分为扭结式包装机、折叠式包装机、信封式包装机、拉伸式包装机等。

2. 充填包装机械

充填包装机械用于包装粉状、颗粒状的固态物品。充填包装机械包括直接充填包装机和制袋充填包装机两类。直接充填包装机是利用预先成型的纸袋或塑料袋进行充填，也可直接充填于其他容器。制袋充填包装机是既要完成袋容器的成型，又要完成将产品充填入容器内两道工序的包装机械。

3. 灌装包装机械

灌装包装机械用于包装流体和半流体物品。按照灌装产品的工艺可分为常压灌装机、真空灌装机、加压灌装机等。灌装包装机械通常与封口机、贴标机等联结起来成为一条机械化灌装流水线。

4. 封口机械

封口机械是用于各种包装容器的封口。按封口的不同工艺又可分为玻璃罐加盖机械(压盖、旋盖等)、布袋口缝纫机械、封箱机械、塑料袋和纸袋的各种封口机械。

5. 贴标机械

贴标机械是用于将商标纸或标签粘贴于包装件上的机械。

6. 捆扎机械

捆扎机械有带状捆扎机、线状或绳状捆扎材料的结扎机等。

7. 热成型包装机械

热成型包装机械按加工工艺的不同分为袍罩包装机和贴体包装机。

8. 真空包装机械

真空包装机械按其抽真空后能否充入不活泼气体分为真空包装机和充气包装机两种。

9. 收缩包装机械

收缩包装机械除了有可作单件或多件产品销售包装的小型收缩包装机，还有用于将托盘包装在内的运输包装的大型收缩包装机。

10. 其他包装机械

除以上几类包装机械外，还有洗瓶和烘干机、检验包装材料和规格的检测机、盖印机、计算机等，这些单机一般和其他包装机联合成包装机组。

(四)常用包装机械

1. 制袋充填封口包装机

制袋充填封口包装机的主要工序有包装袋成型、充填、封口、切断等。它所采用的包装材料主要是薄膜制品，如塑料薄膜、纸、铝箔和复合薄膜等。

2. 热成型包装机械

热成型包装机根据包装容器成型工艺的不同分为泡罩包装机与贴体包装机。

泡罩包装是目前应用最广泛的一种包装。它是将产品封合在预成型的泡罩与底板之间的一种包装方法。

贴体包装与泡罩包装类同，两者的区别是贴体包装的产品作为成型模，包装由专用模具来成型。贴体包装可使产品固定不动，使产品质量在流通过程中不因相互碰撞而受损。

3. 收缩包装机械

收缩包装机械就是用经过拉伸定向的热收缩薄膜包装物品(或内包装件)，然后对薄膜进行适当的加热处理，使薄膜收缩而紧裹物品(或内包装件)的包装机械，收缩薄膜由上下两个卷筒张紧，产品由机器部件推向薄膜，薄膜包裹产品后，由封口部件将薄膜的三面封合，随后由输送带输送，通过加热装置，紧裹产品，冷却形成收缩包装件。

第三节　包装管理

包装管理具有两重性：一方面表现为与生产力、生产技术、社会生产相联系的一般属性；另一方面则表现为与生产关系、社会制度相联系的特殊属性。包装管理的目的是使包装满足商品在流通领域有效、协调流转的需要，创造最佳的经济效益。

包装管理往往因企业性质及其规模大小条件不同，管理的侧重面也不一样。一般说来，以生产为主的生产企业，包装管理的重点应放在生产作业的连续性和便利性方面；以销售为主的商业企业，包装管理的重点应放在包装单位、包装形体、包装装潢设计方面，使之获得最佳销售效果；物流运输、物资部门管理的重点是研究包装的强度、外径尺寸、包装材料、标志等，为科学合理地进行储存、运输、装卸提供有利的条件，以减少流通费用。

一、包装的组织管理

包装的管理机构是国家领导企业的一种组织形式，是工商企业为做好包装工作，实行经济、技术两方面的有效管理而建立的，它的规模和职责范围，视包装业务的繁简而定。

国家一级的包装机构是包装总公司，其任务是对全国包装企业、事业单位进行统筹规划，把发展包装材料和包装加工工业列入国民经济计划，进一步搞好地区之间和部门之间的联合，加强科学研究和人才培养。各部、各省、市、自治区成立分公司，其主要任务是根据国家有关的方针、政策制定本地区产品包装的改革和开展包装标准化工作，整顿产品包装质量，鉴定各类包装的性能，提出改进和提高产品质量的措施，确定本地区包装加工工业的规模和数量，协调工商，确定包装对口定点供应关系，配合工商行政管理部门监督包装加工企业，严禁粗制滥造，影响包装质量，推动产品包装工作。各企业内部还有包装管理机构，负责本企业的包装管理工作。

二、包装合理化

(一) 包装合理化的概念

包装合理化一方面包括包装总体的合理化，这种合理化往往用整体物流效益与微观包装效益的统一来衡量；另一方面也包括包装材料、包装技术、包装方式的合理组合及运用。从多个角度来考察，合理包装表现为以下几个方面的发展趋势。

1. 包装轻薄化

由于包装只是起保护作用，对产品使用价值没有多大意义，因此在强度、寿命、成本相同的条件下，更轻、更薄、更短、更小的包装，可以提高装卸搬运的效率。而且，轻薄短小的包装一般价格比较便宜，如果是一次性包装，也可以减少废弃包装材料的数量。

2. 包装标准化

物流包装标准化是以物流包装为对象，对包装类型、规格、容量、使用材料，包装容器的结构造型、印刷标志，产品的盛放、衬垫，封装方法，名词术语，检验要求等给予统一的政策和技术措施。

3. 包装机械化

包装机械化是指对装箱、封口、捆扎等外包装作业的机械化操作。包装机械化对于提高作业效率和包装现代化水平起着重要的作用，因此不断开发新型的包装机械是包装合理化的重要途径之一。

4. 包装绿色化

绿色包装是指无害、少污染的符合环保要求的各类包装物品，应符合“3R1D”标准，即减量化(Reduce)、重复使用(Reuse)、再循环(Recycle)、可降解(Degradable)。也就是说，绿色包装应符合节省材料、资源和能源，废弃可降解，不致污染环境，对人体健康无害等方面的要求，绿色包装是包装合理化的发展主流。

5. 包装集装化

集装化也称组合化、单元化，它是将一定数量的散装或零星成件物资组合在一起，以便在装卸、保管、运输等物流环节中作为一个整体进行技术上和业务上处理的包装方式。

(二)不合理包装的现象

不合理包装是在现有的条件下可以达到的包装水平而未达到，从而造成了包装不足、包装过剩、包装污染等问题。

1. 包装不足

物流包装不足主要体现在：

(1)物流包装强度不足；

(2)物流包装材料不能承担防护作用；

(3)物流包装容器的层次及容积不足；

(4)物流包装成本过低，不能有效地包装。

由于包装不足造成的主要问题是流通过程中的损失及促销能力的降低。这一点不可忽视。我国曾经举行过全国包装大检查，经过统计分析，每年我国因包装不足造成的损失有上百亿。

2. 包装过剩

(1)包装过剩的体现

物流包装过剩主要体现在：

①包装强度设计过高；

②包装材料过高；

③包装技术过高；

④包装层次过高，体积过大；

⑤包装成本过高。

(2)包装过剩的危害

包装过剩在管理学上又称为包装过度，其危害体现在以下几个方面。

①浪费大量资源。包装工业的原材料如纸张、橡胶、玻璃、钢铁、塑料等，使用的原生

材料，来源于木材、石油、钢铁等，这些都是中国的紧缺资源。如果用于过度包装、大量使用，而没有进行相应地回收利用，就会造成很大的浪费。

②污染环境。消费者抛弃大量包装废弃物，加重对环境的污染。过度包装产生的成本相当可观，而这些耗费大量资源的过度包装物，到了消费者手中全部变成了生活垃圾。

③损害社会利益。首先过度包装侵害了消费者的利益，使其在支付了必要的商品价值后，又被强加了额外的巨额包装费。其次伤害了企业利益。激烈的不正当竞争，造成了过度包装在市场上的泛滥，从长远来看，这无疑不利于企业的可持续发展。再次损害了社会利益。过度包装之风形成了奢华、浮夸的社会风气，不利于建设节约型社会。

3. 包装污染

包装污染主要体现在两个方面。

(1) 包装材料中大量使用的纸箱、木箱、塑料容器等，要消耗大量的自然资源。

(2) 商品包装的一次性、豪华性，甚至采用不可降解的包装材料，严重污染环境。

包装污染对环境的危害很大，日益枯竭的自然资源和日益严峻的生态环境要求人们最大限度地采用绿色包装，从材料选择、产品制造、销售、使用、运输到回收等整个过程都应符合绿色物流的要求。

(三) 包装合理化的策略

要实现包装合理化，需要从以下几方面加强管理。

(1) 广泛采用先进包装技术。包装技术的改进是实现包装合理化的关键。要推广诸如缓冲包装、防锈包装、防湿包装等包装方法，使用不同的包装技法，以适应不同商品的包装、装卸、储存、运输的要求。

(2) 由一次性包装向反复使用的周转包装发展。包装是产生大量废弃的环节，处理不好可能造成环境污染。包装最好可反复多次使用并能回收再生利用，实现由一次性包装向反复使用的周转包装发展。

(3) 采用组合单元装载技术，即采用托盘、集装箱进行组合运输。包装要符合集装单元化和标准化的要求，包装的规格与托盘、集装箱关系密切，其设计应考虑与运输车辆、搬运机械的匹配，从系统的观点制定包装的尺寸标准。

(4) 实行机械化与自动化包装。为了提高作业效率和包装现代化水平，在推行包装标准化的基础上，应注重各种包装机械的开发和应用。

(5) 一次性包装应轻薄化。在运输过程中，由于包装只是起保护作用，对产品使用价值没有增值意义，因此，对于一次性包装，在强度、寿命满足要求条件下，更轻、更薄、更标准的包装，可以提高装卸搬运的效率。

(6) 注意与其他环节的配合。包装是物流系统组成的一部分，需要和装卸搬运、运输、仓储等环节一起综合考虑、全面协调。

三、包装标准化的管理

包装标准化的管理对提高包装质量、降低包装成本、保护内装产品的固有性质、减少其在流通过程中的破损、节约运力、增加经济效益、方便销售、增强产品的竞争能力等方面都起着重要作用，因此加强包装标准化管理是提高经济效益的一项重要措施。

包装标准就是对包装标志，包装所用的材料规格、质量，包装的技术要求，包装件的试验方法等做出的的技术规定。

包装标准可分为三类。

一是包装基础标准和方法标准。这是包装工业基础性的通用标准，如包装通用术语、包装的尺寸系列、运输包装件试验方法等。

二是工农业产品的包装标准。这是对产品包装的技术要求或规定。一种是产品质量标准中对包装、标志、运输、储存等的规定，例如，《日用安全火柴》产品质量规定，每盒应有商标和制造厂名，每十盒为一包，每一百包为一件，每件对包装必须严密牢固；另一种是单独制定的包装标准，如《洗衣粉包装箱》《针织包装与标志》《铝及铝合金加工产品的包装、标志、运输和贮存的规定》等。

三是包装工业的产品标准。指包装工业产品的技术要求和规定，如《普通食品包装纸》《纸袋装》《高压聚乙烯重包装袋》《塑料打包带》等。

包装标准化是指对产品包装的类型、规格、容量、使用的包装材料、包装容器的结构造型、印刷标志及产品的盛放、衬垫、封装方式、名词术语、检验要求等加以统一规定，并贯彻实施。其中主要的是统一材料、统一规格、统一容量、统一标记和统一封装方法。

产品包装的质量必须用它的各项标准来衡量。产品没有包装，不能进入流通领域，有了包装而无标准就无法鉴别包装质量的优劣。

实现包装标准化，使得包装规格型号减少，同类产品可以通用，在包装生产过程中，减少了机器更换规格尺寸和印刷标志的时间、提高了效率、节约了工时费用，还能够促进商品包装的回收利用、减少包装费用。而且对于保护产品质量；提高运输工具的装载量；加速物流也具有十分重要的意义。因此，对已经制定包装标准的，要坚持采用标准包装；对尚未制定标准的，要积极配合生产部门研究制定包装标准，加速包装标准化的进程。

第四节　商品集合包装和集装化

一、商品集装化和集合包装的概念

商品集装化又称为组合化或单元化，它是指将一定数量的散装或零星成件物组合在一起，在装卸、保管、运输等物流环节中作为一个整件，进行技术上和业务上的包装处理方式。

所谓集合包装，是指将一定数量的产品或包装件组合在一起，形成一个合适的运输单元，以便于装卸、储存和运输。

二、商品集装化的作用

商品集装化反映了一个国家或地区的生产、科技与管理水平。它以生产发展和较高的科技水平为基础，不仅要求运输装卸的高度机械化，还要有一套完整的科学管理方法，在现代商品物流系统中，日益显示出它的优越性。它的作用主要表现在以下几个方面。

(1)有利于降低商品运输、装卸的劳动强度，减少重复操作，提高运输和装卸的效率。

(2)缩短装卸时间，加速车船周转，提高物流效率。有利于实现海运、铁路和公路的联合运输，形成从发货人仓库直达收货人仓库的“门到门”运输，便于实施装卸机械化和自动化，从而加快了车船周转和商品运输速度，提高物流效率。

(3)保证商品的储运的安全。装卸后的商品被密封在箱内，集合包装起到一个强度很大的外包的作用。在储运过程中，无论经过多少环节，都是整箱运输，自发货人处装箱签封直至收货人处实行一票到底，从而避免货物倒装，防止货损、货差和丢失，提高商品储运的完整率，有效地保证了商品的储运安全。

(4)节省包装费用，降低物流成本。商品集装化所使用的容器(集装箱、托盘等)大多数可以反复周转使用，可以相应降低集合包装内商品包装的用料标准，甚至有的商品可以简化包装或不包装，节省包装费用；商品集装化后可简化理货手续，提高运输工具的运载率，降低运输费用和成本；受环境气候影响较小，便于露天存放，节省仓容，减少存储费用。物流成本的降低可以增加商品在市场上的竞争力。

(5)促进商品包装标准化、规格化、系列化的实现。集装化要求集合包装具备一定的规格尺寸，要求每件商品外包装尺寸必须适合集装箱或托盘的装放要求，不能出现集合包装的空位。集装化的商品要求单件杂货按标准系列尺寸组成统一规格的货组，才能保证运输、装卸的合理化。

三、商品集合包装和集装运输

(一)商品集合包装与集装运输的关系

商品集合包装是实现集装运输的条件，是运输业高度发展的必然结果。集装运输是以集合包装为基础、化零为整的一种先进运输方式。集合包装的最大特点就是，把商品的包装方式和运输方式融为一体。离开了集装运输就谈不上集合包装，而没有集合包装就无法实现集装运输，两者是相互依存、互相促进的关系。为了提高装载能力、保证商品储运安全、提高装卸运输效率，必须协调好集合包装与集装运输的关系。集合包装要求装卸搬运的高度机械化，而集装运输则要求商品包装的集装化。

1. 工具要素

商品集装化的工具主要是各种集装工具和辅助性工具。集装工具有：集装箱、托盘、集装袋、散装罐等。集装辅助工具有：装卸辅助工具，如吊具、索具、叉车附件属具等搬运辅助工具、包装辅助工具。

这些工具以不同形式进行集装，适用于不同的货物，再加上各种集装具有不同的类型和尺寸，所以商品集装化适用于各种物流对象。

2. 装置、设施要素

(1)集装站、场、码头。这些设施是商品集装的运输地点，如火车集装站、集装处理场、集装码头等，集装货物在这些地方的活动主要是存放和装卸。

(2)集装装卸设施。主要有集装箱吊车、托盘叉车、集装箱半挂车、散装管道装卸设备、散装输送传送设备。

(3)集装运输设备。主要有集装箱船、集装箱列车、散装罐车等。

(4)集装储存设施。主要有集装箱堆场、托盘货架、集装货载、立体仓库等。

3. 管理要素

商品集装化的管理与一般工厂管理、商业管理有很大的区别，必须依靠有机地协调、有效地管理才能完成。由于集装的范畴很广，从地域来讲，集装货物的移动能遍及全国或国际间，因此管理有很强的特殊性。商品集装化管理主要有以下几方面。

(1)托盘、集装箱的周转管理。托盘、集装箱、集装袋等集装工具一旦发运，有的会在千里之外，如何回收、复用、返空是管理中的一个很大问题。因此，在管理上应采取集装箱网络管理、托盘联营方式管理等，有效地解决管理问题。

(2)集装联运经营管理。集合包装的整个物流过程涉及若干种运输方式、许多部门和站场，因此，必须进行一种有效的协作才能使集合包装联运顺利实现。

(3)集装化信息。集装化信息是管理中的重要部分，关系集装化能否正常进行。

4. 支撑要素

支撑要素主要指国家相关的体制、法律和制度等。商品集装化涉及范围广、部门多，必须有强有力的体制、法律制度方面的支持才能完成。

(二)如何组织集装运输

组织集装运输，必须注意以下几个问题。

1. 建立强有力的指挥和调度系统

集装运输由许多环节组成，一环扣一环，涉及船舶港口、码头、车站、火车、汽车等运输工具和设施，协作性很强，属于连续作业。这就要求包装的材料，容器造型、结构和附件的尺寸、规格，必须适合集装运输的需要。同时，从包装、运输、装卸到各种设施，要进行总体规划和总体配套，形成综合能力，实行专业化管理。

2. 合理组织商品运输

集装运输要按商品流向，确定合理的运输工具和运输路线，防止迂回倒流，注意组织好回程货源，充分发挥集装运输工具的优势，办好联运，简化理货手续。

3. 包装与装卸机械设备的配套

集装运输要求装卸、搬运机械化。应设置先进的自动化程度较高的各类叉车、吊车、铲车等，水运要建设好集装箱专用船和专用码头；对包装操作设备，如集装箱、集装袋的充填和灌装机械、托盘集装等设备，要科学配套，提高自动化程度。

4. 加强专业化管理

集装运输是一种专业化很强的运输，本身具有标准化、系列化的特点，有专门运输工具，专用的车站、码头和堆货场，以及仓库和各种专用装卸设备。因此，要实行专业化管理，才能达到“快速高效”的目的。

5. 实现集合包装标准化

集合包装的标准化是实现集装运输的关键。集合包装的系列标准是与各种不同规格的集装箱外部的长、宽、高尺寸和最大总重量相适应的。国际集装箱包装系列标准的最大特点是实现了模数化，对运输工具(如车、船)商品内外包装、集装箱内部和外部尺寸，都是以包装模数作为参数而进行设计的。

四、商品集装容器及选用

商品集装容器主要有集装箱、托盘、集装袋等。

(一)集装箱

1. 集装箱的概念

集装箱是指具有固定规格和足够强度，能装入若干件整装货或散装货的专用周转大型容器。集装箱也称“货箱”或“货柜”。根据国际标准化组织(ISO)对集装箱所下的定义与技术要求，我国最新修订的GB/T1413—1998《系列1集装箱——分类、尺寸和额定质量》国家标准《集装箱名词、术语》中对集装箱的定义，集装箱应具有如下特点和技术要求：

(1)具有足够的强度，能长期反复使用；

(2)适于一种或多种运输方式运送货物，途中无须倒装；

(3)设有快速装卸的装置，便于从一种运输方式转到另一种运输方式；

(4)便于箱内货物装满和卸空；

(5)内容积等于或大于1立方米。

2. 集装箱的种类

(1)按集装箱的用途，可分为通用集装箱和专用集装箱两种。

通用集装箱。它适用于装载对运输条件无特殊要求的各种不同规格的干杂货，进行成箱、成件集装运输。这类集装箱的箱体一般有密封防水装置，又称密封式集装箱或适应集装箱。

专用集装箱。它是根据某些商品对运输条件的特殊要求而专门设计的集装箱。一般箱内设有通风、空调或货架等设备，可用于装载鲜活、易腐、怕热、怕冻或体积较大的商品等。

(2)按集装箱的结构分为保温集装箱、通风集装箱、冷藏集装箱、罐式集装箱、散装货集装箱、牲畜集装箱、柱式集装箱、挂式集装箱、多层集装箱等。

(3)按集装箱制作材料分为钢质集装箱、铝合金集装箱、玻璃钢质集装箱、薄壳式集装箱等。

(4)按集装箱运用的运输方式分为联运集装箱、海运集装箱、铁道集装箱、空运集装箱等。

(5)按集装箱箱体造型差异可分为不同开门位置集装箱、折叠式集装箱、拆解式集装箱、台架式集装箱、抽屉集装箱、隔板集装箱等。

(二)托盘

1. 托盘的概念

托盘又称集装托盘、集装盘。托盘是一种用于机械化装卸、搬运和堆存的集装单元工具(GB 3716—83)，是一种特殊的包装形式。

托盘既具有搬运器具的作用，又具有集装容器的功能，是国内外物流系统中普遍采用的一种集装器具。托盘的出现促进了集装箱和其他集装方式的形成和发展，目前，托盘和集装箱已形成集装系统的两大支柱。托盘作为一种装卸储运物质的轻便平台，便于利用叉车、搬运车辆或吊车等装卸搬运单元物品或小数量的物品。

托盘的主要优点如下。

(1)自重小，用于装卸、运输。托盘本身所消耗的劳动较小，无效运输及装卸比运输集装箱为小。

(2)返空容易，返空时占用的运力少。由于托盘造价不高，又很容易互相替代，互以对方托盘为抵补，无须像集装箱那样有固定的归属者，也无须像集装箱那样返空，即使返空也比集装箱容易。

(3)装盘容易。装货时不必像集装箱一样深入箱体内部，装盘后可采用捆扎、紧包等技术处理，使用简便。

(4)装载量虽较集装箱小，但也能集中一定数量，比一般包装的组合量大得多。

但是，托盘也有不足之处，托盘的保护性差，对货物的保护性比集装箱差，露天存放困难，需要有仓库等配套设施。

在现代物流系统中，托盘被认为是经济效益较高的运输包装方式之一，它不仅可以简化包装、降低成本，使包装可靠，减少损失，而且易于实现机械化，节省人力，实现高层码垛，充分利用空间。

2. 托盘的分类

(1)按托盘实际操作和运用分类，可以分为两个方向通路的托盘和四个方向通路的托盘。

(2)按托盘的材质分类，有木托盘、钢托盘、铝托盘、胶合板托盘、塑料托盘、复合材料托盘等。

(3)按托盘的负载重量分类，托盘在设计和使用中要考虑它的负载，故可根据负载重量分为0.5吨托盘、1吨托盘、2吨托盘等。

(4)按托盘的结构分类，可分为平板式托盘，即平托盘、箱式托盘、立柱式托盘。

3. 托盘的规格

根据实际计算，825×1 100、1 100×1 100和1 000×1 200三种规格的托盘对集装箱底面积的利用率最高。国际上主要国家使用率最高的三种规格是：800×1 100、900×1 100、1 100×1 100。1982年颁布国家标准是：800×1 200、800×1 100和1 000×1 200三种。机械工业系统使用JB3003—81规定：平托盘规格为825×1 100、545×825两个规格；箱式托盘和柱式托盘为800×1 000和500×800。我国铁路使用的托盘规格主要有850×1 250、900×1 250、950×1 250和1 000×1 250共四个规格。

(三)集装袋和其他集装容器

除了集装箱、托盘这两种集装容器应用很广，适用于货场主体集装之外，还有若干种在某些货物、某些领域能发挥特殊作用的集装容器，如集装袋、集装网络、罐体集装、货捆、框架等。

1. 集装袋

集装袋是一种柔软和可折曲的用于周转的大型包装运输容器。它是由可折叠的涂胶布、树脂加工布、交织布、塑料和化纤及其他柔性材料制成的。特点一是结构简单，装载量大，袋装容器缝合和加工方便，结构比较简单；装卸量较大，一般可容纳0.5~2吨，最高可达3吨货物，如一条重量仅2.3公斤的聚丙烯编织袋能装1吨货物。特点二是适于包装粉状、粒状货物及其包装件，如粮食、食盐、食糖、化肥、化工原料、饲料和水泥等。它的出现是粉状、粒状及其袋装货物包装运输方法的一次革命，有取代传统的纸袋、塑料袋包装的趋势，有利于促进包装的规格化、系列化和标准化。

2. 集装架

集装架(或框架集装)是一种根据商品外形特征选择或特制各种形式的框架，以适用于商品的集装方法。有些框架对商品适应性较广，如“门”字形框架，对所有长方形物料都可使用，而有些框架则专用性很强，只适用于某种特殊形状的商品使用。集装架具有轻便、牢固、易于搬运，提高装卸速度，减少包装和运输费用，降低商品损耗的优点。

3. 货捆

货捆是采用各种材料的绳索，将货物进行多种形式的捆扎，使若干单件货物汇集成一个单元。货捆可以更好地利用运输工具、提高运载能力，更好地利用仓容面积，提高库容利用率。我国在货梱方面常采用自货预垫和绳索预垫两种方法。自货预垫是指装车前用货物本身在车、船底板和货层间预垫，在车、船侧旁预隔(将货物与车帮分离开)以便卸车时套索。绳索预垫是指装车前将带套扣的绳索预垫在货物下，卸车时吊钩吊住套扣即可将货物直接吊起。这两种方法操作十分简单，物流效率较高。

习题与思考

1. 什么是商品包装？请联系实际说明包装的功能。
2. 简述商品包装的分类方法。
3. 商品包装都有哪些主要技法？
4. 包装机械有哪些作用？
5. 简述包装合理化的含义及策略。
6. 什么是集合包装？它与集装化运输有何关系？
7. 托盘在物流过程中有哪些优点？
8. 集装箱是如何进行分类的？

案例分析

东北人参的包装

商品的包装要与其价值和质量表里一致，货价相当。我国东北出口的优质人参，开始采用木箱或纸盒包装，每箱 20 ~25 公斤，低劣的包装使外商怀疑其是否是真正的人参。后来改用小包装，不同等级的包装不同，上品内用木盒，外套印花铁盒，每盒 1 ~5 支，精致美观；一般的采用透明塑料盒包装。由于采用等级包装，东北人参身价倍增。

尝到甜头后，近年来商家把注意力越来越集中在外包装上，每根人参腰间系一红锦绳，加一锦盒包装，售价就要翻几倍；更有的企业把人参磨成粉，装进胶囊，几粒胶囊封塑在一板中，装进一个小纸盒，然后几个小纸盒装进一个大锦盒，最后大锦盒装进一个锦袋，这才包装完毕，价格自然翻了若干倍，而消费者实际得到的商品价值只占价格的一小部分，而企业获得了巨额利润。东北人参的包装问题再次引起人们的关注。

案例来源：孙秋菊. 现代物流概论[M]. 北京：高等教育出版社，2009.

案例思考

1. 我国东北人参改为分类包装后，商品身价倍增，对此你有何启发？
2. 近几年来东北人参出现的包装问题属于哪种不合理包装现象？有何危害？

实践训练

顺德荣兴电子公司有一批电磁炉准备销往法国马赛，目前在该公司的仓库里，准备装柜经顺德北滘港到香港转大船，力争赶上当地的销售旺季。

问题：若你为该公司的仓库负责人，请问要检查该批商品是否用的包装技法和包装标志有哪些？

第五章

装卸搬运

知识要点

1. 装卸搬运的概念与作用
2. 装卸搬运的分类
3. 装卸搬运机械
4. 装卸搬运机械合理化

第一节　装卸搬运概述

一、装卸搬运的概念

物资的装卸搬运是物流的主要功能之一。装卸搬运活动渗透到物流各领域、各环节，成为物流顺利进行的关键。物资装卸搬运伴随着物流的始终，联系着物流的其他功能，成为提高物流效率、降低物流成本、改善物流条件、保证物流质量最重要的物流环节之一。

在同一地域范围内(如车站范围、工厂范围、仓库内部等)以改变“物”的存放、支承状态的活动称为装卸，以改变“物”的空间位置的活动称为搬运，两者全称装卸搬运。有时候或在特定场合，单称“装卸”或单称“搬运”也包含了“装卸搬运”的完整涵义。

在习惯使用中，物流领域(如铁路运输)常将装卸搬运这一整体活动称为“货物装卸”；在生产领域中常将这一整体活动称作“物料搬运”。实际上，活动内容都是一样的，只是领域不同而已。

在实际操作中，装卸与搬运是密不可分的，两者是伴随在一起发生的。因此，在物流科学中并不过分强调两者差别而是作为一种整体活动来对待。

搬运的“运”与运输的“运”区别之处在于：搬运是在同一地域的小范围内发生的；而运输则是在较大范围内发生的，两者是量变到质变的关系，中间并无绝对的界限。

二、装卸搬运的地位

装卸活动的基本动作包括装车(船)、卸车(船)、堆垛、入库、出库以及联结上述各项动作的短程输送，是伴随运输和保管而产生的必要活动。

在物流过程中，装卸活动是不断出现和反复进行的，其出现的频率高于其他各项物流活动，每次装卸活动都要花费很长时间，所以往往成为决定物流速度的关键。装卸活动所消耗的人力也很多，所以装卸费用在物流成本中所占的比重也较高。以我国为例，铁路运输的始发和到达的装卸作业费大致占运费的20%左右，船运占40%左右。因此，降低装卸费用是减少物流费用的重要环节。

此外，进行装卸操作时往往需要接触货物，这往往是物流过程中造成货物破损、散失、损耗、混合等损失的主要原因。例如袋装水泥纸袋破损和水泥散失主要发生在装卸过程中，玻璃、机械、器皿、煤炭等产品在装卸时最容易造成损失。

由此可见，装卸活动是影响物流效率、决定物流技术经济效果的重要环节。

(1)据我国统计，火车货运以500公里为分歧点，运距超过500公里，运输在途时间多于起止的装卸时间；运距低于500公里，装卸时间则超过实际运输时间。

(2)美国与日本之间的远洋船运，一个往返需25天，其中运输时间13天，装卸时间12天。

(3)我国对生产物流的统计，机械工厂每生产1吨成品，需进行252吨次的装卸搬运，其成本为加工成本的15.5%。

三、装卸搬运的特点

(一)装卸搬运是附属性、伴生性的活动

装卸搬运是物流每项活动开始及终止必然发生的活动，因而有时常被人忽视，有时被看做其他操作时不可缺少的组成部分。例如，一般而言的“汽车运输”，实际就包含了相随的装卸搬运，仓库中泛指的保管活动，也含有装卸搬运活动。

(二)装卸搬运是支持、保障性活动

装卸搬运的附属性不能理解成被动的，实际上，装卸搬运对其他物流活动有一定的决定性。装卸搬运会影响其他物流活动的质量和速度，例如，装车不当，会引起运输过程中的损失；卸放不当，会引起货物转换成下一步运动的困难。许多物流活动在有效的装卸搬运支持下，才能实现高水平。

(三)装卸搬运是衔接性的活动

在任何其他物流活动互相过渡时，都是以装卸搬运来衔接，因而，装卸搬运往往成为整个物流的“瓶颈”，是物流各功能之间能否形成有机联系和紧密衔接的关键，而这又是一个系统的关键。建立一个有效的物流系统，关键看这一衔接是否有效。比较先进的系统物流方式——联合运输方式就是着力解决这种衔接而实现的。

第二节　装卸搬运的分类

一、按装卸搬运的物流设施、设备对象分类

按装卸搬运的物流设施、设备对象可分为仓库装卸、铁路装卸、港口装卸、汽车装卸、飞机装卸等。

仓库装卸配合出库、入库、维护保养等活动进行，并且以堆垛、上架、取货等操作为主。

铁路装卸是对火车车皮的装进及卸出，特点是一次作业就实现一车皮的装进或卸出，很少有像仓库装卸时出现的整装零卸或零装整卸的情况。

港口装卸包括码头前沿的装船，也包括后方的支持性装卸搬运，有的港口装卸还采用小船在码头与大船之间“过驳”的办法，因而其装卸的流程较为复杂，往往经过几次的装卸及搬运作业才能最后实现船与陆地之间货物过渡的目的。

汽车装卸一般一次装卸批量不大，由于汽车的灵活性，可以减少或完全减去搬运活动，而直接、单纯利用装卸作业达到车与物流设施之间货物过渡的目的。

二、按装卸搬运的机械及机械作业方式分类

按装卸搬运的机械及机械作业方式可分成使用吊车的“吊上吊下”方式、使用叉车的“叉上叉下”方式、使用半挂车或叉车的“滚上滚下”方式、“移上移下”方式及散装方式等。

“吊上吊下”方式。采用各种起重机械从货物上部起吊，依靠起吊装置的垂直移动实现装卸，并在吊车运行的范围内或回转的范围内实现搬运或依靠搬运车辆实现小搬运。由于吊起及放下属于垂直运动，这种装卸方式属垂直装卸。

叉上叉下方式。采用叉车从货物底部托起货物，并依靠叉车的运动进行货物位移，搬运完全靠叉车本身，货物可不经中途落地直接放置到目的处。这种方式垂直运动不大而主要是水平运动，属水平装卸方式。

滚上滚下方式。主要指港口装卸的一种水平装卸方式。利用叉车或半挂车、汽车承载货物，连同车辆一起开上船，到达目的地后再从船上开下，称“滚上滚下”方式。利用叉车的滚上滚下方式，在船上卸货后，叉车必须离船，利用半挂车、平车或汽车，则拖车将半挂车、平车拖拉至船上后，拖车开下离船而载货车辆连同货物一起运到目的地，再原车开下或拖车上船拖拉半挂车、平车开下。滚上滚下方式需要有专门的船舶，对码头也有不同要求，这种专门的船舶称“滚装船”。

移上移下方式。在两车之间（如火车及汽车）进行靠接，然后利用各种方式，不使货物垂直运动，而靠水平移动从一个车辆上推移到另一车辆上，称移上移下方式。移上移下方式需要使两种车辆水平靠接，因此，对站台或车辆货台需进行改变，并配合移动工具实现这种装卸。

散装散卸方式。对散装物进行装卸。一般从装点直到卸点，中间不再落地，这是集装卸与搬运于一体的装卸方式。

三、按被装物的主要运动形式分类

按被装物的主要运动形式可分垂直装卸、水平装卸两种形式。

垂直装卸搬运。采取提升和降落的方式对货物进行的装卸搬运。这种装卸搬运是常采用的装卸搬运形式，其所用的设备通用性较强，应用领域较广，如起重机、叉车、提升机等，但这种方式消耗的能量较大。

水平装卸搬运。采取平移的方式对货物进行的装卸搬运。这种装卸搬运方式不改变被装物的势能，比较省力。但需要有专门的设施，如和汽车水平接靠的适高站台、汽车和火车之间的平移工具等。

四、按装卸搬运对象分类

按装卸搬运对象可分成单件货物装卸、集装货物装卸、散装货物装卸三种。

(一)单件装卸

单件装卸，是指非集装按件计的货物逐个进行装卸操作的作业方法。单件作业对机械、装备、装卸条件要求不高，因而机动性较强，不受固定设施、设备的地域局限。

单件作业可采取人力、半机械化及机械装卸。由于逐件处理装卸速度慢，容易出现货损及货差，作业对象主要是包装杂货、多品类、少批量货物及单件大型笨重货物。

(二)单元(集装)装卸

单元(集装)装卸，是用集装化工具将小件或散装物品集成一定质量或体积的组合件，以便利用机械进行作业的装卸方式。

单元装卸的装卸速度快，装卸时并不逐个接触货体，因而货损小，货差也小。集装作业的对象范围较广，一般除特大、重、长和粉、粒、液、气状货物外，都可进行集装。粉、粒、液、气状货物经一定包装后，也可集装作业；特大、重、长的货物，经适当分解处理后，也可采用集装作业。单元(集装)装卸作业有以下几种。

1. 托盘装卸

托盘类型繁多，代表性的有平托盘、箱式托盘、柱式托盘、轮式托盘。利用叉车对托盘货载进行装卸，属于“叉上叉下”方式。叉车本身有行车机构，在装卸同时可以完成小搬运，无须落地过渡。托盘装卸常需叉车与其他设备、工具配合，有效地完成全部装卸过程。例如，叉上车之后，由于叉的前伸距离有限，有时需要托盘搬运车或托盘移动器来短距离水平移动托盘。由于叉车叉的升高有限，有时又需与升降机、电梯、巷道起重机等设备配套，以解决托盘垂直位移问题。

2. 集装箱装卸

集装箱装卸主要用港口岸壁吊车、龙门吊车等各种垂直起吊设备进行“吊上吊下”式的装卸，同时完成小范围的搬运。如需有一定距离的搬运，则还需与搬运车相配合。小型集装箱也可以和托盘一样采用叉车进行装卸。港口装卸，利用叉车或半挂车，可以进行“滚上滚下”方式装卸。

3. 货捆装卸

主要采用起重机进行装卸，短尺寸货捆还可采用一般叉车装卸，长尺寸货捆还采用侧式叉车进行装卸。货捆装卸适于长尺寸货物、块条状货物、强度较高无须保护的货物。

4. 集装网、集装袋装卸

主要采用吊车进行“吊上吊下”作业，也可与各种搬运车配合进行吊车所不能及的搬运。

货捆装卸与集装网、袋装卸有一个共同的突出优点，即货捆的捆具及集装袋、集装网本身重量轻，又可折叠，因而无效装卸少，装卸作业效率高，货捆捆具与集装袋、集装网成本较低，装卸后易返运。

5. 挂车装卸

利用挂车的可行走机构，连同货载一起拖运到火车车皮上或船上的装卸方式，属水平装卸，是所谓“滚上滚下”的装卸方式。

其他集装装卸方式还有滑板装卸、无托盘集装装卸、集装罐装卸等。

(三) 散装作业

散装作业指对大批量粉状、粒状货物进行无包装散装、散卸的装卸方法。装卸可连续进行，也可用间断式。但是，都需机械化设施、设备。在特定情况下，且批量不大时，也可采用人力装卸。散装作业方法主要有以下几种。

1. 气力输送装卸

主要设备是管道及气力输送设备，以气流运动裹携粉状、粒状物沿管道运动。管道装卸密封性好，装卸能力高，容易实现机械化、自动化。

2. 重力装卸

利用散货本身重量进行装卸的方法，这种方法必须与其他方法配合，首先将散货提升到一定高度，具有一定势能之后，才能利用本身重力进行下一步装卸。

3. 机械装卸

利用能承载粉粒货物的各种机械进行装卸，主要有两种方式。

(1) 用吊车、叉车改换不同机具或用专用装载机，进行抓、铲、舀形式作业，完成装卸及一定的搬运作业。

(2) 用皮带、刮板等各种输送设备，进行一定距离的托运卸货作业，并与其他设备配合，实现装货。

五、按装卸搬运的作业特点分类

按装卸搬运的作业特点可分成连续装卸与间歇装卸两类。

连续装卸主要是同种大批量散装或小件杂货通过连续输送机械，连续不断地进行作业，中间无停顿，货间无间隔。在装卸量较大、装卸对象固定、货物对象不易形成大包装的情况下适用采取这一方式。

间歇装卸有较强的机动性，装卸地点可在较大范围内变动，主要适用于货流不固定的各种货物，尤其适于包装货物、大件货物，散粒货物也可采取此种方式。

第三节 装卸搬运机械

一、装卸搬运机械的概念

装卸搬运机械是指用来搬移、升降、装卸和短距离输送物料或货物的机械。它是物流机械设备中重要的机械设备。它不仅用于完成船舶与车辆货物的装卸，而且又用于完成库场货物的堆码、拆垛、运输以及舱内、车内、库内货物的起重输送和搬运。

二、装卸搬运机械的作用

装卸搬运机械是机械化生产的主要组成部分，是实现装卸搬运作业机械化的物质技术基础，是实现装卸搬运合理化、效率化、省力化的重要手段。在装卸搬运作业中，要不断反复进行装、搬、卸操作，这些都靠装卸搬运机械有效地衔接，因此，合理配置和应用装卸搬运机械，安全、迅速、优质地完成货物装卸、搬运、码垛等作业任务，对于加快现代化物流发展，促进经济发展，均起着十分重要的作用。装卸搬运机械化带来的益处主要体现如下。

第一，提高装卸效率，节约劳动力，减轻装卸工人的劳动强度，改善劳动条件。

第二，缩短作业时间，加速车辆周转，加快货物的送达和发出。

第三，充分利用货位，加速货位周转，减少货物堆码的场地面积，提高车站、码头和仓库的利用率。运用装卸搬运机械设备进行装卸搬运作业，装卸搬运的速度很快，堆码高度高，因此可以及时腾出货位，从而可以减少场地面积。

第四，提高装卸质量，减少货损和货差等，保证货物的完整和运输安全。特别是对于长大笨重货物，依靠人力难以完成其装卸搬运作业，即使勉强完成，也难以保证装卸搬运的作业质量。

第五，降低装卸搬运作业成本，从而降低物流成本，提高经济效益。运用装卸搬运设备进行作业，可以极大地提高装卸搬运作业的效率，而效率的提高可使单位货物的作业费用相应地减少，使装卸搬运作业成本降低，从而降低物流成本，提高经济效益。

随着物流现代化的不断发展，装卸搬运机械将会得到更为广泛的应用。因此，科学使用好、管理好装卸搬运机械，充分发挥装卸搬运机械的潜能，实现装卸搬运机械作业，是取得良好装卸搬运效率的重要手段。

三、装卸搬运机械的分类

装卸搬运机械的种类很多，分类方法也很多，为了运用和管理方便，常按以下方法进行分类。

(一) 按主要用途或结构特征分类

按主要用途或结构特征可分为起重机械、连续运输机械、装卸搬运车辆、专用装卸搬运机械。

(二) 按作业性质分类

按作业性质可分为装卸机械、搬运机械以及装卸搬运机械三类。单一装卸功能的机械有手动葫芦、固定式起重机等；单一搬运功能的机械主要有各种搬运车、带式输送机等。装卸、搬运两种功能兼有的机械可将两种作业操作合二为一，因而有较好的效果。这种机械有叉车、跨运车、车站用的龙门起重机、气力装卸输送机械等。

(三) 按装卸搬运货物的种类分类

按装卸搬运货物种类可分为四大类。

1. 长大笨重货物的装卸搬运机械

长大笨重货物通常指大型机电设备、各种钢材、大型钢梁、原木、混凝土构件等，这类货物的装卸搬运作业通常采用轨行式起重机和自行式起重机两种，轨行式起重机有龙门起重机、桥式起重机、轨道起重机；自行式起重机有汽车起重机、轮轨起重机和履带起重机等。

2. 散装货物的装卸搬运机械

散装货物通常是指成堆搬运不计件的货物，如煤、焦炭、沙子、白灰、矿石等。散装货物一般采用抓斗起重机、装卸机、链斗装车机和输送车等进行机械装车；机械卸车主要用链斗式卸车机、螺旋式卸车机和抓斗起重机等。散装货物搬运主要用输送机。

3. 成件包装货物的装卸搬运机械

成件包装货物一般是怕湿、怕晒，需要在仓库内存放并且多用棚车装运的货物，如日用百货、五金器材等。该类货物一般采用叉车，并配以托盘进行装卸搬运作业，还可以使用牵引车和挂车、带式输送机等解决成件包装货物的搬运问题。

4. 集装箱货物装卸搬运机械

1 吨集装箱一般选用 1 吨内燃叉车或电瓶叉车作业；5 吨及其以上集装箱采用龙门起重机或旋转起重机进行装卸作业，还可以采用叉车、集装箱跨车、集装箱牵引车、集装箱搬运车等。

四、装卸搬运机械的配置、选择

（一）装卸搬运机械配置、选择原则

1. 根据作业性质和作业场合进行配置、选择

装卸搬运作业性质和作业场合不同，需配备不同的装卸搬运设备。根据作业是单纯的装卸或单纯的搬运，还是装卸、搬运兼顾，从而可选择更合适的装卸搬运设备；作业场合不同，也需配备不同的装卸搬运设备。

2. 根据作业运动形式进行配置、选择

装卸搬运作业运动形式不同，需配备不同的装卸搬运设备。水平运动，可配备选用卡车、牵引车、小推车等装卸搬运设备；垂直运动，可配备选用提升机、起重机等装卸搬运设备；倾斜运动，可配备选用连续运输机、提升机等装卸搬运设备；垂直及水平运动，可配备选用叉车、起重机、升降机等装卸搬运设备；多平面式运动，可配备选用旋转起重机等装卸搬运设备。

3. 根据作业量进行配置、选择

装卸搬运作业量大小关系设备应具有的作业能力，从而影响所需配备的设备类型和数量。作业量大时，应配备作业能力较高的大型专用设备；作业量小时，最好采用构造简单、造价低廉而又能保持相当生产能力的中小型通用设备。

4. 根据货物种类、性质进行配置、选择

货物的物理性质、化学性质以及外部形状和包装千差万别，有大小、轻重之分，有固体、液体之分，有散装、成件之不同，所以对装卸搬运设备的要求也不尽相同。

5. 根据搬运距离进行配置、选择

长距离搬运一般选用牵引车和挂车等装卸搬运设备，较短距离搬运可选用叉车、跨运

车等装卸搬运设备，短距离搬运可选用手推车等装卸搬运设备。为了提高设备的利用率，应当结合设备种类和特点，使行车、货运、装卸、搬运等工作密切配合。

6. 装卸搬运设备的配套

成套地配备装卸搬运设备，使前后作业相互衔接、相互协调，是保证装卸搬运工作持续进行的重要条件。因此，需要对装卸搬运设备在生产作业区、数量吨位、作业时间、场地条件、周边辅助设备上做适当协调。

(二) 装卸搬运机械配置、选择的技术要求

除了考虑上述原则外，对选用的装卸搬运机械本身，在技术上应符合以下基本要求。

(1) 机械设备应符合其本身的基本用途，在使用时，可靠耐用、效率高、操作方便安全、便于装配和拆卸、自重轻、动力消耗小。

(2) 能适应不同的工作条件，机械的生产率应满足现场作业的要求。

(3) 对于同类货物应尽量选择同一类型的标准机械，便于维护保养，对整个货场或仓库内的装卸搬运机械也应尽可能避免其多样化，这样可以减少这些机械所需要的附属设备并简化技术管理工作。

(4) 在作业量不大而货物品种复杂的场所，应发展一机多用，扩大机械使用范围，以适应多种货物的装卸作业，提高机械的利用率。

总之，正确选用装卸搬运机械，需要综合考虑各方面因素，权衡利益得失，进行综合分析比较，选择经济合理、先进、优质的装卸搬运机械。

第四节　装卸搬运的原则和合理化

一、装卸搬运的基本原则

(一) 减少环节，装卸程序化

装卸搬运活动的本身并不增加货物的价值和使用价值，相反地却增加了货物损坏的可能性和成本。因此，首先应从研究装卸搬运的功能出发，分析各项装卸搬运作业环节的必要性，千方百计地取消、合并装卸搬运作业的环节和次数，消灭重复无效、可有可无的装卸搬运作业。例如，车辆不经换装直接过境，大型的发货点辅设专用线，门到门的集装箱联运等，都可以大幅度减少装卸环节和次数。必须进行的装卸搬运作业，应尽量做到不停顿、不间断，像流水一样地进行。工序之间要紧密衔接，作业路径应当最短和直线，消灭迂回和交叉，要按流水线形式组织装卸作业。例如，铁路车辆的装卸，可组织 1～2 条流水线；船舶的装卸，根据吨位的大小，开一至几条流水线作业。装卸搬运作业流程尽量简化，作业过程不要移船、调车，以免干扰装卸作业的正常进行。必须进行换装作业的，尽量不使货物落地，直接换装，以减少装卸次数，简化装卸程序等。

(二) 文明装卸，运营科学化

杜绝“野蛮装卸”是文明装卸的重要标志。在装卸搬运作业中，要采取措施保证货物完好无损，保障作业人员人身安全，坚持文明装卸。同时，不因装卸搬运作业时损坏装卸搬运设备和设施、运载与储存设备和设施等。

由于装卸搬运作业而造成各种环境污染，应采取措施使其污染限制在有关标准的范围内；各种装卸搬运作业一定要按工艺要求，缓起轻放，不碰不撞；堆码定型化，重不压轻，货物标志面放置在外；通道和作业场地的各种号码标志要明显；设备安全装置和安全标示要齐全、有效；装卸搬运职工按劳动保护要求，配备整洁、美观的工作服装，体力劳动、脑力劳动强度和负荷都应控制在生理合理的范围内，并在组织装卸搬运作业时，其作业环境的色调、光线、温/湿度、卫生状况等要符合人体工程学、劳动心理学的科学原理。

装卸搬运设备和设施的负荷率和繁忙程度要合理，应控制在设计的范围之内，严禁超载运转；能源消耗和成本要达到合理甚至先进水平；设备与设施采用科学的综合管理和维修保养制度；按照经济合理的原则，确定设备和设施的寿命周期，及时更新改造；设备和设施都要有合理的储备能力，留有发展的潜力。同时，要改变装卸搬运只是一种简单的体力劳动的过时观念，积极推行全面质量管理等现代化管理方法，使装卸搬运作业的运营组织工作从经验上升到科学管理。

(三)集中作业，集装散装化

集中作业是指在流通过程中，按照经济合理原则，适当集中货物，使其作业量达到一定的规模，为实现装卸搬运作业机械化、自动化创造条件。只要条件允许，流通过程中的装载点和卸载点应当尽量集中；在货场内部，同一类货物的作业尽可能集中，建立相应的专业协作区、专业码头区或专业装卸线；一条作业线能满足装卸作业，就不采取低效的多条作业线方案；在铁路运输中，关闭业务量很小的中间小站的货运装卸作业，建立厂矿、仓库共用专用线等，都是采用集中作业的措施。

成件货物集装化作业，粮谷、盐、糖、水泥、化肥、化工原料等粉粒状货物散装化作业，是装卸搬运作业的两大发展方向。实际上，集装化和散装化也是一种集中作业形式，以便把小件集中为大件，提高装卸作业效率。所以，各种成件货物应尽可能集装成集装箱、托盘、货捆、网袋等货物单元，然后装卸搬运；各种粉粒状货物应尽可能散装入专用车、船、库，以提高装卸搬运效果。

(四)省力节能，努力促“活化”

节约劳动力，降低能源消耗，是装卸搬运作业的最基本要求。因此，要求作业场地尽量坚实平坦，这对节省劳力和减少能耗都起作用；应尽量采取水平装卸搬运和滚动装卸搬运，达到省功省力。

提高货物装卸搬运的灵活性，是装卸搬运的基本要求。装卸搬运作业的灵活性是指货物的存放状态对装卸搬运作业的方便、难易程度，亦称货物的“活性”。

在物流过程中，为了对货物活性进行度量，常用“活性指数”来表示，它表明货物装卸搬运的方便程度。我们把作业中的某一步作业比它前一步作业的活性指数高的情形，即该项作业比前一项作业更便于装卸搬运的状况，称为“活化”。因此，对装卸搬运工艺的设计，应使货物的活性指数逐步增加，这就是要努力促“活化”的基本含义。

(五)兼顾协调，通用标准化

装卸搬运作业既涉及物流过程的其他各环节，又涉及其本身的工艺过程各工序、各工步以及装卸搬运系统各要素。因此，装卸搬运作业与其他物流活动之间，装卸搬运作业本身各工序之间，以及装、卸、搬、运之间和系统内部各要素之间，都必须相互兼顾、协调统一，这样才能发挥装卸搬运系统整体功能。例如，铁路车站在实践中总结的“进货为装车做准备，装车为卸车做准备，卸车为出货做准备”的作业原则，正是这种兼顾协调原则的体现和应用。

标准化最简洁的解释是对重复事物和概念通过判定、发布标准，达到统一，以获得最佳的秩序和社会效益。标准化往往与系列化、通用化相联系。装卸搬运标准化是对装卸搬运的工艺、作业、装备、设施、货物单元等所制定、发布的统一标准。装卸搬运标准化对促进装卸搬运合理化起着重要作用，又是实现装卸搬运作业现代化的前提。

(六)巧装满载，安全效率化

装载作业一般是运输和存储的前奏。运载工具满载和库容的充分利用是提高运输和存储效益和效率的主要因素之一，在运量大于运能、储量大于库容的情况下尤为重要。所以，装卸搬运时，要根据货物的轻重、大小、形状、物理化学性质，以及货物的去向、存放期限、车船库的形式等，采用恰当的装卸方式，巧妙配装，使运载工具满载，库容得到充分利用，以提高运输、存储效益和效率。

装载作业完成之后，或运输或储存。为了保证运输储存安全，在装载时要采取一定的方法保持货物稳固，以克服运输或储存过程中所产生的各种外力破坏作用，诸如纵向、横向、垂直惯性力以及风力、重力、摩擦力等。

运输工具、集装工具、仓库地面、货架等既要求满载，以提高其利用率和效率，又要求所承载能力在一定的限制下，并采取一定的方法，使装货载荷均匀地分布在承受的载面上，这样可以保证运输、装卸搬运设备和仓储设施的安全，并能达到提高使用寿命的目的。

二、装卸搬运合理化

装卸搬运作业除了遵循上述基本原则外，还要求装卸搬运合理化。事实上，装卸搬运的基本原则是装卸搬运合理化经验的总结，也是合理化的基本要求。因此，装卸搬运合理化，首先必须坚持装卸搬运的基本原则，其次是按照装卸搬运合理化的要求，进行装卸搬运作业。

(一)商品装卸搬运合理化目标

1. 装卸搬运距离短

搬运距离的长短与搬运作业量大小和作业效率是联系在一起的。在装卸搬运作业中，装卸搬运最理想的目标是“零”。货物装卸搬运不发生位移，应该说是最经济的，然而这是不可能办到的，因为凡是“移动”都要产生距离。距离移动的越长，费用越大；距离移动的越短，费用越小。所以装卸搬运合理化的目标之一，就是尽可能使装卸搬运距离最短。

2. 装卸搬运时间少

装卸搬运时间少主要指货物从开始装卸搬运到完成装卸搬运的时间少。如果能尽量压缩装卸搬运时间，就能提高物流速度，及时满足客户的需求。为此，应根据实际情况，实现装卸搬运机械化。装卸搬运实现机械化、自动化作业后，不仅大大缩短了时间、节约了费用、提高了效率，而且通过装卸、搬运环节的有效连接，还能激活整体物流过程。所以，装卸搬运时间尽量少，是装卸搬运合理化的重要目标之一。

3. 装卸搬运质量高

装卸搬运质量高是装卸搬运合理化目标的核心。装卸搬运作业的质量高，是为客户提供优质服务的主要内容之一，也是保证生产顺利进行的重要前提。按要求的数量、品种，安全及时地将货物装卸搬运到指定的位置，这是装卸搬运合理化的主体和实质。

4. 装卸搬运费用省

装卸搬运合理化目标中，既要求距离短、时间少、质量高，又要求费用省，这似乎不好理解。实际上如果真正实现装卸搬运机械化和物流现代化，装卸搬运费用肯定大幅度地节省。采取机械化、自动化装卸搬运作业，既能大幅度削减作业人员，又能降低人工费用。这笔开支在国外企业中所占的比例非常高，在我国也会逐渐上升，这方面费用削减的潜力很大。为此，应合理规划装卸搬运工具，设法提高装卸作业的机械化程度，尽可能地实现装卸搬运作业的连续化，从而提高装卸搬运效率，降低装卸搬运成本。

(二) 商品装卸搬运合理化的途径

1. 提高货物装卸搬运的灵活性与可运性

提高货物装卸搬运的灵活性与可运性是装卸搬运合理化的一项重要内容。在装卸搬运的基本原则中，我们已经讲到有关装卸搬运的灵活性问题，要求装卸搬运作业必须为下一环节的物流活动提供方便，即所谓的“活化”。因此，不断提高活化的程度是装卸搬运灵活性的重要标志。活化的程度可用活性指数来度量。

货物平时存放的状态是各种各样的，可以是散放在地上，也可以是装箱存放在地上，或放在托盘上等。由于存放的状态不同，货物的装卸搬运难易程度也不一样。人们把货物从静止状态转变为装卸搬运运动状态的难易程度称之为装卸搬运活性。如果很容易转变为下一步的装卸搬运而不需过多做装卸搬运前的准备工作，则活性就高；如果难于转变为下一步的装卸搬运，则活性低。

在装卸搬运整个过程中，往往需要几次装卸搬运作业，为使每一步装卸搬运都能按一定活性要求操作，对不同放置状态的货物做了不同的活性规定，这就是活性指数。通常，活性指数分为0~4共5个等级。散放在地上的货物要运走，需经过集中(装箱)、搬起(支垫)、装车、运走4次作业，作业次数最多，最不易装卸搬运，也就是说它的活性水平最低，规定其活性指数为0；集装在箱中的货物，只要进行后3次作业就可以运走，装卸搬运比较方便，活性水平高一等级，规定其活性指数为1；货物装箱后搁在托盘或其他支垫上的状态，规定其活性指数为2；货物装在无动力车上的状态，规定其活性指数为3；而处于运行状态的货物，因为不需要进行其他作业就能运走，其活性指数最高，规定为4。

装卸搬运的可运性是指装卸搬运的难易程度。影响装卸搬运难易程度的因素主要有：物品的外形尺寸；物品的密度或笨重程度；物品形状；损伤物品、设备或人员的可能性；物品所处的状态；物品的价值和使用价值等。装卸搬运物料的可运性可用物品马格数值的大小来量度。

所谓“1个马格”，是指可以方便地拿在一只手中，相当密实，形状紧凑并可以码垛，不易损伤，以及相当清洁、坚固、稳定的物品。一马格物品最典型的例子，是一块经过粗加工的 10 立方英寸大小的干燥木料。如果 10 件同种物品可以方便地拿在一只手中，则每件物品为 1/10 马格。不断降低马格数值，就意味着物品不断提高了可运性。因此，采取措施降低马格数值，是提高装卸搬运可运性的重要标志，也是装卸搬运合理化的重要标志之一。

2. 利用重力作用，减少能量消耗

在装卸搬运时应尽可能消除货物重力的不利影响；同时，尽可能利用重力进行装卸搬运，以减轻劳动力和其他能量的消耗。消除重力影响的简单例子，是在进行人力装卸时“持物不步行”，即货物的重量由台车、传送带等负担，人的力量只用于使载货车辆水平移动。利用重力装卸的实例很多，如将槽或无动力的小型传送带倾斜安装在货车、卡车或站台上进行货物装卸，使货物依靠本身重量完成装卸搬运作业。

3. 合理选择装卸搬运机械

装卸搬运机械化是提高装卸效率的重要环节。装卸机械化程度一般分为三个级别。

第一级是用简单的装卸器具；第二级是使用专用的高效率机具；第三级是依靠计算机控制实行自动化、无人化操作。以哪个级别为目标实现装卸机械化，不仅要从是否经济合理来考虑，而且还要从加快物流速度、减轻劳动强度和保证人与物的安全等方面来考虑。

另一方面，装卸搬运机械的选择必须根据装卸搬运的物品的性质来决定。对箱、袋或集合包装的物品可以采用叉车、吊车、货车装卸，散装粉粒体物品可使用传送带装卸，散装液体物可以直接向装运设备或储存设备装取。

4. 合理选择装卸搬运方式

在装卸搬运过程中，必须根据货物的种类、性质、形状、重量来确定装卸搬运方式。在装卸时对货物的处理大体有三种方式：第一是“分块处理”，即按普通包装对货物逐个进行装卸；第二是“散装处理”，即对粉粒状货物不加小包装而进行的原样装卸；第三是“单元组合处理”，即货物以托盘、集装箱为单位进行组合后的装卸。实现单元组合，可以充分利用机械进行操作，其优点是：操作单位大，作业效率高；能提高物流“活性”；操作单位大小一致，易于实现标准化；装卸不触及货物，对物品有保护作用。但这种装卸搬运方式并不是对所有货物都适用的。

5. 改进装卸搬运作业方法

装卸搬运是物流过程中重要的一环。合理分解装卸搬运活动，对于改进装卸搬运各项作业、提高装卸搬运效率有着重要的意义。例如，采用直线搬运，减少货物搬运次数，使货物搬运距离最短；避免装卸搬运流程的“对流”、“迂回”现象；防止人力和装卸搬运设备的停滞现象，合理选用装卸机具、设备等。在改进作业方法上，尽量采用现代化管理方法和手段，如排队论的应用、网络技术的应用、人-机系统等，实现装卸搬运的连贯、顺畅、均衡。

6. 创建“复合终端”

近年来，工业发达国家为了对运输线路的终端进行装卸搬运合理化的改造，创建了所谓的“复合终端”，即对不同运输方式的终端装卸场所，集中建设不同的装卸设施。

例如，在复合终端内集中设置水运港、铁路站场、汽车站场等，这样就可以合理配置装卸搬运机械，使各种运输方式有机地联结起来。“复合终端”的优点在于：第一，取消了各种运输工具之间的中转搬运，因而有利于物流速度的加快，减少装卸搬运活动所造成的货物损失；第二，由于各种装卸场所集中到复合终端，这样就可以共同利用各种装卸搬运设备，提高设备的利用率；第三，在复合终端内，可以利用大生产的优势进行技术改造，大大提高转运效率；第四，减少了装卸搬运的次数，有利于物流系统功能的提高。

装卸搬运在某种意义上是运输、保管活动的辅助活动。因此，特别要重视从物流全过程来考虑装卸搬运的最优效果。如果单独从装卸搬运角度考虑问题，不但限制了装卸搬运活动的改善，而且还容易与其他物流环节发生矛盾，影响物流系统功能的提高。

习题与思考

1. 简述装卸搬运的概念与特点。
2. 装卸搬运的分类有哪些？
3. 简述装卸搬运合理化的途径。

案例分析

云南双鹤医药的装卸搬运环节

云南双鹤医药有限公司是北京双鹤这艘医药航母部署在西南战区的一艘战舰，是一个以市场为核心、现代医药科技为先导、金融支持为框架的新型公司，是西南地区经营药品品种较多、较全的医药专业公司。

虽然云南双鹤已形成规模化的产品生产和网络化的市场经营，但其流通过程中物流管理严重滞后，造成物流成本居高不下，不能形成价格优势。这严重阻碍了物流服务的开拓与发展，成为公司业务发展的瓶颈。

装卸搬运活动是衔接物流各环节活动正常进行的关键，而云南双鹤恰好忽视了这一点，由于搬运设备的现代化程度低，只有几个小型货架和手推车，大多数作业仍处于人工作业为主的原始状态，工作效率低，且易损化物品。另外仓库设计的不合理，造成长距离的搬运。并且库内作业流程混乱，形成重复搬运，大约有70%的无效搬运，这种过多的搬运次数，损坏了商品，也浪费了时间。

案例来源：http://info.10000link.com/newsdetail.aspx?doc=2010052990010.

案例思考

1. 分析装卸搬运环节对企业发展的作用。
2. 针对医药企业的特点，请对云南双鹤的搬运系统的改造提出建议和方法。

实践训练

参观一个港口或货车站或是一个企业的大型货场，观察该场所的装卸搬运机械的名称、种类和作用，并分析该机械的配置是否合理？

第六章

流通加工

知识要点

1. 流通加工的概念与作用
2. 流通加工的形式与类型
3. 流通加工管理

第一节　流通加工概述

一、流通加工的概念

流通加工是指在物品从生产领域向消费领域流动过程中，为满足消费者多样化和差别化需求，促进销售、维护产品质量、提高物流效率，对物品进行加工作业的总称。由于流通加工能够提高物流效率和满足消费者日益多样化的需求，正成为流通领域的一项重要功能。

流通加工是流通中的一种特殊形式。

商品流通是以货币为媒介的商品交换，它的重要职能是将生产及消费(或再生产)联系起来，起“桥梁和纽带”作用，完成商品所有权实物形态的转移。因此，流通与流通对象的关系，一般不是改变其形态而创造价值，而是保持流通对象的已有形态，完成空间的位移，实现其“时间效用”及“场所效用”。

流通加工则与此有较大的区别，总的来讲，流通加工在流通中，仍然和流通总体一样起“桥梁和纽带”作用。但是，它却不是通过“保护”流通对象的原有形态而实现这一作用的，它是和生产一样，通过改变或完善流通对象的原有形态来实现“桥梁和纽带”作用的。

流通加工和一般的生产型加工在加工方法、加工组织、生产管理方面并无显著区别，但在加工对象、加工程度方面差别较大，其差别的主要点如下。

(1)流通加工的对象是进入流通过程的商品，具有商品的属性。以此来区别多环节生产加工中的一环。流通加工的对象是商品而生产加工对象不是最终产品，而是原材料、零配件、半成品。

(2)流通加工程度大多是简单加工，而不是复杂加工，一般来讲，如果必须进行复杂加工才能形成人们所需的商品，那么，这种复杂加工应专设生产加工过程，生产过程理应完成大部分加工活动，流通加工对生产加工则是一种辅助及补充。特别需要指出的是，流通加工绝不是对生产加工的取消或代替。

(3)从价值观点看，生产加工目的在于创造价值及使用价值，而流通加工则在于完善其使用价值并在不做大的改变情况下提高价值。

(4)流通加工的组织者是从事流通工作的人，能密切结合流通的需要进行这种加工活动，从加工单位来看，流通加工由商业或物资流通企业完成，而生产加工则由生产企业完成。

(5)商品生产是为交换消费而生产的，流通加工的一个重要目的，是为了消费(或再生产)所进行的加工，这一点与商品生产有共同之处。但是流通加工也有时候是以自身流通为目的，纯粹是为流通创造条件，这种为流通所进行的加工与直接为消费进行的加工从目的来讲是有区别的，这又是流通加工不同于一般生产的特殊之处。

二、流通加工产生的原因

流通加工的出现，反映了物流理论的发展，反映了人们对物流、生产分工与观念的变革，它是大生产发展的必然和必须。流通加工产生的背景及观念变化反映在以下几方面。

1. 与现代生产方式有关

现代生产发展趋势之一是生产规模大型化、专业化。依靠单品种、大批量的生产方法，降低生产成本，获取较高的经济效益。这样就出现了生产相对集中的趋势，这种规模大型化、专业化程度越高，生产相对集中的程度越高。生产的集中化进一步引起产需之间的分离，即生产与消费不在同一个地点，有一定的空间距离；生产及消费在时间上不能同步，存在着一定的时间差异；生产及消费并不处于一个封闭圈内，某些人生产的产品供给成千上万人消费，而某些人消费的产品又来自许多生产者。弥补上述分离的手段则是运输、储藏及交易。近年来，人们进一步认识到，现代生产及需求在产品功能上的分离。大生产的特点之一便是“少品种、大批量、专业化”，产品的功能(规格、品种、性能)往往不能和消费需求密切衔接。弥补这一分离的方法，就是流通加工。所以，流通加工的诞生，是现代生产发展的一种必然结果。

2. 与消费的个性化有关

消费的个性化和产品的标准化之间存在着矛盾，使本来就存在的产需分离变得更严重。本来，弥补这种分离可以采取增加一道生产工序或加工改制的方法，但随着消费的个性化，采取上述弥补措施会使生产及生产管理复杂性和难度增加，使个性化生产的产品难以组织高效率、大批量流通。所以，在出现了消费个性化的新形势及新观念之后，为流通加工开辟了道路。

3. 与人们对流通作用的观念转变有关

在生产不太复杂、生产规模不大时，所有的加工、制造几乎全部集中于生产及再生产过程中，而流通过程只是实现商品价值及使用价值的转移而已。

在社会生产向大规模、专业化生产转变之后，社会生产越来越复杂，生产的标准化和消费的个性化出现，生产过程中的加工制造则常常满足不了消费的要求，由于流通的复杂化，生产过程中的加工制造也常常不能满足流通的要求。于是部分加工活动开始由生产及再生产过程向流通过程转移，在流通过程中形成了某些加工活动，这就是流通加工。

流通加工的出现使流通过程明显地具有了某种"生产性"，改革了长期以来形成的"价值及使用价值转移"的旧观念，这就从理论上明确了"流通过程是可以主动创造价值的"，而不单是被动地"保持"和"转移"价值的过程。因此，人们必须研究流通过程中孕育着多少创造价值的潜在能力，这就有可能通过努力在流通过程中进一步提高商品的价值和使用价值，同时，以很少的代价实现这一目标。这样，就引起了流通过程从观念到方法的巨大变化，流通加工则适应这种变化而诞生。

4. 效益观念的树立也是促使流通加工形式得以发展的重要原因

以往人们盲目追求高技术，引起投入的大幅度上升，结果新技术、新设备是采用了，但往往得不偿失。20 世纪 70 年代初，第一次石油危机的发生证实了效益的重要性，使人们牢牢树立了效益观念，流通加工可以以少量的投入获得很大的效果，得以促进和发展。

三、流通加工的作用

1. 提高加工材料利用率

利用流通加工环节进行集中下料，可将生产厂直接运来的简单规格产品，按使用部门的要求下料。做到优材优用、小材大用、合理套裁。北京、济南、丹东等城市对平板玻璃进行流通加工(集中裁制、开片供应)，玻璃利用率从 60% 左右提高到 85.95%。

2. 方便用户

用量小或临时需要的使用单位，缺乏进行高效率初加工能力，依靠流通加工可使使用单位省去进行初级加工的设备及人力，从而方便用户。目前发展较快的初级加工有：将水泥加工成生混凝土，将原木或板方材加工成门窗、冷拉钢筋及冲制异型零件和钢板打孔等。

3. 提高加工效率及设备利用率

建立集中加工点，可以采用效率高、技术先进、加工量大的专门机具和设备。这样做可提高加工质量、提高设备利用率、提高加工效率。从而降低了加工费用及原材料成本。例如，一般的使用部门在对钢板下料时，采用气割的方法，留出较大的加工余量，出材率低，加工质量也不好。集中加工后，利用高效率的剪切设备，在一定程度上防止了上述缺点。

4. 充分发挥各种输送方式的优势

流通加工环节将实物的流通分为两个阶段。一般说来，从生产厂到流通加工点输送距离长，而从流通加工点到消费环节距离短。第一阶段是在数量有限的生产厂与流通加工点之间进行定点、直达、大批量的远距离输送，因此，可以采用船舶、火车等大量输送的手段；第二阶段则是利用汽车和其他小型车辆来输送经过流通加工后的多规格、小批量、多用户的产品。这样可以充分发挥各种输送手段的优势，加快输送速度，节省运力费用。

5. 改变功能，提高收益

在流通过程中可以进行一些改变产品某些功能的简单加工。其目的除上述几点外，还在于提高产品销售的经济效益。例如，内地许多制成品(如洋娃娃玩具、时装、轻工纺织产品、工艺美术品等)在深圳进行简单的装潢加工，改变了产品外观功能，仅此一项，就可使产品售价提高20%以上。所以，在物流领域中，流通加工可以成为高附加值的活动，这种高附加值的形式，主要着眼于满足用户的需要、提高服务功能而取得的，是贯彻物流战略思想的表现，是一种低投入、高产出的加工形式。

第二节　流通加工形式与类型

一、流通加工的形式

按加工目的不同，有以下基本的流通加工形式。

（一）为弥补生产领域加工不足的深加工

有许多产品在生产领域的加工只能到一定程度，这是由于存在许多限制因素限制了生产领域不能完全实现终极的加工。例如，钢铁厂的大规模生产只能按标准规定的规格生产，以使产品有较强的通用性，使生产能有较高的效率和效益。

（二）为满足需求多样化进行的服务性加工

需求存在着多样化和多变化两个特点，为满足这种要求，经常是用户自己设置加工环节。例如，生产消费型用户的再生产往往从原材料的初级处理开始。就用户来讲，现代生产的要求，是生产型用户能尽量减少流程，尽量集中力量从事较复杂的技术性较强的劳动，而不愿将大量初级加工包揽下来。这种初级加工带有服务性，由流通加工来完成，生产型用户便可缩短自己的生产流程，使生产技术密集程度提高。对一般消费者而言，则可省去烦琐的预处置工作，而集中精力从事较高级的能直接满足需求的劳动。

（三）为保护产品所进行的加工

在流通过程中，直到用户投入使用前都存在对产品的保护问题，防止产品在运输、储存、装卸、搬运、包装等过程中遭到损失，保障使用价值能顺利实现。和前两种加工不同，这种加工并不改变进入流通领域的"物"的外形及性质。这种加工主要采取稳固、改装、冷冻、保鲜、涂油等方式。

（四）为提高物流效率，方便物流的加工

有一些产品本身的形态使之难以进行物流操作，进行流通加工，可以使物流各环节易于操作。例如，鲜鱼的装卸、储存操作困难，过大设备搬运、装卸困难，气体物运输、装卸困难等。进行流通加工，可以使物流各环节易于操作，如鲜鱼冷冻、过大设备解体（如家具）、气体液化等；这种加工往往改变"物"的物理状态，但并不改变其化学特性，并最终仍能恢复原物理状态。

（五）为促进销售的流通加工

流通加工可以从若干方面起到促进销售的作用。例如，将过大包装或散装物分装成适合一次销售的小包装的分装加工；将原以保护产品为主的运输包装改换成以促进销售为主的装潢性包装，以起到吸引消费者、指导消费的作用；将零配件组装成用具、车辆以便于直接销售；将蔬菜、肉类洗净切块以满足消费者要求，等等。这种流通加工可能是不改变"物"的本体，只进行简单改装的加工，也有许多是组装、分块等深加工。

(六)为提高加工效率的流通加工

许多生产企业的初级加工由于数量有限，加工效率不高，也难以投入先进技术。流通加工以集中加工的形式，克服了单个企业加工效率不高的弊病，以一家流通加工企业代替了若干生产企业的初级加工工序，促使生产水平进一步发展。

(七)为提高原材料利用率的流通加工

流通加工利用其综合性强、用户多的特点。可以实行合理规划、合理套裁、集中下料的办法，这就能有效提高原材料利用率、减少损失浪费。

(八)衔接不同运输方式，使物流合理化的流通加工

在干线运输及支线运输的结点，设置流通加工环节，可以有效解决大批量、低成本、长距离干线运输与多品种、少批量、多批次末端运输之间的衔接问题，在流通加工点与大生产企业间形成大批量、定点运输的渠道，又以流通加工中心为核心，组织多用户的配送。也可以在流通加工点将运输包装转换为销售包装，从而有效衔接不同目的的运输方式。

(九)以提高经济效益、追求企业利润为目的的流通加工

流通加工的一系列优点，可以形成一种“利润中心”的经营形态，这种类型的流通加工是经营的一环，在满足生产和消费的基础上取得利润，同时在市场和利润引导下使流通加工在各个领域中能有效地发展。

(十)生产–流通一体化的流通加工形式

依靠生产企业与流通企业的联合，或者生产企业涉足流通，或者流通企业涉足生产，形成的对生产与流通加工进行合理分工、合理规划、合理组织、统筹进行生产与流通加工的安排，这就是生产–流通一体化的流通加工形式。这种形式可以促成产品结构及产业结构的调整，充分发挥企业集团的经济技术优势，是目前流通加工领域的新形式。

二、流通加工的类型

(一)输送水泥的熟料、在使用地磨制水泥的流通加工

在需要长途调入水泥的地区，变调入成品水泥为调进熟料这种半成品，在该地区的流通加工据点(粉碎工厂)粉碎，并根据当地资源和需要掺入混合材料及外加剂，制成不同品种及标号的水泥，供应当地用户，这是水泥流通加工的重要形式之一。在国外，采用这种物流形式已有一定的比重。

在需要经过长距离输送供应的情况下，以熟料形态代替传统的粉状水泥，有很多优点。

(1)可以大大降低运费、节省运力。调运普通水泥和矿渣水泥约有30%以上的运力消耗在运输矿渣及其他各种加入物上。在我国水泥需用量较大的地区，工业基础大都较好，当地又有大量工业废渣，如果在使用地区对熟料进行粉碎，可以根据当地的资源条件选择混合材料的种类，这样就节约了消耗在混合材料上的运力和运费。

(2)可按照当地的实际需要，大量掺加混合材料，生产廉价的低标号水泥，发展低标号水泥的品种，在现有生产能力的基础上，更大限度地满足需要。我国大、中型水泥厂生产的水泥，平均标号逐年提高，但是目前我国使用水泥的部门，大量需要较低标号的水泥，而

大部分施工部门没有在现场加入混合材料来降低水泥标号的技术力量和设备，因此，不得已使用标号较高的水泥，造成很大浪费。如果以熟料为长距离输送的形态，在使用地区加工粉碎，就可以按实际需要生产各种标号的水泥，减少水泥长距离输送的数量。

(3)容易以较低的成本实现大批量、高效率的输送。从国家的整体利益来看，利用率较低的输送方式显然不是发展方向。如果采用输送熟料的形式，可以充分利用站、场、仓库现有的装卸设备，又可以利用普通车皮装运，比之以散装水泥方式，更具有好的技术经济效果，更适合于我国的国情。

(4)可以大大降低水泥的输送损失。水泥的水硬性在充分磨细之后才表现出来，而未磨细的熟料，抗潮湿的稳定性很强。输送熟料，可以基本防止由于受潮而造成的损失。此外，颗粒状熟料不像粉状水泥那样易于散失。

(5)能更好地衔接产需，方便用户。采用长途输送熟料的方式，水泥厂就可以和有限的熟料粉碎工厂之间形成固定的直达渠道，能实现经济效果较好的物流。用户也可以不出本地区，直接向当地的熟料粉碎工厂订货，因而更容易沟通产需关系，具有明显的优越性。这对于加强计划性、简化手续、保证供应等方面都有利。

(二)水泥的流通加工

水泥的运输与使用，以往习惯上以粉状水泥供给用户，由用户在建筑工地现制现拌混凝土使用。而现在将粉状水泥输送到使用地区的流通加工据点(集中搅拌混凝土工厂或称生混凝土工厂)，在那里搅拌成生混凝土，然后供给各个工地或小型构件厂使用。这是水泥流通加工的另一种重要方式。它具有很好的技术经济效果，因此，受到许多工业发达国家的重视。这种流通加工的形式有以下优点。

(1)把水泥的使用从小规模的分散形态，改变为大规模的集中加工形态，可充分应用现代化的科学技术，组织现代化的大生产；可以发挥现代设备和现代管理方法的优势，大幅度地提高生产效率和混凝土质量。

集中搅拌可以采取准确的计量手段和最佳的工艺；可以综合考虑添加剂、混合材料的影响，根据不同需要，大量使用混合材料，拌制不同性能的混凝土；又能有效控制骨料质量和混凝土的离散程度，可以在提高混凝土质量、节约水泥、提高生产率等方面获益，具有大生产的一切优点。

(2)在相等的生产能力下，集中搅拌的设备在吨位、设备投资、管理费用、人力及电力消耗等方面较之于分散搅拌，都能大幅度降低。由于生产量大，可以采取措施回收使用废水，防止各分散搅拌点排放废水的污染，有利于环境保护。由于设备固定不动，还可以避免因经常拆建所造成的设备损坏，延长设备的寿命。

(3)采用集中搅拌的流通加工方式，可以使水泥的物流更加合理。在集中搅拌站(厂)与水泥厂(或水泥库)之间，可以形成固定的供应渠道，这些渠道的数目大大少于分散使用水泥的渠道数目，在这些有限的供应渠道之间，就容易采用高效率、大批量的输送形态，有利于提高水泥的散装率。在集中搅拌场所内，还可以附设熟料粉碎设备，直接使用熟料，实现熟料粉碎及拌制生混凝土两种流通加工形式的结合。

另外，采用集中搅拌混凝土的方式，也有利于新技术的推广应用；大大简化了工地材料的管理、节约施工用地等。

（三）钢板剪板及下料加工

热连轧钢板和钢带、热厚钢板等板材最大交货长度常可达 7 ~ 12 米，有的是成卷交货，对于使用钢板的用户来说，大、中型企业由于消耗量大，可设专门的剪板及下料加工设备，按生产需要剪板、下料。但对于使用量不大的企业和多数中、小型企业来讲，单独设置剪板、下料的设备，设备闲置时间长、人员浪费大、不容易采用先进方法。钢板的剪板及下料加工可以有效地解决上述弊病。

剪板加工是在固定地点设置剪板机，下料加工是设置各种切割设备，将大规格钢板裁小，或切裁成毛坯，便利用户。

钢板剪板及下料的流通加工有如下几项优点。

(1) 由于可以选择加工方式，加工后钢材的晶相组织较少发生变化，可保证原来的交货状态，有利于进行高质量加工。

(2) 加工精度高，可减少废料、边角料，也可减少再进行精加工的切削量，既可提高再加工效率，又有利于减少消耗。

(3) 由于集中加工可保证批量及生产的连续性，可以专门研究此项技术并采用先进设备，从而大幅度提高效率和降低成本。

(4) 使用户能简化生产环节，提高生产水平。圆钢、型钢、线材的集中下料和线材冷拉加工与钢板的流通加工类似。

（四）木材的流通加工

1. 磨制木屑压缩输送

这是一种为了提高流通（运输）效益的加工方法。木材容量小，往往使车船满装不能满载，同时，装车、捆扎也比较困难。从林区外送的原木中，有相当一部分是造纸材料，美国采取在林木生产地就地将原木磨成木屑，然后采取压缩方法，使之成为容重较大、容易装运的形状，然后运至靠近消费地的造纸厂，取得了较好的效果。采取这种办法比直接运送原木节约一半的运费。

2. 集中开木下料

在流通加工点将原木锯裁成各种规格的锯材，同时将碎木、碎屑集中加工成各种规格板，甚至还可进行打眼、凿孔等初级加工。用户直接使用原木，不但加工复杂、加工场地大、设备多，更严重的是资源浪费大，木材平均利用率不到 50%，平均出材率不到 40%。实行集中下料，按用户要求供应规格下料，可以使原木利用率提高到 95%，出材率提高到 72% 左右，有相当大的经济效果。

（五）煤炭及其他燃料的流通加工

1. 除矸加工

除矸加工是以提高煤炭纯度为目的的加工形式。矸石有一定发热量，煤炭混入一些矸石是允许的，也是较经济的。但在运力十分紧张的地区，要求充分利用运力，多运“纯物质”，少运矸石，在这种情况下，可以采用除矸的流通加工排除矸石。

2. 为管道输送煤浆进行的加工

煤炭的运输方法主要采用容器载运方法，运输中损失浪费较大，又容易发生火灾。采用管道运输，是近代兴起的一种先进技术，目前，某些发达国家已开始投入运行。有些企业内部也采用这一方法进行燃料输送。

在流通的起始环节将煤炭磨成细粉，再用水调和成浆状，使之具备了流动性。可以像其他液体一样进行管道输送。这种方式输送连续、稳定而且快速，是一种经济的运输方法。

3. 配煤加工

在使用地区设置集中加工点，将各种煤及一些其他发热物质，按不同配方进行掺配加工，生产出各种不同发热量的燃料，称作配煤加工。这种加工方式可以按需要发热量生产和供应燃料，防止热能浪费或者发热量过小的情况出现。工业用煤经过配煤加工，还可以起到便于计量控制、稳定生产过程的作用，在经济及技术上都有价值。

4. 天然气、石油气的液化加工

由于气体输送、保存都比较困难，天然气及石油气往往只好就地使用，如果有过剩往往就地燃烧掉，造成浪费和污染。天然气、石油气的输送可以采用管道，但因投资大、输送距离有限，也受到制约。在产出地将天然气或石油气压缩到临界压力之上，使之由气体变成液体，可以用容器装运，使用时机动性也较强。这是目前采用较多的形式。

（六）平板玻璃的流通加工

平板玻璃的"集中套裁，开片供应"是重要的流通加工方式。这种方式是在城镇中设立若干个玻璃套裁中心，按用户提供的图纸，统一开片，供应用户成品。在此基础上，可以逐渐形成从工厂到套裁中心的稳定、高效率、大规模的平板玻璃"干线输送"，以及从套裁中心到用户的小批量、多户头的"二次输送"的现代物流模式。这种方式的优点如下。

（1）平均玻璃的利用率可由不实行套裁时的62%～65%，提高到90%以上。

（2）可以促进平板玻璃包装方式的改革。从工厂向套裁中心运输平板玻璃，如果形成固定渠道，便可以大规模集装，这样，节约了大量包装用木材，同时防止了流通中的大量破损。

（3）套裁中心按需要裁制，有利于玻璃生产厂简化规格，进行单品种大批量生产。这不但能提高工厂生产率，而且简化了工厂切裁、包装等工序，使工厂集中力量解决生产问题；此外，现场切裁玻璃劳动强度大、废料也难于处理，搞集中套裁，可以广泛采用专用设备进行裁制，废玻璃相对数量少，并且易于集中处理。

（七）生鲜食品的流通加工

1. 冷冻加工

为解决鲜肉、鲜鱼在流通中保鲜及搬运装卸的问题，采取低温冻结方式的加工。这种方式也用于某些液体商品、药品等。

2. 分选加工

农副产品离散情况较大，为获得一定规格的产品，采取人工或机械分选的方式加工，称为分选加工。广泛用于果类，瓜类、谷物、棉毛原料等。

3. 精制加工

用于农、牧、副、渔等产品。精制加工是在产地或销售地设置加工点，去除无用部分，甚至可以进行切分、洗净、分装等加工。这种加工不但大大方便了购买者，而且，还可对加工的淘汰物进行综合利用。例如，鱼类的精制加工所剔除的内脏可以制成某些药物或饲料、鱼鳞可以制高级黏合剂、头尾可以制成鱼粉等，蔬菜的加工剩余物可以制饲料、肥料等。

4. 分装加工

许多生鲜食品零售起点量较小，而为保证高效输送，出厂包装可较大，也有一些是采用集装运输方式运达销售地区。这样，为了便于销售，在销售地区按所要求的零售起点量进行新的包装，即大包装改小、散装改小包装、运输包装改销售包装，这种方式称为分装加工。

（八）机械产品及零配件的流通加工

1. 组装加工

自行车及机电设备储运困难较大，主要是不易进行包装，如进行防护包装，包装成本过大，并且运输装载困难、装载效率低、流通损失严重、但其装配较简单、装配技术要求不高、主要功能已在生产中形成、装配后不需进行复杂检测及调试，所以，为解决储运问题、降低储运费用，以半成品（部件）高容量包装出厂；在消费地拆箱组装。组装一般由流通部门进行，组装之后随即进行销售。这种流通加工方式近年来已在我国广泛采用。

2. 石棉橡胶板的开张成型加工

石棉橡胶板是机械装备、热力装备、化工装备中经常使用的一种密封材料，单张厚度3毫米左右，单张尺寸有的达4米，在储运过程中极易发生折角等损失。此外，许多用户所需的垫塞圈，规格比较单一，不可能安排不同尺寸垫圈的套裁，利用率也很低。石棉橡胶板开张成型加工，是按用户所需垫塞物体尺寸裁制，不但方便用户使用及储运，而且可以安排套裁，提高利用率，减少边角余料损失，降低成本。这种流通加工套裁的地点一般设在使用地区，由供应部门组织。

第三节 流通加工管理

组织流通加工的方法和组织运输、交易等方法区别较大，许多方面类似于生产组织和管理。因此，流通加工的管理需要特殊的组织和安排。

一、流通加工可行性分析

流通加工只是生产加工制造的一种补充形式，是否需要进行流通加工应进行认真的可行性分析。

(1) 研究是否可以延续生产过程或改造生产方式，使之充分与需求衔接。在技术不断进步的情况下，原来难以实现的多品种灵活生产现在已经可以实现，因此，无须设置流通加工来衔接。只有在生产过程确实不能满足需求或经济效益不好的前提下才可考虑设置流通加工。

(2) 充分考虑技术进步的因素，研究是否可通过集装、专门装运等方式，而不进行未实现流通的加工。有些加工，如增加防护性运输包装的加工，是在运输技术水平较低情况下所需要进行的加工。因此，如果开拓无包装的运输技术，则可以不进行此种加工。

总之，流通加工虽然有许多优越性，但毕竟造成了产需之间的中间环节，也存在许多降低效益的因素。因此，即使在技术上可行，也还要研究效益问题。要进行效益对比以及加工中心本身投资回收的计算等。

二、流通加工的生产管理

流通加工生产管理内容及项目很多，如劳动力、设备、动力、财务、物资等方面的管理，对于套裁型流通加工，其最具特殊性的生产管理是出材率的管理。这种流通加工形式的优势就在于物资的利用率高、出材率高，从而获取效益。为此，要加强消耗定额的审定及管理，并采用科学方法进行套裁规划及计算。

三、流通加工的质量管理

流通加工的质量管理是对加工产品的质量控制。由于加工成品一般是国家质量上没有的品种和规格，因此，进行这种质量控制的依据，主要是用户要求。各用户要求不一，质量宽严程度也不一，流通加工据点必须能进行灵活的柔性生产才能满足质量要求。此外，全面质量管理中采用的方法也可以在此采用。

四、流通加工合理化

流通加工合理化的含义是实现流通加工的最优配置，在满足社会需求这一前提的同时，合理组织流通加工生产，并综合考虑运输与加工、加工与配送、加工与商流的有机结合，以达到最佳的加工效益。

(一) 不合理流通加工的几种主要形式

流通加工是在流通领域中对生产的辅助性加工，从某种意义上讲，它有效地补充和完善了生产产品的使用价值。但是，设计不当，会对生产加工和流通加工产生负效应，所以应尽量避免不合理的流通加工。

不合理的流通加工主要表现在以下几方面。

1. 流通加工地点设置的不合理

流通加工布局是否合理是流通加工能否有效的根本性因素。

(1) 一般而言，流通加工地应设置在需求地区，这样有利于实现大批量的干线运输与多品种末端配送的物流优势。

(2) 一般而言，为方便物流的流通加工应设在产出地。如果将其设置在消费地，则不但不能解决物流问题，又在流通中增加了一个中转环节，因而也是不合理的。

(3) 即使是产地或需求地设置流通加工的选择是正确的，还有流通加工在地域范围内的正确选址问题，如果处理不善，仍然会出现不合理。这种不合理主要表现在交通不便，流通加工与生产企业或客户之间距离较远，流通加工点的投资过高(或受选址的地价影响)，加工点周围社会、环境条件不良等。

2. 流通加工作用不大，形成多余环节

有的流通加工过于简单，或对生产及消费者作用都不大，甚至有时流通加工盲目，同样未能解决品种、规格、质量、包装等问题，相反却实际增加了环节与成本。

3. 流通加工方式选择不当

流通加工方式包括流通加工对象、流通加工工艺、流通加工技术和流通加工程度等。流通加工方式的确定，实际上是生产加工的合理分工。分工不合理，本来应由生产加工完成的，却错误地由流通加工完成，都会造成不合理。

流通加工不是对生产加工的代替，而是一种补充。所以，一般而言，如果工艺复杂、技术装备要求较高，或加工可以由生产过程延续或轻易解决者，都应由生产加工完成。如果流通加工方式选择不当，就会出现与生产加工争夺市场、争夺利益的现象。

4. 流通加工成本过高，效益不好

流通加工之所以具有生命力，重要优势之一是有较大的投入产出比，因而能有效起到拾遗补缺的作用。如果流通加工成本过高，则不能实现以较低投入实现更高使用价值的目的。除了一些必需的、遵从政策要求即使亏损也应进行的加工外，都应看成不合理的流通加工。

（二）流通加工合理化的途径

1. 加工和合理运输结合

在干、支线运输转运点，设置流通加工，既充分利用了干、支线转换本来就必须停顿的环节，又可以大大提高运输效率及运输转载水平。

2. 加工和配送结合

将流通加工设置在配送点中，一方面按用户和配送的需要进行加工，另一方面加工又是配送业务流程中分货、拣货、配货之一环，加工后的产品直接进入配货作业，这就无须单独设置一个加工中心环节，使流通加工有别于独立的生产，而使流通加工与中转流通紧密地结合起来。同时，配送之前有加工，可使配送服务水平大大提高。这是当前对流通加工做合理选择的重要形式，如在煤炭、水泥等产品的流通中已表现得较为突出。

3. 加工和配套结合

在流通中往往有“配套”需求，而配套的主体来自各个生产单位，但全部依靠现有的生产单位有时无法实现完全配套，如进行适当流通加工，可以有效促成配套，大大提高流通的桥梁与纽带作用。

4. 加工和商流相结合

流通加工有效促进销售，使商流合理化，也是流通加工合理化的考虑方向之一。

5. 加工和节约相结合

节约能源、节约设备、节约人力、节约耗费是流通加工合理化考虑的重要因素，也是目前我国设置流通加工、考虑其合理化较普遍的形式。

对于流通加工合理化的最终判断，是看其是否能实现社会和企业本身的效益，而且是否取得了最优效益。对流通加工企业而言，与一般生产企业一个重要不同之处是，流通加工企业更应树立以社会效益为第一的观念，只有这样才有生存价值和发展空间。

五、流通加工的技术经济指标

衡量流通加工可行性，对流通加工环节进行有效的管理，需要考虑两类指标。

第一类，流通加工建设可行性指标。流通加工仅是一种补充性加工，规模、投资都必然低于生产性企业，其投资特点是：投资额较低、投资时间短、建设周期短、投资回收速度快且投资效益较大。因此，投资可行性分析可采用静态分析法。

第二类，流通加工日常管理指标。由于流通加工的特殊性，不能全部搬用考核一般企业的指标。例如，在八项技术经济指标中，对流通加工较为重要的是劳动生产率、成本利润指标，此外，还有反映流通加工特殊性的指标。

1. 增值指标

反映流通加工后单位产品的增值程度。

$$增值率 = \frac{产品加工后价值 - 产品加工前价值}{产品加工前价值} \times 100\%$$

2. 品种规格增加额及增加率

$$品种规格增加率 = \frac{品种规格增加额}{加工前品种规格} \times 100\%$$

3. 资源增加量指标

$$新增出材率 = 加工后出材率 - 原出材率$$
$$新增利用率 = 加工后利用率 - 原利用率$$

六、流通加工中心的布局

1. 设置在靠近生产地区，以实现物流为主要目的的加工中心

经这种加工中心的货物能顺利地、低成本地进入运输、储存等物流环节。例如，肉类、鱼类的冷冻食品加工中心，木材的制浆加工中心等。

2. 设置在靠近消费地区，以实现销售、强化服务为主要目的的流通加工中心

经这里加工过的货物能适应用户的具体要求，有利于销售。例如，平板玻璃的开片套裁加工中心等。

习题与思考

1. 什么是流通加工？
2. 简述流通加工的形式和类型。
3. 流通加工不合理有哪些表现形式？
4. 简述流通加工合理化的措施。

案例分析

赤湾港的散装化肥的流通加工

赤湾港是中国重要的进口散装化肥灌包港口和集散地之一，每年处理进口化肥灌包量均在100万吨以上。早在1984年就与挪威海德鲁公司密切合作，使挪威“HYDRO”牌化肥

成为中国南方地区最受广大农民用户欢迎的进口优质化肥。赤湾港在国内国际化肥界的众多著名公司的鼎力支持下，对化肥多品种、多形式的港口物流拓展，涵盖了散装灌包、进口保税、国际中转、水路铁路公路配送等多项服务。

赤湾港从国外进口化肥的装运采用散装方式，到达港口以后，通过门式起重机的抓斗，卸货到漏斗，通过漏斗输送到灌包房，灌包房设有45～51吨/时散货灌包机28套。利用灌包机将散装化肥灌成每包50公斤装的袋装肥料再进行销售，既有利于运输、堆存，又方便了销售。

为了响应客户运输、分销方式的选择，赤湾港还提供了大宗散装粮食、散装饲料、散装工业原料等多货种的灌包服务。

赤湾港的散粮钢板筒仓采用美国齐富技术(容量52 000立方米)和德国利浦技术(容量70 000立方米)建造，两大系统功能互享，最大程度上对粮谷的装卸、输送、计量、储存、灌包、装船、装车、倒仓、通风、除尘、清仓、灭虫等进行科学有效的控制，将进出仓的合理损耗控制在严格的范围内。港运粮食码头对小麦、大麦、大豆、玉米等农产品多品种的分发操作积累了专业技术优势和仓储保管经验。

案例来源：2007年10月自考"仓储管理"案例部分。

案例思考

1. 赤湾港散装化肥等物资的灌包服务属于哪种流通加工类型？有何作用？
2. 从案例中可以看出流通加工与生产加工有何不同？

实践训练

某钢材仓库占地220亩，拥有四条铁路专用线、10～30吨起重龙门吊车十台，年吞吐钢材近100万吨。过去钢卷进出仓库运输都要用一种专用钢架固定，以防钢卷滚动。因此，客户在购买钢卷时，必须租用钢架，这样既要支付钢架租金，又要支付返还钢架的运费。

尽管后来一些钢厂开始使用不需返还的草支垫加固运输，但过大的钢卷(如35吨一卷)使有些客户无法一次购买使用，如果建议这些客户购买钢厂成品平板，其成本又会增加很多。因为钢厂成品平板一般以2米倍尺交货，即长度分别为2米、4米、6米等规格，而一些客户使用的板面长度要求为非标准尺寸，如3.15米、4.65米，甚至9.8米，而且有的工艺要求不能焊接，这样的平板不是长度不够就是边角余料大。

问题：请问你能为这家钢材仓库及其客户想个两全其美的办法吗？

第七章

商品配送

知识要点

1. 配送的概念、分类、作用及发展前景
2. 配送中心的定义、类型及其作用
3. 配送中心的作业管理内容
4. 配送合理化

第一节　配送概述

一、配送的概念

现代商品流通既包括商品所有权转移的商流活动又包括商品实体物理位置转移的物流活动。物流活动是物品从供应地向接受地的实体流动过程。根据实际需要，将运输、装卸、搬运、包装、流通加工、配送、信息处理等基本功能实施有机地结合。在物流过程中，人们通常把面向城市内和区域范围内需求者的运输，称为“配送”。这是对物流的一种广义上的认识。对于配送，目前尚无一个统一的概念解释，各种文献中的说法也不尽一致，有的强调配送货，有的强调运送范围。配送的概念也在随着经济的发展、市场的变化而不断地变化。

我国是从 20 世纪 80 年代开始使用配送的概念的，按照我国物流学界对“配送”一词的理解，配送包含两个方面：一是配，二是送，是“配”和“送”的有机结合，因此物流学界对配送的定义为：按照客户的订货要求和时间计划，在物流据点(含仓库、商店、货运站、物流中心、配送中心等)进行分拣、加工和配货等作业后，再将配置好的货物以最合理的方式交送用户的一种经济活动，称为配送。

二、配送的种类

随着配送的发展，为满足不同产品、不同用户和不同市场环境的要求，已经有多种形式的配送。主要有以下几种分类方式。

(一)按配送商品的种类和数量分类

1. 少品种(或单品种)、大批量配送

当客户需要的商品品种较少，或者对某个品种的需求量比较大时，可以采用这种配送形式。这种配送形式由于数量比较大，可实行整车运输，往往不需要跟其他商品配装，可直接由生产企业或专业性很强的配送中心实行这种配送。由于配送量大，且品种比较单一或较少，可提高车辆的使用效率，而且配送中心的内部设置、组织等也比较简单，因此配送成本比较低。

2. 多品种、少批量、多批次配送

在市场竞争日益激烈的今天，经济高度发展，人们的消费需求也日益多样化、个性化。各个销售企业为了提高市场份额不得不对自己的产品异化、多样化、个性化，并采用多品种、少批量、多批次的柔性配送方式，以提高自己的产品竞争力。多品种、少批量、多批次配送是按照客户要求，将所需的各种产品(每种需要量不大)配备齐全，凑整装车后由配送据点送达用户。这种配送对配货作业的水平要求较高，配送中心使用设备较复杂，配送计划难度大，需要高水平的组织工作保证和配合。这种配送方式是一种高水平、高技术的配送方式。

3. 成套、配套配送

成套、配套配送是为了满足企业的生产需要，按生产进度将配套的各种零部件、成套设备定时送达生产线进行组装的一种配送形式。这种配送方式完成了生产企业绝大部分的工作，使生产企业专门致力于生产，能够提高企业的生产效率。

(二)按配送时间及数量分类

1. 定时配送

按照规定的时间间隔进行配送，如数天、数小时一次等，每次配送的品种及其数量可以按照计划执行，也可以按事先商定的联络方式下达配送通知，按照客户要求的品种、数量和时间进行配送。这种配送方式由于时间固定，易于安排工作计划和调度车辆，客户也易于安排接货力量。

2. 定量配送

每次按照规定的批量在一个指定的时间范围内进行配送。由于每次配送的品种、数量固定，备货工作简单，可以按照托盘、集装箱等集装方式，也可以整车配送，配送效率比较高。由于没有严格的时间限制，可将不同用户所需物资集零为整后配送，从而提高车辆的利用率。客户每次接货的数量相等，有利于人力、物力的准备。

3. 定时定量配送

按规定时间和规定的商品品种、数量进行配送。它结合了定时和定量配送的优点，服务质量水准比较高，组织工作的难度大，适合采用的用户不多，不会成为普遍方式。

4. 定时定线路配送

在规定运行线路上制定到达时间表，按运行时间进行配送，用户在规定的时间、站点、接货和提出配货要求。这种方式有利于安排车辆和人员。

5. 即时配送

要求随时随发，按照客户提出的时间和商品品种、数量要求，随即进行配送。这种方式是以某天的任务为目标，在充分掌握了这一天需要的客户、数量及种类的前提下，及时安排最优的配送线路并安排相应的配送车辆进行配送。它做到了每天配送都能实现最优的安排，因而是水平较高的配送方式。

6. 共同配送

共同配送又称协同配送，是指两个或两个以上有配送业务的企业相互合作对多个用户共同开展配送活动的一种物流模式。它是在配送中心的统一计划、调度下展开的。这种配送方式要求各配送中心共同制定配送计划、共同使用配送设备、共同分享配送收益、分担配送风险。生产企业生产所用的物料、商业企业经销的商品的供应等都可以采用这种配送形式。

(三)按配送主体的不同分类

1. 配送中心配送

配送中心配送是指配送的组织者专门从事配送活动的配送中心。这种配送活动规模比较大，专业性强，和客户有着固定的配送关系，一般实施计划配送；并且有的配送中心为了保证配送需求，往往储存大量的各种类别的商品。这种配送中心配送距离较远、配送品种多、配送数量大，可以承担企业主要物资的配送。

配送中心配送是配送的主体形式，不但在数量上占据主要部分，而且是那些小配送据点的总据点，因而发展速度快，是物流社会化趋势的重要表现。

2. 商店配送

商店配送是指配送的组织者是商业或物资经营网点。这些网点承担着商品的零售业务，规模一般不大，但经营品种齐全。这种配送组织者实力有限，往往只是小量、零星商品的配送。但是这种配送由于网点多、配送半径小、比较灵活，可以承担生产企业非主要生产用物资的配送，是配送中心配送的必要补充形式。

3. 仓库配送

仓库配送是指以一般仓库为结点进行配送的形式，它可以是仓库完全改造成配送中心，也可以是保持仓库原有功能的前提下，增加一部分配送功能。由于这种配送不是按照专门配送中心要求设计和建立的，所以，仓库配送规模较小，专业化程度比较低，但是可以充分利用仓库的设施和储存能力，所以是开展中小规模配送的可选形式。

4. 生产企业配送

这种配送的组织者是生产企业，尤其是进行多品种生产的生产企业。可以由本企业直接配送。由于避免了一次物流中转，所以具有一定的优势，在地方性较强的生产企业中比较多地采用这种配送形式，某些不适宜中转的化工企业及地方建材也大多采用这种形式配送。

(四)按配送企业的专业化程度分类

1. 综合配送

综合配送是指配送商品的种类比较多、不同领域的商品在一个配送网点经重新组织对用户配送。这一类配送由于综合性较强，故称为综合配送。综合配送可以减少用户为组织所需全部商品进货的负担，只需和少数配送企业联系，就可以解决多种需求的配送。形状相同或者相近的商品比较适用于综合配送。

2. 专业配送

专业配送是指按照产品形状不同适当划分专业领域的配送方式。专业配送也并非越细越好，实际上在同一形状而类别不同的产品方面也是有一定综合性的。专业配送可以按专业的共同要求优化配送设施，优选配送机械及配送车辆，制定实用性强的工艺流程，从而大大提高配送各环节工作的效率。

(五)按企业的经营环节分类

1. 分销配送

分销配送是指配送活动的组织者是销售性企业或销售企业进行的促销型配送。这种配送的货物种类、数量往往是不固定的，客户也经常因销售情况发生变化，配送的经营状况也取决于市场状况，配送随机性较强而计划性较差。由于这种配送是以送货服务为前提的，所以深受用户的欢迎。

2. 供应配送

供应配送是指用户企业为了满足自己的物资供应需要而采取的配送服务方式。一般是依据生产计划或门店分销订货需求计划，由企业自身或用户企业集团总部组建配送据点、统一备货、共同库存、及时配送。这种配送形式在生产型大型企业或企业集团中采用较多。

3. 分销–供应一体化配送

销售企业对于基本固定的客户和基本稳定的配送产品在自己销售的同时承担对客户执行有计划供应的职能，它既是销售者，同时又成为客户的供应代理者。采用这种配送方式，销售者能获得稳定的客户和销售渠道，扩大销售数量；客户能获得稳定的供应，可大大节省本身为组织供应所耗用的人力、物力、财力。

三、配送的意义和作用

配送在整个物流过程中，与运输、储存、装卸、流通加工、包装和物流信息处理一起，构筑了物流系统的功能体系。我们将配送的意义和作用归纳为以下几点。

1. 提高了整个物流系统的运行效率

第二次世界大战后，由于大吨位、高效率运输力量的出现，使干线运输达到了较高的水平，长距离、大批量的运输实现了低成本化。但是在所有的干线运输之后，往往需要辅助以支线运输或小搬运，这个环节要求灵活性、适应性、服务性，易造成运力利用不合理、成本过高等问题，从而成为物流过程中的薄弱环节。采用配送方式，通过建立大型的现代化物流结点，实现仓库布局合理、货物包装集装化、装卸机械化、自动化等来加强结点的改造与完善，促进物流系统的完善；配送将支线运输及小搬运统一起来，提高营运车辆的运输效率，降低空车率，减少各种不合理运输，使运输过程得到优化和完善，从而提高了物流系统的运行效率。

2. 有利于实现物流资源的合理配置

传统物流格局中存在着库存过多、物力分散、购销方式落后、产销关系不稳定等弊端。发展配送服务，可以稳定企业间的供销关系、降低库存和购销成本、节约运力、加速资金周转、提高资金利用率；此外，配送企业通过即时配送、准时配送等，保证用户的临时性、偶然性需求，实现了生产企业的零库存和物流资源的合理配置。

3. 简化手续、方便用户

配送结点按照服务范围内用户的需要，批量购进各种物资，与用户建立了稳定的供需关系。一般实行计划配送，对于少数用户的临时性、偶然性需求，也实行即时配送服务。采用配送方式，客户只需向一个企业定购，就可以买到多种商品，简化了交易的次数及相应的手续，减轻了客户工作量，节省了开支；用户也不需考虑运输方式、路线及装卸货物等问题，企业甚至可以在自己的流水线处接到所需的商品，极大地方便了生产。

4. 提高了供应或销售保证程度

由各企业自己保持库存、维持生产或销售，由于受到库存费用的限制，商品供应或销售保证程度很难提高。在商品供应方面采用配送方式，减少了由于缺货而影响生产的风险，在商品销售方面才有配送服务，及时满足客户多样化、个性化需求，大大提高了企业的竞争力。

四、我国配送发展的现状及前景

我国自20世纪80年代初引入“物流”概念，当时我国仍处于计划经济向市场经济的转轨过渡时期，人们观念仍然停留在计划经济的思维模式上。进入90年代，随着我国市场经济体制的建立和改革开放的发展，物流配送被提上议事日程。国家、各地政府十分重视物流中心的建设，纷纷投资兴办大型物流配送基地(中心)，以促进当地经济的发展。一些企业尤其是连锁企业也大部分在探索建设配送中心问题。在各级政府的重视支持下，我国的物流配送在配送规模、配送形式、配送设施及配送服务功能等方面取得了一定程度的发展。

1. 形成了一定的配送规模

目前，全国物资系统年配送能力已经超过200多亿人民币，产品设计木材、煤炭、化工、钢材、机电产品等各生产资料，配送范围遍及全国各重要的城市。此外，生活资料的配送也发展比较快。

2. 摸索出许多灵活多样的配送形式

按配送商品的种类和数量可分为少品种(或单品种)、大批量配送，多品种、少批量、多批次配送和成套、配套配送；按配送时间及数量可分为定时配送、定量配送、定时定量配送、定时定线路配送、即时配送、共同配送；按配送主体的不同可分为配送中心配送、商店配送、仓库配送、生产企业配送；按企业的经营环节可分为分销配送、供应配送、分销-供应一体化配送等。

3. 配送设施和服务功能有了一定的改善

一些企业结合配送进行了物流设施改造，建设了一批配送加工项目。国家也每年投入大量的资金支持物流配送的技术改造。

4. 中外合资配送项目发展迅速

如中国储运总公司与日本岗谷钢机株式会社合资组建了天津岗谷物流公司，是集配送、加工、仓储、寄售、租赁、修理、展销和技术咨询为一体的新型流通组织。

尽管我国配送已经取得了一些成绩，但是现阶段仍还存在大量的制约配送发展的问题，很多企业对物流配送还缺乏正确和充分的认识，配送方面的人才短缺，缺乏支持社会化配送中心运作的综合物流系统，物流配送发展所需的制度环境有待于进一步深化改革等。

我国配送发展总的趋势是社会化、专业化，配送中心布局上也将形成区域性布局的发展趋势，这种发展趋势将在很大程度上促进我国流通领域的物流走向合理化，也将在很大程度上影响制造商和各级供货商的销售体制和物流线路、业务流程的调整，特别是现代化、社会化的配送中心的建立，必将在我国物流管理方面起到示范和促进作用，并推动我国流通业的发展和生产企业竞争力的提升。所以从长远看，我国物流配送的发展前景是十分可观的。

第二节　配送中心的定义、类型及其作用

一、配送中心的定义

20 世纪 70 年代石油危机之后，为了挖掘物流过程中的经济潜力，物流过程出现了细分，再加上市场经济体制造成的普遍的买方市场环境，以服务来争夺用户的竞争，企业出现了“营销重心下移”、“贴近顾客”的营销战略，配送中心就是适应这种新的经济环境而产生的，是物流中社会分工、专业分工进一步细化的产物，是实现物流配送的重要载体。企业物流活动的配送中心化对企业物流集约化、实现企业规模经济效益，有着十分重要的意义。

一般认为，配送中心是从供应者手中接受多种、大量的货物，进行转运、分类、保管、流通加工和信息处理等作业，然后按照众多需求者的订货要求备齐货物，并能迅速、准确和廉价地进行配送的物流场所或组织。其主要特点表现为管理系统化、作业机械化和信息网络化。

日本 1991 年版《物流手册》对配送中心的定义是：“从供应者手中接受大量的货物，进行倒装、分类、保管、流通加工和情报处理等作业，然后按照众多需求者的订货要求备齐货物，以令人满意的服务水平进行配送的设施。”

日本《市场用语词典》对配送中心的解释是：“一种物流结点，它不以储藏仓库的这种单一的形式出现，而是发挥配送职能的流通仓库，也称作基地、据点或流通中心。”

我国国家标准《物流术语》对配送中心的定义是：从事配送业务的物流场所和组织。认为配送中心要符合以下要求：主要为特定的客户服务；配送功能齐全；完善的信息网络；辐射范围小；多品种、小批量；配送为主，储存为辅。

二、配送中心的功能

配送中心是一种多功能、集约化的物流据点。作为现代物流方式和优化销售手段的配送中心，常把收货验货、储存保管、装卸搬运、拣选、分拣、流通加工、配送、结算和信息处理等作业有机地结合起来，形成多功能、集约化和全方位服务的供货枢纽。通过发挥配送中心的各项功能压缩了连锁企业的库存成本，降低了物流系统的流通费用，实现了企业的规模经营效益。

综合当前各类商品配送的基本职能和业务范围，配送中心主要有以下功能。

1. 集散功能

配送中心是组织配送进行销售或供应、执行实物配送为主要职能的流通结点。在配送中心中，为了满足客户“多品种、小批量”的要货和消费者在任何时间都能买得到的各种商品，需要采取零星集货、批量进货等种种资源搜集工作和对货物的分整、配备等工作。因此，配送中心也具有集货功能。多个企业的货物先集中到配送中心里，再进行发运，降低运输成本。

2. 储存功能

一般在买方市场下，企业产品销售需要有较大库存支持，以有效地组织资源，调节商品生产和消费、进货与销售之间的时间差。虽然现在的配送中心不是以储存货物为目的，但是为了保证市场需求，及时配货、流通加工等环节的正常运转，也需要保持一定的库存。尤其是大规模配送的配送中心，更需要较大的库存。

3. 拣选(分拣)功能

在种类繁多的库存中，根据门店的订货单，将所需品种、规格地商品，按要求的数量挑选出来，并集中在一起，这种作业称为拣选。现代配送中心要求迅速、及时、准确无误地把订货商品送到门店，而规模比较大的配送中心往往是门店和商品种类繁多。例如，百货批发商的配送中心：商品种类可达十几万种；客户要货的批量十分零星，要货时间紧迫；总的配送量有时很大。在这种情况下，货物拣选就成为一项复杂而繁重的作业，它影响配送中心的作业效率，在物流中也占据着重要的地位。

4. 流通加工功能

流通加工是商品在从生产领域向消费领域流动的过程中，为了促进销售、满足顾客需要、维护产品质量，更有效地、更高水平地配送，配送中心往往还要具备较强的流通加工能力，并开展物流增值服务。根据用户或市场竞争的需要，对配送物品进行拆包分装、开箱拆零等加工之后再进行配送。

5. 配送功能

配送是按照客户的订货要求和时间计划，在物流据点(含仓库、商店、货运站、物流中心、配送中心等)进行分拣、加工和配货等作业后，再将配置好的货物以最合理的方式交送用户的一种经济活动。配送经常是在商品的集结地——物流据点，按照客户对商品种类、规格、数量、品种搭配、时间、送货地点等各项要求，进行分拣、配货、集装、车辆调度、路线安排等一系列工作，然后运送给客户的送货形式。现代配送中心是集货中心、分货中心、加工中心功能的综合，是“配”与“送”的有机结合。

6. 信息处理功能

配送中心具有完整的信息处理系统，能有效地为整个流通过程的控制、决策和运转提供依据。无论在集货、储存、拣选、分拣、流通加工、配送等物流环节的控制，还是在物流管理和费用、成本、结算方面，都可以实现信息共享。配送中心与各客户建立信息直接交流，可及时得到企业的销售信息，有利于合理组织货源，控制最佳库存。同时可以将库存和销售信息及时地反馈给制造商，以便及时掌握商品生产计划的安排。配送中心成为整个流通过程的信息枢纽。

三、配送中心的分类

在物流实践中，随着市场经济的不断发展、商品流通规模的日益扩大，国内外出现了多种多样的配送中心。然而，在为数众多的配送组织中，由于各自的服务对象、组织形式和功能不尽一致，物流中心在理论上可以分成若干种类。对配送中心的适当划分归类也是进一步深化和细化认识配送中心多样性及其发展动向的重要分析方法。

(一)按配送中心的经济功能分类

1. 供应型配送中心

供应型物流中心是专门为某个或某些用户(例如联合公司)组织供应货物的配送中心。这种类型的配送中心的服务对象是生产企业和大型商业组织，他们所配送的货物以原材料、器件和其他半成品为主，客观上起着供应商的作用。在实践中，那些接受客户委托，专门为生产企业配送零件、部件以及专为大型商业组织供应商品的配送中心，均属于供应型配送中心。供应型配送中心为了保证生产和经营活动的正常运行，一般都建有大型现代化仓库和储存一定量的商品，占地面积一般都比较大。

2. 销售型配送中心

销售型配送中心是以销售经营为目的、以配送为手段的配送中心。在竞争日趋激烈的市场经济环境下，许多生产者和经营者为了扩大自己的市场份额、提高商品的市场占有率，采取了种种措施和办法降低流通成本和完善服务质量，其中包括代替客户(消费者)理货、加工和送货等，为用户提供系统化、一体化后勤服务。同时不断改造物流设施，组建专门从事流通加工、分货、拣货、配送等活动的配送组织——配送中心。显然，上述配送中心完全是围绕着市场营销而开展配送活动的。销售型配送中心依据从属主体不同又可以分为三种。

(1)生产企业为了直接销售自己的产品及扩大自己的市场占有率而建立的销售型配送中心。在我国，这种类型的配送中心数量很少，而在国外却有很多，如美国芝加哥 DEEBLER 配送中心、美国 MARYKAYCOSMTICS 公司所属的配送中心。

(2)专门从事商品销售活动的流通企业为了扩大销售而自建或合作建立起来的销售型配送中心。我国许多试点城市所建立的配送中心大多属于这种类型。

(3)流通企业和生产企业联合建立的销售型配送中心。这种配送中心类似于国外的“公共型”配送中心。

3. 储存型配送中心

这是储存功能很强的一种配送中心。从商品生产的角度看，在卖方市场经济环境下，生产企业常常要储备一定数量的生产资料，以此保证生产的正常运行和应付不备之需；从商品销售的角度看，在买方市场经济环境下，由于企业在销售的过程中，不可避免地会出现迟滞现象，因此客观上需要有储存环节予以支持。实践也证明，储存一定数量的物资是生产和流通得以正常进行的物资保障。实际生活中也存在着大量的这种类型的配送中心：美国福来明公司的食物配送中心是国外储存型配送中心的典型。其配送中心的建筑面积为7 万平方米，其中包括有 4 万平方米的冷库和冷藏室、3 万平方米的杂货仓库。

（二）按配送品种分类

1. 专业化配送中心

专业化配送中心专门负责配送某类产品，实践中的专业化配送主要包括以下几类产品的配送：

（1）小杂货配送。其产品包括小机电产品、轴承、工具、各种小百货等。

（2）生产资料配送。主要包括水泥配送、燃料配送、木材配送、化工产品配送、金属材料配送。

（3）食品配送。配送的对象包括保值期较短的生鲜食品和保质期较长的干鲜水果。

（4）服装配送。配送对象是各类成衣。

2. 综合性配送中心

综合性配送中心将多种产品汇集起来，由中心组织进行多样化的配送。这种配送中心不是向固定化、专业化方向发展，而是向能随时变化、对用户要求有很强适应性、不固定供求关系、不断发展配送用户的方向发展。

（三）按物流设施的归属分类

1. 自有型配送中心

这种类型的配送中心是指：包括原材料、仓库在内的各种物流设施和设备归一家企业或企业集团所用，配送中心不过是企业或企业集团的一个有机组成部分。这种隶属于某个企业集团的配送中心只是为集团内部各个企业服务，通常状况下，是不对外提供配送服务的。如美国的沃尔玛商品公司所属的配送中心，就是公司独资建立、专门为本公司所属的连锁店提供商品配送服务的。随着经济的发展，大多数自有型配送中心均已转化为公共型配送中心。

2. 公共型配送中心

这类配送中心是面向所有用户提供后勤服务的配送组织。只要支付服务费，任何个人都可以使用这种配送中心。这种配送中心一般是由若干家生产企业共同投资、共同持股、共同管理和共同承担风险的经营实体。在国外也有个别公共型配送中心是由私人或某个企业投资建立的。公共型配送中心在配送中心总量中占有很大的比例，在美国已经形成了公共型配送中心的网络体系。

3. 合作型配送中心

合作型配送中心是由几家企业合作投资兴建、共同管理物流设施的配送组织，这种类型的配送中心大多为区域性配送中心。合作型配送中心既可以是企业间的联合发展，实行配送共同化；也可以是系统或地区规划建设，达到本系统或地区内企业的共同配送；还可以是多个企业、系统、地区联合共建，形成辐射全社会的配送网络。

（四）按地域范围和服务对象分类

1. 城市配送中心

城市配送中心是以城市地区为范围向用户提供配送服务的物流组织。由于城市范围内距离一般都比较短，因此这类配送中心一般都采用汽车为配送工具，直接将产品配送到用户。此外，由于汽车配送物资的时候机动性强、调度灵活，因此城市配送中心可以开展少批量、多批次的配送活动，提供“门到门”式的服务，其服务对象为城市里的生产企业、超市、连锁店和零售商。

2. 区域配送中心

区域配送中心具有较强的辐射能力和库存准备，是面向省际、全国乃至世界范围的配送中心。这种配送中心一般规模比较大、用户也比较多、设备和设施齐全、活动能力强、配送的货物批次少而批量比较大，而且往往是给下一级配送据点或批发商、商场等配送。这种配送在国外相当普遍，如美国的沃尔玛公司的配送中心，建筑面积 12 万平方米，投资 7 000 万美元，每天可为分布在六个洲的 100 家连锁店配送商品，经营的商品有 4 万种。

(五) 按经营主体的不同分类

1. 以制造商为主体的配送中心

这种配送中心的商品完全是由自己生产制造的，这样可以降低流通费用，提高售后服务质量，及时将预先配置齐备的成组元器件运送到规定的加工和装配工位。从商品制造到生产出来后条形码和包装的配合等多方面都容易掌握控制，所以按现代化、机械化、自动化的配送中心设计就可以，但是这种配送中心不具备社会化的要求。

2. 以批发商为主体的配送中心

商品从制造商流通到消费者手中，需要有批发商来做流通中介，一般是按部门或商品类别的不同，把每个制造企业的产品集中起来，然后以单一品种或配送形式向消费地的零售商进行配送。这种配送中心的商品来自于各个制造商，它所进行的一项重要活动就是对商品进行汇总和再销售，它的全部进货和送货都是社会配送的，社会化程度高。

3. 以零售商为主体的配送中心

当零售商发展到一定的规模，就会考虑建立自己的配送中心，为专业商品零售店、百货商店、建材市场、粮油食品店、饭店宾馆、超级市场等提供配送服务，其社会化程度介于两者之间。

4. 以仓储运输业为主体的配送中心

这种配送的优势是运输配送能力，地理位置优越，如铁路、公路、港湾等交通枢纽，可迅速将到达的货物运送给用户。它提供仓储货位给制造商或供应商，而配送中心的货物仍属于制造商或供应商所有，配送中心只不过提供仓储管理和运输配送。这种配送中心的现代化程度往往比较高。

四、配送中心的作用

在现代物流活动中，配送中心的作用是不可忽视的，其作用可以归纳为以下几点。

1. 提高整个物流系统的效率

从生产企业到销售市场之间需要复杂的环节，要依靠多种运输工具、转运、库存手段才能实现，传统的产品或物资储运体系明显存在不经济和低效率的问题。城市、区域配送中心通过集中配送的方式，按一定的规模集约并大幅度提高其能力，实现多品种、小批量、高周转的商品运送，从而大大降低物流系统成本，提高整个物流系统效率。

2. 使货物供应适应市场需求的变化

各种产品的市场需求在地点、时间、季节、需求量等方面都具有随机性，而现代化生产、加工必须依靠配送中心来调节、适应生产与消费之间的矛盾。

3. 是连锁经营实现规模效益的关键

配送中心通过集中配送的方式，有利于获取规模效益。如超市通过电子订货系统，把几百家门店的零星要货汇总，由供应商集中送货到配送中心，并在那里按“中转配送”的方式运作，实现“集零为整”和“化整为零”，从而大大减少了交易费用、库存费用、流通费用，实现规模经济效益；此外还加强了连锁企业和供应方的关系，共享大量好处。例如，集中订货、数量大对供应方举足轻重，同时，连锁企业集中订货可以享受更优惠的价格折扣。

4. 促进经济快速增长

配送中心是经济发展的保障，是吸引投资的环境条件之一，也是拉动经济增长的内部因素。配送中心的建设可以从多个方面带动经济健康发展。

5. 降低企业成本、提高销售竞争力

对于生产企业来说，开展原材料供应配送可以减少企业总的库存水平，降低原材料供应成本，保证生产的顺利进行；开展销售配送，不仅有利于降低销售成本、改善售后服务，提高企业产品销售竞争力，更重要的是可降低企业的商品库存与进货成本，实现零库存，进而与供应企业结成供应链合作伙伴关系，提高企业销售竞争力乃至企业的综合竞争力。

五、我国配送中心的兴起及存在的问题

我国政府部门有组织、有计划地推动商业物流配送工作，是从20世纪90年代初开始的。1990年，国家在经济较发达的无锡市等10个城市进行了以发展配送为重点的物流流通综合改革试点，此后两年里有40多个城市不同程度地开展了物资配送，广东、上海、杭州等地也进行了物流中心和配送中心的试点。

配送中心的兴起，充分说明了这种组织形式具备发展现代物流的战略优势。但是我国配送中心在发展过程中存在着很多的问题，主要表现如下。

1. 体制弊端

在我国经济领域中，部门分割、地区分割的问题是阻碍包含配送中心在内的物流大系统得以建立和完善的重要原因。在对一些大城市的调查中发现，这些大城市在制定一个世纪的发展规划时，公路交通领域在规划自己的各级枢纽和配送中心，铁路部门也在规划自己的货运站、场站及线路、编组站，而很少有统筹几个方面的综合规划。

2. 条块分割和区域封锁

条块分割和区域封锁是区域物流中心建设的两个严重桎梏。配送中心所赖以生存和发展的基础环境是专业化分工和协作，而条块分割和地区间区域市场的封锁的存在却严重制约着城市化物流中心的建设和发展。商品流通过程中形成地区市场封锁现象的原因是十分复杂的，其中有中央与地方、地方与地方、政府与企业等若干经济主体的利益交织在一起，但对配送中心的影响却是严重的，表现在地区市场封锁造成了产业结构的不合理：一是工业和农业结构不合理；二是基础产业和加工工业结构不合理；三是产业结构趋同化，如我

国中部和东部工业结构的相似率为93.4%、西部和东部的相似率为93.5%、西部和中部的相似率为97.9%。这种不合理性降低了地区间的比较优势，减少了商品流通的相对规模，使配送中心的生存空间受到挤压，增加了配送中心开展业务的难度、削弱了配送中心所可能带来的比较利益。

3. 社会化程度

我国物流配送业的发展水平低主要表现在物流配送企业的小和散，社会化、组织化程度低，在物流配送的各环节上衔接配套差，服务功能不完善，生产企业、流通企业和物流储运企业中的“大而全”、“小而全”的现象和思想仍然存在。物流企业大多数规模较小，缺乏覆盖面较广的物流配送服务网络。

4. 信誉问题影响社会化配送中心的发展

目前我国的配送中心规模尚小，还远远没有实现规模经营，因此而带来的信誉问题是不可避免的。生产企业宁愿自己承担起物流活动，而不放心把自己的产品交给物流公司进行加工配送等物流环节。

第三节　配送中心的作业管理

高效率的配送是由高效率运营的配送中心来完成的。在市场竞争日益激烈的今天，配送不是简单地将货物送达到收货人手中，而需要不断提高服务质量、降低配送成本、提高作业效率，以达到占领市场份额、使企业获取更多利润的目的。因此，配送中心的各个作业环节也必须是合理、高效率的。配送中心一般包括进货作业、搬运作业、储存作业、盘点作业、订单处理作业、拣货作业、补货作业、出货作业等作业形式。

一、进货作业

进货作业是实现商品配置的前置工作。商业配送中心的收获工作更实际到商品所有权的转移，商品一旦收下，配送中心便承担着商品完好的全部责任。因此，进货作业的质量至关重要。配送中心进货作业通常包括商品从货车上卸下、点数、分类、验收，并搬运到配送中心的储存地点。进货作业的主要流程如图7-1所示，其具体操作如下。

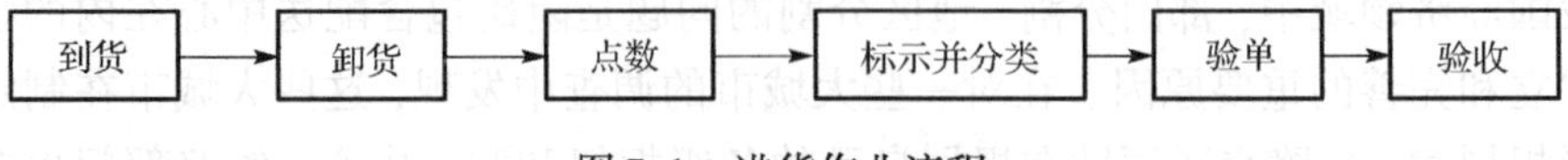

图7-1　进货作业流程

1. 卸货

配送中心卸货一般在收货台上进行：收货方到指定地点卸货，并将抽样产品、送货凭证、增值税发票交验。卸货方式一般有人工卸货、输送机卸货和托盘叉车卸货。

2. 货物的分类

若不事先进行货物的分类，工作人员需要花费很大的气力寻找需要的商品。分类就是将各种不同货物按其性质或其他条件分别逐次区分，将它们归纳为不同类别，并有规律地堆放的一种方法，经过分类，可以提高后续作业效率，达到事半功倍的效果。

3. 收货检验作业

收货检验工作是一项细致复杂的工作，一定要仔细核对，才能做到准确无误。目前有两种核对方法，即“三核对”和全核对。“三核对”即核对商品条形码、核对商品件数、核对商品包装上品名、规格、细数。只有做到“三核对”，才能达到商品的准确无误。有的商品即使进行“三核对”还是会产生一些数量或者规格上的错误，对这种商品则需要采取全核对的方法，要以单对货，核对所有项目，即规格、颜色、品名、等级、标准、细数等，才能保证单货相符，准确无误。

商品验收是双方交接责任的界限，要实现把完好的商品验收进来，再完好地配送给门店或用户，商品必须经过数量和质量两个方面的验收。

(1) 数量验收

由于配送中心的收货工作非常繁忙，所以，一般商品采用“先卸后验”的方式，即由卡车送货人员按不同商品分别码托盘，收货员接过随货同行单据，并用移动计算机终端查阅核对实送数量与预报数量是否相符。

对易碎流质商品卸货时，一般采用“边卸边验”的方法，采用听声音、看异状等手段，以发现问题，分清责任。

货物数量验收除了验收大件外，还需要验收“细数”以及散装、畸形、零星等各类型商品数量，细数是指商品包装内部的数量，即商品价格计算单位，如“条”、“支”、“瓶”等数量单位都称为细数。

(2) 质量验收

货物在运输、交接过程中，因种种原因可能出现损坏、溢出货变质等问题，在收货点验时可采用“看”、“听”、“闻”、“摸”、“拍”、“摇”等检验方法，检验包装外表。

在验收流质商品时，应检查包装箱外表有无污渍（包括湿渍和干渍），若有污渍，必须拆箱检查并调换包装。

在验收棉纺织等怕湿商品时，要注意包装外表有无水渍。

在验收玻璃制品（包括部分是玻璃制作的制品）时，要件件摇动和倾倒细听声响，这种验收方式是使用“听”的方法，经摇晃发出破碎声响，应当场拆箱检查破碎细数和破碎程度，以明确交接责任。

在验收香水、花露水、酒等商品时，除了“听声响”外，还可以在箱子封口处“闻”一下，如果闻到香气严重刺鼻，可以断定内部商品定有异状。即使开箱检查内部没有破损，也至少是瓶盖密封不严，若经过较长时间储存或运输中振动，香水、酒水、花露水等流质商品肯定会外溢损耗。

在验收有有效期商品时，必须严格注意商品的出厂日期，并按照连锁店超市的规定把关，防止商品失效和变质。

(3) 包装验收

包装验收的目的是为了保证商品在运行途中的安全。物流包装一般在正常的保管、装卸和运送中，经受得起颠簸、挤压、摩擦、污染等影响；在包装验收时，应检查箱底封条是否破裂、纸箱内包装或商品是否外露、箱盖（底）摇板是否粘牢、纸箱是否受过潮湿等。

二、搬运作业

搬运是指在同一场所内，对物品进行水平移动为主的物流作业。按场所，搬运可以分为自用物流设施中的搬运和营业设施中的搬运；按包装货物的形式、式样、形状，搬运可以分为个别搬运（将包装货物一个一个地单个搬运）、单元装卸搬运（将货物装载在集装箱或托盘搬运）和散货搬运（如谷物一类颗粒状和石油一类液体状货物的搬运）。搬运作业包括从运输系统装上和卸下货物、从卸货点至配送中心、配送中心内部的搬运和从配送中心内取出货物等的作业均属于这个范畴。配送中心搬运活动的发生时机如图 7-2 所示。

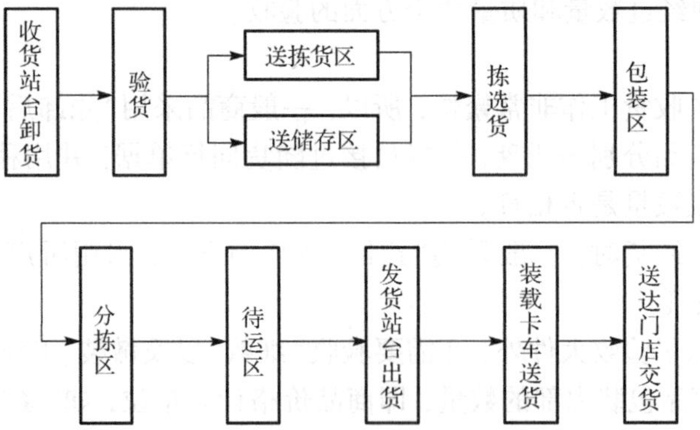

图 7-2　搬运作业的发生时机

在配送中心里，从入库、拣货、保管、流通加工、装载、出库、配送等过程中，都离不开搬运作业，搬运作业约占全部作业的 60% 左右。因此搬运作业的策划和设计是否合理，将很大程度上影响物流成本的多少和货物破损率的高低。我们可以通过减少货物质量、总体积，来减少货物搬运量；调整厂房或配送中心的布局，利用大型搬运机、货柜机，减少搬运总距离和搬运次数；合理规划、设计搬运计划，采用先进的搬运设备，缩短搬运时间，从而提高搬运效率，降低搬运成本。

三、储存作业

配送中心设置库存的目的是为了暂存货物，以便迅速满足客户的要货寻找需求。为了提高储存系统的经济性和运行效率，必须对库存管理的储位进行规划和管理。应开发那种“暗示性储位标号”，以使配送中心的商品与储位系统的每个点建立一一对应的关系，让操作人员肯定地知道某商品放在哪个位置，以便在需要时可以立马找到它。储存策略及其衍生出来的储存指派法则决定着储存作业实际运行模式。

1. 储存指派法则

储存指派法则可以归纳出以下几点。

(1) 可与随机储存策略、共用储存策略相配合。例如利用“靠近出口的法则”把最新到达的商品指派到离出口最近的空储位上。

(2) 可与定位储存策略与随机储存策略相配合。例如产品相关性法则，商品相关性大的商品往往被同时定购，尽可能存放在相邻的位置；又如以周转率为基础法则来安排储位：

首先，依商品周转率由大到小排序，然后将其分为若干段；其次，依照定位或随机储存法的原则，指定储存区域的每一级货物。周转率越高的离出口越近，以缩短拣取货物的路程，减轻劳动强度，简化工作。

(3)先进先出的法则。先保管的商品先出库，这一原则比较适用于寿命周期短的商品。

(4)商品特性法则。对于易燃物品，要储存在具有高度防护作用的建筑物内安装防火设备的空间；对于易腐烂的商品，要储存在冷冻、冷藏或其他特殊的仓库内；对于易盗商品，需储存在有加锁的笼、箱、柜或专库内；对于一般商品，储存在干燥及管理良好的库房内，以应对客户的随时提取。

2. 储存环节要抓好的工作

在储存环节要抓好以下几项工作。

(1)分区分类、合理存放。根据库存商品的不同品种、规格、周期频率、要求，合理划分保管区，固定仓位，把库存商品按照储存区域、排列位置、地点，统一标记、编号，并绘制仓位布置平面图，以利于配送中心作业。

(2)货物存放的原则。周转速度快、周转量大和储存待运的商品，应存放在靠近出口处；根据储存方法和搬运机械的要求规划设置好走支道；注意防火、防损(防撞击、防虫咬、防腐蚀、防污染、防潮等)、防盗及商品的有效期限。

(3)要研究和组织合理储藏量、商品的合理库存结构、合理储存时间和合理储存网路，以减少储存环节的资金积压、缩短商品在流通领域的停留时间、加快商品流通速度、降低保管费用等。

(4)要做好商品的动销情况分析。

四、盘点作业

在配送中心里，由于货物不断进出库，经长期的积累，库存容易与实际储量产生物账不符；也可能是某些商品由于存放过久、养护不当，导致质量受到影响，或接近、超过保质期，必须尽快对货物做出处理。为了有效地控制货物数量，而对各库存货物进行数量清点的作业，称为盘点作业。

盘点工作是一项非常繁重、耗费时间的作业。盘点工作不仅仅是对现在的商品的库存状况进行清点，而且可以对过去商品的管理情况进行分析，为将来管理商品方法的改进提供参考资料。盘点作业的具体工作流程如图7-3所示逐步实施。

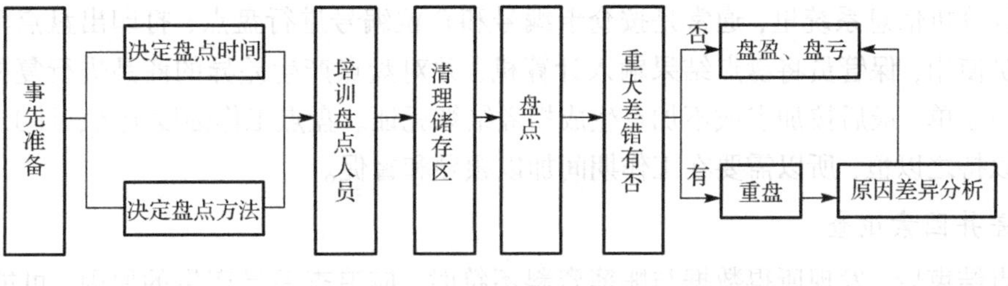

图7-3　盘点作业步骤

1. 准备工作

盘点的事先准备工作决定了盘点作业的顺利程度，为了使盘点工作能在有限的时间内、利用有限的人力达到顺利完成盘点的目的，事先准备工作包括以下内容：明确建立盘点的程序方法，配合会计决算进行盘点，培训盘点、复点、监盘人员，印制盘点用的表格，让受训人熟悉盘点的表单，结清库存资料。

2. 确定盘点时间

决定盘点时间，既要防止过久盘点对公司造成的损失，又要考虑配送中心有限的资源现状。配送中心一般根据各货品的性质制定不同的盘点时间，配送中心的货物可以分为A、B、C三类，A类为主要货物，每天或每周盘点一次；B类为一般货物，每两三周盘点一次；C类为较不重要货品，每月盘点一次即可。

3. 确定盘点方法

盘点可以分为账面盘点和现货盘点。账面盘点是把每天入库及出库的货品的数量及价格，记录到计算机或账簿上，然后不断地累计加总，算出账面上的库存量和库存金额。现货盘点又称实盘，即实地去清点调查仓库内的库存数量，再依货品单价计算出实际库存金额的方法。现货盘点按照盘点时间、频率的不同又可分为期末盘点和循环盘点。期末盘点是指在期末一起清点所有商品数量的方法；循环盘点则是在每天、每周即做少品种、少量的盘点，到了月末或期末则每种货品至少完成一次盘点的方法。因盘点场合、时间、需求的不同，盘点方法也各有差异，为了满足不同盘点情况的需要，所选择的盘点方法要对盘点有利。

4. 培训盘点人员

为了使盘点工作顺利进行，需要各部门指派人员协助进行，因此需要对增援的人员进行培训，使每位参与盘点的人员能更好地发挥其作用。人员培训分为两部分：一是针对所有盘点人员进行盘点方法培训，让他们充分了解盘点的程序、目的及各种表格的填写等；二是针对复盘和监盘人员进行认识货物的培训。

5. 清理储存区

这项工作具体包括：对厂商在盘点之前送来的货品必须明确其是否已验收完成，若完成，则货物属于配送中心，应及时整理归库；若尚未完成验收，则属于厂商，应当弄清楚其所有者，避免混淆；储存区在关闭盘点前通知各部门需求者预领货品；整理储存场所的预先鉴定呆料、废品、不良品；整理、结清账卡、单据、资料，进行预盘，以便及早发现问题。

6. 盘点

在计算机信息系统里，通常是按仓卡编号和仓位编号进行盘点，打印出盘点清单，供盘点人员使用，保管员将盘点结果输入计算机，并对盘点产生差异的商品进行复核，打印出配送损溢单，最后按加点或不加点生成损溢结算凭证。盘点工作强度极大，且工作琐碎，人员难以持之以恒，所以需要在工作期间加以领导和督促。

7. 差异因素追查

盘点结束后，发现所得数据与账簿资料不符时，应追查差异产生的原因，可能出现的原因有以下几点：

(1) 由于记账员自身素质不高，使物品数量记录不准确；

(2) 由于料账处理制度的缺陷，导致货品数目不准确；

(3)由于盘点制度的缺陷导致账货不符；

(4)盘点所得数据与账簿的资料所产生的差异不在容许误差范围内；

(5)盘点人员的疏忽，产生漏盘、重盘、错盘等情况，导致盘点数量不准确。

8. 盘盈、盘亏处理

差异原因查找后，应针对主要原因适当调整处理，呆滞品、不良品、废品减价的部分需与盘亏一并处理。有些货品价格会产生增减，这些变更在经主管审核后必须利用货品盘点盈亏及价目增减更正表修改。

五、订单处理作业

从接收到客户订货开始到准备着手拣货为止的作业阶段，称为订单处理。随着流通环境及科学技术的发展，接受订货的方式也在发生深刻的变化，主要分为传统的订货方式和电子订货方式。传统订货方式包括厂商铺货，即供应商直接将商品放在货车上，一家一家地送货，缺多少补多少的方式；电话订货；传真订货；邮寄订单；业务员跑单接单等。电子订货方式是借助计算机信息处理取代传统人工书写、输入、传送的订货方式。

订单处理需要对订单的各项内容进行确定，具体包括需求货品数量及日期的确定、订单价格的确认、设定订单号码、建立客户资料档案、存货查询、出货单据处理等。

六、拣货作业

拣选作业是配送中心根据客户提出的订货单所规定的商品品名、数量和储存仓位地址，将商品从货架货垛上取出，搬运到理货场所。商品拣选作业有摘果法和播种法两种方式。摘果法是指让拣货搬运巡回于储存场所，按某个要货单位的订单挑选出每种商品，巡回地完成配送作业，将配齐的商品放置到发货场所制定的货位，然后再进行下一个订货单位的配货。播种法是指将每批订货单上的同种商品各自累加起来，从储存仓位上取出，集中搬运到理货场，然后将每一商场所需的数量取出，分别放到该要货单位商品暂储待运货位上，直至配货完毕。现代配送中心对拣选作业的机械化投入了大量的人力、物力、财力，目前拣选设备大多采用货架拣选式叉车系统和拣选重力货架系统来完成拣选作业。

七、补货作业

补货作业通常是以托盘为单位，从货物保管区将货物移送到另一个作为按订单拣取用的动管拣货区，然后将此移库作业做库存信息处理。补货作业的筹划必须满足“确保有货可取”和“将待配商品放置在存取都方便的位置”两个前提。

配送中心一般采取以下两种补货方式。

1. 一般补货方式

(1)由储存货架区和流动式货架组成的存货、拣货、补货系统，如图7-4所示。

(2)将货架的上层作为储存区，下层作为拣货区，商品由上层货架向下层货架补货的系统。

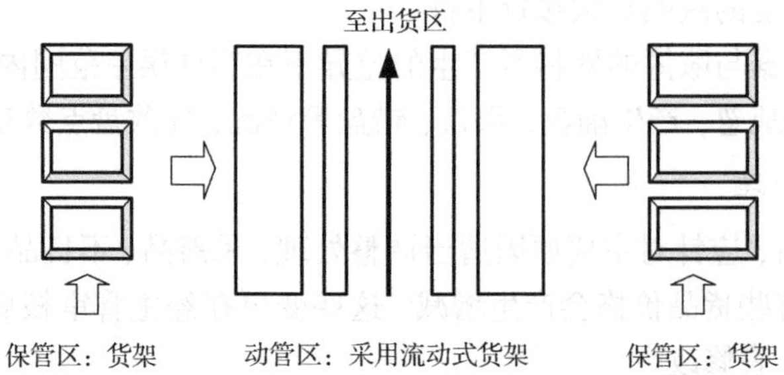

图 7-4　储存货架区与流动货架系统

2. 动管拣货区的补货方式

补货作业发生与否主要看动管拣货区的货物存量是否符合需求，以避免出现在拣货过程中动管拣货区货量不足而临时补货，从而影响整个拣货作业。通常状况下，可采取以下三种补货方式：

(1)随机补货。这是一种指定专人从事补货作业，这些人员随时巡视动管拣货区的分批存量，发现不足随时补货。这种补货方式，比较适用于每批拣取量不大、紧急追加订货较多，以至于一天内作业量不易事先掌握的情况。

(2)批次补货。在每天或者每批拣取之前，经计算机计算所需货品的总拣取量，再查看动管拣货区的货品量，计算差额并在拣货作业开始前补足货品。这种补货方式，比较适用于一天内作业量变化不大、紧急追加订货不多，或是每批次拣取量大致事先掌握的情况。

(3)定时补货。将每天划分为若干个时段，补货人员在时段内检查动管拣货区货架上的货品存量，如发现不足，立马补足。这种补货方式，较适合分批拣货时间固定、处理紧急追加订货时间也固定的情况。

八、出货作业

出货作业的内容包括将拣取分类好的货品做好出货检查，装入妥当的容器，做好标记，然后根据车辆调度安排的趟次等，将物品搬运到出货待运区，最后装车配送。

1. 分货

拣货作业完成后，再将物品按照不同的客户或者不同的配送线路分类的工作，称为分货，又称分拣。分货作业的任务是将发给同一个客户的各种商品汇集在一处，以待发运。分货可以分为人工分货和自动化分货两种方式。

(1)人工分货。它是人工依据订单利用手推车等辅助工具，将分拣商品送到对方指定地点待运。这种分货方式机动灵活、不需昂贵的设备、不受商品包装等条件的制约。但同时存在速度慢、工作效率低、出错率高的缺点。只适用于分拣量小、分拣单位少的场合。

(2)自动化分货。随着市场经济的发展和消费者需求的“多品种、少批量、个性化”，配送中心商品分拣和拆零拣选作业量越来越大，人工分货作业根本无法满足大规模配送的需要，自动化分货成为经济发展的需求。随着科学技术的进步，计算机控制、条形码、激光扫描等高新技术引入物流领域，促进了自动化分货向高准确率和低成本的方向发展。自动化拣货具有以下优点：提高了单位时间内商品的处理量；大大降低了货品在物流作业过程中的货损率；缩短了分货作业的前置时间、降低了物流成本；降低了分货的出错率等。目前，国外许多大中型配送中心都广泛使用自动分拣机进行分拣。

2. 出货检查

出货检查是将拣取货物依照客户名、车次等按出货单逐一核对检查货物品项和数量。出货检查通常是纯人工进行的，也就是将货品一个个点数并逐一核对出货单，再检查出货货品的质量和包装状况。这种人工检查方式，需要耗费大量的时间和人力，而且很容易出错。现代配送中心，采用条形码的检查方法，让条形码跟着商品跑，当进行出货检查时，只需将拣出货品的条形码用扫描仪读出，计算机便自动将出货资料与出货单对照，以此来检查是否有数量或品项的差异，大大减少了人力投入，提高了作业效率。

3. 输配送作业

输配送是配送中心作业的最终服务，它主要包括两方面的内容：一是输送，它是做长距离、大量货物的移动，是物流据点间的货物移动，是区域间的货物移动；二是配送，它是做短距离、少量货物的移动，是从供货企业的供货枢送达商店、顾客手中的商品移动，是区域内的货物移动。

输配送若管理不好会产生很多问题，因此，在输配送时，要注意以下一些问题。

(1)要确保在指定的时间内交货，这也是考核配送中心作业水平的一项重要指标。如途中因意外不能准时达到，必须立刻联系总部，由总部采取紧急措施，确保合同的履行。

(2)要将货品完好无损地送达指定地点，配送人员在装卸货、运送过程中要注意对商品的保护。

(3)卡车司机和送货人员作为“公司的形象大使”，要与客户及时沟通，巩固客户的忠诚度。

(4)减少或消除交错输送，以缓解交通混杂、缩短输配送距离。

第四节 配送合理化

一、不合理配送的表现形式

对于配送的决策优劣，不能简单处之，也很难有一个绝对的标准。例如，企业效益是配送的重要衡量标志，但是，在决策时常常考虑各个因素，有时要做赔本买卖。所以，配送的决策是全面、综合决策。在决策时要避免由于不合理配送所造成的损失，但有时某些不合理现象是伴生的，要追求大的合理，就可能派生小的不合理，其具体表现形式可以归纳为以下几点。

1. 资源筹措的不合理

物流配送是利用较大批量筹措资源，通过筹措资源的规模效益来降低资源筹措成本，使配送资源筹措成本低于用户自已筹措资源成本，从而取得优势。如果不是集中多个用户需要进行批量筹措资源，而仅仅是为某一两户代购代筹，对用户来讲，就不仅不能降低资源筹措费，相反却要多支付一笔配送企业的代筹代办费，因而是不合理的。资源筹措不合理还有其他表现形式，如配送量计划不准，资源筹措过多或过少，在资源筹措时不考虑建立与资源供应者之间长期、稳定的供需关系等。

2. 库存决策不合理

配送应充分利用集中库存总量低于各用户分散库存总量，从而大大节约社会财富，同时降低用户实际平均分摊库存的负担。因此，配送企业必须依靠科学管理来实现一个低总量的库存，否则就会出现只是库存转移而未解决库存降低的不合理。配送企业库存决策不合理还表现在储存量不足，不能保证随机需求，失去了应有的市场。

3. 价格不合理

总的来讲，配送的价格应低于不实行配送时，用户自己进货时产品购买价格加上自己提货、运输、进货之成本总和，这样才会使用户有利可图。有时候，由于配送有较高服务水平，价格稍高，用户也是可以接受的，但这不能是普遍的原则。如果配送价格普遍高于用户自己进货的价格，损伤了用户利益，就是一种不合理表现。价格制定过低，使配送企业处于无利或亏损状态下运行，会损伤销售者，也是不合理的。

4. 配送与直达的决策不合理

一般的配送总是增加了环节，但是这个环节的增加，可降低用户平均库存水平，以此不但抵消了增加环节的支出，而且还能取得剩余效益。但是如果用户使用批量大，可以直接通过社会物流系统均衡批量进货，较之通过配送中转送货则可能更节约费用，所以，在这种情况下，不直接进货而通过配送，就属于不合理范畴。

5. 送货中不合理运输

配送与用户自提比较，尤其对于多个小用户来讲，可以集中配装一车送几家，这比一家一户自提，可大大节省运力和运费。如果不能利用这一优势，仍然是一户一送，而车辆达不到满载(即时配送过多过频时会出现这种情况)，则就属于不合理。此外，不合理运输若干表现形式，在配送中都可能出现，会使配送变得不合理。

6. 经营观念的不合理

在配送实施中，有许多是经营观念不合理，使配送优势无从发挥，相反却损坏了配送的形象。这是在开展配送时尤其需要注意克服的不合理现象。例如，配送企业利用配送手段，向用户转嫁资金、库存困难，在库存过大时，强迫用户接货，以缓解自己库存压力；在资金紧张时，长期占用用户资金；在资源紧张时，将用户委托资源挪作他用获利等。

二、商品配送合理化措施

怎样实施配送合理化，主要措施如下。

1. 推行一定综合程度的专业化配送

通过采用专业设备、设施及操作程序，取得较好的配送效果并降低配送过分综合化的复杂程度及难度，从而追求配送合理化。

2. 推行加工配送

通过加工和配送结合，充分利用本来应有的中转，而不增加新的中转，求得配送合理化。同时，加工借助于配送、加工目的更明确、和用户联系更紧密，更避免了盲目性。

这两者有机结合，投入不增加太多却可追求两个优势、两个效益，是配送合理化的重要经验。

3. 推行共同配送

通过共同配送可以以最近的路程、最低的配送成本完成配送，从而追求合理化。

4. 实行送取结合

配送企业与用户建立稳定、密切的协作关系，配送企业不仅成了用户的供应代理人，而且承担用户储存据点的作用，甚至成为产品代销人，在配送时，将用户所需物资送到，再将用户生产的产品用同一车运回，这种产品也成了配送中心的配送产品之一，或者作为代存代销，免去了生产企业库存包袱。这种送取结合，使运力充分利用，也使配送企业功能有更大的发挥，从而追求合理化。

5. 推行准时配送系统

准时配送是配送合理化的重要内容。配送做到了准时，用户才有资源把握，可以放心地实施低库存或零库存，可以有效地安排接货的人力、物力，以追求高效率的工作。另外，保证供应能力也取决于准时供应。从国外的经验看，准时供应配送系统是现在许多配送企业追求配送合理化的重要手段。

6. 推行即时配送

作为计划配送的应急手段，即时配送是最终解决用户企业担心断供之忧、大幅度提高供应保证能力的重要手段。即时配送是配送企业快速反应能力的具体化，是配送企业能力的体现。

即时配送成本较高，但它是整个配送合理化的重要保证手段。此外，用户实行零库存，即时配送也是重要手段保证。

三、共同配送

(一) 共同配送的定义

按照日本工业标准的解释，共同配送是为提高物流效率，对许多用户一起进行配送的配送方式。简单来说，共同配送就是两个或两个以上有配送业务相互合作、对多个用户共同开展配送活动的一种物流模式。其实质是相同或不同类型的企业的联合，以相互调剂使用各自的仓储设施，最大限度地提高配送设施的使用效率，获取物流集约化规模效益。共同配送的业务范围可以是生产企业生产的产品销售、商业企业所经销的商品的供应，也可以是生产企业生产所用的物料。

(二) 共同配送产生的原因

共同配送在国外已经得到广泛的应用。越来越多的货主几乎把所有的商品，无论是溢出库存还是新品上市都进行共同配送。之所以会出现这种情况，说明共同配送在物流领域正显现出其独特的魅力。

首先从货主的角度来看，共同配送可以降低配送成本，由于共同配送是多个货主企业共享一个第三方物流服务公司的设施和设备，从而由多个货主共同分担配送成本，从而降低了成本。

另外，由多个不同货主的零散运输通过整合可以变成成本更低的整车运输，从而使得运输费用大幅度降低。共同配送还可以降低每个货主的日常费用支出，降低新产品上市时的初始投资的风险。从第三方物流服务商的角度来看，共同配送同样可以降低他们的成本，从而间接地为其客户带来费用的节省。著名的美国第三方物流商 Exel 的副总裁托马斯认为："我们之所以能够降低我们的成本，是因为我们的人工、设备和设施费用分摊到了很多共享的客户身上。这些零散客户共享所带来的生意就像大客户所带来的生意量一样大，使得我们可以发挥物流的规模效益，从而节约成本，这些成本的节约又反过来可以使我们公司实施更加优惠的低价政策。"

此外，共同配送盛行是因为共同配送可以实现以下两方面的功能。

1. 从多点到一点

现在很多第三方物流服务公司都提供共同配送服务，而且通过与 ECR（有效消费者响应）和连续补货方式相联系，更显现出其独特之处。尤其在零售业共同配送非常流行，因为零售业的一个重要特点就是产品种类多，因此一个零售商要由很多的供货商向其供货。对于零售商来说，共同配送由于可以将多家供应商的零散货物整合成整车一次性到货，从而减少了零售商和更多供货商进行联系订货、检验的手续，使得共同配送对零售商具有非常大的吸引力。共同配送吸引零售商的另一重要原因是通过这种方式可以大大降低零售商在大型促销、经销改型商品时的成本。在最近几年，一些第三方物流服务公司已经将共享的思想应用于精细服务形式的直拨形式，也就是将刚刚到库直接发送的商品和已经分拣好的商品组成整车直接发送到零售商的店里。这种方式一方面可以减少货物在库时间，从而降低库存成本；另一方面可以实现快速向零售商供货。

2. 可以做到最小风险、最大柔性

共同配送已经形成了一个潮流，而且它的广度与深度已经超越了整合运输这种简单形式。随着经济的发展，很多公司都想扩展自己的业务、开拓新的市场，或进入其他的产品市场。但在进行投资之前这些公司都非常谨慎并希望投资风险尽量减小，基于此方面的原因，很多公司采取了共同配送的运作形式。

共同配送可以帮助厂商对市场需求做出快速反应，例如，药品与保健品公司是共享配送网络的最大客户之一，这是因为为了快速履行订单，他们必须要在主要的销售点附近保存少量的存货，因为这些销售点相对来说空间很小，为保证在有限的空间内陈列更多的商品，就不能保有太多的库存，因此采用共同配送进行及时补货是非常适合的。其他的行业如电子产品和汽车生产商，当产品短暂的生命周期和狭小的库存空间使得公司必须强调物流网络的完善和节省资金占用时，共同配送同样也是降低风险比较好的选择。由于共同配送避免了厂商在仓库等建筑物、物料搬运系统设备、人工以及支持性的信息系统这些方面的投资，又能及时满足客户的需求，因而受到厂商等客户的欢迎。因为对于厂商来说采用共同配送所需的成本只是实际的货运量带来的变动成本，节省了固定成本，因此他们可以用节省下来的资金投资于自己的核心业务活动如产品开发、市场营销以及其他创收活动。

共同配送本身所具有的柔性同样是其深受广大公司青睐的一个重要原因。大客户一般都倾向于与第三方物流服务商签订长期合同，与之相比，共享服务对象所签订的合约往往是短期的，通常一月一签约，这种服务方式非常柔性。如果客户更倾向于按单位产品的费率来收费，那么相应的第三方物流商就可以按照他们所处理的实际货运量的大小来收费。

(三)共同配送的方式

共同配送的目的是为了共同化对象相互补充利用物流资源，追求商品配送的最大化和物流成本的最小化。根据物流资源的利用程度，共同配送可以分为以下几种形式。

1. 车辆利用型共同配送

(1)车辆混载运送型共同配送

这是一种比较简单易行的共同配送方式，在送货时安排一个配送车辆上实行多货主的混载，如图7-5所示。

这种配送方式以一辆大型且可以满载的车辆代替了以往多货主分别送货或各客户各自提运货物的多车辆，解决了多货主、多车辆都难以满载的弊端，提高了车辆的利用率。

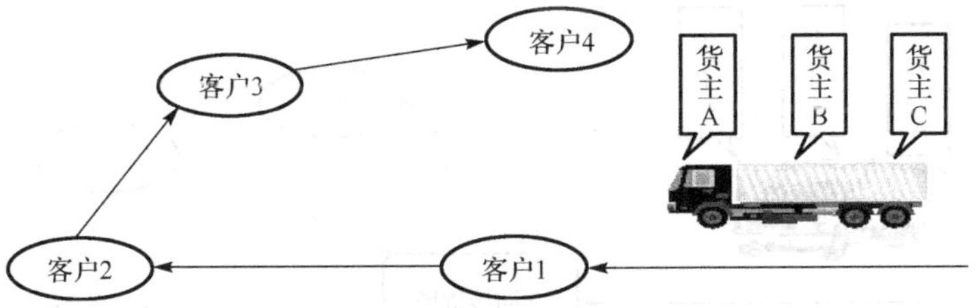

图7-5　车辆混载运送型共同配送

(2)利用客户车辆型共同配送

这种共同种配送方式是利用客户采购零部件或采办原材料的车辆进行产品的配送，如图7-6所示。

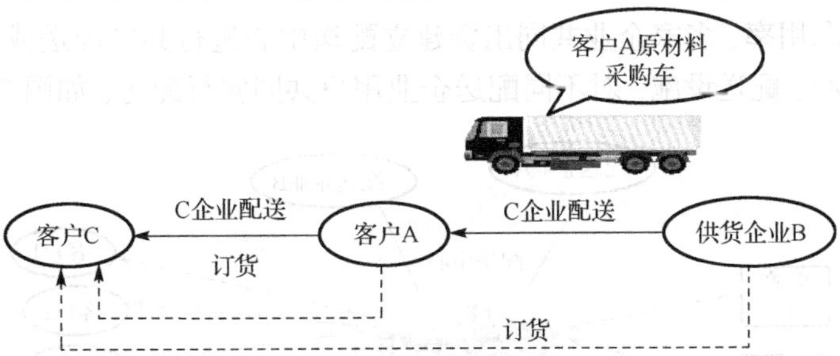

图7-6　利用客户车辆型共同配送

(3)返程车辆利用型共同配送

为了不跑空车，让物流配送部门与其他行业合作，装载回程货或与其他公司合作进行往返运输，如图7-7所示。

2. 接货场地共享型共同配送

接货场地共享型是多个用户联合起来，以接货场地共享为目的的共同配送的形式。在用户相对集中，且用户所在地交通、道路、场地比较拥挤，各个用户单独准备接货场地或货物处置场地有困难时，多个用户联合起来设立配送的接受点或货物处置场所，不仅可以解决场地问题，而且可以大大提高接货水平，加快配送车辆的运转速度。此外接货地点集中，可以集中处理废弃包装材料、减少接货人员数量。接货场地共享型共同配送如图7-8所示。

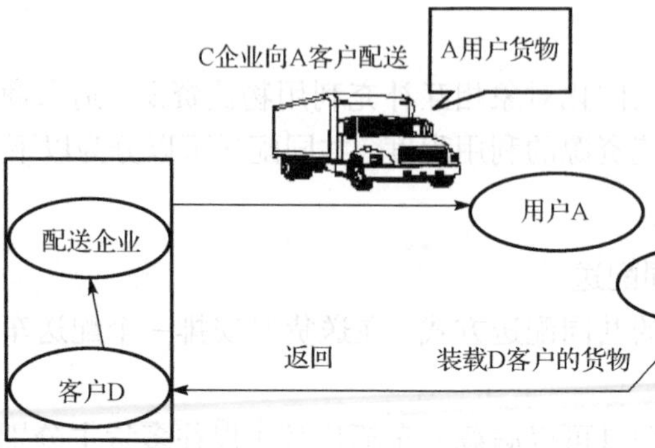

图 7-7　返程车辆利用型共同配送

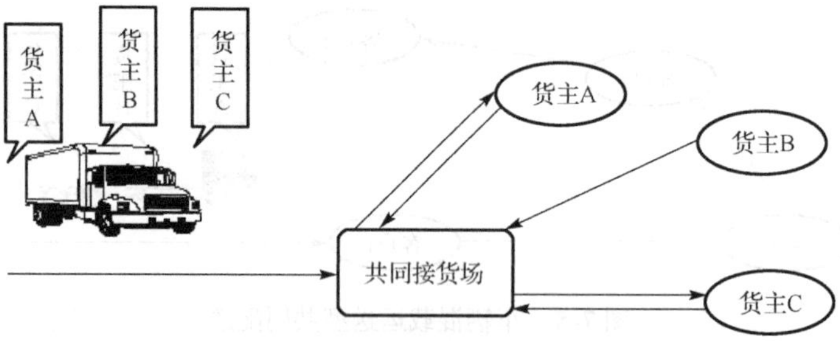

图 7-8　接货场地共享型共同配送

3. 配送中心、配送机械等设施共同利用型的共同配送

在一个城市或一个地区中有几个不同的配送企业时，为了节省配送中心的投资费用，提高配送运输的利用率，多家企业共同出资建立配送中心进行共同配送或多家企业共同利用已有的配送中心、配送设施，对不同配送企业用户共同实行配送，如图 7-9 所示。

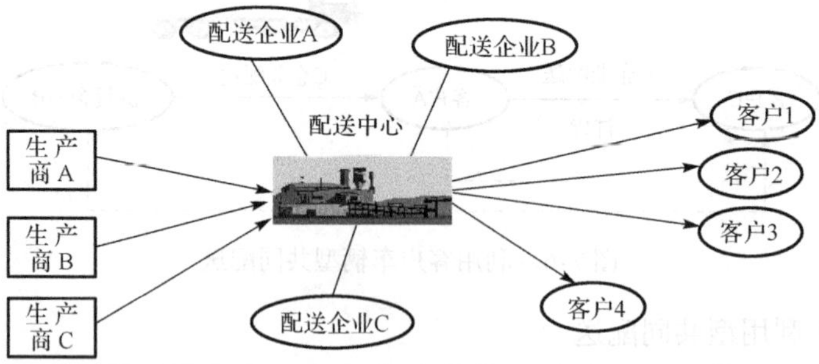

图 7-9　配送中心、配送机械等设施共同利用型的共同配送

4. 系统优化型共同配送

由一个专业化物流配送企业综合各家用户的要求，对各个用户在配送时间、数量、线路、次数等进行最优化安排，在用户接受的前提下，全面统筹规划，进行合理化配送，如图 7-10 所示。

这种配送方式不仅可以满足不同用户的基本要求，而且能够有效地进行分货、配货、配载、选择运输方式、运输线路和合理安排运送数量。这种多用户的配送，可以充分发挥科学计划、周密计划的优势，是共同配送的较高水平形式。

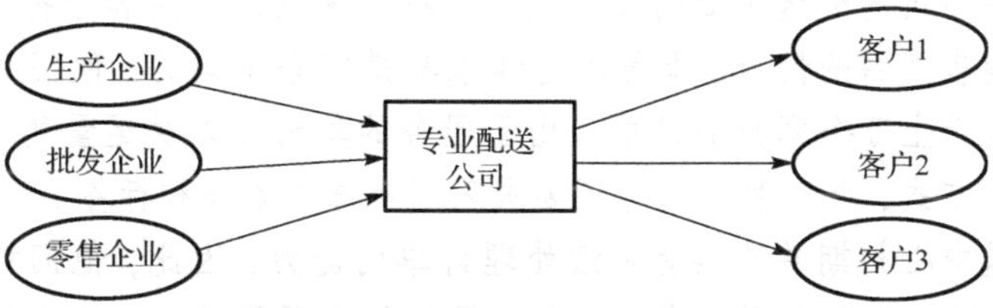

图 7-10　系统优化型共同配送

（四）共同配送的作用与实施难点

共同配送理念的实现，从微观角度而言，企业可以得到以下几方面的好处：达到配送作业的经济规模，提高物流作业的效率，降低企业营运成本；不需投入大量资金、设备、土地、人力等，可以节省企业资源；企业可以集中精力经营核心业务，促进企业的成长与扩散；扩大市场范围，消除原有封闭性的销售网络，共建共存共荣的环境。

从整个社会的角度来讲，实现共同配送主要有以下好处：减少社会车流总量，减少闹市卸货妨碍交通的现象，改善交通运输状况；通过集中化处理，有效提高车辆的装载率，节省物流处理空间和人力资源，提升商业物流环境进而改善整体社会生活品质。

总而言之，共同配送可以最大限度地提高人员、物资、金钱、时间等物流资源的使用效率（降低成本），取得最大效益（提高服务），还可以去除多余的交错运输，并取得缓解交通、保护环境等社会效益。

共同配送是物流配送发展的总体趋势，当然，共同配送涉及很多具体的细节问题，在实施过程中难免会出现一些难点。首先，各业种经营的商品不同，有日用百货、食品、酒类饮料、药品、服装乃至厨房用品、卫生洁具等等，林林总总不一而足。不同的商品特点不同，对配送的要求也不一样，共同配送存在一定的难度。其次，各企业的规模、商圈、客户、经营意识等方面也存在差距，往往很难协调一致。还有费用的分摊、泄露商业机密的担忧，等等。

习题与思考

1. 什么是配送？简述建立配送中心的作用和意义。
2. 商品配送的方式有哪几种？各具有哪些特点？
3. 简述不合理配送的表现形式及配送合理化的措施。
4. 共同配送有哪些形式？

案例分析

美国孟买家具及配件公司共同配送案例

美国得克萨斯州的沃斯堡孟买家具及配件公司，近来想要成立一家服务于成千上万家零售店和网上商店的批发分公司，原计划利用其原有的物流网络来组织新的商业物流。但是孟买公司的物流副总裁很快就意识到：孟买批发分公司要想成功，就必须采用全新的物流方式。因为孟买公司的配送中心的设计是专门符合家具的存储和分拣配送的，而新成立的批发分公司所销售产品的性质、零售渠道和家具是完全不同的，他们必须要有能力履行位于不同地方的成千上万个客户的订单。由于服务的集约化以及运量的不同，他们几乎需要使用所有的运输方式，很多客户同时还要求采用特殊的条码和标签。

由于孟买配送中心初期并不具有灵活处理订单的能力，因此，他们打算寻求物流业务外包，但是新的批发分公司刚刚起步，未来发展如何还不能确定，因此与第三方物流公司签订长期的个体租用合同对其来说是一种冒险，因此孟买公司的总裁说："在我们不知道业务会做到多大时，我们需要更多的柔性。"于是，综合各方面的因素，共同配送成为孟买批发分公司的首选。当年10月，孟买批发分公司选择了usco物流公司作为其物流服务商，共享其物流设施。他们之间的协议是一月一签约，并且是采用按件计费的收费方式。这样使得孟买批发分公司避免了支付人工、设备和设施等高额的管理费用，这同样给孟买公司更大的发展空间，并为他们的服务能力带来了更大的柔性。

随着客户订单的快速增长，对于不同客户订单的自动处理能力对于孟买公司的成败至关重要。而该能力恰恰是孟买公司的物流系统所不具备的，因此孟买批发分公司依靠usco物流公司来帮助公司实现订单履行程序的自动化，并提供帮助该公司建立为顾客定制的条形码和标签的技术支持。孟买批发分公司同样也把公司所有的外向运输交给了usco物流公司，这在一定程度上要比孟买公司自己与运输公司谈判签约所付的运费要低。

孟买公司的物流经理相信：共同配送与高的交付率和订单履行能力将帮助孟买公司为客户提供优于其竞争对手的服务，更重要的是，这种更具竞争力的优势将帮助孟买批发分公司树立良好的服务品牌。

案例来源：http://www.chinawuliu.com.cn/xsyj/201008/04/143031.shtml.

案例思考

美国孟买家具及usco物流公司共同配送的经验是什么？

实践训练

参观当地一家物流配送中心，了解其业务流程及物流信息系统。

第八章

物流信息技术与信息系统

知识要点

1. 物流信息的概念、特征、分类及在物流活动中的作用
2. 条码、RFID、EDI、EOS、GPS、GIS 等技术的工作原理及在物流中的应用
3. 物流信息系统的概念、内容、类型、结构、评价
4. 结构化方法、原型法、OO 方法、CASE 方法等物流信息系统开发方法的特点
5. 物流信息系统开发的要点、步骤及注意问题

第一节　物流信息概述

一、信息的概念

(一) 信息与信息流

信息是能反映事物内在本质的外在表现，如声音、图像、文字、数字、符号、语言等，是事物内容、形式和发展变化的反映。管理信息系统中为信息下的定义是：信息是一种已经被加工为特定形式的数据，这种数据形式对于接收者来说是有意义的，而且给当前和将来的决策带来明显或实际的价值。

信息流是对信息的收集、传递、处理、储存、检索与分析的渠道和过程。信息流从广义上看，是指人们采用各种方式来实现信息交流，这包括从人们的直接交谈到采用各种现代化的传递媒介。从现代信息技术的狭义角度看信息流，则可看作信息处理在计算机通信网络系统中的流动。

(二) 信息的特点

信息是人类的劳动成果，是通过人类进行计算、推理、存储、提取和检索等复杂的知识性劳动获得的。信息一般具有以下特征。

1. 无限开发性

信息是人类劳动产生的，在人类生存和接触到的一切领域中，必然产生信息。信息以物质的形式为载体向人们提供精神智慧，具有无限性和可开发性。人类劳动产生了信息，

信息又促进了人类发展，人类发展的过程中又产生了新的信息。物质的世界是无限的，人们对于物质的认识也是无限的，认识过程中产生的信息也是无限的。

信息的无限性，决定了信息的可开发性。信息给人们新的知识，以促进社会的发展，随着社会的发展又要求信息不断地更新。

2. 时效性

事物是发展变化的，发展变化有一个时间概念。信息也是如此，随着事物的发展而发展，随着事物的变化而变化。从广义上讲，信息是永存的，但从狭义上讲，信息具有很强的时效性。

信息的价值在于为人们所利用。如果信息失去了利用机会，或者根本就不可能被利用，信息将不具有任何价值，这就是信息的时效性。如果超出了时间界限，再好的信息也是不会产生效益的。

3. 加工传递性

信息作为事物发展变化的一个表征，存在于人类社会的各个方面，是完全可以进行加工整理并传递的。因此，信息的加工传递特性是信息发挥作用的一个必不可少的特性。

信息的加工包括两个方面的内容：

(1)对信息的整理，即对信息进行认识分析、归纳综合、分类汇编。

(2)对信息的转化，即将信息由一种形式转化成另一种形式。例如，可以将某一信息转化成文字语言、图表、图像、数据信号等。

4. 滞后性

信息是经过加工的数据，经过加工的数据总是落后于事实本身，我们的目标就是尽可能加快信息数量速度，减少滞后时间。

5. 真伪性

信息通过一定的形式将事物的变化反映出来。虽然从理论上讲是客观的、真实的，但由于在产生、传播、加工、整理等过程中，受到影响的因素很多，往往会发生一些偏差。因此，从信息利用的角度去看，一定要以事实为依据，利用真实信息进行决策。

此外，信息还具有不灭性、存贮共享性、依附性、可处理性、价值性等特点。

二、物流信息的概念

整个物流活动过程是一个多环节的复杂系统，物流系统中的各个子系统通过物质实体的运动联系在一起，一个系统的输出同时就是另一个系统的输入，物流活动中各个环节的相互协调、衔接就是通过物流信息予以沟通的，各个系统中资源的调度也是通过物流信息的传递来实现的。为了保证物流系统的正常有节奏地运行，必须保证物流信息的畅通。

(一)物流信息的定义

物流信息可以从广义和狭义两个方面来考虑。

1. 狭义的物流信息

物流信息是指与装卸、搬运、运输、保管、包装、流通加工等物流活动有关的信息。因为物流信息对运输管理、库存管理、订货管理、仓库作业等物流活动具有支持保证功能，因此在物流活动的管理中，如运输线路的选定、交通工具的选择、每次运送的数量、仓库库存的有效利用、最佳库存数量、订货管理等，都需要详尽和准确的物流信息来确定。

2. 广义的物流信息

从广义来看，物流信息不仅仅指与物流活动有关的信息，还包括其他与流通活动有关的信息，包括与买卖双方交易过程有关的商品交易信息和与市场活动有关的市场信息。商品交易信息包括销售和购买信息、订货信息和接受订货信息、发出货款和收到货款等信息；市场信息则包括消费者的需求信息、竞争者或竞争性商品的信息、促销活动有关的信息等。物流信息与商品交易信息、市场信息有着密切的联系，如零售商根据对消费者需求的预测以及库存现状制定订货计划，向批发商或生产商发出订货信息；批发商在接收到零售商的订单后，在确认现有库存水平能满足订单需要的基础上，向物流部门发出发货配货信息。如发现现有库存无法满足订单需求则立马组织生产，再按订单上的数量和时间向物流部门发出发货配货信息。所以，广义上的物流信息还包括其他与物流活动相关的商品交易和市场信息。

（二）物流信息的特征

物流信息作为信息，除了具备一般信息的无限开发性、时间时效性、加工传递性、滞后性、真伪性等特征外，还具有自身的一些特点。

（1）物流信息涉及面广、数量庞大。

（2）高峰和平时的信息量差别很大。

（3）每天发生信息的单位（每件大小），并不那么大。

（4）信息产生的来源、处理场合、转达对象，分布在广大地区。

（5）在不少物流系统的环节，同时兼具信息的中转和转送，贯穿于经营活动的全过程。

三、物流信息的分类

在处理物流和建立物流信息系统时，对物流信息进行分类是一项基础工作。按照不同的分类标准，物流信息可以有不同的类型。

（一）按信息的产生时间分类

按这种分类方式物流信息可以分为两类：一种是先于物流的产生，用于生产和配置的计划和协调活动的计划信息，它控制着物流开始的时间、流动的大小和方向，引发、控制、调节整个物流；另一类则是与物流同步产生的作业信息，它反应物流的状态。

1. 计划信息

物流系统的计划信息形成了制造商和经销商的信息系统的支柱，这类信息又来指导企业资源的分配，履行从采购到产品交付的职能。如图 8-1 所示，计划系统包括了企业内部以及配送渠道成员之间的物流计划行动，这类特定的信息是：战略目标、能力限制、物流计划、制造计划、采购计划。

（1）战略目标。战略目标决定企业能否生存与发展，是企业生产和经营的基础。战略目标主要涉及企业各方面的一组目标，包括营销目标和金融目标。营销目标是用于明确物流活动的客户服务政策和服务目标，包括选择目标市场、进行市场定位、确定服务的宽度和广度等。金融目标是要明确入库数、销售额和生产水平、相应的费用，以及资金和人力资源的限制等。

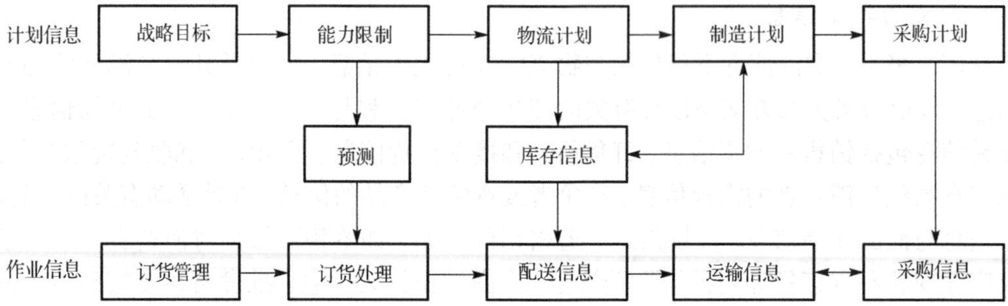

图 8-1　物流信息系统

(2)能力限制。能力限制是指企业内外等资源对物流的限制。能力限制考虑了整个的生产和物流量的限制，可以识别物流的“瓶颈”所在，并对资源进行有效的管理，以满足市场需要。对每项产品来说，能力限制可以决定生产、储存和运输的时间、地点、数量等。

(3)物流计划。物流计划把物流信息和制造信息结合起来，协调必需的设施、设备、劳动力以及库存管理等资源，以完成物流的使命，获得最佳的系统功能。通常物流计划被作为存货管理和过程控制的工具，通过使用配送计划来实施。

(4)制造计划。制造计划对生产资源做出安排，确定每周或每天的生产和机器设备的安排，并在物料管理系统内解决因原材料短缺或者日生产能力限制而产生的瓶颈问题。物流计划和制造计划应该平行操作，以实现直接用市场计划或订货来协调生产计划，而减少对预测或计划的依赖。

(5)采购计划。采购计划对物料发放、装卸和入库做出安排。采购计划是建立在生产能力限制、物流计划和制造计划的基础上，显示长期的物料计划和发放计划。物流计划、制造计划和采购计划之间不一致，会使设施与作业无效率，导致为缓冲独立的作业而产生不必要的安全库存。

2. 作业信息

作业信息包括接受、处理、装运以及协调采购订货入库所需的各种信息。这类信息是在物流过程中发生的信息，带有很强的动态性，是掌握物流情况必不可少的信息。作业组建包括：订货管理、订货处理、配送信息、运输信息、采购信息、库存信息等。

(1)订货管理。订货管理是通过使用通信技术如邮件、传真、电话以及 EDI 登录维护客户订货，提供有关存货可得性的信息和交付日期，获悉和确认客户的期望。它是客户订货和客户查询的登录点，包括定购单、电子订货和手工订货。它同客户服务代表一起形成了客户和企业物流信息系统之间最基本的界面，影响着作业信息。

(2)订货处理。订货处理是按照订货和补货指令分配存货，分配可以采取时间和批量两种方式。时间方式是指按订货时间处理订货，这是普遍采用的方式。批量方式是指定期地如按天或按工班处理订货。在存货量比较少的时候，批量处理可以把订货处理仅按当前存货，或根据已经计划的生产能力指派库存，使厂商易于控制局面。

(3)配送信息。配送信息系统将批量和实时分配结合起来，在配送中心内指挥所有的活动，包括产品入库、物料搬运及储存和订货选择等。产品和物料的配送是通过指示清单或任务清单来指导的。在作业中，条码、无线电频道通信以及自动搬运设施等信息技术提供更多的作业灵活性，减少决策与行动之间的时间差。

(4)运输信息。运输信息是指对运输进行计划、执行和控制，以保证有效地利用运输资源和运输当事人。运输当事人包括托运人、承运人和收货人。运输信息应该实现基本层次的信息一体化，以便于信息共享。信息共享要求运输单证采用标准化数据形式。当前数据协调的精力主要集中在使运输单证与其他商业单证如订单、发票等的结合上。

(5)采购信息。采购信息是用来管理订货准备、修改和发放的。对于综合物流，采购作业应该跟踪收发货活动，协调物料入库、设施的生产能力，优化运输和人员的安排。另外，采购还应该可以对系统进行检查，以及跨过厂商的界限和供应商、客户连成一体。

(6)库存信息。库存信息是指库存的收发货、指定货位和调整库存的信息。其作用是明确计划需求、管理制成品库存以及安排配送渠道。库存信息是物流信息系统的中心，是计划与协调的作业之间最基本的界面。

(二)按信息的加工程度分类

物流过程中产生的信息量是极大的，这往往造成信息的难以吸纳、收集，无法从中区分、挑选有用信息，从而无法有效利用信息，这种"信息爆炸"状况严重影响了信息系统的有效性，为此需要对信息进行加工处理，按加工程度的不同可以将信息作如下分类。

1. 原始信息

这是指没有经过加工的信息，是信息加工的基础，也是最有权威的凭证性信息。一旦有需要，可以从原始信息中找到真正的依据。

2. 加工信息

对原始信息进行各种方式和各个层次处理后的信息。这种信息是原始信息的提炼、加工和综合，它可以大大缩小信息存量，并将信息整理成有使用价值的数据和资料。加工信息需要各种加工手段，如分类、汇编、汇总、精选、制表、制档、制音像资料、数据库等。同时还要制成各种指导使用的资料。

(三)按不同管理层次中信息的功能分类

物流信息系统是把各种功能的物流活动集成在一起的纽带，整合过程应建立在交易、管理控制、决策分析以及制定战略计划四个系统功能层次上。

第一个层次是业务层，主要是处理日常行为的系统，包括：记录订单的内容、安排存货、选择作业程序、装卸过程控制、定价和开票以及解答顾客询问等。

第二个层次是管理控制层，主要包括：成本控制、资产管理、顾客服务质量的衡量、生产率水平衡量以及管理质量衡量等。

第三个层次是决策分析层，涉及存货水平管理、网络、设施选址和配置、与第三方的垂直一体化等。

第四个层次是制定战略计划，这涉及企业的发展，包括企业战略联盟的形成。以利润为基础的顾客服务分析以及是否有能力和机会开发和提炼等。

四、物流信息的作用

物流活动每日每时都需要大量的内部信息和外部信息。及时利用信息可以控制人员、资金、设备、原材料和技术资源的有效利用，提高物流的劳动生产率、降低成本、提高企业的经济效益。现代物流信息在物流活动中起着神经中枢的作用，它主要实现以下各项功能。

1. 市场交易活动功能

交易活动主要记录接货内容、安排储存任务、选择作业程序、制定价格以及查询相关人员等。物流信息的交易作用就是记录物流活动的基本内容。主要特征是：程序化、规范化、交互式，强调整个信息系统的效率性和集成性。

2. 业务控制功能

物流服务的水平和质量以及现有个体和资源的管理，要有信息系统做相关的控制，应该建立完善的考核指标体系来对作业计划和绩效进行评价和鉴别，这里强调了信息系统为控制工作和加强控制力度的作用。

3. 工作协调功能

在物流运作中，加强信息的集成与流通，有利于工作的时效性，提高工作的质量与效率，减小劳动强度系数。

4. 支持决策和战略功能

物流信息管理协调工作人员和管理层进行活动的评估和成本-收益分析，从而更好地进行决策。强调物流信息管理系统支持决策和战略定位作用。

既然物流信息有这么重要的作用，那么我们就应该对它进行有效的管理。物流的信息管理就是对物流信息的收集、整理、存储、传播和利用的过程。也就是将物流信息从分散到集中、从无序到有序、从产生到利用的过程。同时还涉及物流信息活动的各种要素，如对人员、技术、工具等进行管理，实现资源的合理配置。

第二节 物流信息技术

物流信息技术是指现代信息技术在物流各个作业环节中的应用，是物流现代化极为重要的标志之一，也是物流技术中发展最快的领域。尤其是计算机网络技术的应用使物流信息技术达到新的水平。同时，随着物流信息技术的不断发展，产生了一系列新的物流理念和物流经营方式，推进了物流的发展和变革。

物流信息技术主要由通信、软件、面向行业的业务管理系统三大部分组成，包括基于各种通信方式的移动通信手段、全球卫星定位技术(GPS)、地理信息技术(GIS)、计算机网络技术、自动化仓库管理技术、智能标签技术、条码技术、射频识别技术、电子数据交换技术(EDI)等现代信息科技。

一、自动识别与收集技术

(一)条码技术

条码是由美国的 N. T. Woodland 在 1949 年首先提出的。近年来，随着计算机应用的不断普及，条码的应用得到了很大的发展。条码可以标出商品的生产国家、厂家、名称、日期等信息，在商品流通、图书管理、物流系统等领域得到了广泛的应用。条码技术属于自动识别范畴，它是随着电子技术的进步，尤其是计算机技术在现代化生产和管理领域中的广泛应用而发展起来的一门实用的数据输入技术。条码标签如图 8-2 所示。

1. 条码的概念及特点

条码是由一组宽度不同、反射率不同的条和空按规定的编码规则组合起来的，用以表示一组数据和符号。条码隐含着数字信息、字母信息、标志信息、符号信息，主要用以表示商品的名称、产地、价格、种类等。条码技术具有以下几方面的特点。

图 8-2　条码标签

(1)输入速度快。与键盘输入相比，条码输入的速度是键盘输入的 20 倍，并且能实现“即时数据输入”。

(2)可靠性高。键盘输入数据出错率为三百分之一，利用光学字符识别技术出错率为万分之一，而采用条码技术误码率低于百万分之一。

(3)采集信息量大。利用传统的一维条码一次可采集几十位字符的信息，二维条码更可以携带数千个字符的信息，而且可以通过选择不同码制的条码增加字符密度，使采集的信息量成倍地增加。

(4)灵活实用。条码标识既可以作为一种识别手段单独使用，也可以和有关识别设备组成一个系统实现自动化识别，还可以和其他控制设备联接起来实现自动化管理。

(5)设备结构简单、成本低。条码标签易于制作，对设备和材料没有特殊要求，识别设备操作容易，不需要特殊培训，且设备也相对便宜。

作为以计算机技术和光电技术的发展为基础的一项综合性科学技术，条码技术是物流数据自动识别和采集的经济而实用的方法和手段，逐渐成为物流信息系统重要的技术支撑。

2. 条码的识别

要将按照一定规则编译出来的条形码转换成有意义的信息，需要经历扫描和译码两个过程。物体的颜色是由其反射光的类型决定的，白色物体能反射各种波长的可见光，黑色物体则吸收各种波长的可见光，所以当条形码扫描器光源发出的光在条形码上反射后，反射光照射到条码扫描器内部的光电转换器上，光电转换器根据强弱不同的反射光信号，转换成相应的电信号。根据原理的差异，扫描器可以分为光笔、CCD、激光三种。电信号输出到条码扫描器的放大电路增强信号之后，再送到整形电路将模拟信号转换成数字信号。白条、黑条的宽度不同，相应的电信号持续时间长短也不同。然后译码器通过测量脉冲数字电信号“0”、“1”的数目来判别条和空的数目，通过测量“0”、“1”信号持续的时间来判别条和空的宽度。此时所得到的数据仍然是杂乱无章的，要知道条形码所包含的信息，则需根据对应的编码规则(如 EAN-8 码)，将条形符号转换成相应的数字、字符信息。最后，由计算机系统进行数据处理与管理，物品的详细信息便被识别了。

3. 一维条码

一维条码是由一个接一个的“条”和“空”排列组成的，条形码信息靠条和空的不同宽度和位置来传递，信息量的大小是由条形码的宽度和印刷的精度来决定的，一维条码只是在一个方向(一般是水平方向)表达信息，而在垂直方向则不表达任何信息，其一定的高度是为了阅读器对准。条码越宽，包含的条和空越多，信息量越大；条码印刷的精度越高，单位长度内可以容纳的条和空越多，传递的信息量也就越大。这种条码技术只能在一维方向上通过“条”与“空”的排列组合来存储信息，所以叫一维条码。一维条码主要包括以下几种。

(1) EAN 条码

EAN 码是国际物品编码协会在全球推广应用的商品条码，也是我国广泛采用的商品代码，是定长的纯数字型条码，它表示的字符集为数字 0 ~ 9。主要用于标识商品的名称、型号、规格、生产厂商及其所属国家或地区的丰富信息。在实际应用中，EAN 码有两种版本，标准版和缩短版。标准版由 13 位数字组成，称为 EAN-13 码；缩短版由 8 位数字组成，称为 EAN-8 码。

① EAN-13 码。EAN-13 码由 13 位数字组成，是一种定长、无含义的条码，没有自动校验功能，EAN-13 通用商品条形码一般由前缀部分、制造厂商代码、商品代码和校验码组成，具体如图 8-3 所示。

图 8-3　EAN-13 条码

国家代码(3 位)：商品条形码中的前缀码是用来标识国家或地区的代码，赋码权在国际物品编码协会，如 00—09 代表美国、加拿大，45—49 代表日本，690—695 代表中国大陆、471 代表中国台湾地区、489 代表中国香港特区。

厂商代码(4 位)：制造厂商代码的赋码权在各个国家或地区的物品编码组织，我国由国家物品编码中心赋予制造厂商代码。

商品代码(5 位)：商品代码是用来标识商品的代码，赋码权由产品生产企业自己行使，生产企业按照规定条件自己决定在自己的何种商品上使用哪些阿拉伯数字作为商品条形码。

校验码(1 位)：商品条形码最后用 1 位校验码来校验商品条形码中左起第 1 ~ 12 数字代码的正确性。

EAN 码校验位的计算方法如下：(假设校验码为序号 1)

步骤1，从代码位置序号 2 开始，所有偶数位的数字代码求和为 a；

步骤2，将上步中的 a 乘以 3 为 b；

步骤3，从代码位置序号 3 开始，所有奇数位的数字代码求和为 c；

步骤4，将 b 和 c 相加为 d；

步骤5，取 d 的个位数 e；

步骤6，用 10 减去 e 即为校验位数值。

例如：伊利百利包纯牛奶的条码为6907992501468，其中690 代表我国EAN 组织，7992 代表内蒙古伊利实业集团股份有限公司，50146 是百利包纯牛奶的商品代码，经计算最后一位校验码为8。这样的编码方式就保证了无论在何时何地，6907992501468 只唯一对应该种商品。

② EAN-8 码。EAN-8 码是用于标识小型商品的。它由 8 位数字组成，与 EAN-13 码相比，EAN-8 码没有制造厂商代码，仅有国家代码(2/3 位)、产品代码(5/4 位)和校验码(1 位)，如图 8-4 所示。

EAN-8 校验码的算法是在条码前加入 5 个 0，计算公式与 EAN-13 校验码一样

图 8-4　EAN-8 条码

(2) UPC 条码

UPC 码是美国统一代码委员会 UCC 制定的商品条码，它是世界上最早出现并投入应用的商品条码，在北美地区得以广泛应用。UPC 码在技术上与 EAN 码完全一致，也是定长、纯数字型条码。UPC 码有 5 种版本，常用的商品条码版本为 UPC-A 码和 UPC-E 码，如图 8-5 所示。UPC-A 码是标准的 UPC 通用商品条码版本，UPC-E 码为 UPC-A 的压缩版。

UPC-A码　　UPC-E码

图 8-5　UPC 条码

(3) 交叉 25 码

交叉 25 码是一种条和空都表示信息的条码，交叉 25 码有两种单元宽度，每个条码字符由五个单元组成，其中二个宽单元、三个窄单元。在一个交叉 25 码符号中，组成条码符号的字符个数为偶数，当字符是奇数个时，应在左侧补 0 变为偶数。条码字符从左到右，奇数位置字符用条表示，偶数位置字符用空表示。交叉 25 码的字符集包括数字 0 ~ 9，如图 8-6 所示。

交叉 25 码主要应用于包装、运输、工业生产线以及国际航空系统的机票顺序编码等。

(4) EAN-128 码

目前所推行的 128 码是 EAN-128 码，EAN-128 码是根据 EAN/UCC – 128 码定义标准将数据转变成条形码符号，并采用 128 码逻辑，具有完整性、紧密性、连接性及高可靠度的特性。辨识范围涵盖生产过程中一些补充性质且易变动之信息，如生产日期、批号、计量等。可应用于货运栈版卷标、携带式数据库、连续性数据段、流通配送标签等，如图 8-7 所示。

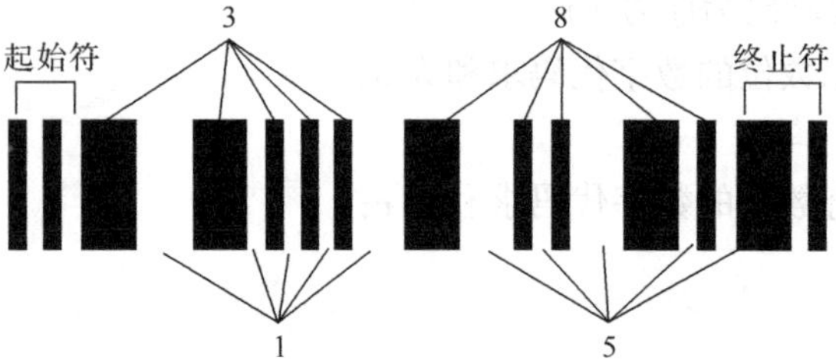

图 8-6　表示 3185 的交叉 25 码

图 8-7　EAN-128 条码符号

4. 二维条码

近年来，随着资料自动收集技术的发展，用条形码符号表示更多资讯的要求与日俱增，而一维条形码最大资料长度通常不超过 15 个字元，故多用以存放关键索引值(Key)，仅可作为一种资料标识，不能对产品进行描述，必须依赖数据库的支持才能表达更多的信息以满足各种需求，二维条码正是在这种形势下于 20 世纪 90 年代产生的。

(1) 二维条码的概念及特点

二维条形码是用某种特定的几何图形按一定规律在平面(二维方向上)分布的黑白相间的图形记录数据符号信息的；在代码编制上巧妙地利用构成计算机内部逻辑基础的“0”、“1”比特流的概念，使用若干个与二进制相对应的几何形体来表示文字数值信息，通过图像输入设备或光电扫描设备自动识读以实现信息自动处理。它具有条码技术的一些共性：每种码制有其特定的字符集；每个字符占有一定的宽度；具有一定的校验功能等。同时还具有对不同行的信息自动识别功能以及处理图形旋转变化等特点。二维条码的特点体现在以下几个方面。

① 信息容量大。二维条码利用垂直方向的尺寸来提高条码的信息密度，可容纳多达 1 850 个大写字母或 2 710 个数字或 1 108 个字节或 500 多个汉字，比普通条码信息容量约高几十倍。这样就可以把产品信息全部存储在一个二维条码中，要查看产品信息，只需用识读设备扫描二维条码即可，不需要依赖数据库，真正实现了用条码对“物品”的描述。

② 编码范围广。二维条码可以把图片、声音、文字、签字、指纹等可以数字化的信息转换成字节流，然后再将字节流用条码表示出来。可以表示多种语言文字，也可以表示图像数据。

③ 纠错功能强。二维条码可以表示几千字节的数据，通常情况下，所表示的信息不可能与条码符号一同印刷出来。如果没有纠错功能，当二维条码的某部分损坏时，该条码便变得毫无意义，因此二维条码引入错误纠正机制。二维条码采用了世界上最先进的数学纠错算法，只要条码破损面积不超过 50%，由于沾污、破损等而丢失的信息，一般都可以破译出来。这种纠错机制使得二维条码成为一种安全、可靠的信息存储和识别的方法，这是一维条码无法与之相比的。

④ 可引入加密机制。加密机制的引入是二维条码的又一优点。例如，我们用二维条码表示照片时，可以先用一定的加密算法将图像信息加密，然后再用二维条码表示。在识别二维条码时，再加以一定的解密算法，就可以恢复所表示的照片。这样便可以防止各种证件、卡片等的伪造。

⑤ 成本低廉。利用现有的点阵、激光、喷墨、热敏/热转印、制卡机等打印技术，即可在纸张、卡片、PVC，甚至金属表面上印出二维条码。

常见的二维条码有 PDF 417 条码、QR Code、Code 49、Code 16K、Code One 等。

(2)PDF 417 条码

PDF 417 条码，是 Symbol 科技公司于 1990 年研制的产品。它是一个多行、连续性、可变长、包含大量数据的符号标识。每个条码有 3～90 行，每行有一个起始部分、数据部分、终止部分。它的字符集包括所有 128 个字符，最大数据含量是 1 850 个字符，如图 8-8 所示。当条码受到一定破坏时，错误纠正能使条码正确解码。PDF 417 条码主要应用于医院、驾驶证、物料管理、货物运输等。

(3)QR Code

QR 码是二维条码的一种，1994 年由日本 DENSO WAVE 公司发明。QR 来自英文"Quick Response"的缩写，即快速反应的意思，源自发明者希望 QR 码可让其内容快速被解码。

QR 码呈正方形，只有黑白两色。在 4 个角落的其中 3 个印有较小、像"回"字的正方形图案。这 3 个是帮助解码软件定位的图案，使用者不需要对准，无论以任何角度扫描，资料仍可正确被读取，如图 8-9 所示。

图 8-8　PDF 417 条形码

图 8-9　QR 码

QR 码比其他二维码相比，具有识读速度快、数据密度大、占用空间小的优势；QR 码的三个角上有三个寻像图形，使用 CCD 识读设备来探测码的位置、大小、倾斜角度并加以解码，实现 360 度高速识读。每秒可以识读 30 个含有 100 个字符的 QR 码；QR 具有 4 个等级的纠错功能，即使破损也能够正确识读(高达 7%～30% 面积破损仍可被读取)。

QR 码原本是为了在汽车制造厂便于追踪零件而设计，今日 QR 码已广泛使用在各行各业。使用者可通过安装有 QR 码解码软件的个人终端，连接扫描器或摄影机取得 QR 码的图像，分析读取 QR 符号中的储存的信息。

近年来，QR 码在日本、韩国及我国国内的应用越来越普及，被广泛地应用于电子票务、企业营销、证照管理、产品溯源管理及防伪加密等领域。

5. 条码在物流中的应用

条码在物流中有较为广泛的应用，主要在以下几方面。

(1)销售信息系统(POS 系统)。在商品上贴上条码就能快速、准确地利用计算机进行销售和配送管理。其过程为，对销售商品进行结算时，通过光电扫描仪读取并将信息输入计算机，然后输进收款机，收款后开出收据，同时，通过计算机处理，掌握进、销、存的数据。

(2)库存系统。在库存物资上应用条码技术，尤其是规格包装、集装、托盘货物上，入库时自动扫描并输入计算机，由计算机处理后形成库存的信息，并输出入库区位、货架、货位的指令，出库程序则和 POS 系统条码应用一样。

(3)分货拣选系统。在配送方式和仓库出货时，采用分货、拣选方式，需要快速处理大量的货物，利用条码技术便可自动进行分货拣选，并实现有关的管理。其过程如下。

一个配送中心接到若干个配送订货要求，将若干订货汇总，每一品种汇总成批后，按批发出所在条码的拣货标签，拣货人员到库中将标签贴于每件商品上，并用自动分拣机分货，分货机终端的扫描器对处于运动状态分货机上的货物进行扫描，一是确认所拣出货物是否正确，另一方面识读条码上用户标记，指示商品在确定的分支分流，到达各用户的配送货位，完成分货拣选作业。

(二)无线射频识别技术

1. 无线射频的概念与特点

无线射频技术(Radio Frequency，RF)是提高物流效率的主要信息化技术之一，RF 技术可以大大提高人工分拣操作的效率，RF 技术的基本原理是电磁波理论，利用无线电波对记录媒体进行读写；而 RFID(Radio Frequency Identification)则是射频技术在信息识别中的应用，称为无线射频技术识别。RFID 是一种利用无线电波或微波进行非接触的单向或双向通信，从而达到数据采集和数据交换目的的自动识别技术。

RFID 是 20 世纪 80 年代初发展起来的一种先进的识别技术，经过几十年的发展，已在各行各业，尤其是电子信息行业得到了广泛的应用。RFID 以无线方式进行双向通信，其最大的优点在于非接触，可实现批量读取和远程读取，可识别高速运动的物体，可实现真正的"一物一码"。这种系统可以大大简化物品的库存管理，满足信息流量不断增大和信息处理速度不断提高的需求。RFID 技术是革命性的，有人称为"在线革命"，它可将所有物品无线连接到网络上。在可以预见的时间内，RFID 标签将高速发展。

归纳起来，射频识别系统的特点如下。

(1)数据的读写(Read Write)机能

只要通过 RFID Reader 即可不需接触，直接读取信息至数据库内，且可一次处理多个标签，并可以将物流处理的状态写入标签，供下一阶段物流处理的读取判断之用。

(2)容易小型化和多样化的形状

RFID 在读取上并不受尺寸大小与形状之限制，不需为了读取精确度而配合纸张的固定尺寸和印刷品质。此外，RFID TAG 更可往小型化与多样形态发展，以应用于不同产品。

(3)耐环境性

纸张一受到脏污就会看不到，但 RFID 对水、油和药品等物质却有强力的抗污性。RFID 在黑暗或脏污的环境之中，也可以读取数据。

(4)可重复使用

由于 RFID 为电子数据，可以反复被覆写，因此可以回收标签重复使用。例如，被动式 RFID，不需要电池就可以使用，没有维护保养的需要。

(5)穿透性

RFID 若被纸张、木材和塑料等非金属或非透明的材质包覆的话，也可以进行穿透性通信。不过如果是铁质金属的话，就无法进行通信。

(6)数据的记忆容量大

数据容量会随着记忆规格的发展而扩大，未来物品所需携带的资料量愈来愈大，对卷标所能扩充容量的需求也增加，对此 RFID 不会受到限制。

2. 射频识别系统的组成

射频识别系统在具体的应用过程中，根据不同的应用目的和应用环境，系统的组成也有所不同，但从射频识别系统的工作原理看，系统一般由信号发射机、信号接收机、编程器、天线几部分组成。

(1)信号发射机

在 RFID 系统中，信号发射机为了不同的应用目的，会以不同的形式存在，典型的形式是标签(TAG)。标签相当于条码技术中的条码符号，用来存储需要识别传输的信息，另外，与条码不同的是，标签必须能够自动或在外力的作用下，把存储的信息主动发射出去。标签一般是带有线圈、天线、存储器与控制系统的低电集成电路。

按照标签获取电能的方式不同，可以把标签分成主动式标签与被动式标签。主动式标签内部自带电池进行供电，它的电能充足，工作可靠性高，信号传送的距离远。被动式标签内部不带电池，要靠外界提供能量才能正常工作。被动式标签典型的产生电能的装置是天线与线圈，当标签进入系统的工作区域，天线接收到特定的电磁波，线圈就会产生感应电流，再经过整流电路给标签供电。被动式标签具有永久的使用期，常常用在标签信息需要每天读写或频繁读写多次的地方。根据内部使用存储器类型的不同，标签可以分成只读标签与可读可写标签。只读标签内部只有只读存储器 ROM(Read Only Memory)和随机存储器 RAM (Random Access Memory)。可读可写标签内部的存储器除了 ROM、RAM 和缓冲存储器之外，还有非活动可编程记忆存储器。这种存储器除了存储数据功能外，还具有在适当的条件下允许多次写入数据的功能。根据标签中存储器数据存储能力的不同，可以把标签分成仅用于标识目的的标识标签与便携式数据文件两种。对于标识标签来说，一个数字或者多个数字字母字符串存储在标签中，为了识别的目的或者是进入信息管理系统中数据库的钥匙(KEY)。便携式数据文件就是说标签中存储的数据非常大，足可以看作是一个数据文件。这种标签一般都是用户可编程的，标签中除了存储标识码外，还存储有大量的被标识项目其他的相关信息，如包装说明、工艺过程说明，等等。随着标签存储能力的提高，可以提供组织数据的能力，在读标签的过程中，可以根据特定的应用目的控制数据的读出，实现在不同的情况下读出的数据部分不同。

(2)信号接收机

在 RFID 系统中，信号接收机一般称为阅读器。根据支持的标签类型不同与完成的功能不同，阅读器的复杂程度是显著不同的。阅读器基本的功能就是提供与标签进行数据传输的途径。另外，阅读器还提供相当复杂的信号状态控制、奇偶错误校验与更正功能等。标签中除了存储需要传输的信息外，还必须含有一定的附加信息，如错误校验信息等。识别数据信息和附加信息按照一定的结构编制在一起，并按照特定的顺序向外发送。阅读器通过接收到的附加信息来控制数据流的发送。一旦到达阅读器的信息被正确的接收和译解后，阅读器通过特定的算法决定是否需要发射机对发送的信号重发一次，或者直到发射器停止发信号，这就是“命令响应协议”。使用这种协议，即便在很短的时间、很小的空间阅读多个标签，也可以有效地防止“欺骗问题”的产生。

(3)编程器

只有可读可写标签系统才需要编程器。编程器是向标签写入数据的装置。编程器写入数据一般来说是离线(OFF－LINE)完成的，也就是预先在标签中写入数据，等到开始应用时直接把标签黏附在被标识项目上。也有一些 RFID 应用系统，写数据是在线(ON－LINE)完成的，尤其是在生产环境中作为交互式便携数据文件来处理时。

(4)天线

天线是标签与阅读器之间传输数据的发射、接收装置。在实际应用中，除了系统功率，天线的形状和相对位置也会影响数据的发射和接收，需要专业人员对系统的天线进行设计、安装。

3. 工作原理

工作时，RFID 标签(如图 8-10 所示)与“识读器”的作用距离可达数十米甚至上百米。通过对多种状态下(高速移动或静止)的远距离目标(物体、设备、车辆和人员)进行非接触式的信息采集，可对其自动识别和自动化管理。由于 RFID 技术免除了跟踪过程中的人工干预，在节省大量人力的同时可极大提高工作效率，所以对物流和供应链管理具有巨大的吸引力。射频识别技术适用的领域：物料跟踪、运输工具和货架识别等要求非接触数据采集和交换的场合，数据内容频繁改变的场合尤为适用。

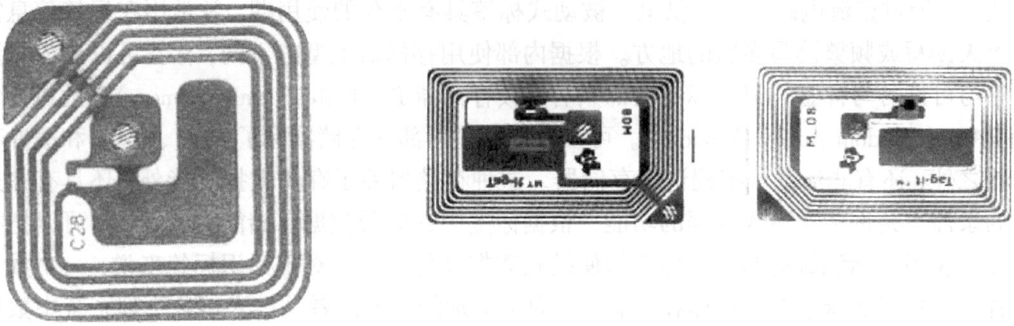

图 8-10　RFID 标签

射频识别系统的工作方式为：系统使用了射频识别标签来减少存货的搬运和距离。物流中心的每个存货单元都贴有一块射频识别标签，射频识别标签通过天线每隔几秒或每隔几小时就传送一次信号，这些天线在库存内的安装间隔为 10～50 米。贴附于存货单元的充电标签按规定的时间间隔发送射频。操作者利用手持无线终端接收有用信号，辨认几米范围的存货的位置，无线终端将该标签所在的商品的信号实时传送到物流中心的网络计算机上，自动输入中心数据库。物流中心管理者可识别特定时间内所有存货的位置。RFID 工作原理如图 8-11 所示。

4. RFID 技术在物流领域的应用

(1)物流仓储自动管理。主要应用于大型物流、仓储企业。

(2)车辆道路交通自动收费管理，如北美部分收费高速公路的自动收费、中国部分高速公路的自动收费管理、东南亚国家部分收费公路的自动收费管理。

(3)旅客航空行李的自动识别、分拣、转运管理。主要应用于北美部分机场。

(4)车辆出入控制，如停车场、垃圾场、水泥场车辆出入、称重管理等。

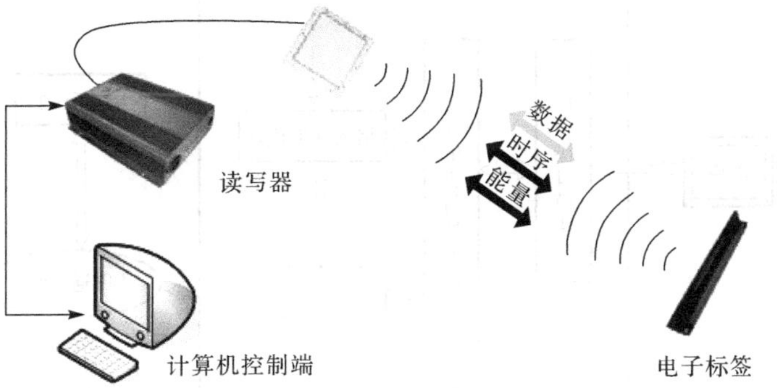

图 8-11　RFID 工作原理

(5)生产线产品加工过程自动控制。主要应用在大型工厂的自动化流水作业线上。

(6)装货容器的自动识别管理。

(7)汽车遥控门锁、电子门锁等。

目前，RFID 技术已广泛应用于物流和供应链管理领域。信息的准确性和及时性是物流及供应链管理的关键因素，对此，RFID 技术能够提供充分的保障。RFID 系统使供应链的透明度大大提高，物品能在供应链的任何地方被实时地追踪，同时消除了以往各环节中的人工错误。安装在工厂、配送中心、仓库及商场货架上的识读器能够自动记录物品在整个供应链中的流动过程。

二、信息交换技术

(一)EDI 电子数据交换技术

1. EDI 的含义

EDI 是 Electronic Data Interchange 的缩写，中文可译为“电子数据交换”，国际数据交换协会对 EDI 的定义是：通过电子方式采用约定的报文标准，从一台计算机向另一台计算机进行结构化数据的传输称为电子数据交换。从国际物流的角度看，EDI 是将与贸易有关的运输、保险、银行和海关等行业的信息，用一种国际公认的标准格式进行编制，并通过计算机通信网络，实现各有关部门或企业之间的数据传输与处理，并完成以贸易为中心的全部业务过程。

现代物流中所用的电子数据交换主要是应用于单证的传递、货物送达的确认等。现代物流中应用电子数据交换传输的单证种类有采购单、采购变更单、询价单、采购订单、发票、提单、到货通知、交货确认，等等。

EDI 是通过计算机联网进行数据传递和订货等交易活动，而不需要人的直接介入，因此利用 EDI 的当事者之间必须确定 EDI 系统的结构和标准(如图 8-12 所示)。一般而言 EDI 系统由以下四个方面组成：关于信息传递方式的规定、关于信息表示方式的规定、关于系统运行操作的规定和关于交易业务的规定。这些规定是利用 EDI 系统的各方达成的共识，这些规定实际上是对这四个方面涉及的内容进行标准化工作。

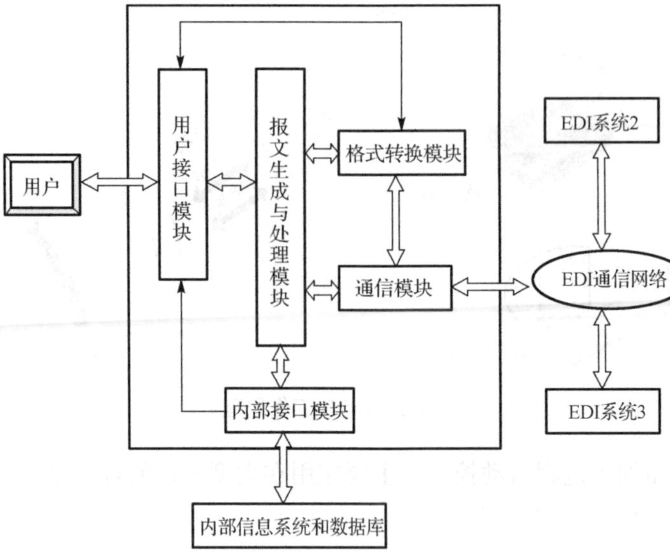

图 8-12　EDI 系统结构

2. EDI 的作用

(1)缩短交易时间，提高工作效率。与邮寄(或其他形式的实际传递)有关的时间延迟被消除了。那些与订单登记员、应付账部门办事员等人员在阅读、重新输入数据所需的处理时间也消除了。这些都会使业务处理时间大大缩短。

(2)降低成本。EDI 的一个重要特征便是它把有关文件的数据，以机器可以处理的形式，由计算机网络来传送，而不必像纸质文件那样需要手工处理。这样既节省了纸张，又去除了对纸质文件的打印、审核、修改、邮寄等花费。计算机自动接受和处理信息，使得公司在同样业务的情况下，可以用更少的员工去处理，或者把一部分专业人员从行政管理工作中解脱出来，以从事具有更高效率的工作，从而减少了员工成本。

(3)可以减少库存。适当的库存量是企业维持正常生产所必需的。用传统方法从事采购时，订单处理周期长，不确定性高，因此企业要求的安全库存量也就比较大。使用 EDI 之后，文件处理比以前既快又可靠，自然可以降低安全库存水平，使存货占用的资金量减少，从而降低了企业的运营成本，同时减少脱销和生产线缺料停工现象。

(4)改进企业内部操作，避免重复操作，提高工作质量。商业文件中的一个错误可能要付出很大代价，订单遗失也会给企业带来损失。使用 EDI 后，因为减少了重复击键录入的次数，从而使出错机会减少。EDI 软件一般具有编辑查错功能，一些信息源上的数据输入错误可以很早就被发现，加上 EDI 在收到信息后就会发给信息发送者一份收到通知，这就可以及时发现漏发信息或信息中途遗失的情况。虽然 EDI 不能消除所有的错误，但它确实可以更早并且用更少的代价去改变错误。

(5)加快市场反应。EDI 可以使采购、营销制造等部门迅速地对报价的询问、工程草图、模型及生产图纸等做出反应，产品的设计与工序的开发可以同时进行，大大缩短了生产周期。

此外，使用 EDI 可以改善公司内部的经营管理，可以加强与供货商的联系，可以保持与客户的良好关系，时间价值效益使资金回笼时间提前，等等。这些都会为公司创造效益。

3. EDI 的业务流程

一般来说，EDI 较多地应用于有大量表单式数据处理的部门和单位，而且要求有一定的规范性。从应用领域看，通常可以分为如下类型。

(1)贸易数据交换系统(Trade Data Interchange)。用 EDI 来传送订单、供应单等。

(2)金融汇兑系统(Electronic Fund Transfer)。用 EDI 进行费用汇兑。

(3)公用事业系统(Public Sectors)。主要用于商检、海关以及税务等部门。

(4)交互式应答系统(Interactive Query Response)。如机票预订、饭店预订等。

下面我们以采购业务为例，说明在采用 EDI 进行商务处理的情况下，买卖双方是如何处理业务的。如图 8-13 所示给出了商品贸易 EDI 系统的工作模型。

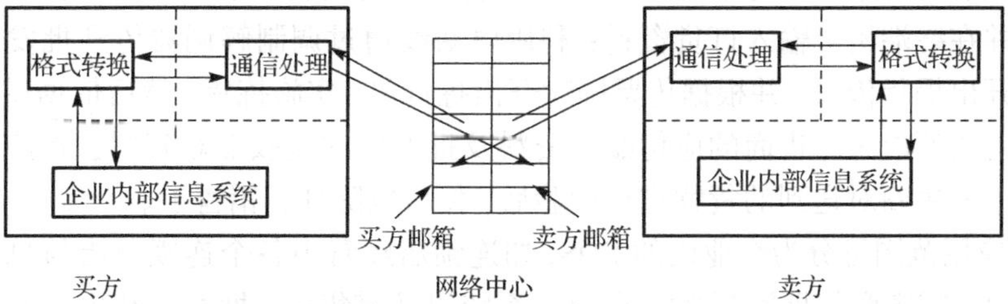

图 8-13　EDI 系统的工作模型

由图可以看出 EDI 进行商品交易信息处理的流程如下。

(1)当买方的库存管理系统提出购买某种物资的数据时，EDI 的翻译软件据此编制一份 EDI 订单。

(2)通信软件将订单通过网络送至网络中心指定的卖方邮箱内。同时，利用公司内部计算机应用程序之间的搭桥软件，将这些数据传送给应付账部门和收货部门，进行有关的登记。

(3)卖方定时通过通信网络到网络中心的邮箱内取回订单，EDI 的翻译软件把这份订单翻译成卖方数据格式。

(4)如果确认可以售给买方指定的物资，则送出供应单，经相反方向返回给买方。若只有部分满足买方要求或不能满足要求，则以相同的方向返回相应信息。卖方收到订单时，卖方的搭桥软件把有关的数据传送给仓库或工厂以及开票部门，并对计算机发票文件的内容进行相应的更新。

(5)买方收到供应单后，在订单基础上产生一份商品情况询问表，传送给卖方。双方就商品价格等问题进行讨论，直到达成一致。

(6)达成一致后，卖方的仓库或工厂填制装运单，编制船期通知，并将其传送给买方。同时，通过搭桥软件，将船期通知传送给开票部门，生成电子发票，传送给买方。卖方在开立发票时，有关数据就进入应收款部门，对应收账的有关数据进行更新。

(7)买方接到船期通知后，有关数据自动进入收货部门文件，产生收货通知。收货部门的收货通知通过搭桥软件传送给应付款部门。

(8)买方收到电子发票以后，产生一份支付核准书，传送给应付款部门。

(9)买方应付款部门开具付款单据通知自己的开户银行付款，同时通知卖方付款信息。

(10)卖方收到汇款通知后，有关数据经过翻译进入应收账户，买方则因支付而记入贷方项目。

由此可见，当买方提出购买的要求后，EDI 就可以自动进行转换操作，生成不同用途的数据，送至各相关伙伴，直至该事务处理结束。

(二) EOS 技术

1. EOS 的概念

电子自动订货系统(Electronic Ordering System，EOS)是零售商与批发商之间通过增值网或互联网和终端设备以在线联结方式将各种信息从订货到接单，用计算机进行处理的系统。

EOS 系统不是单个零售店与单个批发商组成的系统，而是大量零售店、批发商组成的系统的整体运作方式。EOS 系统基本上是在零售商的终端利用条码阅读器获取准备采购的商品条码，并在终端机上输入订货资料；利用电话线通过调制解调器传到批发商的计算机上；批发商开出提货传票，并根据传票同时开出拣货单，实施拣货，然后依据供货传票进行商品发货，送货便成为零售商的应付账款资料及批发商的应收账款资料，并接到应收账款的系统中去；零售商对送到的货物进行检验后，便可以陈列和销售了。

EOS 按应用范围可分为企业内的 EOS(如连锁店经营中各个连锁分店与总部之间建立的 EOS 系统)，零售商与批发商之间的 EOS 系统以及零售商、批发商和生产商之间的 EOS 系统，EOS 系统的基本框架如图 8-14 所示。

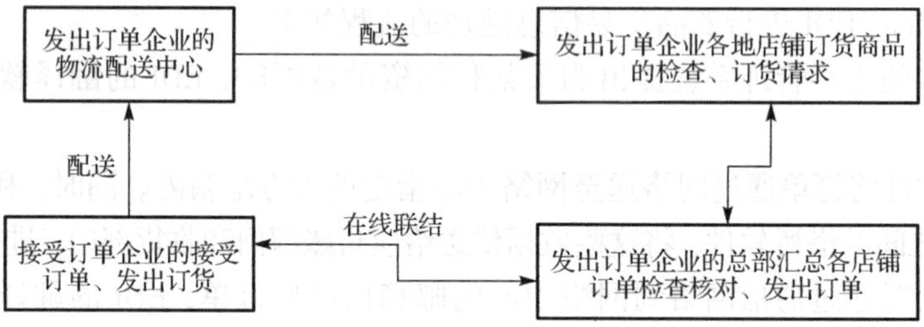

图 8-14 EOS 系统的基本框架

2. EOS 在物流管理中的作用

EOS 系统能及时准确地交换订货信息，它在企业物流管理中的作用如下。

(1)对于传统的订货方式，如上门订货、邮寄订货、电话、传真订货等，EOS 系统可以缩短从接到订单到发出订货的时间，缩短订货商品的交货期，减少商品订单的出错率，节省人工费。

(2)有利于减少企业的库存水平，提高企业的库存管理效率，同时也能防止商品特别是畅销商品缺货现象的出现。

(3)对于生产厂家和批发商来说，通过分析零售商的商品订货信息，能准确判断畅销商品和滞销商品，有利于企业调整商品生产和销售计划。

(4)有利于提高企业物流信息系统的效率，使各个业务信息子系统之间的数据交换更加便利和迅速，丰富企业的经营信息。

3. EOS 建立的基础

(1)订货业务作业的标准化，这是有效利用 EOS 系统的前提条件。

(2)商品代码的设计。在零售行业的单品管理方式中，每个商品品种对应一个独立的商品代码，商品代码一般采用国家统一规定的标准。对于统一标准中没有规定的商品则采用本企业自己规定的商品代码。商品代码的设计是应用EOS系统的基础条件。

(3)订货商品目录账册(Order Book)的设计和更新。订货商品目录账册的设计和运用是EOS系统成功的重要保证。

(4)计算机以及订货信息输入和输出终端设备的添置和EOS系统设计是应用EOS系统的基础条件。需要制定EOS系统应用手册并协调部门间、企业间的经营活动。

三、物流动态跟踪技术

(一)GPS技术

1. CPS的概念

全球定位系统(Global Positioning System，GPS)是美国研制的第二代卫星导航系统，由美国国防部于1973年开始组织实施，1978年发射第一颗卫星，1994年7月全部完成，是目前技术最成熟且已真正使用的一种卫星导航和定位系统。它汇集了当代最先进的空间技术、通信技术及微电子技术，以其定位精度高、全天候获取信息、仪器设备轻巧、价格较低廉等诸多优点而被世人瞩目。整个系统研发历时20年，耗资130多亿美元。目前，该系统已正式投入商业运营，每年的营运和维修费用约为2.5亿~5亿美元。

2. GPS系统构成

GPS系统包括三大部分：GPS卫星星座、地面监控系统、GPS信号接收机。

(1)GPS卫星星座

GPS工作卫星及其星座由21颗工作卫星和3颗在轨备用卫星组成，记作(21+3)GPS星座。24颗卫星均匀分布在6个轨道平面内，轨道倾角为55度，各个轨道平面之间相距60度，即轨道的升交点赤经各相差60度。每个轨道平面内各颗卫星之间的升交角距相差90度，一轨道平面上的卫星比西边相邻轨道平面上的相应卫星超前30度。

在两万公里高空的GPS卫星，当地球对恒星来说自转一周时，它们绕地球运行两周，即绕地球一周的时间为12恒星时。这样，对于地面观测者来说，每天将提前4分钟见到同一颗GPS卫星。位于地平线以上的卫星颗数随着时间和地点的不同而不同，最少可见到4颗，最多可见到11颗。在用GPS信号导航定位时，为了结算测站的三维坐标，必须观测4颗GPS卫星，称为定位星座。这4颗卫星在观测过程中的几何位置分布对定位精度有一定的影响。对于某地某时，甚至不能测得精确的点位坐标，这种时间段称为“间隙段”。但这种时间间隙段是很短暂的，并不影响全球绝大多数地方的全天候、高精度、连续实时的定位工作。GPS工作卫星的编号和试验卫星基本相同。

(2)地面监控系统

对于导航定位来说，GPS卫星是一动态已知点。卫星的位置是依据卫星发射的星历——描述卫星运动及其轨道的参数算得的。每颗GPS卫星所播发的星历，是由地面监控系统提供的。卫星上的各种设备是否正常工作，以及卫星是否一直沿着预定轨道运行，都要由地面设备进行监测和控制。地面监控系统另一重要作用是保持各颗卫星处于同一时间标准——GPS时间系统。这就需要地面站监测各颗卫星的时间，求出钟差。然后由地面注入站发给卫星，卫星再由导航电文发给用户设备。GPS 工作卫星的地面监控系统包括一个主控站、三个注入站和五个监测站。

(3) GPS 信号接收机

GPS 信号接收机的任务是：能够捕获到按一定卫星高度所选择的待测卫星的信号，并跟踪这些卫星的运行，对所接收到的 GPS 信号进行变换、放大和处理，以便测量出 GPS 信号从卫星到接收机天线的传播时间，解译出 GPS 卫星所发送的导航电文，实时地计算出测站的三维位置，甚至三维速度和时间。

全球定位系统具有性能好、精度高、应用广的特点，是迄今为止最好的导航定位系统。随着全球定位系统的不断改进、软、硬件的不断完善，应用领域正在不断地开拓，目前已遍及国民经济的各个部门，并开始逐渐深入人们的日常生活。

3. *GPS 在物流领域中的应用*

(1) 汽车自动定位、跟踪调度。用户只需在每辆长途运输车辆上安装 GPS 接收设备，便可实现实时跟踪、管理记录功能，如图 8-15 所示。运输公司可以通过 GPS 调度中心或互联网的方式了解车辆工作状态，例如，查看车辆是否按预定轨迹接送货物，中间有无停车，在哪里停的车，停了多少次等。据观研网报道，在车载导航方面，2012 年我国车载 GPS 导航市场规模达到 2 000 亿元，并且还在以年均 25% 左右的速度增长，因此车辆导航将成为未来卫星定位系统应用的主要领域之一。

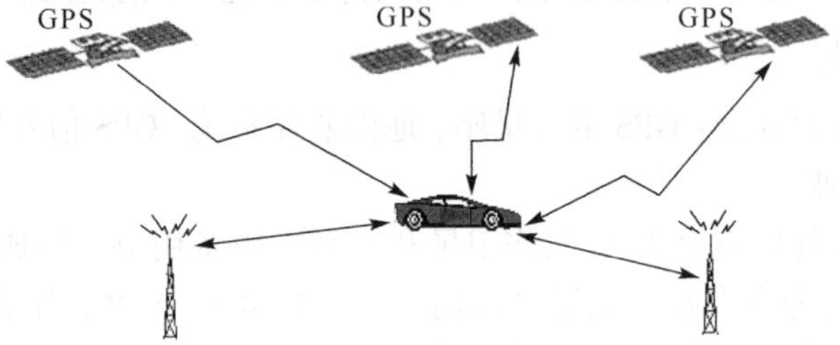

图 8-15　车载 GPS

(2) 运输管理。我国铁路开发的基于 GPS 的计算机管理信息系统，可以通过 GPS 和计算机网络实时收集全路列车、机车、车辆、集装箱及所运货物的动态信息，可实现列车、货物跟踪管理。只要知道货车的车种、车型、车号，就可以得知这辆货车现在何处运行或停在何处以及所有运载货物的发货信息。铁路部门运用这项技术可大大提高其路网及其运营的透明度，为货主提供更高质量的服务。利用 GPS 防暴反劫功能，将为货主、运输公司提供更多的安全保障，尤其对贵重物品和特殊物品的运输管理。

(3) 双向通信。GPS 的客户可使用 GSM 的语音功能和司机进行通话或使用本系统安装在运输工具上的移送设备的汉字液晶显示终端进行汉字消息收发对话。驾驶员通过按下相应的服务、动作键，将信息反馈到网络 GPS，质量监督员可在网络 GPS 工作站的显示屏上确认其工作的正确性，了解并控制整个运输作业的准确性。

(4) 数据的存储、分析。通过利用 GPS 技术，可以实现路线规划及路线优化，事先规划车辆的运行路线、运行区域、何时应该达到什么地方等，并将信息记录在数据库中，以备以后查询、分析使用。

(二)GIS 技术

1. GIS 的定义

地理信息系统(Geographic Information System, GIS)是集计算机科学、地理学、测绘遥感学、环境科学、城市科学、空间科学、信息科学和管理科学为一体的新兴边缘科学，是多学科集成并应用于各领域的基础平台。GIS 是一种以地理空间数据库为基础，在计算机硬件、软件环境支持下，对空间相关数据进行采集、管理、操作、分析、模拟和显示，并采用地理模型分析方法，适时提供多种空间和动态的地理信息，为地理研究、综合评价、科学管理、定量分析和决策服务而建立的一类计算机应用系统。作为一种基于计算机的应用工具，GIS 把地图的视觉和空间地理分析功能与数据库功能集成在一起，提供了一种对空间数据进行分析、综合和查询的智能化手段。

GIS 最明显的吸引力是通过地图来表现数据，这是通过把空间要素和相应的属性信息关联起来实现的。在 GIS 中，空间信息和属性信息是不可分割的整体，它们分别描述地理实体的两面，以地理实体为主线组织起来。不仅如此，空间信息还包括了空间要素之间的几何关系。因而 GIS 能够支持传统的关系数据库所不能支持的空间查询和空间分析，这是制定规划和决策的基础。

因此 GIS 不仅是一种查询信息的方法，也是一种挖掘信息模式的技术。正是由于 GIS 具有上述独特的优势，使得 GIS 被越来越多的商业领域用来作为一种信息查询和信息分析工具，GIS 技术本身也融入了这些商业领域的通用模型(如 ARC/INFO 的网络分析模块)，因而 GIS 技术在各个商业领域的应用在深度上和广度上不断发展。事实上，凡是涉及地理分布的领域都可以应用 GIS 技术。

GIS 应用于物流分析，主要是利用 GIS 强大的地理数据功能来完善物流分析提供的物流解决方案。企业便可基于属性数据和图形数据的结合对分区进行科学、规范的管理，并且可以优化车辆与人员的调度，最大限度地利用人力、物力资源，使货物配送达到最优化。完整的 GIS 物流分析软件集成了车辆路线模型、最短路径模型、网络物流模型、分配集合模型和设施定位模型等。

(1)车辆路线模型。用于解决一个起始点、多个终点货物运输中，如何降低物流作业费用，并保证服务质量的问题，包括决定使用多少辆车、每辆车的行驶路线等。

(2)网络物流模型。用于解决寻求最有效的分配货物路线问题，也就是物流网点布局问题。如将货物从 N 个仓库运往 M 个商店，每个商店都有固定的需求量，因此需要确定由哪个仓库提货送给哪个商店，总的运输代价最小。

(3)分配集合模型。可以根据各个要素的相似点把同一层上的所有或部分要素分为几个组，用以解决确定服务范围和销售市场范围等问题。如某一公司要设立 X 个分销点，要求这些分销点要覆盖某一区域，并且要使每个分销点的顾客数目大致相等。

2. 设施定位模型

用于确定一个或多个设施的位置。在物流系统中，仓库和运输线共同组成了物流网络，仓库处在网络的节点上，节点决定着线路。如何根据供求的实际需求并结合经济效益等原则，确定在既定区域内设立多少个仓库、每个仓库的位置、每个仓库的规模，以及仓库间的物流关系等，运用此模型均能容易地解决这些问题。

第三节 物流信息系统

一、物流信息系统概述

(一) 物流信息系统的含义

物流信息系统(Logistics Information System)是一个以人为主导，利用计算机硬件、软件、网络信息设备及其他办公设备，进行物流信息的收集、传输、加工、储存、更新和维护，以提高物流企业效益和效率为目的，支持物流企业高层决策、中层控制、基层运作的集成化的人机系统。

物流信息系统是企业信息系统的基础，它利用信息技术对物流中的各种信息进行实时、集中、统一管理，使信息流在商流、物流、资金流等中发挥作用，及时反馈市场、客户和物品的动态信息，为客户提供实时的信息服务。

(二) 物流信息系统的内容

1. 收集信息

信息的收集是信息流运行的起点，也是重要的一步。收集信息的质量(真实性、可靠性、准确性、及时性)决定着信息时效价值的大小，是信息系统运行的基础。信息收集过程要求遵循一定的原则。首先，要有针对性。重点围绕物流活动进行，针对不同信息需求以及不同经营管理层次、不同目的的要求。其次，要有系统性和连续性。系统的、连续的信息是对一定时期经济活动变化概况的客观描述，它对预测未来经济发展具有很高的使用和研究价值。再次，要求信息收集过程的管理工作具有计划性，使信息收集过程成为有组织、有目的的活动。

2. 信息处理

收集到的信息大都是零散的、相互孤立的、形式各异的信息，对于这些不规范的信息，要存储和检索，必须经过一定的整理加工程序。采用科学方法对收集到的信息进行筛选、分类、比较、计算、存储，使之条理化、有序化、系统化、规范化，才能成为能综合反映某一现象特征的真实、可靠、适用而有较高使用价值的信息。

3. 信息传递

信息传递是指从信息源出发，经过适当的媒介和信息通道输送给接收者的过程。信息传递最基本的要求是迅速、准确和经济。信息传递方式有许多种：①按信息传递方向，有单向信息传递方式和双向信息传递方式；②按信息传递层次，有直接传递方式和间接传递方式；③按信息传递时空，有时间传递方式和空间传递方式；④按信息传递媒介，有人工传递和非人工的其他媒体传递方式。

4. 信息应用

信息的应用是指对经过收集、加工处理后的信息的使用，以实现信息使用价值的过程。信息的使用价值是指信息这一商品所具有的知识性、增值性、效用性等特征决定其能满足人类某种特定的需要，给人类带来一定的效益。信息的价值是指信息在收集、处理、传递、存储等过程中，需要一定的知识、特殊的工具和方式，要耗费一定的社会劳动，是人类一种创造性劳动的结晶，这种凝结在信息最终产品中的一般人类劳动即为信息的价值。

物流信息的应用过程，就是物流信息用于物流活动经营管理过程中，使信息间接创造经济效益和社会效益的过程。信息只有通过应用过程，才能实现信息的增值，产生信息的放大效益，实现信息的使用价值。

二、物流信息系统的类型

(一)按信息系统的功能分类

1. 接受订单和出库系统

(1)订单受理

订单受理业务从接收到订货信息，对订货信息的完整性程度、准确程度进行检查开始，接下来是对用户的相关制约条件进行检查，如货款交纳情况、信用情况等。在确定可以接受订货要求后，按照订单进行库存确认，接受订单处理业务完成后，必要的情况下，要将订货要求书传给客户确认。

订单的信息处理要在下一步的货物拣选、出库、配送等业务开始之前完成，这些具体物流作业活动都要基于订货信息处理结果之上来完成的。

(2)出库处理

根据全面处理的订货信息，制作货物拣选作业表。货物拣选作业表有按照订货类别制作(摘果拣选方式)，按照品种单位将全部订货集中在一起制作、拣选出的商品再按客户类别进行二次分货(播种拣选方式)两种方法。

如果出现库存不足不能按照订货数量拣选的情况下，要将缺货部分的信息告知客户，由客户决定是取消订货还是在下次到货时优先供货；对于拣选完毕、按照客户类别备好货物的订货，下达配货指示。

(3)送货结束后的处理业务

送货完毕确认之后，要进行费用结算，发出费用结算单据。

2. 库存信息系统

库存信息系统是为了满足销售而在必要的场所备齐所需商品，为了保证制造活动顺利进行而储备原材料和零部件，以最少的数量满足需求，同时还要防止库存陈腐、浪费和保管费用增加的系统。

库存信息系统的目的是使保管的库存和计算机掌握的库存相一致。有订货发生时，在订货处理时点进行库存核对，计算机内的库存数量将随之减少；有入库发生时，入库数据输入时点开始计算机内的库存数量增加。如果任何地方都没有出错的话，实际库存与计算机内储存的库存数量应该是一致的。但实际上，拣选作业、数据输入等环节都会出现差错，需要在作业后及时核对货架上的货物，发现误差的商品及时追踪，同时对计算机内的数据进行修正。

3. 仓库信息系统

(1)保管场所系统

通过对仓库货物保管位置标明区位号码来提高保管场所使用效率的方式称为保管场所

系统。保管现场管理的有效方法是对保管位置和货架按照一定的方式标明牌号，根据牌号下达作业指示。在计算机控制的自动化立体仓库，没有货位标号是无法运作的。

保管场所系统包括保管位置物品相对一致的固定场所系统和保管位置与场所物品经常变动的自由场所系统两大类。固定场所系统由于保管货物的位置相对固定，因而便于作业人员的识别查找，即使是业务不熟练的人员，也可以迅速、准确地进行货物拣选。自由场所系统由计算机根据货位同货物的相对关系进行管理，货物存放的位置不是固定的，对于品种多而且更新快的商品的保管非常适用。自动化立体仓库使用自由货架，可以根据次日出库计划，在前夜空闲时间，将货物移动到出库口附近的货位，以提高出库的作业效率。

(2)订货拣选系统

订货拣选系统分为全自动系统和人工半自动系统。全自动系统从全自动流动货架将必要的商品传送到传送带的拣选系统。半自动拣选系统是在计算机的辅助下实现高效率拣选的系统。

4. 配送信息系统

配送信息系统中最有代表性的是固定时刻表系统和变动时刻表系统两种。固定时刻表系统是指根据日常业务的经验和客户要求的配送时间，事先按照不同方向、不同配送对象群设定的配送路线和配送时间，安排车辆，并根据当日的订货状况进行微调的配送组织方式。变动时刻表系统是指根据当日的配送客户群的商品总量，结合客户的配送时间要求和配送车辆的状况，按照可以调配车辆的数量和运载量由计算机选出成本最低的组合方式的系统。

5. 货物跟踪系统

货物追踪系统是指在货物流动的范围内，可以对货物的状态进行实时把握的信息系统。货物追踪系统信息处理原理是，在货物装车和货物通过中转站时，读取货物单据上的条码，这样就可以清楚地知道货物通过什么地方、处在什么样的状态。物流领域中，货物追踪系统的对象主要是零担货物。

6. 货运信息中介系统

在长距离大量货物运输的情况下，一般使用整车运输的方法。影响整车运输效率的主要问题是回程空载行驶，造成运输能力的浪费。由于网络没有形成、信息不畅等原因，回程车辆空载现象经常发生。网络信息中介系统利用信息网络技术，为发布、查找车源货源，提供了有效的手段。有业务合作的企业之间，利用这个系统相互提供车源货源，可以达到提高运输效率的目的。

(二)按面向的对象分类

面向的对象不同，物流信息系统的作用是不同的，其货物流动的方式也不同。通常状况下，我们可以将物流信息系统分为面向制造企业的物流信息系统、面向零售类的物流信息系统和面向第三方物流信息系统。

1. 面向制造商的物流管理信息系统

制造企业根据企业的订单情况确定生产计划后，就需对需要的物料制定采购计划以配合生产进度，同时储备一定数量的产成品以供应销售。当企业的生产管理系统将生产计划、采购计划、销售计划设计出来后转入物流系统；物流系统将采购计划、销售计划分解，设计成物流计划，然后对物流计划进行执行、监督直至生产、销售完成。

随着信息技术的发展、计算机与通信技术的现代化，使得物流企业能够通过网络把整个制造业的供应链连接起来，实现单据共享，实时监控。面向制造商企业的物流信息系统流程如图 8-16 所示。

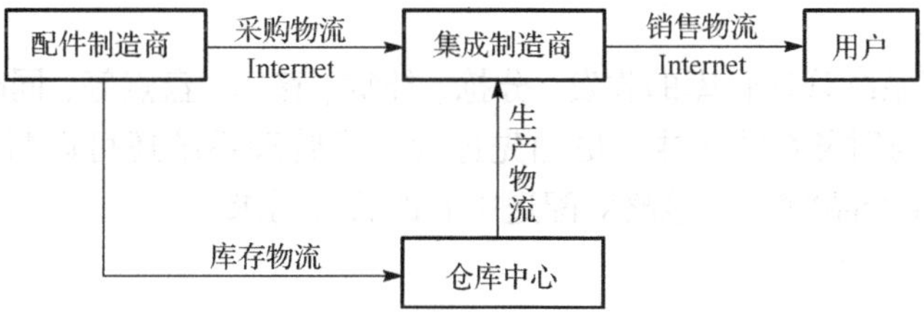

图 8-16　制造企业的物流信息系统

2. 面向零售商、中间商、供应商的物流管理信息系统

零售商、中间商、供应商本身不生产商品，但是它为用户提供商品、为制造商提供销售渠道，是用户与制造商的中介。专业零售商为客户提供同一类型的商品，综合零售商为人们提供不同种类的商品。面向零售商、中间商、供应商的物流管理信息系统是对不同商品的进、销、存进行管理的系统。它的物流信息流程如图 8-17 所示。

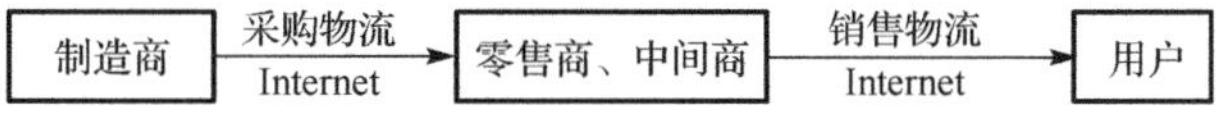

图 8-17　面向零售商类物流系统的信息流程

3. 面向第三方物流企业的物流管理信息系统

严格意义上的第三方物流是整个供应链的组织者，通过第三方物流企业的物流管理信息系统将供应链上的各个节点(如制造商、零售商)及相应的交通运输工具(如船舶、汽车、飞机等)链接起来，如图 8 18 所示。

图 8-18　第三方物流管理信息系统

第三方物流行业既不是生产方，也不是销售方，而是从生产到销售的整个流通过程中进行服务的第三方，它不拥有商品，而是为客户提供代理服务，具体包括商品运输、储存、配送以及附加值服务。第三方物流企业是建立在电子信息化技术基础上的，信息技术的发展是第三方物流出现的必要条件。信息技术实现了数据的快速、准确传递，提高了仓库管理、装卸搬运、采购、订货、配送、订单处理的自动化水平，使订单、包装、保管、运输、流通加工实现一体化，企业可以更方便地使用信息技术与物流企业进行合作和沟通；同时计算机软件的迅速发展，使混杂在其他业务中的物流活动的成本能被精确地计算出来，还能有效管理物流渠道中的商流，这就使企业有可能把原来在内部完成的作业交由物流公司运作。

三、物流信息系统的结构

(一) 物流信息系统的功能结构

一个物流信息系统的功能结构是随着具体系统的不同而有所差异的，但是一般而言，不同类型的物流信息系统尽管其应用对象不同，其功能之间却有很大的相似之处。通常都包含仓储管理、运输管理、订单管理、财务管理、客户关系管理、代码及参数管理、报表管理、计划管理、信息管理、资源管理等功能模块。

1. 仓储管理

使用仓储管理系统管理仓库的收发、分拣、补货、移库、盘点等，同时仓储管理系统可以进行库存分析，与财务系统集成。更加先进的仓库管理系统还可以帮助企业实现“逆向物流”，并适应企业产品“推迟”策略对配送中心的管理需求。

2. 运输管理

使用运输管理系统优化运输模式组合，如空运、水运等，寻求最佳的运输线路。运输管理系统还可以实现在途货物的跟踪，并在必要时调整运输模式，实现车队管理、运输计划、调度与跟踪、与运输商的电子数据交换等。

3. 订单管理

订单管理系统是办理从客户处接收订单、准备货物、明确交货时间、交货期限、剩余货物管理等作业的系统。办理接受订货手续是交易活动的始发点，所有物流活动均从接受订货开始。为了迅速准确地将商品送到，必须准确迅速地办理接受订货的各种手续，高效有序地处理各种订单。

4. 财务管理

财务管理是管理所有与财务有关的信息及资源的分析和处理。对企业所有的物流服务项目实现合同价格“一条龙”管理，包括运输费用、装卸费用、配送费用、货物费用、行政费用、办公费用等的计算，根据规范的合同文本、货币标准、收费标准自动产生结算凭证，为客户及物流企业的自动结算提供完整的结算方案。结合财务管理理论，针对物流企业财务管理的特点，对企业发展战略、客户满意度、员工激励机制、企业资源利用、企业经济效益等方面进行分析，并得出有关财务预算、财务控制和财务分析报告，为实现企业价值最大化提供决策依据。

5. 客户关系管理

物流信息系统是对客户和供应商进行全面管理的系统。不仅要保存客户、供应商的基本信息，而且要保存以往企业对客户以及供应商对企业的服务、销售信息等。

6. 代码及参数管理

实体代码是信息系统的基础，代码设计与管理是信息技术的一个重要的组成部分，设计出一个好的代码方案对于系统的开发和使用都极为重要。它可以使许多计算机处理变得非常方便，也使事务处理工作变得简单。

7. 报表管理

包括采购、销售、配送、库存、成本等与经营有关的业务报表。

8. 计划管理

计划管理在整个物流系统中承担着指导全局的重要作用，是物流业务的控制与协调中心，因此与其他功能模块之间存在着非常复杂的联系。计划管理包括采购计划、补货计划、配送计划等业务的管理。

9. 信息管理

信息管理作为内外信息交流的吐纳口，是实现供应链管理的重要途径，主要承担着信息查询、信息下载和信息发布等功能。

10. 资源管理

为了充分发挥人力和设备资源的潜力，提高劳动生产率，需要建立员工的培训系统和绩效评估系统、设备档案和技术性能评估系统。

（二）物流信息系统的层次结构

根据处理的内容及决策的层次来看，可以把物流信息系统划分为不同的层次。一个完善的物流信息系统，应具有以下几个层次。

1. 计划层

负责建立各种物流系统的分析模型，辅助高层管理人员制定物流战略计划，解决中长期决策问题。

2. 控制层

负责建立各种物流系统特征值体系，制定评价标准，建立控制与评价模型，根据运行信息监测系统的状况。

3. 业务处理层

对合同、票据、报表等进行日常处理，将收集、加工的物流信息以数据库的形式加以储存。

4. 执行层

包括车辆运输工具的选择和优化、仓库作业计划、仓库管理等一些关系物流系统当前运行方面的短期决策。

（三）物流信息系统的软件结构

支持物流信息系统各种功能的软件系统或软件模块所组成的机构，就是物流信息系统的软件结构。此外，物流信息系统的软件结构还包括为全系统所共享的数据和程序、公用程序、公用模型库及数据库管理系统等。

四、物流信息系统的评价

物流信息系统是否科学的评价标准主要有以下几个方面。

1. 信息搜集的制度化

在物资的实际流转中，对各种物流信息搜集的时间、空间、收集的频率以及收集人员的要求等要有统一的规定，明确任务和责任。

2. 信息形式的标准化

物流信息的表达形式，如物流的分类与编码、物流专业词汇的统一性、单据、票据、账票、表格形式等，都应该按统一的标准进行处理。

3. 信息传递的规范化

对信息的传递方式、途径、方向、路线等做出明确的规定，并加以规范化。避免造成信息在传递中拥挤、混乱、失真等现象。

4. 信息内容的系统化

信息内容应该能够全面地反映物流的各个方面、各个时期的变化，不仅连续不断地提供信息，而且提供的信息在空间上也具有系统性。

5. 信息储存档案化

对在使用中有重复使用价值的信息，应该进行储存。为了将物流信息储存好，又便于将来检索，这就要求对不断增加的物流信息储存量进行档案化。

第四节　物流信息系统的开发与建立

一、物流信息系统的开发方法及其特点

物流信息系统的开发是一个非常复杂的系统工程，它涉及计算机处理技术、系统理论、管理理论、组织结构、认识规律以及工程化方法等方面的问题。当前，经常采用的系统开发方法有结构化系统开发方法、原型法、面向对象方法和计算机辅助软件工程方法等。

(一) 结构化系统开发方法

结构化系统开发方法是在由 Dijkstra 等人提出的结构化程序设计思想基础上发展起来的。它是一种系统化、结构化和自顶向下的系统开发方法，是迄今为止开放方法中应用最广泛、最成熟的一种。结构化系统开发方法流程如图 8-19 所示。

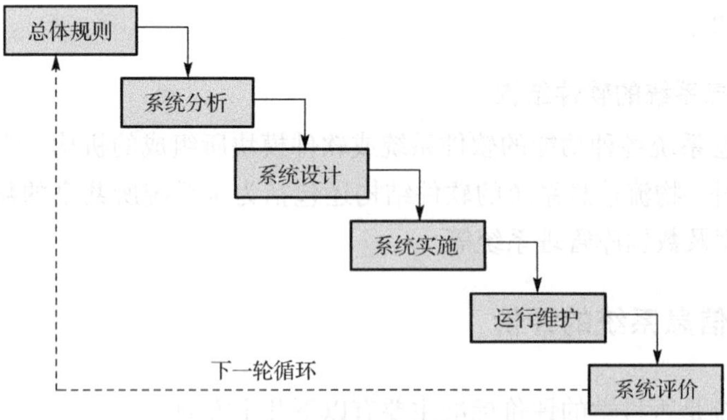

图 8-19　结构化系统开发方法流程

结构化系统开发方法的基本思想是：用系统的思想、系统工程的方法，按用户至上的原则，结构化、模块化、自顶向下对信息系统进行分析与设计。具体来说，就是先将整个信息系统开发过程划分出若干个相对独立的阶段，如系统规划、系统分析、系统设计、系统实施等。在前三个阶段坚持自顶向下地对系统进行结构化划分。在系统调查或理顺管理业务时，应从最顶层的管理业务入手，逐步深入到最基层。在系统分析阶段，提出新系统方案

和系统设计时，先考虑系统整体的优化，然后再考虑局部的优化问题。在系统实施阶段，则应坚持自底向上的逐步实施。结构化系统开发方法有如下特点。

1. 用户至上

强调用户是整个系统开发的起源和最终归宿。用户的参与程度和满意程度是系统成功的关键，故在系统开发过程中要面向用户，充分了解和调查用户的需求和愿望。

2. 严格区分工作阶段

强调将整个系统的开发过程分为系统请求阶段、系统规划阶段、系统分析阶段、系统设计阶段、系统实施阶段、系统运行阶段若干个阶段，每个阶段都有其明确的任务和目标以及预期要达到的阶段成果。在实际开发过程中要求严格按照划分的工作阶段，一步一步展开工作，切不可打乱或颠倒。

3. 结构化、模块化、自顶向下进行开发

在分析问题时，应首先站在整体的角度，将各项具体的业务和组织放到整体中加以考察。自顶向下分析设计：首先确保全局的正确，再一层一层地深入考虑和处理局部的问题。而在具体系统实现过程中，则要根据设计的要求先编制一个个功能模块，一个模块一个模块地进行开发、调试，然后再由几个模块联调(子系统联调)，最后是整个系统联调。

4. 充分预料可能发生的变化

在系统的分析、设计和实现过程中，都要充分地考虑可能变化的因素。

一般可能发生的变化来自于周围环境变化，来自外部的影响，如上级主管部门要的信息发生变化等。系统内部处理模式的变化，例如，系统内部的组织结构和鼓励体制发生变化、工艺流程发生变化、系统内部管理形式发生变化等。用户要求发生变化，用户对系统的认识程度不断深化，又提出更高的要求。

5. 工作文件的标准化和文献化

在系统研制的每个阶段、每个步骤都要有详细的文字资料记载，需要记载的信息包括：系统分析过程中的调研材料、同用户交流情况，设计的每步方案(甚至包括经分析后淘汰掉的信息和资料)资料要有专人保管，要建立一整套管理、查询制度。

(二)原型法(Prototyping Approach)

原型方法是80年代随着计算机软件技术的发展，特别是在关系数据库系统(Relational Data Base System，RDBS)、第四代程序生成语言(4th Generation Language，4GL)和各种系统开发生成环境产生的基础上，提出的一种从设计思想到工具、手段都是全新的系统开发方法。

在建筑学和机械设计学中，"原型"指的是其结构、大小和功能都与某个物体相类似的模拟该物体的原始模型。在管理信息系统开发中，用"原型"来形象地表示系统的一个早期可运行版本，它能反映新系统的部分重要功能和特征。"原型方法"则是利用原型辅助开发系统的一种新方法。原型方法要求在获得一组基本的用户需求后，快速地实现新系统的一个"原型"，用户、开发者及其他有关人员在试用原型的过程中，加强通信和反馈，通过反复评价和反复修改原型系统，逐步确定各种需求的细节，适应需求的变化，从而最终提高新系统的质量。因此可以认为原型方法确定用户需求的策略，对用户需求的定义采用启发的方式，引导用户在对系统逐渐加深理解的过程中做出响应。

原型法基本思想在于原型法凭借着系统分析人员对用户要求的理解，在强有力的软件环境支持下，快速地给出一个实实在在的模型(或称原型、雏形)，然后与用户反复协商修改，最终形成实际系统，如图8-20所示。这个模型大致体现了系统分析人员对用户当前要求的理解和用户想要希望实现后的形式。原型法主要有以下特点。

(1)从认识论的角度看，原型法更多地遵循了人们认识事物的规律，因而更容易为人们所接受。

(2)原型法将模拟的手段引进系统分析，沟通了人们的思想，缩短了用户和系统分析员之间的距离，解决了结构化方法中最难以解决的一环。

(3)充分利用了最新的软件工具，摆脱了老一套的工作方法，使系统开发的时间、费用大大地减少，提高了效率。

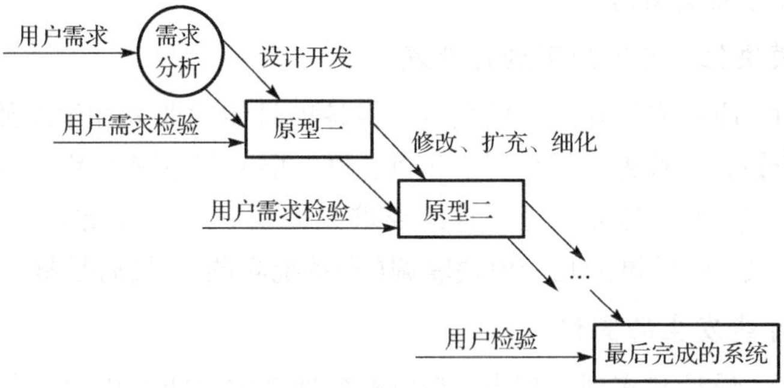

图8-20 原型法设计流程

(三)面向对象方法

面向对象方法学的出发点和基本原则是尽可能模拟人类习惯的思维方式，使开发软件的方法与过程尽可能接近人类认识世界、解决问题的方法与过程。由于客观世界的问题都是由客观世界中的实体及实体相互间的关系构成的，因此我们把客观世界中的实体抽象为对象，持面向对象观点的程序员认为计算机程序的结构应该与所要解决的问题一致，而不是与某种分析或开发方法保持一致，他们的经验表明，对任何软件系统而言，其中最稳定的成分往往是其相应问题论域(problem domain)中的成分。面向对象的好处是程序的稳定性与可修改性(由于把客观世界分解成一个一个的对象，并且把数据和操作都封装在对象的内部)、可复用性(通过面向对象技术，我们不仅可以复用代码，而且可以复用需求分析、设计、用户界面等)。

面向对象方法(Object Oriented，简称OO方法)一反那种功能分解方法只能单纯反映管理功能的结构状态，数据流程模型只是反映事物的信息特征和流程，信息模拟只能被动地迎合实际问题需求的做法，从面向对象的角度为我们认识事物，进而为开发系统提供了一种全新的方法。OO方法的应用解决了系统结构化开发方法中客观世界描述工具与软件结构的不一致性问题，缩短了开发周期，解决了从分析和设计到软件模块结构之间多次转换映射的繁杂过程。OO方法有以下几个特点。

(1)实现了利用特定软件直接从对象客体的描述到软件结构的转换。

(2)解决了传统结构化方法中客观世界描述工具与软件结构的不一致性。

(3)减少了从系统分析、设计到软件模块结构之间的多次转换映射的繁杂过程。

（四）计算机辅助软件工程方法（Computer Aided Software Engineering，CASE）

20世纪80年代，计算机图形处理技术和程序生成技术的出现，缓和了系统开发过程中的系统分析、系统设计和开发“瓶颈”，即主要靠图形处理技术、程序生成技术、关系数据库技术和各类开发工具为一身的CASE（Computer Aided Software Engineering，计算机辅助软件工程法）工具代替人在信息处理领域中的重复性劳动。

1. CASE方法的基本思路

CASE方法解决问题的基本思路是：在前面所介绍的任何一种系统开发方法中，如果在对系统调查后，系统开发过程中的每步都可以在一定程度上形成对应关系的话，那么就完全可以借助于专门研制的软件工具来实现上述一个个的系统开发过程。这些系统开发过程中的对应关系包括：结构化方法中的业务流程分析→数据流程分析→功能模块设计→程序实现；业务功能一览表→数据分析、指标体系→数据/过程分析→数据分布和数据库设计→数据库系统，等等；OO方法中的问题抽象→属性、结构和方法定义→对象分类→确定范式→程序实现，等等。

2. CASE的特点

与一般开发方法相比，CASE方法有如下特点。

（1）解决了从客观世界对象到软件系统的直接映射。强有力地支持软件/信息系统开发的全过程。

（2）使结构化方法更加实用。

（3）自动检测的方法大大地提高了软件的质量。

（4）使原型法方法和OO方法付诸实施。

（5）简化了软件的管理和维护。

（6）加速了系统的开发过程。

（7）使开发者从繁杂的分析设计图表和程序编写工作中解放出来。

（8）使软件的各部分能重复使用。

（9）产生出统一的、标准化的系统文档。

（10）使软件开发的速度加快，而且功能进一步完善。

二、物流信息系统开发的要点

要实际开发一个物流信息系统，首先要制定相应的系统开发策略，包括识别问题，明确系统开发的指导思想，选定适当的开发方法，确定系统开发过程、方式、原则等方面。

（一）识别信息系统开发问题

根据用户的需求状况、实际组织的管理现状以及具体的信息处理技术来分析和识别问题的性质、特点，以便确定采用什么样的方式来加以解决。问题识别阶段要解决的问题如下。

1. 信息和信息系统需求的确定性程度

用户对系统的需求状况，是真正迫切还是一时的兴致；信息系统在未来组织中的作业和位置；信息和信息处理过程的确定性程度，即现有的信息是否正确；统计渠道是否可靠，现有的信息处理过程是否规范化、科学化。

2. 体制和管理模式的确定性程度

考察现有的组织机构、管理体制是否确定；管理模式是否合理；是否满足经营和发展的要求。

3. 用户的理解程度

用户是否真正认识了系统开发的必要性和开发工作的艰巨性；用户对自己的工作及其以后将在信息系统中所担当的工作是否有清醒的认识；组织领导是否“挂帅”参与系统的开发工作等。

4. 现有条件和环境状况

考察用户现有的系统应用条件和环境状况是否能够满足新系统的开发需求。

(二)进行开发的可行性研究

可行性(Feasibility)研究是指在当前组织内外的具体条件下，系统开发工作必须具备资源和条件，看其是否满足系统目标的要求。系统开发可行性研究包括如下几方面。

1. 目标和方案的可行性

目标和方案的可行性是指目标是否明确、方案是否切实可行、是否满足组织进一步发展的要求，等等。

2. 技术方面的可行性

根据现有的技术条件，考虑提出的要求能否达到。技术方面的可行性包括如下几个方面。

(1)人员和技术力量的可行性，即有多少科技人员，其技术力量和开发能力如何，有没有系统开发的可行性。

(2)基础管理的可行性，即现有的管理基础、管理技术、统计手段等能否满足新系统开发的要求。

(3)组织系统开发方案的可行性，即合理地组织人、财、物和技术力量并实施的技术可行性。

(4)计算机硬件的可行性，包括各种外围设备、通信设备、计算机设备的性能是否能满足系统开发的要求，以及这些设备的使用、维护及其充分发挥效益的可行性。

(5)计算机软件的可行性，包括各种软件的功能能否满足系统开发的要求，软件系统是否安全可靠，本单位对使用、掌握这些软件技术的可行性。

(6)环境条件以及运行技术方面的可行性。

3. 经济方面的可行性

经济方面的可行性主要是从组织的人力、财力、物力三方面来考查系统开发的可行性。

4. 社会方面的可行性

社会方面的可行性主要是指一些社会的或者人的因素对系统的影响。

(三)系统开发的原则

1. 领导参加的原则

领导出面组织力量，协调各方面的关系是开发成功的首要条件。

2. 优化与创新的原则

必须根据实际情况和科学管理的要求加以优化与创新。

3. 充分利用信息资源的原则

数据尽可能共享，充分发挥深层次加工信息的作用。

4. 实用和时效的原则

要求从制定系统开发方案到最终的信息系统都必须是实用的、及时的和有效的。

5. 规范化原则

要求按照标准化、工程化的方法和技术来开发系统。

6. 发展变化的原则

充分考虑组织和管理模式可能发生的变化，使系统具有一定的适应环境变化的能力。

(四)系统开发前的准备工作

搞好系统开发前的准备工作是信息系统开发的前提条件，一般包括基础准备和人员组织准备两部分。

1. 基础准备工作

科学管理是开发信息系统的基础。基础准备工作一般包括：管理工作要严格科学化，具体方法要程序化、规范化；做好基础数据管理工作，严格计量程序、计量手段、检测手段和数据统计分析渠道；数据、文件、报表的统一化。

2. 人员组织准备

系统开发的人员组织准备包括：领导是否参与开发是确保系统开发能否成功的关键因素；建立一支由系统分析员、管理岗位业务人员和信息技术人员组成的研制开发队伍；明确各类人员(系统分析员、企业领导、业务管理人员、程序员、计算机软硬件维护人员等)的职责。

(五)系统开发的策略

1. 接受式开发

经过调查分析，认为用户的信息需求是正确的、完全的、固定的，现有的信息处理过程和方式也是科学的，这时可采用接受式的开发策略。根据用户需求和现有状况直接设计编程，过渡到新系统。这种策略主要用于主系统规模不大、信息和处理过程结构化程度高、用户和开发者又都很有经验的场合。

2. 直线式开发

经过调查分析后，即可确定用户需求和处理过程，并明确以后不会有大的变化，则系统的开发工作就可以按照某一种开发方法的工作流程，按部就班地走下去，直至最后完成开发任务。这种策略对开发者和用户要求都很高，要求在系统开发之前就完全调查清楚实际问题的所有状况和需求。

3. 迭代式开发

当问题具有一定的复杂性和难度，一时不能完全确定时，就需要进行反复分析、发现问题、反复设计，随时反馈信息、修正开发过程的方法。

这种策略一般花费较大，耗时较长，但对用户和开发者要求较低。

4. 实验式开发

当需求的不确定性很高时，一时无法制定具体的开发计划，则只能用反复试验的方式来做。这种策略一般需要较高级的软件支撑环境，且对大型项目在使用上有一定的局限性。

（六）制定系统开发的计划

系统开发计划主要是针对已确定的开发策略，选定相应的开发方法。但必须注意这种方法所适用的开发环境、所需要的计算机软硬件技术支撑以及开发者对它的熟悉程度。开发计划主要是制定系统开发的工作计划、投资计划、进度计划、资源利用计划。开发计划一般多是根据具体问题、具体情况而定，没有什么统一的模式。

三、物流信息系统建立的步骤

企业信息系统的建立，是一个渐进的过程，每步都必须扎扎实实地做好。物流信息系统的开发可以经历以下几个阶段。

1. 可行性分析阶段

在进行大规模的信息系统开发之前，要确定信息系统的总目标，从有益性、可能性和必要性三个方面对信息系统的任务进行分析，探讨解决问题的方案。

2. 信息系统规划阶段

系统规划是在可行性分析论证之后，从总体的角度来规划系统应由哪几个部分组成，这些部分中有哪些数据库，它们之间的信息交换关系是如何实现的，并根据系统功能需求提出计算机系统网络配置方案。系统规划实际上是信息系统工程的决策，它关系企业的利益和整个工程的成败。

系统规划要通过对企业的调查和客观分析，简要审查系统的目标和需求，选择一组标准，分析系统建设的可行性，估计系统实现后的效果，排除开发中的主观性。系统规划以整个系统为研究对象，确定系统的总目标和主要功能，为后续的开发工作做好准备。系统规划的目的是论证系统建设的可行性，如果可行，还要进一步提出工程进度计划、资源需求计划等。

3. 信息系统设计阶段

设计是信息系统工程的技术核心。在设计阶段中设计人员把已确定了的各项需求转换成一个相应的体系结构，结构中的每个组成部分是意义明确的模块，每个模块都和某些需求相对应，即概要设计。然后对每个模块要完成的工作进行具体的描述，以便为系统的开发实施奠定基础。

4. 信息系统开发实施阶段

系统的开发实施包括系统硬件设备的购置与安装和把系统设计转换成计算机可以接受的程序的计算机应用软件的程序设计。

5. 信息系统测试阶段

信息系统的测试是保证信息系统质量的重要手段，其主要方式是在设计测试用例的基础上检验信息系统的各个组成部分。系统测试是从总体出发，测试应用软件的总体效率、系统各个组成部分的功能的完成情况、运行效率及可靠性等。

6. 信息系统运行维护阶段

已交付的信息系统投入正式使用，便进入运行阶段。在进入正式运行后，要制定一系列系统管理规章制度，做好系统的维护工作。

7. 信息系统更新阶段

当系统已不能满足企业或组织业务发展的要求时，信息系统将进入下一个开发周期。

四、建立物流信息系统应该注意的问题

1. 以企业发展战略和物流竞争战略为基本指针

建立物流信息系统是企业的长期战略投资行为，须以企业发展战略和物流竞争战略为基本指针，没有战略的依据，企业对物流信息系统的投资将是盲目的投资。

2. 要以客户需求为基本依据，确定物流作业流程

信息系统的建立有两条途径：一是量身定制的开发；二是集成系统的导入。物流信息系统量身定制的前提是企业物流作业流程的设计，集成系统的导入也往往要求企业改变现有的物流运作流程，因此，无论选择哪一条路，企业建立信息系统的前提都是要确定其物流运作流程。物流运作流程设计的依据有两个：客户的物流服务需求和企业的物流管理模式。前者是系统目标，但可能导致企业物流信息系统如配送中心的选址、结构的变化，进而导致流程的变化。后者是服务手段，是企业为了满足客户需求而配置物流服务资源的方法，如不同运输方式的选择、存货的布局和结构配置等。

同一个企业当它采用不同的物流管理模式，或集中、或分散、或外包的时候，其物流运作的流程以及相应的物流信息系统是不一样的。在客户需求确定后，企业的物流管理模式将对流程产生决定性的作用。这时，物流运作流程的设计问题实际上已经转化为客户服务需求和企业服务能力的匹配问题。因此，我们在实践中，不仅要注意企业的物流管理模式，而且要重视客户具体的物流服务需求，建立物流信息和客户服务之间的直接关系。

3. 要与客户企业商定物流服务目标

企业物流信息系统的设计要与客户一起商定物流服务目标、确定企业物流管理模式以及信息分享的机制。这对第三方物流服务供应商十分重要。

4. 系统的结构要有开放性和扩张性

如要把现在的仓库改造为增值服务中心，则在信息系统的配置方面，至少要有仓库管理系统和商务管理系统，还有配置条码印制系统和无线终端识别系统等。但一定要以企业的物流发展战略为依据，同时还要考虑有关信息技术的经济寿命，防止为预留功能接口而购进冗余设备造成资金沉淀。

习题与思考

1. 信息在现代物流活动中起到了什么作用？

2. 简述条码、EDI、RFID、GPS 的工作原理以及这些技术在物流活动中是怎样运用的。

3. 信息系统开发方法有哪些？各有什么特征？

4. 物流信息系统一般包括哪些模块？

案例分析

UPS 核心竞争优势：现代物流信息技术

成立于1907年的美国联邦快递公司(United Parcel Service,UPS)是世界上最大的配送公司。2000年,联邦快递公司年收入接近300亿美元，其中包裹和单证流量大约35亿件，平均每天向遍布全球的顾客递送1 320万件包裹。2011年营业收入达531亿美元。公司向制造商、批发商、零售商、服务公司以及个人提供各种范围的陆路和空运的包裹和单证的递送服务，以及大量的增值服务。表面上联邦快递公司的核心竞争优势来源于其由15.25万辆卡车和560架飞机组成的运输队伍，而实际上联邦快递公司今天的成功并非仅仅如此。

80年代初，联邦快递公司以其大型的棕色卡车车队和及时的递送服务，控制了美国陆路的包裹速递市场。然而，到了80年代后期，随着竞争对手利用不同的定价策略以及跟踪和开单的创新技术对联邦快递的市场进行蚕食，联邦快递的收入开始下滑。许多大型托运人希望通过单一服务来源提供全程的配送服务；顾客们希望通过掌握更多的物流信息，以利于自身控制成本和提高效率。随着竞争的白热化,这种服务需求变得越来越迫切。正是基于这种服务需求，联邦快递公司从90年代初开始了致力于物流信息技术的广泛利用和不断升级。今天，提供全面物流信息服务已经成为包裹速递业务中的一个至关重要的核心竞争要素。

联邦快递公司通过应用三项以物流信息技术为基础的服务提高了竞争能力。

第一，条码和扫描仪使联邦快递公司能够有选择地每周7天、每天24小时地跟踪和报告装运状况，顾客只需拨个免费电话号码，即可获得“地面跟踪”和航空递送这样的增值服务。

第二，联邦快递公司的递送驾驶员现在携带着以数控技术为基础的笔记本计算机到排好顺序的线路上收集递送信息。这种笔记本计算机使驾驶员能够用数字记录装运接受者的签字，以提供收货核实。通过计算机协调驾驶员信息，减少了差错，加快了递送速度。

第三，联邦快递公司最先进的信息技术应用，是创建于1993年的一个全美无线通信网络，该网络使用了55个蜂窝状载波电话。蜂窝状载波电话技术使驾驶员能够把适时跟踪的信息从卡车上传送到联邦快递公司的中央计算机。无线移动技术和系统能够提供电子数据储存，并能恢复跟踪公司在全球范围内的数百万笔递送业务。通过安装卫星地面站和扩大系统，到1997年适时包裹跟踪成为了现实。

以联邦快递为代表的企业应用和推广的物流信息技术是现代物流的核心，是物流现代化的标志。尤其是飞速发展的计算机网络技术的应用使物流信息技术达到新的水平，物流信息技术也是物流技术中发展最快的领域，从数据采集的条码系统，到办公自动化系统中的计算机、互联网，各种终端设备等硬件以及计算机软件等都在日新月异地发展。同时，随着物流信息技术的不断发展，产生了一系列新的物流理念和新的物流经营方式，推进了物流的变革。今天看来，物流信息技术主要由通信、软件、面向行业的业务管理系统三大部分组成。包括基于各种通信方式基础上的移动通信手段、全球卫星定位(GPS)技术、地理信息(GIS)技术、计算机网络技术、自动化仓库管理技术、智能标签技术、条码及射频技术、信息交换技术等现代尖端科技。在这些尖端技术的支撑下，形成以移动通信、资源管理、监控调度管理、自动化仓储管理、业务管理、客户服务管理、财务处理等多种信息技术集成的一体化现代物流管理体系。譬如，运用卫星定位技术，用户可以随时“看到”自己的货物状态，包括运输货物车辆所在的位置(某座城市的某条道路上)、货物名称、数量、重量等，从而，不仅大大提高了监控的“透明度”，降低了货物的空载率做到资源的最佳配置；而且有利于顾客通过掌握更多的物流信息，以控制成本和提高效率。

案例来源:http://www.exam8.com/zige/wuliu/anli/201008/1526336.html.

案例思考

1. UPS运用了哪些信息技术来提高竞争能力？
2. 现代物流信息技术包括哪些，如何运用？

实践训练

设计一个物流信息系统，画出其组成结构。

第九章

供应链物流管理

知识要点

1. 供应链的概念、类型和特点
2. 供应链管理的概念、内容和方法
3. 供应链物流管理的概念、特点和方法

第一节　供应链概述

一、供应链

(一) 供应链的定义

中华人们共和国国家标准物流术语中将供应链定义为“供应链是在生产及流通过程中，为将货物或服务提供给最终消费者而创造价值，连接上游与下游而形成的组织网络。”

对于供应链的解释在国内外尚有分歧，我们先介绍几种观点。

早期观点认为供应链是制造企业中的一个内部过程，是指把从企业外部采购的原材料和零部件等，通过生产和销售活动，再传递给零售商、批发商和用户的一个过程。早期供应链的概念仅仅局限于企业内部层面，只注重企业自身资源的利用。

后来有些学者将供应链的概念与其他企业相联系，注意了供应链所处的外部环境，认为它应该是一个“通过链中不同企业的制造、组装、分销、零售等过程，将原材料转换为产品，再到最终用户的转换过程。”

史蒂文斯认为：“通过增值过程和分销控制，从供应商的供应商到用户的用户的流通就是供应链，它开始于供应的源点，结束于消费的终点。”

今天，供应链的概念更注重围绕核心企业的网络关系，如核心企业与供应商、供应商的供应商等上游企业的关系；核心企业与用户、用户的用户等下游企业的关系。现在人们对于供应链的认识已经形成了一个网络的概念。

我国一些供应链管理专著中，把供应链看作在生产及流通过程中，为了将货物或者服务提供给最终的消费者所涉及的原材料供应商、生产商、批发商、零售商以及最终消费者所组成的供需网络，即由物料获取、物料加工并将成品送到用户手中这一过程所涉及的企业和企业部门所组成的一个组织网络。

总之，供应链是社会化大生产的产物，是包含在物流系统在内的一个社会再生产系统，是一个重要的流通组织形式和市场营销方式。它以市场组织化程度高、规模化的经营优势，有机地联结生产和消费，对生产和流通有着直接的导向作用。

(二) 供应链的构成要素

一般来说，构成供应链的基本要素包括：

(1) 供应商，是指给生产厂家提供原材料或零件的企业；

(2) 厂家，产品生产的最重要环节，负责产品生产、开发和售后服务等；

(3) 批发及物流，为实现将产品送到经营地理范围内每一角落而设计的产品流通代理企业；

(4) 零售企业，将产品分销给消费者的企业。

供应链的构成要素如图 9-1 所示。

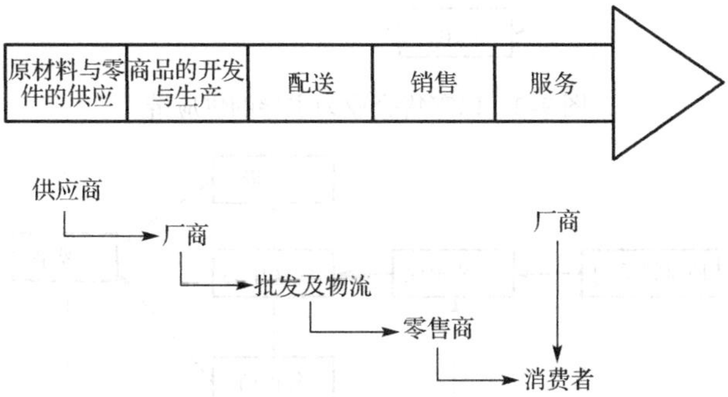

图 9-1　供应链的构成要素

(三) 供应链的类型

供应链可以分为内部供应链和外部供应链。内部供应链一种是指企业根据对客户需求的预测进行生产，然后将产品通过分销商推向市场。优点是能利用制造和运输的规模效应为供应链上的企业带来规模经济的好处，还能充分利用库存平衡供需之间失衡的现象。但是，由于企业间缺乏信息的沟通，协调能力差、库存量大、市场反应能力差。另外一种是拉式结构。企业按照订单生产，由客户需求来刺激最终产品的生产。制造企业可以根据客户的需求进行生产，这样既降低了库存量又满足了客户的个性化需求。缺点是批量小、设备利用率不高，管理复杂，难以获得规模效益。

此外，内部供应链还有一种形态结构，即企业内部产品生产和流通过程中所涉及的采购部门、生产部门、仓储部门、销售部门等组成的供需网络。这是企业内部供应链管理的关键，物流是企业内部供应链管理的表现形式。

外部供应链是指企业外部的与企业生产的产品相关的生产和流通过程中涉及的原材料供应商、生产厂商、储运商、批发商、零售商以及最终消费者组成的供需网络。在全球一体化的经济条件下，任何一个企业不可能在每个业务上都有优势，它必须联合行业中的其他上下游企业，建立一个利益相关、业务紧密相连的行业供应链来实现优势互补，即要充分利用一切可以利用的资源来适应社会化大生产的市场经济。内部供应链和外部供应链共同构成了企业产品从原材料到生产到最终用户的供应链。可以说内部供应链是外部供应链的简单化和缩小化。它们的区别仅在于外部供应链涉及的企业更多、范围更广、各个部门之间的关系协调更复杂。

二、不同主体的供应链形态结构

把供应链看作一个系统，不同的市场需求有着不同的供应链形态结构，不同企业的供应链的规模和结构也不同。这是由各经营个体的特定性和在供应链中的地位所决定的。供应链主要有三种结构：一是以零售企业为主导的供应链，二是以制造企业为主导的供应链，三是以第三方物流为主导的供应链，分别如图 9-2、图 9-3、图 9-4 所示。

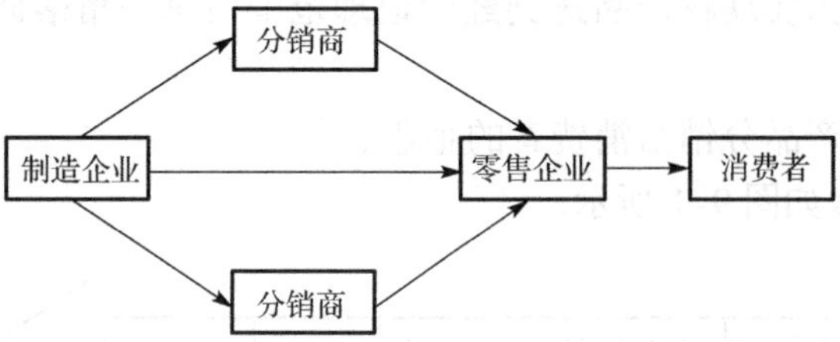

图 9-2　以零售企业为主导的供应链

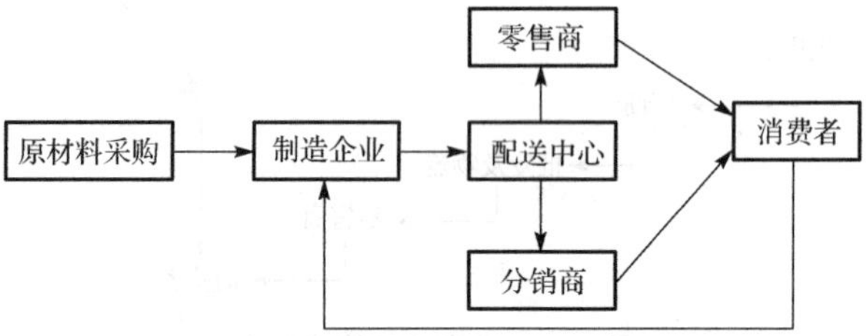

图 9-3　以制造企业为主导的供应链

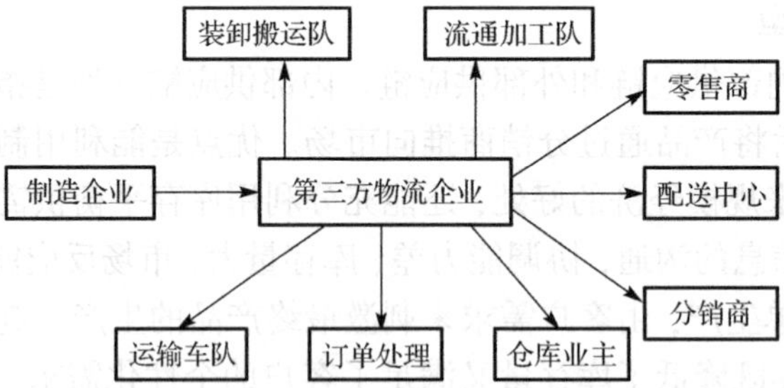

图 9-4　以第三方物流为主导的供应链

三、供应链的特点

1. 供应链的时代性

随着计算机技术和市场需求的不断变化，供应链也在随着时代的发展而不断发展。过去由于信息技术的制约，所有环节的信息都是闭塞的，像现在这种大范围的、系统的供应链服务是根本不可能实现的。而现在随着互联网这个公众平台的形成，使信息的迅速传递、信息共享成为可能，这就使供应链延伸成跨越整个社会再生产的长链成为可能。

2. 供应链的复杂性

供应链的每个环节都要根据横向择优的原则，选择协作企业，整个供应链不但有很长的链节，而且有多个结点。同时供应链的跨度很大，这就决定了它所涉及的人文条件、地理条件、技术条件等各方面的差异，使之成为一个空前复杂的系统。

3. 供应链的面向用户性

供应链是一条连接从供应商到最终用户的物流链、信息链、资金链。供应链的形成、存在都是基于一定的市场需求而发生的，用户的需求是拉动供应链中物流链、信息链、资金链运作的驱动器。

4. 供应链的交叉性

供应链中的企业可以是某个供应链的核心企业，同时又是另一个供应链的上游企业或者下游企业，众多供应链形成交叉结构，增加了供应链协调管理的难度。

5. 供应链的虚拟性

现代供应链是以信息网络技术为纽带建立起来的，是虚拟经济的一个典型应用。供应链的运作靠一种协作的组织，这个协作组织具有相对稳定性，它不一定是一个有特定机构、确定组织和经营目标的大企业，这就是它的虚拟性。

四、供应链的绩效评价

为了能够评价供应链的实施给各个企业带来的效益，需要采取有效的方法对供应链的运行状况进行度量，并根据度量结果对供应链的运行绩效进行评价。

（一）供应链的绩效评价指标的内容

供应链的绩效评价指标包括以下几个方面。

1. 对整个供应链运行效果进行评价

主要是考虑供应链和供应链之间的竞争，为设计、组建、运营和管理供应链提供依据，通过绩效评价来了解整个供应链运行情况，找出供应链运行的不足以采取措施解决。对供应链运行效果的评价是供应链管理中的一项重要内容，其评价指标主要有速度、柔性、质量、成本、服务和库存水平等方面。

2. 对整个供应链上下游结点企业做出评价

主要考虑供应链对其成员企业的影响和激励，吸引新企业加入，淘汰运营不良的企业。供应链可以看成由不同层次企业组成的阶梯层次结构，相邻层次企业间是供应商和用户的关系。在对供应链结点企业之间关系进行绩效评价时，要以供应链层次结构为基础，对每层的供应链进行逐个评价，从而发现并解决问题。

3. 对供应链内企业与企业之间的合作关系做出评价

主要考虑供应链上游结点企业对下游结点企业提供的产品和服务的质量，从最终用户满意度的角度评价供应链上下游企业之间合作伙伴关系的状况。

4. 评价指标的激励作用

评价指标不仅要起到监测供应链上下游企业运行绩效的作用，而且要起到对结点企业进行激励的作用，包括核心企业对非核心企业的激励和供应商、制造商、批发商、分销商之间的相互激励。

（二）供应链绩效评价指标的分类

总的来说，供应链绩效评价指标可以分为三个方面。

1. 内部绩效度量

对供应链上的企业内部绩效进行评价，包括的指标有：成本、客户服务、生产率、质量管理等。

2. 外部绩效度量

对供应链上的结点企业之间运行状况进行评价，包括的指标有：最佳合作、操作标准、用户满意度等。

3. 综合供应链绩效度量

供应链与供应链之间的竞争使企业对供应链总体绩效和效率日益重视，要求提供能从总体上观察、分析供应链运行绩效的度量方法。综合供应链绩效度量主要从用户满意度、时间、成本、资产等几个方面建立指标。

除了一般性统计指标外，供应链绩效度量还有一些辅助性综合指标和定性指标，如核心企业竞争力、核心能力等。表 9-1 列出了用于评估供应链绩效的一些项目。

表 9-1　供应链绩效评估项目

类　别	衡量项目	计量单位
供应链可靠性	按订单交货	百分比
	订单完成提前期	天数
	订单完成率	百分比
	订单履行完备率	百分比
柔性和反应能力	供应链反应时间长度	天数
	上游企业客户服务柔性	天数
费用	供应链管理成本	百分比
	成本效益率	百分比
	人均增加值	数额
资产利用	供应链库存总时数	天数
	资金周转	天数
	净资产周转	次数

五、供应链的发展趋势

随着经济全球化的出现，供应链也出现了全球化的发展趋势。全球供应链，包括以国内市场为主的国际供应链和高级的全球供应链等形式，以下列出了各种模式的特点。

1. 国际配送系统

这种系统的生产以国内为主，但有些配送系统与市场在海外。

2. 国际供应商

这种系统中，原材料和零部件由海外供应商提供，但最终产品的装配在国内。有时候，产品装配完成后会再运回到海外市场。

3. 离岸加工

这种系统中，产品生产的整个过程一般都在海外的某一地区完成，成品最终运回到国内仓库进行销售和配送。

4. 全球性的供应链

这种系统中，产品进货、生产、销售的整个过程都发生在不同地区。在一个真正意义的全球性供应链中，产品整个供应链的流程会将国界的限制给予突出的重视，因为全球性供应链的真正价值的实现就在于利用这种国与国之间的边界。

第二节 供应链管理

一、供应链管理的基本概念

（一）供应链管理的定义

关于供应链管理的定义有各种不同的表述。例如，中华人民共和国国家标准物流术语中定义供应链管理的概念为："利用网络技术全面地规划供应链中的商流、物流、信息流、资金流等，并进行计划、组织、协调和控制"。菲利浦认为供应链管理不是供应商管理的别称，而是一种新的管理体制策略。它把不同企业集成起来以增加整个供应链的效率，注重企业间的合作。美国伊文斯认为供应链管理是通过前馈的信息流和反馈的物料流及信息流，将供应商、制造商、分销商、零售商直到最终用户连成一个整体的管理模式。虽然其定义不同，但是基本的思路是一致的，即强调集成的管理思路和方法，把供应链的各个环节有机地联系起来，以实现供应链整体效率达到最优。

美国物流协会于 2002 年 1 月首次推出供应链管理的推荐性定义是："供应链管理是以提高企业个体和供应链整体的长期绩效为目标，对传统的商务活动进行总体的战略协调，对特定公司内部跨职能部门边界的运作和在供应链成员中跨公司边界的运作进行战术控制的过程。"供应链管理是指人们在认识和掌握供应链各环节内在规律和相互联系的基础上，利用管理的计划、组织、控制、协调、激励职能，对产品生产和流通过程中的各个环节所涉及的物流、信息流、资金流以及业务流等进行的合理调控，达到以最小的成本为客户提供最佳服务的目的。供应链管理是在市场经济极其繁荣和产品极大丰富的条件下发展起来的管理新理念，它涉及各个企业及企业管理的各个方面。企业之间作为贸易伙伴，为了寻求经济利益的最大化而进行共同的努力。供应链管理强调核心企业与其他企业的战略合作伙伴关系，委托这些企业完成部分业务，而自己则专心致力于通过技术程序的重新设计，创造出质量更好、比竞争对手更有优势的关键性业务工作。

（二）供应链管理的内涵

供应链管理是基于最终客户需求，对围绕提供某种共同商品或服务的相关企业的信息资源，以 Web 技术的软件产品为工具进行管理，从而实现整个商业流程的优化。供应链管理的内涵包括以下几个方面。

1. 供应链管理以最终消费者为管理起点

供应链最为关注的是最终客户所获得的价值，供应链管理以最终客户的价值最大化为管理目标，而最终消费者的价值最大化是以有效需求的最终满足为实现途径的，即在合适的时间和地点，以合适的价格和方式，将合适的产品交给合适的客户。

2. 供应链管理以最终客户的需求信息在供应链中的获取、应用和反馈为管理内容

供应链管理通过商业流程的动态优化来提高供应链的整体效率和价值增值能力，其作用机理在于通过获取最终客户的需求信息，与企业自身的产品提供能力和商业合作伙伴的产品提供能力进行匹配。对外确定自己的供需计划并传递给相关的商业合作伙伴，对内确定自己的产品提供计划，供需计划和产品提供计划的制订过程就是对最终客户需求的应用和反馈过程。企业在将自己的供需计划传递给自己的商业合作伙伴后，将进一步地通过监控相关商业伙伴的活动及时调整和优化自己的产品供需计划和提供计划，形成一个以信息加工处理为核心的动态优化过程，减少供应链中的相关企业的等待、重复、错误的行为，凭借信息处理的结果指挥物流和资金流的运转，实现物流、资金流的更有效配置。

3. 供应链以渠道为核心管理范围

供应链管理无法面面俱到，必须集中在最能够创造价值的区域，所以供应链管理基于最终客户需求，注重优化以核心企业为中心渠道的商业流程，也就是以渠道为核心管理范围。

4. 供应链管理以商业流程的优化为实现策略

供应链关注的不仅仅是某个企业内部的流程效率，更关注的是企业之间的协同效率。尽管整个供应链的效率很大程度上取决于单个企业内部流程的效率，但是按照系统论的观点，供应链的效率主要取决于商业流程的优化程度，而不是单个企业内部的业务流程的优化程度。所以供应链管理必然以商业流程的优化为实现策略。

5. 供应链管理强调价值的整体创造与分享

为最终的客户提供价值的不是某一个单独的企业，而是由提供这种价值的众多企业有机组成的一个价值链。众多企业组成的这个价值链实际上体现了为了提供某种共同的产品和服务，通过产品供需关系联结在一起的一个链条，称之为供应链。供应链的整体效率和价值创造能力并不是某个单独的企业的效率和价值创造能力，这是决定最终客户所获价值大小的根本因素。供应链管理是以整个供应链为管理对象，其根本目的是通过协调、优化供应链上的各个环节，以最少成本为客户创造最大的价值，从而享受最终客户提供的价值回报。最终客户对整个供应链的价值回报并不是平均分配在供应链上的每个环节，不同环节通过供应链获得的收益并不相同，也不是一成不变的。

（三）供应链管理的必要性

供应链不会自发地形成，因为它涉及多个企业，各个企业都追求自身利益的最大化，而供应链利益的最大化不一定与企业自身利益最大化相一致。同时，各个企业一般都有自己的供应链系统，从整个社会来看，多个供应链在各个企业结点上是相互交叉的。各个企业既可能是A供应链的一员，又可能是B供应链的一员，同时也可能是C供应链的核心企业。所以，它的有限的资源不可能只放到某一个供应链上，而是要综合考虑A、B、C三者，选择一个折中方案。因此，供应链需要有人去做工作，才能够形成。

即使供应链组织起来了，也不可能自发地运行起来。虽然大家愿意合作、配合，但是

涉及的企业太多，大家不知道如何合作；或者虽然知道该怎么合作，但是由于现在的组织结构、运作体制、工作程序的限制，不可能实现这种合作和协调等。

即使供应链运行起来了，也不会自发地有效率。由于供应链涉及多个企业，需要这些企业科学地、巧妙地配合，才能有效率。如果整个工作流程或者系统结构不合理或者某个企业配合不到位，都有可能导致整个供应链的低效率、无效率甚至是负效率地运行。

以上这些都说明了供应链管理的必要性。只有进行供应链管理，才能有效解决以上种种问题，保证供应链的高效运行。

二、供应链管理的发展阶段

早期的供应链管理的重点是库存管理，将库存管理作为平衡有限的生产能力和适应用户需求变化的缓冲手段。随着科学技术的不断进步和经济的不断发展，全球化信息网络和全球化市场的形成，为了适应全球化，企业组织结构和内部职能发生了巨大的转变。供应链管理也发生了很大的变化，由分散式发展到今天的集成式发展。信息网络技术的发展使得企业内部所有职能部门和地域的业务流程信息加快传递，使得企业的决策者可以从整个企业利益最大化的角度制定和执行计划。

20 世纪 50 年代—80 年代末，企业组织结构的职能特征是各自为政。各个职能部门在相互隔离的环境下制定和执行自己计划。各个部门的业务信息缺乏统一的标准，使用不同的技术平台，数据的完整性差，缺乏信息共享的激励机制，在这种环境下进行集中式供应链的尝试注定是徒劳无功的。供应链各个部门执行决策很少考虑对其他部门的影响。

20 世纪 80 年代末和 90 年代初，企业领导人逐渐认识到，把企业的组织结构与管理人员的相关业务目标和绩效激励机制结合起来，可以获得更高的效率。同时，技术的进步以及计算机成本的降低，为全企业范围的业务处理系统创造了条件。如今，管理层可以容易地得到标准化的业务信息，以及一套不同业务、职能部门和地理区域的评价指标。随着 APS（高级计划排程）系统的引入，供应链的优化成为一种切实可行的选择，这也提高了日益集中的供应链计划流程的效率。跨职能部门团队的协作，推动了供应链计划流程的一体化。

自从 20 世纪 90 年代以来，供应链管理的内容发生了很大的变化，具体表现在：传统供应链管理强调怎样节约成本，新的供应链管理则强调响应客户的速度；传统供应链管理强调大规模生产，现在则强调大规模定制，即为客户制定产品和服务，提供各种信息；传统供应链管理强调企业内部的协调，现在供应链管理则更强调与上下游企业的整合。

如今，随着计划流程所需的大部分输入信息已经可以从底层迅速传递到整个企业，以及更多的信息直接来自于最终用户，一体化的集中供应链计划变得更加有效。相关的人员也可以根据业务状况的最新进展来检查和协调有关信息。同时，销售方和购买方有关产品季节性、促销活动以及新产品发布等信息的共享，将进一步强化供应链管理的集中化趋势，提高这个供应链的效率。

三、供应链管理的内容和要点

企业运营的链条一般由资源接收、生产制造和产品交付三部分组成，企业对这些环节的计划和管理贯穿始终。大多数供应链都是由许多企业运营环节结合而成，构成了一个网络。所以，供应链管理的内容被理解为：供应链计划中的五项基本活动及其相应的近期与远期计划，见表9-2。

表9-2 供应链管理的内容

活　　动	近 期 计 划	远 期 计 划
采购	应该从供应商处购买什么规格和质量的原材料，购买多少，何时到货？	谁应该成为策略供应商？应该与一个供应商建立特殊的关系还是与多个供应商合作？
制造	为了更好地利用企业资源，应该如何安排生产？	为了在全球范围内向客户提供快速反应，应该在哪里建厂？它们应该生产所有产品还是只生产特定产品？
运输	如何安排车辆才能取得最佳的运输路线？	应该如何建立全球的运输网络？是否该将此项业务外包？
存储	如何制订订单履行计划？	如何设计营销网络？如何存储物品？
销售	按照什么顺序履行对客户的承诺？	一个计划的销售预测如何？如果进行特别的促销活动，生产和分销网络能够应付销售高峰么？

从表10-2中可以看出，供应链的内容涵盖范围极广，对信息的要求高。目前信息系统提供的计划和决策支持功能有很大的局限性，它们负责管理性的事务处理，如订单处理、成本核算等；对已经发生的事情进行统计和分析。它们也可以处理客户订单，但对于订单的获利性以及如何更好地向客户交付产品和服务所能提供的信息支持非常有限。

根据供应链管理的内容开发出来的供应链计划系统，能够随着市场的发展变化不断地修正和强化计划内容。因此对企业管理系统的开发必须根据供应链管理的内容，将其开发为供应链计划系统。这种系统将进一步地为智能决策提供支持信息，涵盖已有的应用系统，从中提取、加工关于整个供应链管理的内容，并能够评估供应链中的各个环节、事件和客户需求变化对企业的影响。

供应链管理的要点包括以下四个方面。

(1)供应链是一个单向的、无阻碍的过程，参与构成供应链的横向优势企业很多，各个供应链参与者之间不应该有任何的组织或者信息壁垒，供应链中的各个环节通过链联结成一个有机的整体。

(2)供应链是全过程的战略管理，因此，必须从总体来考虑供应链效率的提高。如果仅仅依赖部分环节的信息，由于信息的局限或者失真，很可能造成巨大的损失，导致计划的失败。

(3)不同供应链上的库存观念不同，在物流管理中，应该把库存看成供应链的平衡机制，而非仅仅当成维持生产和销售的措施。

(4)供应链管理采用的管理方法，例如，用总体综合方法取代接口的方法、用解除最薄弱链寻求总体平衡、用简化供应链方法防止信号的堆积放大、用经济控制论方法实现控制等。

四、供应链管理的方法和原则

(一)供应链管理的方法

供应链管理的方法有很多，下面简要介绍一下快速反应、效率型消费者对应、商品分类管理和企业资源计划四种管理方法。

1. 快速反应(Quick Response, QR)

QR是从美国纺织业与服装行业发展起来的一种供应链管理方法，是20世纪80年代由美国塞尔蒙(Kurt　Salmon)公司提出并流行开来的一种供应链管理方法。所谓QR是指在供应链中，为了实现共同的目标，零售商和制造商建立战略伙伴关系，利用EDI(电子数据交换)等信息技术，进行销售时点的信息交换以及订货补充等其他经营信息的交换。

“快速反应”，从字面上理解，会令人们想到“快速地做事情”，从某种意义上来说，这是正确的，但是，它最重要的作用是在降低整个供应链的总库存和总销售成本的同时提高销售量。成功的“快速反应”伙伴关系可以提高整个供应链上所有企业的获利能力。

快速反应业务成功的前提是零售商和厂商的关系良好。实现这种关系的一个方法就是战略厂商伙伴，战略伙伴关系要求厂商的高级经理之间不断进行沟通和交流，然后将这种关系由上及下地渗透到这个组织之中，同时要求各个部门都参与规划和执行各阶段的工作。实践也验证了这种厂商关系能够有效地提高整个供应链的效率和供应链中企业的获利能力。

2. 效率型消费者反应(Efficient Consumer Response, ECR)

ECR是1993年初由食品业发起的。由一些制造商、经济商、批发商和零售商组成的有共同目标的联合业务小组，其目标是通过降低和消除供应链上的无谓浪费来提高消费者所获得的价值。所谓ECR是指生产厂商、批发商和零售商等供应链节点组成各方相互协调和合作，以更好、更快并以最低成本满足消费者需要为目的的供应链管理系统。

ECR的优点在于供应链各方为了提高消费者的满意度这个共同的目标而进行的努力和合作，分享信息和诀窍。ECR是由贯穿供应链各方的四个核心过程组成，如图9-5所示。

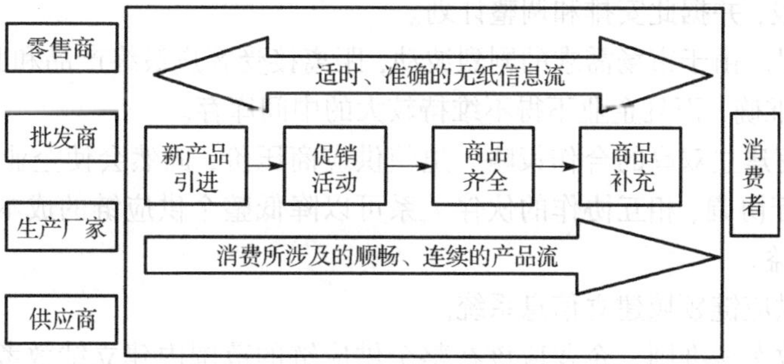

图9-5　ECR的供应链过程

3. 商品分类管理(Category Management, CM)

CM又称品种管理或者店铺管理，是一种重要的供应链管理方法。它是通过把商品类别作为战略业务单位进行管理，有效地满足客户需求，从而提高分销商或供应商的商品类别效率与盈利能力，是ECR的核心组成部分。

CM是以商品类别为管理单位，寻求整个商品类别全体收益的最大化。具体地说就是企业对经营的所有商品按类别进行分类，确定每个类别商品的作用、收益性、性能、成长性等指标，在此基础上综合考虑各类商品的库存水平和货架展示等因素，制定商品品种计划，对整个商品类别进行管理，以便在提高消费者服务水平的同时增加企业的销售额和收益水平。CM的基础是对商品进行分类。分类的标准、各类商品功能和作用的设定依企业的使命和目标不同而不同。但是原则上，商品应该以顾客的需要和顾客的购买方式来分类，而不应该以是否方便企业进行分类。

4. 企业资源计划(Enterprise Resource Planning，ERP)

ERP 就是通过前馈的物流和反馈的信息流和资金流，把客户需求和企业内部的生产活动，以及供应商的制造资源整合在一起，体现完全按用户需求生产的一种供应链管理思想的网络结构模式。ERP 是一种全新的供应链管理方法，它通过加强企业间的合作，强调对市场需求快速反应、高度柔软性的战略管理以及降低风险成本、实现高收益目标等优势，从集成化的角度管理供应链问题。

在管理技术上，ERP 在对整个供应链的管理过程中更加强调对资金流和信息流的控制，同时通过企业员工的工作和业务流程，促进资金、材料的流动和价值的增值，并决定物流、资金流、信息流的流量和流速。

(二)供应链管理的原则

供应链管理的一般原则如下。

(1)划分客户群。传统意义上的市场划分是基于企业自己的状况，如行业、产品和分销渠道等，企业随后对同区域的客户提供相同水平的服务；而现代供应链管理则强调根据客户的状况和需求来决定服务方式和水平。

(2)设计企业的后勤网络。根据企业的要求和具体情况，设计企业后勤网络，如一家造纸公司发现他的两个客户存在着很大的不同：大型的印刷厂允许较长时间的提前期，而小型印刷厂只要求在 24 小时内供货。

(3)调查市场需求信息。销售和营运计划必须监测整个供应链，以便及时发现需求变化，做出早期警报，并据此安排和调整计划。

(4)时间延迟。由于市场需求的剧烈波动，距离接受客户最终产品和服务的时间越早，需求预测就越不准确，而且企业不得不维持较大的中间库存。

(5)与供应商建立双赢的合作策略。迫使供应商压价，固然会使企业在价格上有所收益，但是建立相互协调、相互协作的伙伴关系可以降低整个供应链的成本，给供应链中的所有企业带来收益。

(6)在整个供应链领域建立信息系统。

(7)建立绩效考核准则。企业应该在整个供应链的范围内建立绩效考核准则，而不应该仅仅依据个别企业建立局部、单一的标准，供应链的最终验收标准是客户的满意程度。

五、实施供应链管理的意义

供应链管理可以为企业带来巨大的效益。在企业内部，供应链的优化加快了企业对市场的反应速度，使企业内部物流渠道、物流功能、物流环节与制造环节集成化，使物流服务扩大化、系统化，并通过规范作业，确定目标关系，采用现代化手段，建立完善的物流网络体系，使企业更加适应市场经济体制。

1. 实施供应链管理可以有效地实现供求结合

流通领域的供应商、生产商、分销商和零售商之间的联系错综复杂，使消费者信息的反馈缓慢而且凌乱，甚至产生信息失真，造成供求失衡。供应链把供应商、生产商、分销商和零售商紧密联结在一起，并对他们进行协调、管理，使企业间形成良好的关系，使产品、信息的流通渠道达到最短，从而可以使消费者需求信息沿供应链逆向准确、迅速地反馈到生产厂商。生产厂商据此对产品的增加、减少、改进、原料的选择、样式等做出正确的决策，保证供求的平衡。

2. 实施供应链管理可以降低社会库存

供应链的形成，要求对组成供应链的各个环节做出优化，建立良好的关系，从而促进产品、需求信息的快速流通，减少了社会存量和资金的占用，降低了库存成本。

3. 实施供应链管理可以提高服务质量

消费者希望在最短的时间内提供最优的服务，因此，供应链通过生产企业内部、外部企业间的整体协作，大大缩短了产品在流通领域的停留时间，加快了物流配送的速度，将产品快速地提供到最终消费者手中。供应链管理使物流服务功能系统化。它在传统储存、运输、流通加工服务的基础上，增加了市场调查与预测、采购及订单处理、物流解决方案的选择与规划、物流咨询、库存控制、教育培训等增值服务。这种快捷、高质量的服务，会树立企业良好的形象，提高企业的知名度和信誉，使产品的市场占有率提高、消费群体增加。

4. 实施供应链管理可以实现信息资源的共享

在信息化的今天，谁拥有信息谁就会在竞争中拥有竞争优势。供应链管理利用现代科技手段，采用最优流通渠道，使信息快速、准确地反馈，在供应链联结的各个企业间实现了信息资源的共享。

5. 实施供应链管理可以产生规模效应

在市场经济条件下，企业面临的对手可能是一些企业集团或者相互关联的竞争者群。要想在竞争中生存并获胜，多个企业必须联合起来为共同的经济利益而奋斗，共同抵挡外来竞争。众多企业联合产生的竞争力并不是各个企业力量的简单加和，它的意义在于整体化、一致化。供应链就是这样一个整体，它把供应商、供应商的供应商、生产企业、分销商、零售商等联系在一条链上，使企业和相关企业形成了一个网络整体。该整体中的各个企业虽然是相互独立的经济实体，但为了整体利益的最大化而共同合作，协调相互关系，从而加快了产品的流通速度、缩短了产销周期、减少了社会库存量等，使整个供应链对市场做出快速反应，大大提高了企业在市场中的竞争力。

此外，由于信息技术的应用，供应链过程的透明度增加，物流过程中库存积压、送货不及时、延期交货、库存和运输不可控等风险大大降低，企业的效益增加。在企业外部，通过供应链整体管理协调、现代科技手段的采用、信息资源的共享，使企业增加了获得利润的源泉。

第三节 供应链物流管理

一、供应链物流管理概述

（一）供应链物流管理产生的背景

供应链理论是在20世纪80年代初期在美国产生的，其产生的背景如下。

1. 市场竞争激烈，企业只有增强竞争能力才能够占有和扩大市场份额

当时美国的纺织业受到国外纺织品进口急剧增长的冲击，市场占有量急剧下降，为了纺织、服装企业的生存和发展，企业努力寻找解决问题的办法。经过调查发现，每个纺织、服装企业的实力都不错，问题主要出在企业与供应商之间、企业与分销商之间的关系协调上，于是人们开始研究企业之间的协调，就出现了供应链理论。

2. 信息技术的发展

企业间协调的关键在于交流、沟通，而企业交流沟通的关键在于信息的沟通。信息的沟通主要是指商务数据的沟通，如订单、合同、销售数据、库存数据、发票等。企业间由于地域的差距，使的这些信息的传递仅仅靠人工传送是不行的。在80年代出现的电子数据交换技术(EDI)，有效解决了这个问题，使信息的传递更快捷、迅速。

(二)供应链物流管理的概念

信息时代的市场竞争实质上已经不是单个企业之间的较量，而是供应链与供应链之间的竞争。由于物流、资金流、信息流在本质上的区别，物流往往表现为商品实体在时间上和空间上的转移，受自身性质的制约，物流实施的成本和难度相对较高，成为供应链快速、有效运转的主要障碍。在电子商务迅速发展、客户需求个性化趋势日益明显的形势下，物流瓶颈越来越突出。供应链上的任何一个企业物流效率的降低都会影响这个供应链的竞争力，因而供应链物流管理是一个十分重要的研究领域。

所谓供应链物流管理是指用供应链管理思想，对供应链物流活动进行计划、组织、协调、和控制。供应链物流管理强调供应链成员组织不是孤立地优化自身的物流活动，而是通过协作、协调与协商提高供应链物流的整体效率。供应链物流管理注重总的物流成本与客户服务水平之间的关系，利用系统理论和集成思想，把供应链成员内各个职能部门以及相关的职能部门有机地结合在一起，从而最大限度地发挥出供应链的整体优势，增强供应链的整体优势，最终达到供应链成员整体获益的目的。

(三)供应链物流管理的特点

(1)供应链物流是一个大系统物流。供应链物流系统涉及供应商、分销商、零售商、供应商的供应商等企业，这些企业是不同类型、不同层次的企业，有上游原材料的供应商、下游的分销商和核心企业。这些企业相互联系、相互影响共同构成供应链系统。这个系统既包括企业内部的物流，也包括企业之间的物流。

(2)供应链物流是以核心企业为核心的物流，一切物流活动都要站在核心企业的立场，以为核心企业服务的观点来统一组织供应链的活动，配合核心企业的需求和运作的需要，为核心企业的高效运作提供有力的支持。

(3)供应链物流管理在更广泛的空间地域范围实行优化处理、配置资源，充分利用供应链中企业的各种资源，发挥各个企业的优势，实现更多地节约、更多地提高效率，实现供应链的优化。

(4)供应链的信息共享。供应链企业之间通常建立计算机信息网络，互相之间进行信息传输，实现销售信息、库存信息、采购信息等的共享。

(5)供应链企业之间的关系不同于一般企业之间的关系，供应链企业之间是一种互相

信任、互相支持、荣辱与共、利益相关的合作伙伴关系。在组织物流的时候可以充分利用企业之间的这种关系，提高物流组织的效率。

二、供应链物流管理的原理

供应链物流管理的原理，就是要结合供应链的特点，采用各种物流手段，实现物资实体的有效转移，既保障供应链正常运行所需的物资供应，又保障整个供应链的物流成本最低、服务质量最高、整体效益最好。

供应链物流管理也是一种物流管理，它和通常所说的物流管理没有本质的区别。它同样包括运输、储存、包装、装卸、流通加工和信息处理等活动的策划和组织活动等内容，同样要运用系统的观点和系统工程的方法。供应链物流管理的特点就是在组织物流活动时，充分考虑供应链协调配合的特点，在供应链运行的各个环节，如运输批量、库存点设置、运输环节等，都要统筹规划，既保证供应链企业的运行需要，又降低供应链企业之间的总物流成本，以提高供应链整体的运行效益。

这里所讲的效益是着眼于供应链整体的效益，成本也是供应链的总成本。也就是说，不排除个别企业效益会降低、成本会增加的情况，既然供应链是一个有机联系的系统，我们就应该从整个系统出发，考虑整个系统整体的效益。只要整体的成本降低了、效益提高了，就达到了供应链物流管理的目的。

供应链整体的效益主要是指核心企业的效益，供应链的使命就是为核心企业提高效益服务的。因此，供应链物流管理实际上是站在核心企业的立场上，沟通整个供应链的物流渠道，将它们合理策划、设计和优化，提高运行效率、降低运行成本，为核心企业的高效率提供有效的支持。

当然，站在核心企业的角度来组织物流，并不意味着完全不顾其他企业的利益。因为，要取得其他企业的合作，就必须兼顾它们的利益。一方面，核心企业的利益最大化，本身就会给其他企业带来利益，例如，汽车装配厂生产的汽车所占市场份额的扩大，意味着零部件厂的部件需求量增多、分销商的销售收入也就会越多，这样给上游企业和下游企业带来的利益自然也会最大化。另一方面，在组织供应链方案时，不仅要考虑核心企业的利益，在不影响大局的情况下，也应尽可能满足其他企业的利益。

结合供应链的特点组织物流，既是供应链物流管理的优点，又是供应链物流管理的约束条件。因为它可以在更大的范围内实现物流的优化处理，实现资源的优化配置，从而节约成本和提高效益。但是，它在组织物流活动时需要考虑更多的因素，需要更多的信息支持和部门配合，因此物流管理的设计规划的难度也进一步加大。

供应链物流管理需要由核心企业来组织管理，因为只有核心企业才知道它的供应链物流管理应当怎么做，才能真正代表它的利益、才最有效益。但是核心企业组织供应链物流管理，并不一定要核心企业亲自来组织管理。由于物流管理比较繁琐，供应链物流管理更是复杂，因此，供应链物流管理一般是由核心企业委托或外包给第三方物流公司来承担。

三、供应链物流管理的方法

供应链物流管理的方法，也用到一般物流管理的方法。这些方法有很多，在其他章节已经做了说明。在此，主要讨论供应链物流管理自己特有的方法。

(一) 连续库存补充计划

连续库存补充计划(Continuous Replenishment Programe ,CRP)是指利用及时、准确的销售时点信息确定已销售的商品数量，根据零售商或批发商的库存信息和预先规定库存补充程序确定发货补充数量和配送时间的计划方法。它基本上是与生产节拍相适应的运输蓝图模式，主要包括配送和准时化供货方式。配送供货一般用汽车将供应商下了线的产品按核心企业需要的批量(日需要量或者半天需要量)进行批量频次送货(一天一次或两次)。准时化供货，一般用汽车、叉车或传输线进行更短距离、更高频次的小批量多频次供货(按生产节拍，一小时一次或两次)，或者用传输线进行连续同步供应。

连续库存补充计划使供应商通过与零售商缔结伙伴关系，主动向零售商频繁交货，缩短了从订货到交货的时间间隔，减少了整个货物补充过程的存货，适应了供应商降低库存的要求，减轻了存货和生产量的波动。

(二) 联合库存管理

联合库存管理(Combined Inventory Management, CIM)是指供应商与客户同时参与、共同制订库存计划、利益共享、风险分担的供应链库存管理策略。它强调双方同时参与、共同制订库存计划，使供应链过程中的每个库存管理商(供应商、批发商、分销商、制造商)都从相互之间的协调性考虑，使供应链相邻的两个结点之间的库存管理者对需求的预期保持一致，从而消除需求变异放大导致的“牛鞭效应”现象。

联合库存管理的实施策略包括以下几个方面。

1. 建立供需协调管理机制

为了发挥联合库存管理的作用，供需双方应从合作的思想出发，建立供需协调管理的、各自明确的目标和责任，建立合作沟通的渠道，为供应链的联合库存管理提供有效的机制。

2. 发挥两种资源计划系统的作用

为了发挥 CIM 的作用，在供应链管理中应充分利用制造资源计划(MRP Ⅱ)和配送资源计划(DRP)两种比较成熟的资源管理系统。原材料库存协调管理中心应采用制造资源计划；产品联合库存管理协调管理中心应采用配送资源计划，在供应链系统中把两种资源计划系统很好地结合起来。

3. 建立快速反应系统

快速反应系统是在 20 世纪 80 年代末由美国服装业发展起来的一种供应链管理策略，主要思想是依靠供应链系统，而不是依靠企业自身来提高市场反应的速度和效率，减少供应链中从原材料到客户过程的时间和库存，最大限度地提高供应链的运作效率。

4. 发挥第三方物流企业的作用

第三方物流企业是指统一承包供应商、需求商在内的各种企业的各种物流业务，进行专业化运作的物流公司。第三方物流企业由于具有专业化的物流能力和强大的物流基础设施，实行统筹化、规模化运作，因此能够有效地降低物流成本，提高物流操作的质量和效率。此外，物流中心的第三方物流系统使供应和需求双方都取消了各自独立的库存，增加了供应链的敏捷性和协调性，从而提高服务水平和运作效率。

（三）供应商掌握库存

供应商掌握库存（Vender Managed Inventory，VMI）是指供应商等上游企业基于其下游客户的生产经营和库存信息对下游客户的库存进行管理和控制。供应商掌握库存是对传统的下游企业自己从供应商购进物资、自己管理、自负盈亏模式的一种变革。

1. 传统库存存在的问题

传统的库存都是企业自己的库存自己设立、自己掌握，这种库存存在着以下问题。

（1）自己要负担一笔库存资金，在库存没有消耗以前，就一直占用着，不但给企业造成资金紧张，而且要担负资金使用费用。

（2）企业不仅要占用仓库、增加保管费用，还要增加采购、进货、入库、保管、出库、检验等许多工作环节和工作量，分散了企业的人力、物力、财力，降低了企业的核心竞争力。

（3）存在着库存风险。企业库存数量是依靠对未来市场需求量的预期而确定的，由于市场是不断变化的，预期难免出现偏差，造成库存过量、过时滞销，造成库存积压和死库存，造成资源的浪费和经济的损失。

2. 现代的供应商掌握库存的优点

现代的供应商掌握库存有很多的优点。

（1）供应商是商品的生产者，它掌握下游企业的库存具有很大的主动性和灵活性。它可以根据市场需求量的变化及时调整生产计划和采购计划，库存消耗速率大就主动多生产一些；库存消耗速率小就少生产些。这样既不会造成库存积压又可以灵活地响应市场的变化，减少资金占用和资源的浪费。

（2）供应商掌握库存，可以把下游企业从库存陷阱中解放出来，它们不需要占有库存资金，不需要增加采购、进货、检验、入库、保管等工作，使它们能够集中更多的资金、人力、物力用于提高它们的核心竞争力，提高生产效率从而提高整个供应链的活力。

（3）供应商掌握库存，就是掌握市场。下游企业的库存消耗就是市场需求的组成部分，它直接反映了客户的消费水平和消费倾向，这对于供应商改进产品结构和设计、开发适销对路的新产品，对于企业的生存决策和经营决策起着信息支撑作用。

可见，实施供应商掌握库存，能够使双方的成本都获得减少，实现下游企业和供应商企业的“双赢”。

（四）供应链运输管理

除了库存管理外，供应链管理的另一个重要的方面就是供应链运输管理。运输管理没有像库存管理那么要求严格、关系重大，因为现在运输资源丰富，市场非常的广阔，只要规划好了运输任务，很容易找到运输承包商来完成它。所以，运输管理的任务主要包括三个方面：一是设计运输任务，二是寻找合适的运输承包商，三是运输组织和控制。

设计运输任务，就是要站在供应链整体高度，统一规划有关的运输任务，确定运输方式、运输线路、联合运输方案，设计运输蓝图，达到既能满足运输的需要，又能使运输费用最低的目的。供应链的运输问题涉及供应商、分销商、批发商等多个不同类型、不同层次的企业，多种运输方式、多条运输线路的组织规划等问题。要根据供应链的运行节拍，确定各点之间的正常运量，然后组织联合运输、配送和准时化供货。在实际生活中，人们习惯采用实用主义的做法，就是各个运输任务自发地产生、单独处理，不进行统筹考虑，这样做虽然简单，但是容易造成资源的浪费。应该建立模型，利用计算机优化计算得出运输方案，建立运输蓝图。

运输任务方案确定下来之后，就需要寻找适合运输的承包商。现在运输资源丰富，找运输承包商很简单，但是要寻找正规的运输企业或物流企业，建立稳定的合作关系，从而把它们纳入整个供应链系统中来就需要慎重考虑，避免运输风险。

运输方式有准时化供货、短途配送运输和长途输送运输等形式。准时化供货是更短距离的供应点对需求点的连续的多频次、小批量补充货物；短途配送运输是短距离、多用户、多品种的循环送货；长途输送运输是长距离、大批量的快速运输。运输组织和控制，就是按照给定的运输方案、运输蓝图对运输承包商的运输活动过程和运输的效果进行组织、管理和控制。

四、供应链物流管理战略

供应链物流管理战略从涉及设施、信息系统的基础性战略到实现客户服务的全局性战略，共分为四个层次，各个层次又都有着不同的战略规划内容。在制订物流战略时，要充分认识各成员企业在供应链中所起的作用、认定各成员企业的劣势和核心竞争力、确定整个供应链所处的竞争环境，并制订多个可供选择的战略方案，最后综合考虑比较其中的最优战略。无论其结果好坏，战略决策对供应链物流组织成员企业都具有长远的影响，它决定整个供应链的竞争力，并影响各成员企业的经营绩效。

在制订供应链物流战略时，要对客户进行细分，对不同类型的客户确定相应的客户服务水平，如订货周期、运输方式、库存水平等；同时，根据销售情况，对产品分组或分类，针对不同类的产品，可以采取不同的战略。

订单录入、订单执行及交货作业处理在物流活动中占很大的比例，因此需要技术和管理，使整个供应链的物流流程更有效率和效果，特别是成员企业间的接口部位，通过集成能剔除和减少多余工作流、提高物流效率。

供应链物流组织包括多个成员，各成员内部及组织外部环境的波动和变化都会增加整个供应链的不确定性。各个成员企业通过改善合作关系，使用现代管理手段和技术手段来实现准确预测、信息共享，可以减少不确定性因素带来的负面影响。

习题与思考

1. 简述供应链的概念和特征。
2. 简述供应链管理的概念和方法。
3. 简述实施供应链管理的意义。
4. 简述供应链物流管理与物流管理的区别和联系。
5. 简述联合库存管理（CIM）的实施策略。
6. 简述供应商掌握库存（VMI）的运作方法及其优势。

案例分析

戴尔(Dell)公司的供应链管理

在戴尔直线模式的背后，是其出色的供应链管理。它能在收到顾客个人化需求的订单后，立即向不同的供应商采购材料，迅速转入生产，再交给快递公司分发送货。在整个过程中，戴尔能保证公司的实际材料库存量始终保持在最低水平，从而使产品的价格更具有竞争力。

第一步，减少供货商并将他们集中。

戴尔在全球有6座工厂，包含马来西亚的槟城(1996年1月成立)和中国的厦门(1998年8月成立)。它将原本下发给200多家供货商的订单集中，交给其中50家，但条件是他们在戴尔工厂旁边盖仓库，就近供货，不愿配合的就从供应链中剔除。戴尔本身的零件库存不到2小时，接到订单后，再通知供货商送零件来，从进料到组装完出货只要4小时。

这个观念类似丰田汽车当年的“零库存”(just in time)生产方式，在PC业则属创举，颠覆过去PC业先做市场预估、再依据预估备料生产的模式，后来陆续被同业采用。

为了降低库存并提高零件的流通性，供货商也发展出对应方法，就是把零件尽量模块化，减少库存多种不同零件的成本，增加不同零件间的兼容性。“从设计的时候就考虑进来，尽量用标准零件。”台湾康柏董事长何薇玲分析。

像鸿海所做的准系统，就是把机壳加上电源供应器出货，而广达出笔记型计算机的半成品到戴尔工厂，戴尔再装上微处理器和DRAM等跌价快速的零件，避免获利在运送过程被吃掉。

生产电源供应器的台达，是戴尔供应链成员之一，从1997年开始和戴尔做生意。台达也在学习戴尔精神，并打算向下推动，减少目前100多家提供零件给台达的供货商数目，和使用的零件数目，以更利于管理。

戴尔对供货商有一套考核制度，项目包含品质、物流和服务等项目，不断检查每家供货商的表现，作为保留或淘汰的依据。戴尔的评估是做得最仔细的，对供货商非常了解，这套系统也有助于我们做内部管理。

第二步，强化供应链上的信息流通速度和透明度。

和戴尔做生意的供货商，等于是帮它管理库存，必须很清楚戴尔未来的出货计划，以免库存过多自己赔本、库存不够被戴尔撤换。对戴尔来说，也必须随时掌握整条供应链上的库存情形，确保上面的每家公司的运作都正常。这牵涉双向的信息流通和信任。它必须确保这一整条神经活得好好的，一小段出问题，整条神经就会瘫痪，在供应链的运作上，换供货商的成本很高，因为学习曲线是效率的损失。

戴尔高度运用信息科技，架构联结客户、管理生产线和联络供货商的基本骨干，并要求供货商配合。

由于戴尔是接单后生产，不走经销通路，没有存货放在店面的货架上，所以一旦货从戴尔的工厂送出，就等于已经卖掉。戴尔会把每天各种机型PC的销售数字公布于内部网站让供货商查询，了解接下来哪些零件需求多哪些零件需求少。至于戴尔即将或刚接到的订单，也会公布在上面，帮助供货商做零件预估。戴尔会在交货前13周做预估，并随着天数减少修正，一直到2周前冻结预估数字，供货商就根据这个数字在预定时间交货。“戴尔通常估得很准，数字冻结后再变动不大。”广达信息部协理方天戟指出。

戴尔盯得很紧，和它做生意很辛苦，但是愉快，因为戴尔的预估很准，一旦下单都会做到。台达往来的另一家计算机公司，曾因预估错误，以为存货不足，要求台达紧急出货，第二天空运到美国，但是等飞机起飞后又通知台达不要出货。PC业的净利率才5%，这一批货万一退回来没卖掉，得出20批货赚的钱，才能弥补这一次损失。

第三步，降低研发和设计比重，放大伙伴价值。

戴尔的核心能力，在于管理好整条供应链，让新产品在最短时间交到客户手上。和这件事无关的，都会交出来给供应链上的伙伴。“全世界有人做得比我好，我就买他的，戴尔自己要做的，就是没人比得上我的。”麦可·戴尔(Michel Dell)强调。

戴尔的研发费用只占整体营收的2%不到，在前十名计算机公司中是最低的一家，但成长动能却最强。关键在于：戴尔把笔记型计算机的研发和设计工作，交给台湾的代工伙伴广达承揽，戴尔则专心去争取订单。不管戴尔给出多少订单，广达绝不说“NO”，对供货商来说，这可是个“happy problem”。

广达在戴尔发动价格战争时，正扮演极具效率的后勤支持角色。市场环境变化迅速，即使做代工也必须因应市场变化转型，否则就被淘汰。广达原本就有设计能力，而从1996年到2000年，广达开始强调DMS(Design Manufacturing Supply - Chain，设计制造供应链)，将自己变成笔记型计算机设计制造生产的百货公司，只要客户想买笔记型计算机，广达可以为客户从上下游零组件采购一直做到设计制造。

而从今年开始，广达要将业务形态再转入新模式，未来客户可以在网络上下订单，自己决定计算机的微处理器种类、内存容量甚至机壳颜色等规格，告诉计算机品牌厂商自己的需求，然后把订单传给广达，该工厂可以在2天内完成组装，直接送交快递公司，在3天内送达。

如此一来，终端的消费者从订货到收货的时间最多只要5到6天，好处是可做到各项关键零组件完全零库存，而因为产品价格在下单时就已敲定，因此也不会有产品跌价的疑虑。实际上，这种出货模式的困难仍然很多，如何把不同客户的不同系统与自己公司连上线是个大问题，其次上游的零组件供应链如何控制也是学问，加上生产仅有2天时间，而且不能出错，难度可想而知。

整条供应链的合作关系更紧密，彼此的存在都在帮对方创造更多价值，而不仅是订货和交货的买卖关系而已。而遇到困难时，彼此也较能体谅。例如，戴尔拼命冲出货量，使得应付账款升高，就要求供货商把付款时间延长15~30天。

案例来源：http://wenku.baidu.com/view/54e0aa7e5acfa1c7aa00ccb5.html?re=view[Z].

案例思考

1. 戴尔为什么要减少供应商并将它们集中？

2. 戴尔如何强化供应链上的信息流通速度和透明度？

3. 戴尔如何实现与供应链上的伙伴共赢？

实践训练

1. 请深入调查一家工商企业的供应商管理方法，分析其方法的优点和不足。

第十章

物流成本管理

知识要点

1. 物流成本的构成、分类与特征
2. 物流成本管理的发展、思路与内容
3. 生产企业、流通企业和物流企业的物流成本分析与控制
4. 物流成本控制的具体方法

第一节 物流成本概述

一、物流成本构成

物流成本是伴随着物流活动而发生的各种费用，物流成本的高低直接关系企业利润水平的高低，因此，物流成本管理成为企业物流管理的一项核心内容。物流成本是指物流活动中所消耗的物化劳动和活劳动的货币表现，具体表现为物流各个环节所支出的人力、物力和财力的总和。不同类型企业对物流成本的理解有所不同。对专业物流企业而言，企业全部营运成本都可以理解为物流成本；工业企业则指物流采购、储存和产品销售过程为了实现物品的物理性空间运动而引起的货币支出，但通常不包括原材料、半成品在生产加工过程中运动而产生的费用；商品流通企业则指商品采购、储存和销售过程中商品实体运动所发生的费用。一般来说，物流成本由以下几部分构成。

1. 人工费用

为物流作业人员和管理人员支出的费用，如工资、资金、津贴、社会保险、医疗保险、员工培训等。

2. 作业消耗

物流作业过程的各种物质消耗，如包装材料、燃料、电力等的消耗，以及车辆、设备、场站库等固定资产的折旧费。

3. 物品损耗

物品在运输、装卸搬运、储存等物流作业过程中的合理损耗。

4. 利息支出

用于各种物流环节占有银行贷款的利息支付等。对工商企业而言，主要指库存占有资金的成本。

5. 管理费用

组织、控制物流活动的各种费用，如通信费、办公费、差旅费、咨询费、技术开发费等。

二、物流成本分类

（一）按物流活动发生的领域分类

（1）采购物流费用。材料（包括空容器、包装材料）的采购到送达到购入者为止的物流活动所发生的费用。

（2）工厂内物流费。成品包装时点开始到确定向顾客销售为止的物流活动发生的费用。

（3）销售物流费。确定向顾客销售之后到出库送达顾客为止的物流活动发生的费用。

（4）返品物流费。伴随销售产品的返品物流活动发生的费用。

（5）废弃物流费。为了处理已经成为废弃物的产品、包装物以及运输容器、材料等物品所进行的物流活动发生的费用。

（二）物流费用的支付形态分类

（1）材料费。包装材料费、燃料费、消耗工具材料等物品的消费生成的费用。

（2）人工费。工资、奖金、退休金、福利费等。

（3）水电费。水费、电费、燃气费等。

（4）维持费。维修费、消耗材料费、房租、保险费等。

（5）一般经费。差旅费、交际费、教育费、会议费、杂费等。

（6）特别经费。折旧费等。

（7）委托物流费。包装费、运费、保管费、入出库费、手续费等委托企业外部承担的物流业务支付的费用。

（三）按物流功能类别分类

（1）物资流通费。运输费、保管费、包装费、装卸费、流通加工费等。

（2）信息流通费。处理和传送物流相关信息发生的费用，包括库存管理、订单处理、顾客服务等相关费用。库存管理是指与库存移动、计算、盘点等有关的信息处理、传达等相关的业务。订货处理是指顾客委托仓库出库的相关信息的处理业务，并不包括商流部分订货活动。顾客服务是指接受顾客的咨询和询问，提供有关信息的业务。以上业务的特点是离不开计算机和信息系统的支持，本质上属于信息活动。

（3）物流管理费。物流的计划、协调、控制等管理活动方面发生的费用，不仅包括现场物流管理费，而且包括本部的物流管理费。现场物流管理费是指配送中心、仓库、物流网点等物流作业部门的人工费、事务费及维持费等。本部物流管理费是指企业综合物流管理部门发生的上述费用。

（四）按不同的管理科目分类

（1）部门类别物流费、商品类别物流费、销售地域类别物流费、顾客类别物流费。

(2) 直接物流费、间接物流费。

(3) 固定物流费、变动物流费。

三、物流成本的特征

物流素来被称为“经济的黑暗大陆”，虽然早在 20 世纪 50—60 年代人们就已经意识到在物流领域存在巨大的成本节省空间，但在其后的几十年中，物流成本在大多数企业中仍然未能得到有效的控制，这与物流成本本身的特性有关。

(一) 现有企业财务会计制度中没有单独的物流成本项目

按现有企业财务会计制度，物流成本包含销售费用、管理费用及产品制造成本等项目，难以获取物流总成本的数据。相对来说，企业较易核算外购物流服务支付的费用，包括向外部运输业者所支付的运费、向公共仓库业者支付的保管费或向第三方物流业者支付的外包物流费等。这种状况使企业因为重视外购物流成本的降低，而忽视企业内部物流成本。实际上，发达国家企业的实践经验表明，实际发生的物流成本往往要超过外部支付额的 5 倍以上，正如日本学者西泽修所说的，支付的物流费用相对于全部物流成本只是冰山一角。

(二) 企业间物流成本数据的可比性差

对于物流成本的计算和控制,各企业通常是分散进行的，换言之，企业根据自己不同的理解和认识来把握物流成本，这就带来管理上的问题，企业间无法就物流成本进行比较分析，也无法得出产业平均物流成本值。这就给物流成本管理带来许多问题。例如，在现代企业管理方法体系中，标杆法得到越来越广泛的应用。所谓标杆法，就是将产业内那些出类拔萃的企业作为企业测定基准，以它们为学习对象，迎头赶上并进而超越之。物流成本计算口径不一致，导致无法真实地衡量各企业相对的物流绩效，标杆法很难在物流管理中应用。

(三) 物流部门无法掌握全部物流成本

在一般物流成本中，物流部门无法掌握的成本很多。例如，仓储中过量进货、过量生产、销售残留品的在库维持以及紧急输送等产生的费用都是纳入其中的。尤其是目前多数企业尚未形成一体化管理的物流组织，这一现象更为严重，从而增加了物流成本管理的难度。

(四) 难于区别过量的服务所产生的成本

从销售关联的角度看，物流成本中过量服务所产生的成本与标准服务所产生的成本是混同在一起的，难于区分。例如，有些企业将促销费用也算在物流成本中。

(五) 物流成本的效益背反规律

物流成本具有效益背反的特征，即改变系统中任何一个要素，会影响其他要素的改变。要使系统中任何一个要素增益，必将对系统中其他要素产生减损的作用。简单地说就是物流成本中各项目间存在此消彼长的关系，例如，运输成本的下降可能导致仓储成本的上升，包装成本的下降可能导致商品损耗增加。

(六) 物流成本的综合性

由于物流成本是以物流活动全体为对象，涉及采购、生产、销售等生产经营活动的全过程，而目前多数企业尚未形成一体化管理的物流组织，从而增加了物流成本管理的难度。

正是由于物流成本的上述特征，使企业难以控制其物流成本，不能对物流成本进行有效的细分管理，导致了企业物流成本居高不下。

第二节 物流成本管理

一、物流成本管理的发展

物流成本管理是物流管理部门最为关心的一项内容。从国外企业物流成本管理的发展来看，大致可分为以下几个阶段。

(一) 物流成本认识阶段

物流成本管理在物流管理中占有重要的位置，“物流是经济的黑暗大陆”、“物流是第三利润源”等观点都说明了物流成本问题是物流管理初期人们关心的主要问题。所谓“物流是第三利润源”，是指通过物流合理化降低物流成本，成为继降低制造成本和扩大销售之后企业获取利润的第三种途径。正是由于在物流领域存在着广阔的降低成本的空间，物流问题才引起企业经营管理者的重视。企业物流管理可以说是从对物流成本的关心开始的。

但是，在这个阶段，人们对于物流成本的认识只是停留在概念认识的层次上，还没有依照管理的步骤对物流成本实施全面管理。

(二) 物流项目成本管理阶段

在对物流成本认识的基础上，根据不同部门、不同领域或不同产品出现的特定物流问题，组织专门的人员研究解决。但是，对于物流成本管理的组织化程度以及对物流成本的持久把握方面仍存在不足。到了这个阶段，物流管理组织开始出现。

(三) 引入物流预算管理制度的阶段

随着物流管理组织的设置，对物流成本有了一个统一、系统地把握，开始引入物流预算管理制度。也就是说，通过物流预算的编制、预算与实际的比较对物流成本进行差异分析，从而达到控制物流成本的目的。

但是，这个阶段编制的物流预算缺乏准确性，对于成本变动原因的分析也缺乏全面性，而且对物流费用的把握仅限于运费和对外支付的物流费用。

(四) 物流预算管理制度确立阶段

在这个阶段推出了物流费用的计算标准，物流预算的制订及其管理有了比较客观准确的依据，物流部门成为独立的成本中心或利润中心。

(五) 物流业绩评价制度确立阶段

物流预算制度确立后，进一步发展的结果是形成物流业绩评价制度。通过对物流部门对于企业业绩贡献度的把握，准确评价物流部门的工作。物流部门的业绩评价离不开其对降低物流成本的贡献度的考核，降低物流成本是物流部门永恒的课题。

二、物流成本管理的基本思路

物流成本问题仅仅采用一般的成本管理方法是不够的，需要从更高层次、更广阔的领域来控制物流成本。我们以物流系统管理的总成本法为提纲，提出物流成本管理的基本思路。

（一）从供应链的视角来降低物流成本

从一个企业的范围来控制成本的效果是有限的，而应该从原材料供应到最终用户整个供应链过程来考虑提高物流效率和降低成本。例如，有些制造商的产品全部通过批发商销售，其物流中心与批发商的物流中心相吻合，从事大批量的商品储存和输送。然而，随着零售业中折扣店、便民店的大量开设，客观上要求制造商必须适应这种新型的业态，展开直接面向零售店的配送活动。在这种情况下，原来的投资就有可能沉淀，同时又要求建立新型的符合现代配送要求的物流中心及设施。尽管从制造商的角度看，这些投资增加了物流成本，但从整个供应链来看，增强了供应链的竞争力、提高了物流绩效，从而使用户满意度提高、商品销售增加，这样，单位商品分摊的物流成本下降。

（二）通过优化顾客服务来削减成本

一般来说，提高服务水平会增加物流成本，例如，多频率、少批量配送会增加运输成本，缩短顾客的订货周期和订货的满足率会增加仓储成本。显然，我们不可能通过降低服务水平来削减物流水平。但是，可以通过对顾客服务的优化，在不降低服务水准甚至提高服务水准的前提下，降低物流成本。优化顾客服务的第一步是要明确顾客究竟需要什么样的服务项目和水平？为此，必须与顾客进行全方位、频繁地沟通，深入了解顾客企业的生产、经营活动的特点；要经常站在顾客的立场上考虑问题，模拟顾客的行为。第二步是消除过度服务。超过必要量的物流服务，必然带来物流成本上升，而顾客的满意程度并没有有效地提高。第三步是实现物流服务的规模化、网络化、专业化。物流服务的规模化、网络化可以使顾客能就地就近、随时随地得到服务，并得到专业化服务，从而有效地降低物流成本。

（三）重视企业内部物流成本的控制

一般企业都十分重视降低外购物流费用，而对于企业内部物流成本却较少关注。多数物流成本发生在企业内部，重视企业内部物流成本的控制，是降低物流总成本的主要途径。为此，应在企业内部设立专门的物流成本项目，分清物流成本控制的关键点；应用管理会计方法，分析物流成本的习性，改善物流成本管理。

（四）借助于现代信息系统的构筑降低物流成本

缺少及时、准确、全面的信息是产生车辆空载、重复装卸、对流运输等无效物流现象的根源，也是导致库存周转慢、库存总量大的重要原因。为此，企业必须依靠建立现代化信息系统，提高物流管理的科学性、准确性，降低物流成本。

(五)通过物流外包降低成本

将企业物流业务及物流管理的职能部分或全部外包给外部的第三方物流企业，并形成物流联盟，也是降低物流成本的有效途径。

(六)依靠标准化降低物流成本

物流标准化，包括物流技术、作业规范、服务、成本核算等方面的标准化，对于降低物流成本具有重要的意义。技术上的标准化可以提高物流设施、运载工具的利用率和相互的配套性；物流作业和服务的标准化可以消除多余作业和过度服务；物流成本核算的标准化能使各企业的成本数据具有可比性，从而使标杆学习可以在物流管理中推广、发挥作用。

三、物流成本管理的内容

由于在现行的财务报表中只能得到对物流业务者支出的运输费用、保管费用，因此，需要运用管理会计的手法来管理物流成本。物流成本管理是以把握物流成本、分析物流成本为手段进行的物流管理。物流成本数据对于制定物流计划、控制物流活动以及物流业绩评价等管理工作来说是一个重要尺度，是物流管理不可缺少的资料。

物流成本管理的主要内容包括：物流成本预测和计划、物流成本计算、物流成本分析与控制、物流成本信息反馈和物流成本决策。

(一)物流成本预测和计划

物流成本预测是对成本指标、计划指标事先进行测算平衡，寻求降低物流成本的有关技术经济措施，以指导成本计划的制订。物流成本计划是成本控制的主要依据。对成本指标的有效预测可以使企业内部经营管理者透过财务指标分析作为策略规划、管理控制与绩效考核的应用工具并对企业经营效率与资源应用做深入剖析与衡量。

成本指标主要包括以下内容。

(1)材料。单位材料成本、材料共享系数、呆滞率、耗损率、盘亏率。

(2)人工。平均人工薪资、单位标准工时、生产效率、不良率。

(3)费用。单位费用率、费用差异率。

(二)物流成本计算

1.计算物流成本的目的

物流成本计算是为物流管理服务的。物流成本计算的目的是为了揭示物流成本的大小，提高企业领导者和员工对物流重要性的认识，发现物流活动中存在的问题，对物流活动进行计划、控制和业绩评价，发现由于其他部门导致的不合理物流活动。

(1)物流成本的构成

物流成本是伴随物流活动而产生的各种费用，它由三部分构成：①伴随着物品的物理性活动发生的费用以及从事这些活动所必需的设备、设施的费用；②物流信息的传送和处理活动发生的费用以及从事这些活动所必需的设备和设施的费用；③对上述透支进行综合管理的费用。

(2)物流成本数据的用途

从企业经营的总体上看，物流成本计算获得的数据主要是为了满足以下几方面的需要：①为各个层次的经营管理者提供物流管理所需的成本资料；②为编制物流预算以及预算控制提供所需的成本资料；③为制定物流计划提供所需的成本资料；④提供价格计算所需的成本资料。

2. 物流成本计算

在计算物流成本之前，需要明确物流成本的计算范围。计算范围取决于成本计算的目的，如果要对所有的物流活动进行管理，就需要计算出所有的物流成本。同样是物流成本，由于所涵盖的范围不同，计算结果也不一样。例如，在计算销售物流成本时，如果只统计了运输部分的费用，物流成本就会变小。同样，如果只统计销售物流的费用，不计算采购物流等其他物流领域的费用，也不能全面反映物流成本的全貌。由于每个企业在统计物流费用时的计算内容和范围不同，往往缺乏可比性。因此，在衡量物流成本的时候，首先应该明确该成本计算所涵盖的范围。

在计算物流成本时，由于原始数据主要来自财务部门提供的数据，因此应首先把握按支付形式分类的成本。在这种情况下，对外支付的运费和保管费可以直接作为物流成本全额统计，但在企业内发生的物流费用是与其他部门发生的费用混合在一起的，需要从中剥离出来，如人工费、材料费、物业费等。以下将结合部分主要费用对如何从中剥离物流费用的方法进行具体的说明。

(1)材料费。它是与包装材料、消耗性工具、备用品、燃料等相关的费用。可根据材料的入库、出库记录，将此期间与物流有关的消耗量抽出来再分别乘以单价，便可得出物流材料费。这里的关键是要有全面翔实的记录。

(2)人工费。可以从给物流人员支付的工资、奖金、补贴等报酬的实际金额，以及由企业统一支付部分按人数分割后得到的金额中计算出来，如员工的养老保险、医疗保险等费用。

(3)物业费。包括水、电、气等费用，可以根据安装在设施上的用量记录装置获取相关数据，也可以根据物流建筑设施的比例和物流人员的比例简单推算。

(4)管理费。无法从账务上直接得到的部分，可以按照人数比例推算。

(5)营业外费用。包括利息、折旧等费用。折旧根据设备的折旧年限、折旧率计算。利息根据物流相关资产的贷款利率计算。

(三)物流成本分析与控制

对物流成本的计算结果进行定期分析，一般一个月一次。到了月末，把该月发生的各项物流成本统计出来，并且求出总成本，然后进行检查和考核物流成本计划的完成情况，找出影响物流成本升降的主、客观因素，总结经验，发现问题，采取有效措施不断降低物流成本。

分析的方法与一般财务分析一样，主要包括以下方法。

(1)成本时间比较分析。本月与上月比较、今年与去年同期比较，根据变化趋势，分析原因。

(2)成本空间比较分析。各个部门、班组、项目发生的费用比较，检查各个单位的管理水平、管理措施，进行分析，总结。制定下一个月的改进措施。

针对分析存在的问题，企业可以根据自身的条件，采取降低成本的方法和途径。

（四）物流成本信息反馈

收集整理与物流成本有关的数据资料，提供给物流决策部门，使其掌握情况，加强对物流成本的控制，保证物流成本目标的实现。

（五）物流成本决策

根据物流成本信息反馈的结果，决定出可以用最低的成本获得效能最大化的最优方法；使今后的工作能够进入一个良性的物流管理循环之中。

第三节　各类企业物流成本的分析与控制

生产企业、流通企业、专业物流企业等各类企业由于业务流程在社会物流体系中的地位和作用、专业化程度、规模等不同，在物流成本的构成、支出形式等方面存在较大差异。通过分析各类企业物流成本支出的特点才能为物流成本的决策提供有效的依据。

一、生产企业物流成本分析与控制

生产企业物流包括供应物流、生产物流、销售物流和废弃物物流等，相应的物流费用主要分为：供应物流费、生产物流费、销售物流费和废弃物物流费等。各类生产企业花费在这几个环节的物流费用比例也各不相同。例如，汽车制造业的供应物流费占全部物流成本的比例要远大于其他行业；冶金、化工等行业的生产物流费用所占比例较大；轻工业、建筑材料制造业的销售物流费用所占比例较大；印染、造纸等行业的废弃物物流费用所占比例较大。这些物流费用支出较大的环节，就成为各类生产企业物流成本控制的重点。

（一）供应物流成本的控制

对于生产企业而言，一般产品成本中外购原材料、零配件的成本占很大比例。因此，控制供应物流是降低企业物流总成本的主要途径之一。对供应物流成本的控制并不是简单的指生产企业仅通过对进货价格的控制来降低费用。在一个成熟的工业品市场上，价格是产品质量、效能的体现。生产企业如果只是单一地依靠降低进货价格来进行成本控制，那么极易导致购入的原材料、零配件质量下降，从而影响企业自身的产品质量。生产企业控制供应物流成本的主要措施有：

（1）零部件设计标准化；
（2）实行准时制采购，减少原材料、零部件库存；
（3）减少供应商数量；
（4）密切与供应商的关系，并根据与供应商的关系采取不同的质量控制方法。

（二）生产物流成本的控制

产品生产成本中，除了原材料、零部件外，相当一部分直接人工费用和制造费用都属于厂内物料搬运、储存等物流成本。此外，中间产品库存过高，也会导致资金占用增加、利息支出增多。尤其那些从购进原材料开始经生产过程到最终发货需要较长周期的产业，生产物流成本占有重要地位。控制生产成本的主要途径有：

(1)工厂布置合理化，缩短厂内运输距离；

(2)优化工艺流程，减少迂回、重复物流；

(3)实行厂内物流的标准化和流程的固定化；

(4)采用准时制(JIT)生产方式和看板管理，减少中间产品库存等。

(三)销售物流成本的控制

随着社会分工向纵深化方向发展，工业企业的市场范围越来越大，中国加入 WTO 后，将有更多企业进入国际市场。市场扩大导致分销渠道环节增多、路线延长，销售物流成本呈上升趋势。我国许多鲜活商品正是由于销售物流成本过高，限制了其市场范围及企业规模的扩大。控制销售物流成本的主要途径有：

(1)采用计算机信息技术，降低订货处理成本，优化运输路线；

(2)采用集装箱运输，减少货损货差；

(3)收缩分销网点，集中库存，降低库存费用；

(4)采用共同配送，减少物流设施投资及配送成本；

(5)选择物流外包，利用第三方物流企业的规模经济的专业化技术与管理，降低物流成本等。

二、流通企业物流成本分析与控制

中国流通企业包括批发企业、零售企业、外贸企业等。除少数经销商、代理商不占有商品实体，基本没有物流费用支出外，多数流通企业是商流和物流合一，拥有商品库存和运输工具等。在我国，商品流通领域实行改革最早、市场化程度最高，市场竞争使得商品购销差价越来越小。流通企业只有有效地降低物流费用，才能取得利润。

流通企业的物流成本分析的困难之处是难以区分纯粹的流通费用和物流费用，如订货费用、商品陈列费用、信息费用等。原因是随着供应链管理等理论的提出，物流的范围越来越广，英文物流一词的原意就是后勤，故对物流成本的认识不能局限于运输费用、仓储费用等。流通企业物流成本分析还可根据物流费用与商品流转额的关系，分为变动费用和固定费用；根据费用发生的环节分为进货费用、储存费用和配送费用等。通过费用分析，可以找到费用支出中存在的问题，寻求节省费用的途径。

流通企业控制物流成本的主要途径如下。

1. 减少流通环节

传统零售企业一般从批发商进货，流通环节多而物流成本高。以连锁为特征的现代零售业，可以凭借其规模经营的优势，直接从制造商进货，从而节省了批发商的中转物流费用。

2. 建设配送中心

配送中心可以统一进货或集中送货，减少了各零售企业的采购成本和在运输工具上的投资及运营成本；配送中心的库存集中管理可以降低零售企业和流通企业的总体库存水平。

3. 采用条形码和 POS 系统管理

POS 是 Point of Sales 的缩写，即销售点情报系统，是指在销售行为发生时，就将所有交易的明细(主要包括商品、价格及时间)透过条形码扫描而迅速被记录在计算机里，有时也可以把顾客数据马上记录下来，可从中分析掌握市场需求动态的管理工具。通过对商品实行条形码管理和对POS的应用，企业可以对进货情况一目了然，并可设定安全库存以达成自动采购效益，同时对于盘点或耗损亦可纳入计算机记录，易于追踪查询呆滞品状况，从而避免盲目进货，降低库存水平。

4. 发展与制造商的战略伙伴关系

与制造商发展成为长期的战略伙伴关系，可以使企业降低进货价格，减少库存。

三、专业物流企业的物流成本分析与控制

专业物流企业的物流成本概念与其他的工商企业不同。物流企业的全部成本都可以被认为是物流成本。物流企业控制成本的主要方法如下。

1. 应用现代化信息技术

信息技术的应用如ERP、GPS、LRP等是实现物流系统化管理的前提，也是降低局部成本的重要手段。如应用物资流通企业资源规划管理系统(Logistics Resource Planning, LRP)，可以使社会储运资源得到合理应用、最大限度地缩短供应链，为实现跨地区多生产线、跨地区连锁供应、跨地区网上购物、跨地区仓储运输服务、防止迂回相向运输、减少回程空载、降低库存积压提供了一个整体解决方案。

2. 提高物流集成化程度

物流企业往往是从提供单项服务开始的，如运输、运输代理、仓储等。随着企业的发展，提供的报务内容也不断增多，但如果这些服务项目之间彼此无关联，就不能享有现代物流管理所产生的效益。因此，应增强物流管理的集成化程度，通过对业务流程的优化，降低物流总成本。

3. 物流技术设备现代化

采用自动分拣、存取系统，建造立体仓库，提高货物周转率，减少仓库占地面积，减少存货损耗。

4. 合理规划配送路线、合理拼载

物流企业应用科学系统的方法对货物配送、运输路线进行优化，减少出车次数，缩短运输距离。同时进行合理拼载，提高车辆利用率。

5. 节省管理费用

通过精简机构、减少冗员，使组织机构扁平化，增强组织的执行力。制定合理的经费预算并严格执行，降低物流企业的管理费用。

物流企业除了要控制自身的物流成本外，还应利用其专业化优势，帮助客户降低物流成本。例如，帮助客户改善企业内部物流流程、选择合理的运输方式和工具、提供准时制送货服务、帮助客户降低库存等。这些做法，表面上看可能会减少物流企业的营业收入，但从长远看，赢得了客户对企业的忠诚，可以降低企业寻找客户、说服客户等成本。

第四节　物流成本控制的具体方法

一、量本利分析在物流成本控制中的作用

(一)物流成本的划分

量本利分析的基本原理是将成本划分为变动成本与固定成本，从而找出销售量(或业务量)与固定成本、变动成本及利润之间的关系，通过业务量的增加，减少分摊到单位业务量上的固定成本，从而使单位成本下降。量本利分析的第一步是根据物流成本与物流业务量的变动关系将物流成本划分为固定成本与变动成本。

1. 物流系统的固定成本

固定成本是指在一定范围内不随业务量的增减而变动的成本，如固定资产折旧费、财产保险费、管理人员工资、广告费、研究与开发费用、职工培训费等。

2. 物流系统的变动成本

变动成本是指与业务量直接成正比的费用，如燃料成本、装卸费用、计件工资、仓库材料成本等。为了简化，我们通常假设单位业务量的变动成本是不变的。这一假设在一定的物流业务量范围(通常是企业设计规模)是正确的，但超过一定的业务量时，可能产生加班工资等成本，则单位业务量的变动成本会上升。

3. 物流系统半变动成本

半变动成本是指总额受业务量变动的影响，但变动的幅度与业务量的增减不保持比例关系的成本，如辅助材料成本，设备维修费等。半变动成本可以划分为混合式半变动成本和阶梯式半变动成本。混合式变动成本可分解为固定成本和变动成本，例如，设备维修费用，可分解为定期预防性检修费和故障维修费，前者可视为固定成本，后者因与设备使用时间直接相关，可视为变动成本。阶梯式半变动成本是在相关范围内保持不变，当物流业务量超过相关范围时，其总额将呈跳跃式上升的成本。例如，采用铁路整车运输的货物运输，车辆标重设为60吨，则不到60吨的任何货运量运费相同，超过60吨和不到120吨的任何货运量的运费也相同。对这种半变动成本，当总的业务量较大时(如每次发运都有几千吨)可视为变动成本；当总业务量不大时(如每次发运为几百吨)则要慎重，须进行灵敏度分析。

(二)量本利分析模型

设固定成本为 F_C，变动成本为 V_C，单位变动成本为 V，业务量为 Q，总成本为 T_C，则

$$T_C = F_C + V_C = F_C + V \times Q$$

再设单位业务量的收费(单价)为 P，赢利为 R，在不考虑营业税的情况下，物流系统量本利三者的关系可用以下公式表示

$$\begin{aligned} R &= P \times Q - T_C \\ &= P \times Q - (F_C + V \times Q) \\ &= (P - V) \times Q - F_C \end{aligned}$$

当赢利为零时，上式为

$$(P-V)\times Q=F_C$$

$$Q_b=F_C/(P-V) \quad \text{（式 10-1）}$$

此时业务量(Q_b)称为盈亏平衡点业务量，如图 10-1 所示，又称保本点。

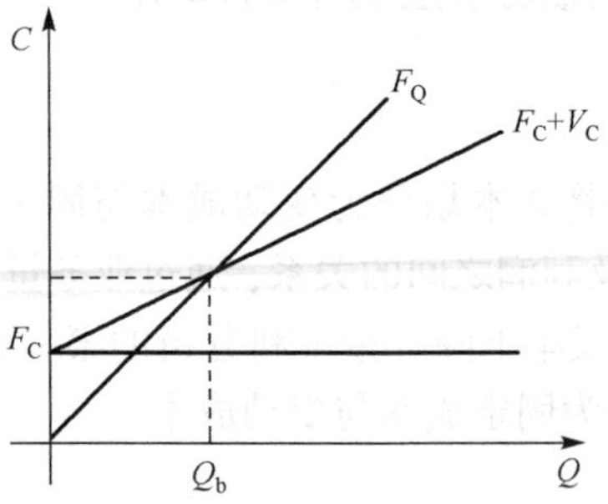

图 10-1　盈亏平衡分析示意图

如果目标利润为 R，则

$$Q_R=(F+R)/(P-V)=Q_b+R/(P-V) \quad \text{（式 10-2）}$$

Q_R称为保利点，即企业为实现目标利润 R 所应达到的目标业务量(或销售量)。

(三)在成本控制中的应用

量本利分析通常假定成本是已知的，再由成本推导利润及业务量。但是，若将公式稍加变换，也可用作成本控制的方法。

假设一定时期的业务量 Q 是既定的，即可能在合同中已经确定了。对第三方物流企业而言，这种情况是可能的。所谓既定，并非是固定的意思，而是说这一变量是由外部环境决定的，企业无法控制。在这种情况下，企业要实现目标利润 R，就必须控制固定成本或变动成本。由公式(10－2)可得

$$F_C=(P-V)Q-R \quad \text{（式 10-3）}$$

$$V=P-(F_C+R)/Q \quad \text{（式 10-4）}$$

以上两式说明，只有将固定成本或单位变动成本控制在公式右边数字的范围以内，才能实现目标利润 R。

(四)量本利分析的局限性

量本利分析是以固定成本不随业务量变动、单位业务量的变动成本也不随业务量变动为假设前提的。这在一定范围内是可行的，但超过一定范围，固定成本和单位变动成本都会上升。业务量增长达到一个临界值时，边际成本等于边际收益($MC=MR$，边际成本指增加一个单位业务量增加的收益)，业务量如果超过这一临界值，总利润就会下降。在经济学上，这一临界值称为利润最大化的均衡点。

二、活动成本法及其在物流成本控制中的应用

(一)活动成本的含义

所谓活动成本法是一种以活动(包括作业、业务、增值等)为对象的成本核算、分析与

控制方法体系。活动成本法试图将所有的有关费用与完成增值活动联系起来，即需要被分配费用的是消费一定的资源的活动(作业)而非分配给一个组织或一项产品。活动成本法可以为物流企业不断改善经营管理提供准确、及时的有关活动、活动量、活动对象的信息，从而可以用活动成本法所提供的信息，来改善企业物流成本管理过程。

活动成本法的基本特点是基于活动成员承担的活动及其变革所引起的成本增加和减少。在物流企业组织中应用活动成本法并进行物流成本管理的关键步骤是成本分配和成本分析，在这两个步骤中体现了活动成本法的基本特点。

(二)成本分配方式

活动成本法的成本分配过程如下。

1. 分析物流过程(如运输、仓储、配送等环节)中的活动实施成本

所有与完成物流功能有关的成本都应该包括在以活动为基础的成本中，所有与预测和订货管理、运输、库存控制、仓储、包装、配送等有关的成本都必须予以分离。

2. 将成本分配到所管理的活动上

要将成本分配到活动上，就需要分析这项活动有无必要、能否为客户带来增值。例如，如果分配的目标是一张客户订单，那么由完整周期产生的所有成本都可归结为总的活动成本，而以活动为基础的物流成本的典型分析单位是客户订单、渠道、产品和增值服务。由此可见，成本是根据所挑选出来作为观察对象的分析单位的变化而变化的。物流过程的活动通过这样的成本分配方式，可以为物流经营管理及物流系统规划、设计、运行提供许多极为有用的信息。

(三)活动成本分析方法

活动成本法的分析基础是活动(作业、业务等)，应用活动成本法首先必须对活动本身进行分析，然后挖掘成本动因和建立活动计量体系。

1. 分析活动

分析活动的内容要点如下。

(1)活动的必要性。分析活动首先要对不必要的活动进行确认。判断一项活动是否必要，通常可以从三个方面进行考察：第一，对用户是否必要，如果对用户是必不可少的，那么这项活动就是必要的；第二，对成功运营是否必要，若对成功运营是必要的，那么这项活动也是必要的；第三，能否合并，若能合并到其他活动，则合并之，除此以外的活动都应予以删除。

(2)活动量比较。仅凭本公司物流活动业务量的效率、效益不足以说明问题，需要将其与其他公司相同或相近的活动进行比较分析，从而发现相对差距和值得改进之处。

(3)各项活动之间的联系分析。要达到一定目标需要经过一系列物流活动，而这一系列活动必须和物流活动相协调，才能消除重复性活动，将活动占用的时间降至最少。

2. 挖掘成本动因

寻找导致不必要活动或不佳活动产生的原因，从而为最终消除不必要活动和活动成本找到依据。否则，这些不必要活动在经过一段时间后又会重新出现。

3. 建立活动计量体系

活动分析和成本动因分析都是定期进行的，但物流活动是每一天都在进行的，为了确

保每一项活动都对生产、经营、服务做出贡献，需要建立活动计量体系。其步骤如下。

(1)确定目标。确定满足用户需求和成功经营的目标体系。

(2)目标落实到参与活动的人员。每一参与活动的人员都应了解企业目标的重要性，以及各目标之间的关系。企业目标经过层层分解，落实到每个参与活动的人员。

(3)采用多种计量方法。寻找对每项活动进行计量、评价的方法，正确反映每项活动对总目标的贡献大小，作为改进活动和进行奖励的依据。

(四)活动成本法的应用

活动成本法在企业物流和物流企业中有着广泛的应用。据美国在部分运输与物流企业中的抽样调查发现，29%左右的企业用活动成本法取代了原来的传统成本法，超过50%的企业使用活动成本法作为传统成本系统的补充，另外，还有15%的企业用活动成本法作为辅助成本系统分析的工具。在使用的领域方面，经调查发现使用频率较高的部门是运输部门，而后依次是仓储、会计和外购部门。在货主和运输企业被调查者的反映意见中，赞成使用(包括极为赞成、很赞成)活动成本法的人数占90%以上。据有关专家分析，活动成本法在物流组织中应用前景广阔。

活动成本法(并结合价值链和价值分析等方法)可以在以下方面降低物流企业成本。

(1)通过价值流重新设计，消除不必要的物流作业活动。精心设计物流服务项目的实现过程，是活动成本法降低活动成本乃至整个物流成本的关键所在。

(2)按照增值的要求进行业务流程重组，改革一切不利于增值的业务流程，减少物流活动时间和物流活动作业量。

(3)选择合适的物流活动成本项目和数量标准。

(4)尽可能共享活动，节省资源消耗。若用户需求有共性，在可能的情况下，尽可能采用共享活动的服务方式。

(5)重新处置未使用资源。挖掘企业现有资源潜力，对富余资源可考虑重组、出租、出售。

三、绝对成本控制与相对成本控制

(一)绝对成本控制

绝对成本控制是把成本支出控制在一个绝对金额以内的成本控制方法。绝对成本控制从节约各种费用支出、杜绝浪费的途径进行物流成本控制，要求把营运生产过程中发生的一切费用支出都列入成本控制范围。标准成本法和预算控制是绝对成本控制的主要方法。

(二)相对成本控制

相对成本控制是通过成本与产值、利润、质量和功能等因素的对比分析，寻求在一定制约因素下取得最终经济效益的一种成本控制方法。相对成本控制扩大了物流成本控制领域，要求人们在努力降低物流成本的同时，充分注意与成本关系密切的因素，诸如产品结构、项目结构、服务质量水平、质量管理等方面的工作，目的在于提高成本支出所产生的效益，从而减少单位产品或业务量的成本投入。两种成本控制比较见表10-1。

表 10-1　绝对成本控制与相对成本控制

比较项目	绝对成本控制	相对成本控制
控制对象	成本支出	成本与其他因素的关系
控制目的	降低成本金额	降低单位产品或业务量的成本
控制方法	成本与标准成本比较	成本与相关指标的比较
控制时间	成本发生时或发生后	成本发生之前
控制性质	属实施性成本控制	属决策性成本控制

四、标准成本控制法

(一)标准成本的含义

标准成本是指通过精确调查以后测定的在预定情况下“应该发生”的成本。标准成本作为一种预计成本，要使它能与实际成本进行比较，就必须具有一定的“规范”性。因规范的程度不同，标准成本可分为理想的标准成本、正常的标准成本和基本的标准成本三类。

1. 理想的标准成本

理想的标准成本是指以现有技术和管理处于最佳状态为基础所确定的标准成本。采用这种标准成本，意味着成本的发生完全按理想的状态进行，不允许有丝毫消费。尽管这种标准成本在实际工作中很难达到，但它作为提高作业效率的最终目标具有引导意义。

2. 正常的标准成本

正常的标准成本又称良好业绩标准，是根据已经达到的生产技术水平以及有效经营为前提而制定的标准成本。在制定这种标准成本时，应把生产经营过程中不可避免的损耗和低效率等情况考虑在内。这种标准成本是经过努力可以达到的，因而成为企业广泛应用的标准成本。

3. 基本的标准成本

基本的标准成本又称过去业绩标准，是以历史上某一时期已经达到的成本水平为基础而制定的标准成本。这种标准成本由于不具备先进性，一般不用于成本控制，但它可以使各个时期的实际成本与同一标准进行比较，从而揭示成本水平的变化情况。

(二)标准成本的制定

制定标准成本必须从本企业的实际情况出发，根据正常的生产技术和经营条件，恰如其分地予以确定。产品的标准成本一般按成本项目确定，即按直接材料费、直接人工费和制造费用分别确定。在此基础上，汇总确定单位产品的标准成本。其基本形式是标准“数量”乘以相应标准“价格”。制定物流作业的标准成本，业务数量标准通常由技术部门会同业务部门研究确定。制定标准成本应尽可能吸收负责执行标准的员工参加，从而使制定的标准符合实际物流活动的要求；既能起到控制成本的目的，又能通过努力可以实现。

(三)标准成本的应用

将实际成本与标准成本进行比较，就会得到成本差异。应用标准成本法，除了制定合理的标准成本，更重要的是计算标准成本差异和分析产生差异的原因，最终找到消除差异(指不利差异)的方法。

习题与思考

1. 物流成本有何特殊性?
2. 物流成本管理的思路有哪些?
3. 流通企业控制物流成本的途径有哪些?
4. 物流企业控制物流成本的途径有哪些?
5. 什么是活动成本法?其应用可以在哪些方面降低物流企业成本?

案例分析

美国布鲁克林酿酒厂物流成本管理

布鲁克林酿酒厂在美国分销布鲁克林拉格和布朗淡色啤酒，虽然在美国还没有成为国家名牌，但在日本市场却已创建了一个每年200亿美元的市面，这靠的是物流成本管理。

(1)布鲁克林酿酒厂对运输成本的控制。布鲁克林酿酒厂于1987年11月将它的第一箱布鲁克林拉格运到日本，并在最初的几个月里使用了各种航运承运人。最后，日本金刚砂航运公司被选为布鲁克林酿酒厂唯一的航运承运人。金刚砂公司之所以被选中，是因为它向布鲁克林酿酒厂提供了增值服务。金刚砂公司在其国际机场的终点站交付啤酒，并在飞往东京的商航班上安排运输，金刚砂公司通过其日本报关办理清关手续。这些服务有利于保证产品完全符合保鲜要求。

(2)布鲁克林酿酒厂对物流时间与价格进行控制。啤酒之所以能达到新鲜的要求，是因为这样的物流作业可以在啤酒酿造后的1周内将啤酒从酿酒厂直接运送到顾客手中。新鲜啤酒能超过一般的价值定价，高于海运装运的啤酒价格的5倍。虽然布鲁克林拉格在美国是一种平均价位的啤酒，但在日本，它是一种溢价产品，获得了极高的利润。

(3)布鲁克林酿酒厂对包装成本进行控制。布鲁克林酿酒厂将啤酒改变包装，通过装运小桶装啤酒而不是瓶装啤酒来降低运输成本。虽然小桶重量与瓶的重量相等，但减少了玻璃破碎而使啤酒损毁的机会。此外，小桶啤酒对保护性包装的要求也比较低，这将进一步降低装运成本。

案例来源：http://info.10000link.com/newsdetail.aspx? doc=2010062590038.

案例思考

布鲁克林酿酒厂的成本管理有什么特点?对提高企业和市场竞争力有什么启示?

实践训练

1. 实地考察一家物流企业，分析其降低物流成本的途径有哪些?

第十一章 物流标准化管理

知识要点

1. 物流标准化的概念、特点与作用
2. 物流标准化的内容
3. 我国物流标准化现状、存在的问题及发展建议

第一节 物流标准化的含义与意义

一、标准化与物流标准化

随着信息技术和电子商务、电子数据、供应链的快速发展，国际物流配送业已进入快速发展阶段，而物流系统的标准化和规范化已成为先进国家提高物流运作效率和效益、提高竞争力的必备手段。标准化工作是实现物流系统化的一项重要内容，它不仅是实现物流各环节衔接的一致性、降低物流成本的有效途径，而且也是进行科学化物流管理的重要手段。

标准化是对产品、工作、工程、服务等普遍活动制定、发布和实施统一标准的过程。它是使系统保持统一性和一致性，对系统进行管理，提高系统运行效益的有效手段。物流本身是一个涉及面广、内容复杂的大系统，所涉及的要素极其广泛。一项物流活动的完成，是众多物流要素共同作用的结果。为了能够使各物流要素有效配合，需要对物流设施、设备、器具、作业方法等制定统一的标准，并且按照统一的标准组织物流活动。

物流标准化就是以物流系统为对象，围绕运输、储存、装卸、包装以及物流信息处理等物流活动制定、发布和实施有关技术和工作方面的标准，并按照技术标准与工作标准的配合性要求，统一整个物流系统标准的过程。

二、物流标准化的主要特点

1. 标准种类繁多、标准内容复杂

和一般标准化系统相比，物流系统的标准化涉及面更为广泛，其对象也不像一般标准

化系统那样单一，而是包括了机电、建筑、工具、工作方法等许多种类，给标准的统一及配合带来了很大困难。

2. 物流标准化系统属于二次系统，或称后标准化系统

这是由于现代物流及物流管理思想诞生较晚，组成物流大系统的各个分系统，在没有归入物流系统之前，早已分别实现了本系统的标准化，并且经多年的发展和完善，已很难改变。在建立物流大系统的标准时，必须以此为依据。个别情况固然可将有关旧标准体系推翻，按物流系统所提出的要求重建新的标准化体系，但通常还是在各个分系统标准化基础上建立物流标准化系统。这就必然要求从适应及协调的角度对原有标准进行二次标准化，而不可能全部推倒重建。

3. 物流标准化更要求体现科学性、民主性和经济性

科学性就是要求在物流标准化过程中，充分体现现代科技成果，以科学试验为基础，尤其是要与物流的现代化相适应，要求能将现代科技成果联结成物流大系统。否则，尽管各种具体的硬技术标准水平要求颇高、十分先进，但如果不能与系统整体协调，单项技术水平再高也是空的，甚至还起相反的作用。所以，这种科学性不但反映本身的科学技术水平，还表现在协调与适应的能力方面，使综合的科技水平最优。

民主性标准的制定，应采用协商一致的办法，广泛听取各方面的意见，使标准更具权威、更易于贯彻执行。物流标准化由于涉及面广，属于二次标准化，就更需要强调民主性，不过分偏向某个方面的意见，才能使各分系统都能采纳接受，达到大系统的协调和统一。

经济性是标准化的根本目的之一，也是标准化是否有长久生命力的决定因素。物流过程不像深加工那样引起产品大幅度增值，所以，物流费用多开支一分，就要影响到一分效益。但是，物流过程又必须大量投入和消耗，如果不注重标准的经济性，片面强调反映现代科技水平、片面顺从行业习惯及现状，引起物流成本增加，自然会使标准失去生命力。此外，物流标准化的经济性是从大系统的角度而言长期的经济效益，对某一分系统的短期效益可能有负面影响，因此，标准化的推广有时需要政府的强制措施。

4. 物流标准化有非常强的国际性

我国加入 WTO 后，国际贸易和国际交往将会大幅度上升，国际物流无论是总量还是占全部物流的比例都会迅速增加。而物流标准不统一将成为国际物流发展的主要障碍。因此，各个国家都很重视本国物流与国际物流的衔接，力求使本国物流标准与国际物流标准化体系一致。若不如此，不但会加大国际交往的技术难度，更重要的是在本来就很高的运费及关税上增加了因标准不统一所造成的效益损失，就会使本国产品在国际市场上缺乏竞争力。

三、物流标准化的作用

物流本身是一个大系统，所涉及的要素极其广泛，一项物流活动的完成，是众多物流要素共同作用的结果。实现物流系统化需要从包装、装卸、运输、配送、信息等各个功能环节上处理好有关技术、工艺的配合性；各种运输手段的有机结合以及各种类型物流节点设施之间的货物转移需要在物流设备、包装方式等方面相互配合。为了能够使各种物流要素有效配合，需要对物流设施、设备、器具、作业方法等制定统一的标准，并且按照统一的标准组织物流活动。物流标准化有以下几方面的作用。

1. 物流标准化可以实现物流管理现代化

物质资料从生产厂的原料供应、产品生产，经市场流通到消费环节，再到回收再生，是一个综合性的大系统。由于分工日益细化，要求实现物流系统的高度社会化。从技术和管理的角度来看，要使整个物流系统形成一个统一的有机整体，物流标准化起着纽带性关键作用。只有在物流系统的各个环节制定标准，并严格贯彻执行，才能实现整个物流系统的高度协调统一，提高物流系统管理水平。例如，过去同一物品在生产领域和流通领域的名称和计算方法互不统一，国家标准《全国工农业产品(商品、物资)分类与代码》的发布，使全国物品名称及其标识代码有了统一依据和标准，有利于建立全国性的经济联系，为物流系统的信息交换提供了便利条件。可见，物流标准化为物流管理提供了明确的管理目标，建立起了规范化的物流管理程序，并保证了物流系统各环节的技术衔接和协调，实现了整个物流大系统的高度协调统一，所以，物流标准化是实现物流管理科学化和现代化的重要基础。

2. 物流标准化是物流产品的质量保证，可以规范物流企业

物流标准化对运输、包装、装卸、搬运、仓储、配送等各个子系统都制定相应标准，形成物流的质量保证体系，只要严格执行这些标准，就能将合格的物资送到用户手中。目前，我国市场上出现了越来越多的物流企业，其中不乏新生企业和从相关行业转行的企业，层出不穷的物流企业使物流队伍良莠不齐。建立与物流业相关的国家标准，对已进入物流市场和即将进入物流市场的企业进行规范化、标准化管理，确保物流业稳步发展。

3. 物流标准化是消除贸易壁垒、促进国际贸易发展的重要保障

在国际经济交往中，各国或地区标准不一，是重要的技术贸易壁垒，严重影响国家进出口贸易的发展。因此，要使国际贸易更快发展，必须在运输工具、包装、装卸、仓储、信息，甚至资金结算等方面采用国际标准，实现国际物流标准统一化。例如，集装箱的尺寸规格应与国际上一致，只有与国际物流设施、设备、机具相配套，才能使整个物流活动顺畅运行。

4. 物流标准化是降低物流成本、提高物流效率的有效措施

物流标准化可以为多式联运以及物流在生产、仓储、销售、消费等环节间的流动提供最有效的衔接方式和手段。例如，运输、装卸搬运的时间节约，中间环节的压缩以及所带来的货差货损的减少，仓储货物周转加快、库存降低、仓储时间缩短所带来的资金占用减少等。物流业是一个综合性的行业，它涉及运输、包装、仓储、装卸搬运、流通加工、配送和信息等各个方面。由于传统的物流被人为地割裂成很多阶段，而各个阶段不能很好地衔接和协调，加上信息不能共享，造成物流效率不高。物流的高度标准化可以加快物流过程中运输、装卸、搬运的速度，降低储存费用，减少中间损失，提高工作效率，因而可获得直接或间接的物流效益。我国铁路与公路在使用集装箱统一标准之前，运输转换时要“倒箱”，为此每吨货物要增加1元的费用，全国“倒箱”数量很高，损失巨大。实践证明物流标准化是提高经济效益的重要手段。

5. 物流标准化有利于合理利用资源、保障人身健康和货物的安全

在制订物流标准时，大都涉及合理利用资源、保障人身健康和财产安全的问题。大量环保标准、卫生标准、安全标准制定发布，用法律形式强制执行，对合理利用和保护资源、保障人身健康和货物安全具有重大的作用。

6. 物流标准化有利于提高物流技术水平

标准化有利于在运输工具、包装、装卸搬运、仓储等方面采取国际标准，开展国际交流和合作，便于与国外的物流设施、设备、机具配合运用，使运输、装卸搬运、仓储等物流运作实现一体化，从而有利于我国学习外国先进的技术，提高我国物流技术水平。

第二节　物流标准化的内容

一、制定物流标准的目的

制定物流标准的目的性是由物流服务的功能目的性决定的。

1. 用物流标准来控制物流过程

物流管理的目的是向客户提供物流服务并让客户满意。所以制定物流标准的目的首先就是规范和控制物流服务过程。过程的规范、可见和可控是保证物流服务质量的重要手段。其次是降低服务成本，提高服务的可靠性。普遍地采用标准化技术来运作还有利于物流企业服务知识积累和专项技能的提高。

2. 用物流标准来整合物流过程中的“不标准”

物流企业是通过功能整合来为客户服务的。不仅包括对客户物流功能的整合、对众多物流服务供应商的功能整合，而且也包括对客户的不同标准的设备和设施的整合，以及对客户的不同标准的信息管理系统的整合。

在这方面比较典型的例子有：做液体化工物流的企业会专门备有各种制式、各种口径的转换接头，以便适应不同客户不同标准的设备对接的要求。被称为“穷人的 EDI”的可变换置标语言（XML）就是为低成本的集成不同标准的管理软件系统，并实现信息的无障碍传输而开发应用的语言标准。实际上，集装箱运输技术的最大的魅力就在于它通过简单的包装把“不标准”的，即各种形状规格的货物，通过“归一化”的拼装箱处理，变成标准的运输单元，从而大大提高了货物运输的效率和安全性。托盘的功能也是如此。

合规性服务是物流服务的重要内容。在国际物流服务中，物流企业要对发货人的单证甚至是贸易本身进行合规性检查，看有关的报关单证是否符合海关和商检的要求，所从事的贸易是否符合所在国的出口管制政策和进口国的进口管制政策。还可能要为出口商提供贸易伙伴所在国的关税条件、贸易政策和惯例、货运基础设施条件、经济和安全环境等咨询服务，甚至要帮助客户计算货物出口后的“落地价”。显然，物流服务必须遵从有关的贸易和海关管制标准来运作，必须顺应货运基础设施条件的要求提前做出安排。

物流企业的使命就是要通过服务为客户提供物流运作的无缝连接，要用物流标准来整合物流服务过程中的各种“不标准”。

3. 用物流标准来推进物流产业的发展

物流标准对物流产业来说，实际上是行业管理的手段和市场准入的门槛以及交流和沟通的平台，进而有利于培育物流服务市场和物流产业集中度的提高。

物流标准化对物流企业来说，实际上是服务技能的模块化和市场竞争能力的品牌化。这有利于物流企业与客户企业的接口、有利于客户服务的专业化定位、有利于对客户需求的变化做出有效的快速响应、有利于实际物流成本的核算，也有利于确立物流企业的市场形象，更有利于物流企业的市场营销和提高市场竞争力。

物流标准化对实际操作物流服务的人来说，实际上是服务技能的专业化。这有利于专业服务技能的培养、有利于提高物流作业的效率和可靠性、有利于发掘增值服务的商机、有利于提高客户服务水平、有利于保证客户服务的一致性和促进物流服务创新。

二、制定物流标准的原则

制定物流标准应遵循以下基本原则。

1. 客户服务原则

标准的制定要面向客户需求。要对客户的生产和营销体系有透彻的了解，要有利于为客户提供高效经济的物流解决方案，要方便客户获得和使用物流服务，与客户共担风险和共享收益。

2. 注重过程原则

标准的制定要面向服务过程。要对流程进行细致的分析，设计与客户互动的机制和程序，建立合适的关键绩效指标控制体系，明确过程控制的方法，选定物流信息管理系统，考虑客户服务的知识管理。

3. 有限范围原则

标准的制定要明确适用范围。物流服务的个性化特点决定了物流标准适用范围的有限性，所以，物流标准化建设一定要遵从有限范围的原则。对不同的客户服务要求做出不同的服务标准安排，用标准的物流服务模块搭建个性化的物流服务平台。产品的物理化学特性、产品外包装的设计标准是物流标准沿供应链上溯的边界；客户服务的要求是物流标准沿供应链下行的止点。任何超越这个范围的物流标准都不属于物流标准。

4. 简化环节原则

标准的制定要方便操作。企业营销所追求的是在稳定渠道关系前提下的多渠道营销。而物流管理的任务则是在少环节的前提下建立稳定的渠道关系。物流标准应在满足客户要求的前提下尽可能对物流服务过程做出简化的规定，要有利于供应链战略联盟的建立，方便客户的使用和物流企业自身的管理。

5. 方便接轨原则

标准的制定要考虑未来的发展。由于经济全球化已经成为潮流，所以物流标准化体系应尽可能为物流服务采用其他标准体系预留接口，以便与客户接轨，与国际标准接轨并打破市场壁垒。

三、物流标准化的内容

按照标准化工作应用的范围，物流标准可分为技术标准、物流管理标准、物流工作标准与作业标准。

(一) 物流技术标准

技术标准是指对标准化领域中需要协调统一的技术事项所制定的标准。在物流系统中，主要指物流基础标准和物流活动中采购、运输、装卸、仓储、包装、配送、流通加工等方面的技术标准。

1. 物流基础标准

基础标准是制定物流标准必须遵循的技术基础与方法指南，是全国统一的标准。主要包括以下几个标准。

(1)专业计量单位标准。除国际或国家公布的基本计量单位外，物流系统还有许多专业的计量问题，必须在国际和国家标准的基础上，确定本身专门的标准，这样才更具有专业性。如集装箱的计量单位是TEU(标准箱，即以长20英尺的集装箱为标准统计运量)。同时，由于物流的国际性很强，专业计量标准必须考虑与国际计量方式的一致，以及国际上现有的习惯用法。

(2)物流基础模数尺寸标准。基础模数尺寸是指标准化的共同单位尺寸，系统各标准尺寸的最小公约尺寸。在制定各个具体的尺寸标准时，要以基础模数尺寸为依据，选取其整数倍为规定的尺寸标准，这样，可以大大减少尺寸的复杂性，使物流系统各个环节协调配合，并成为系列化的基础。

(3)物流建筑基础模数尺寸标准。主要是物流系统中各种建筑物如库房、中转站等所使用的基础模数，它是以物流基础模数尺寸为依据确定的，也可选择共同的模数尺寸。该尺寸是设计建筑物长、宽、高尺寸，门窗尺寸，建筑物柱间距，跨度及进深等尺寸的依据。

(4)集装模数尺寸标准。在物流基础模数尺寸基础上推导出的各种集装设备的标准尺寸，可以此尺寸作为设计集装设备长、宽、高三维尺寸的依据。在物流系统中，集装单位是起贯穿作用的，集装设备尺寸必须与各个环节的物流固定设施、移动设备、专用机具相配合。因此，集装模数尺寸影响并决定着与其配合的相关环节的标准化。

(5)物流专业术语标准。包括物流专业名词的统一化、专业名词的统一编码以及定义的统一解释。物流专业术语标准化可以避免由于人们对物流词汇的不同理解而造成物流工作的混乱。

(6)标志、图示和识别标准。在商品由生产到用户所经历的多个环节中，必须有全社会和全世界统一的标志、图示和识别标准。

(7)物流基础编码标准。它是指对物流对象物进行编码，并按物流过程的要求，转化成条形码，实现物流大系统有效衔接、配合的最基本的标准，它是采用信息技术对物流进行组织、控制的基础标准，主要是物流实体的编码(标识代码)技术标准以及这些编码的数据库结构标准，如物品分类编码标准、储运单元条码标准、物流单元条码标准、托盘编码技术标准、集装箱编码技术标准及其数据库结构标准，等等。

(8)物流核算及统计的标准化。标准化的物流核算、统计体系是对物流系统进行宏观控制的基础。包括：统计核算文件格式标准化、统计方法及程序标准化、商贸文件及业务程序标准化等。

2. 各个分系统的技术标准

(1)运输车船标准。主要指物流系统中运输车辆、船舶等设备的技术标准。

(2)作业车辆标准。包括物流设施内部使用的各种作业车辆的尺寸、运行方式、作业范围、搬运重量、作业速度等方面的技术标准。

(3)传输机具标准。包括水平、垂直输送的各种机械式与气动起重机、传送机、提升机的尺寸，传输能力等技术标准。

(4)仓库技术标准。包括仓库尺寸、建筑面积、有效面积、通道比例、单位储存能力、总吞吐能力、温湿度等技术标准。

(5)站台技术标准。包括站台高度、作业能力等技术标准。

(6)包装、托盘、集装箱标准。包括尺寸标准、包装强度标准、荷重以及材料材质标准。

(7)货架、储罐标准。包括货架净空间、载重能力、储罐容积尺寸标准等。

3. 物流信息技术标准

物流信息系统的建立，要在四个层次上进行标准化：物理层、表示层、交换层和应用层。物理层的标准化是指物流设施和技术装备的标准化，是属于传统物流方面标准化的范畴。而表示层、交换层和应用层的标准化是指物流信息表示、物流信息交换、物流信息应用方面的标准化，是属于物流信息标准化的范畴。物流信息技术标准按表示、交换和应用三个层次来划分，可分为：物流信息分类编码标准、物流信息采集标准、物流信息交换标准、物流信息系统及信息平台标准。

(1)物流信息分类编码标准

物流信息首先要在代码化的基础上，再经自动数据采集技术才能进入物流信息系统，从而为物流现代化提供技术支持。物流信息的代码化要运用物流信息分类编码技术。物流信息分类编码标准有通用的基础标准，它们是《信息分类和编码的基本原则与方法》《分类与编码通用术语》《标准编写规则第 3 部分：信息分类编码》。物流信息分类编码的应用标准又分为产品与服务分类代码标准、贸易单元编码标准、物流单元编码标准、物流参与方与位置编码标准、相关信息编码标准和其他相关标准。

(2)物流信息采集标准

物流信息采集技术解决了物流信息进入物流信息管理系统的瓶颈问题，是实现物流自动化的关键。当前用在物流领域的信息采集技术主要是条码技术和射频识别技术。条码技术标准主要包括条码基础标准、物流条码应用系统设计通用规范、条码标签规范以及条码识读器标准等。当前，在物流过程中的 EPC 系统就是射频识别技术的一种应用。物流信息标准体系中，射频识别技术标准围绕 EPC 系统应用的标准主要有：基础标准；物流射频识别应用系统设计通用规范；射频标签技术规范；射频识读器标准；射频识别过程通用通信规范。

(3)物流信息交换标准

物流信息交换标准主要包括三个层面上的标准：物流数据元标准、物流业务流程信息交换规范以及物流单证标准。物流数据元是物流信息的基本描述单元。在电子数据交换中，关于物流信息的交换要以物流数据元的标准化为基础。物流信息交换业务流程规范是指物流过程中基于计算机及网络技术的物流业务流程信息交换规范。物流单证标准主要包括纸面单证和电子单证。电子单证标准主要包括 EDI 标准和 XML 标准等。EDI 标准和 XML 标准包括五个方面：基础标准、通用语法标准、电子报文标准、安全技术标准、业务处理与信息传输技术标准。

(4)物流信息系统及信息平台标准

物流信息系统及信息平台标准用以规范物流信息系统和信息平台的建设，指出物流信息系统和信息平台的设计原则和基本功能。相关标准主要指：物流信息平台的基本架构；

物流信息平台基本功能；物流信息平台与海关、税务、商贸、金融、商检等领域信息系统接口规范，以及与企业物流信息系统之间接口规范等。

（二）物流管理标准

物流管理标准是指对物流标准化领域中需要协调统一的物流管理事项所制定的标准。制定物流管理标准的目的是为合理组织物流工作，科学地行使计划、监督、指挥、调整、控制等物流管理职能。

物流管理标准的一般内容主要有：物流管理工作应达到的质量要求；物流管理程序与方法；物流统计和核算方法；物流管理有关资料、报表和原始记录的要求；物流工作任务完成情况的凭证编制要求等。

随着物流管理逐步向科学化、现代化发展，物流管理标准将越来越多地在物流管理中发挥有效的作用。为便于制订、贯彻、实施物流管理标准，常按管理对象把物流管理标准划分为物流技术管理标准、物流组织管理标准、物流经济管理标准、物流质量管理标准、物流设备管理标准、物流劳动组织管理标准、物流行政管理标准七大类。

（三）物流工作标准与作业标准

1. 物流工作标准

工作标准是指对工作的内容、方法、流程和质量要求所制定的标准。工作标准与作业规范是对各项工作制定的统一要求及规范化规定。工作标准及作业规范可提供划定各种岗位职责范围、权利与义务、工作方法、检查监督方法、奖罚方法等。可使全系统统一工作方式，大幅度提高办事效率，方便用户的工作联系，防止在工作及作业中出现遗漏、差错，并有利于监督评比。主要工作标准及作业规范有：

（1）岗位责任及权限范围；

（2）岗位交换程序及工作执行程序，例如，配运车辆每次出车规定应由司机进行的车检程序、车辆定期车检时间及程序等；

（3）物流设施、建筑的检查验收规范；

（4）货车、配送车辆运行时间表、运行速度限制等；

（5）司机顶岗时间，配送车辆的日配送次数或日配送数量；

（6）吊钩、索具使用，放置规定；

（7）情报资料收集、处理、使用、更新规定；

（8）异常情况的处置办法等。

2. 物流作业标准

物流作业标准是指为保证物流活动顺利进行，对物流作业中的作业工艺要素、作业程序和方法等所制定的标准。其内容主要包括作业工艺文件格式、作业工艺要素、作业工艺程序、一般物流作业要求、典型物流作业工艺等。物流作业标准是物流技术标准的主要内容之一，是实现物流作业规范化、效率化以及保证物流作业质量的重要基础。

根据《中华人民共和国标准化法》的规定，我国标准分为国家标准、行业标准、地方标准、企业标准四类。这四类标准的区别主要是适用范围不同，而不是标准技术水平的分级，它同样也适合物流标准的分类。

四、企业实施物流标准的途径

1. 强化标准化意识，充分发挥员工的积极性

物流标准化管理与物流管理之间有着千丝万缕的内在联系，为此，应根据企业实际情况，科学、合理地编制企业物流标准化计划，做好物流标准贯彻实施方案，并加强学习和培训，让有关人员掌握和熟悉标准的内容，不断强化有关人员的积极性和主动性。要做到人人尽心尽力、尽职尽责，从而形成强大的内在动力，提高企业标准化程度。

2. 一切按标准执行，一切照程序办事

物流业务活动中有关物流基础性标准和涉及安全、卫生的标准是强制性标准，它也是物流标准实施的重点。一方面国家采取政策、法律措施强制执行；另一方面，所有的物流企业在运输、包装、搬运中必须严格执行，不得擅自更改或降低标准，否则将承担法律责任。

3. 重视物流标准的配套标准的贯彻，充分发挥标准的综合功能

没有标准，就没有控制，没有控制的人、事、物就难以管理，管理的依据是标准，管理的过程就是标准化。物流技术标准的有效实施，需要一系列配套标准来保证，同时也要靠人来实施，而规范人的行为准则和工作质量也要靠一系列标准来保证。所以在贯彻物流技术标准的同时，要特别重视配套标准的贯彻，以形成有机的联系，充分发挥标准的综合功能。

4. 组织制定和实施企业标准，完善物流标准体系

企业在贯彻上级标准以及采用国际标准、国外先进标准的同时，也可根据实际需要，制定和贯彻企业标准，以促进企业物流能力的提高。企业标准在企业中具有强制力，企业应制定经济责任制，使标准的贯彻实施与职工经济利益挂钩，以保证物流标准的顺利实施。

5. 加强监督检查，巩固贯彻实施的成果

企业应建立有效标准化监督检查体系，加大监督检查力度，对违背标准或不按标准进行操作的行为要严厉处理，不断巩固标准贯彻实施的成果，并通过检查发现问题，为进一步修改标准提供强有力的依据。

第三节　我国物流标准化的发展

一、部分国家物流标准化进展状况

由于物流标准化对物流发展的作用越来越明显，世界各国对物流标准化建设也愈加重视，并且非常强调本国物流标准与国际物流标准的衔接。日本是对物流比较重视的国家之一，物流标准化的速度也很快。日本政府工业技术院委托日本物流管理协会花了四年时间对物流机械、设备的标准化进行调查研究，目前已提出日本工业标准 JIS 关于物流方面的若干草案，它们是物流模数体系、集装的基本尺寸、物流用语、物流设施的设备基准、输送用包装的系列尺寸、包装用语、大型集装箱、塑料制通用箱、平托盘、卡车车厢内壁尺寸等。

作为北大西洋公约组织成员之一，美国参与制定的《北大西洋公约组织物流标准》包括物流结构、基本词汇、定义、物流技术规范、海上多国部队物流、物流信息识别系统等。美国国防部建立了军用和民用物流的数据记录、信息管理等方面的标准规范；美国国家标准协会积极推进物流的运输、供应链、配送、仓储、EDI 和进出口等方面的标准化工作。澳大利亚目前已实现了运输工具的标准化，其集装箱的尺寸、集装箱箱中托盘的尺寸、卡车的大小、仓库的货架已经成功配套，托盘和箱子从集装箱到货柜的整个过程都不会分家，从而提高了整个运输的效率。此外，澳大利亚还实现了物流信息系统的标准化，让各方面的信息系统能够对接、交换数据、共享信息。美国、欧洲目前基本实现了物流工具和设施的统一标准，大大降低了系统的运转难度。在物流信息交换技术方面，欧洲各国不仅实现了企业内部的标准化，而且也实现了企业之间和欧洲统一市场的标准化，从而使各国之间的系统交流更简单、更具有效率。上述国家和地区卓有成效的物流标准化建设，有力促进了其物流发展，从而成为目前世界上物流最为发达的国家和地区。

尽管世界各国对物流标准化建设都比较重视，也非常注重物流标准的国际衔接，但就目前而言，物流体系的标准化在全世界还没有统一，有欧美标准、澳大利亚标准、日本标准等，各个国家的物流标准化建设都还处于初始阶段。在这一阶段里，各国物流标准化建设的重点在于通过制定标准规格尺寸来实现物流系统的贯通，取得提高物流效率的初步成果。为了促进物流标准的国际衔接，国际标准化组织 ISO 已建立了与物流有关的技术委员会(TS)及技术处(TD)，每个技术委员会或技术处都有 ISO 指定负责常务工作的秘书国，我国也明确了各标准的归口单位。目前，ISO 对物流标准化的研究工作正在进行中，对物流标准化的重要模数尺寸已大体取得了一致意见并拟定出了初步方案。

二、中国物流标准化现状及存在的问题

鉴于物流标准化的重要性和迫切性，尽管我国在物流标准化上起步较晚，但是物流标准化工作仍然取得一定的成就，无论是从组织管理、标准制定，还是从企业的推广应用上都得到了一定的发展，2015 年，国家标准化管理委员会联合国家发展和改革委员会、工业和信息化部、公安部等单位编制了《物流标准化中长期发展规划(2015—2020)》，明确了到 2020 年我国物流标准化工作的发展目标、主要任务、重点领域、重点工程等，是物流标准化工作的重要指导性文件。但是，物流标准化工作复杂、难度大且涉及面广，加之物流系统思想形成晚，物流标准化具有非常强的国际性，因此，在有些方面存在相应的问题和不足。

(一)中国物流标准化现状

1. 物流组织体系标准化

中国已经建立了一套全国性的标准化研究管理机构体系，而这中间有许多机构和组织从事着与物流有关的标准化工作。近两年分别成立了中国物品编码中心、全国物流信息技术委员会和全国物流标准化技术委员会，具体负责制定现代物流标准体系。此外，国家质量监督检验检疫总局成立全国供应链过程管理与控制标准化技术委员会，并制定了《全国供应链过程管理和控制标准化技术委员会章程》。

2. 物流概念标准化

物流概念标准化是实施物流标准化非常主要的一环，国家质检总局于 2001 年 4 月 17

日正式颁布了《中华人民共和国物流术语》(GB/T 18354—2001)，并于同年8月1日正式实施，此举对提高全国国民对现代物流的认识、对我国传统流通理念和方式的变革，以及推动我国现代物流产业的发展产生了积极而深远的影响。还有如《中国物流标准化体系规范》《商品条码》《储运条码》《物流单元格条码》等一些重要的国家标准已投入实施。这些标准的实施对于规范我国当前物流业发展中的基本概念、促进物流业迅速发展并与国际接轨起到了重要作用。

3. 物流信息标准化

全国物流信息管理标准化技术委员会在2004年8月18日编制了《物流信息标准体系表》，本标准体系表确立了物流信息方面的国家标准体系，给出了物流信息国家标准体系框架、国家标准明细表及国家标准体系表说明。本标准体系表从需求角度出发，标准体系表的第一层为物流信息基础标准，是物流信息系统建设中通用的标准。当前主要是指《物流信息术语》。该标准应包括物流信息技术术语、物流信息管理术语、物流信息服务术语的定义。按照物流信息标准化对象特征的不同，第二层分为技术标准、管理标准、服务标准和其他。对物流信息技术标准、物流信息管理标准和物流信息服务标准进一步分层。物流信息技术标准从信息的采集、加工、处理、交换和应用入手，分为物流信息分类编码标准、物流信息采集标准、物流信息交换标准和物流信息系统及信息平台标准，成为第三层。第四层由第三层扩展而成，共分若干个方面，每个方面都可以继续扩展成若干个更小方面，每个更小方面都可以组成本专业的一个标准系列或是一个标准。

4. 物流标准化研究和标准制定方面成绩显著

国家标准化管理委员会、科技部及交通部等有关部委都对与现代物流技术相匹配的标准化工作十分重视，投入了大量财力、人力进行有关标准规范的研究与制定工作。

科研上，科技部支持的物流标准化项目“物流配送系统标准体系及关键标准”和“我国电子商务与现代物流标准体系及关键标准的研究与制定”取得了很大的成果。制定了我国的物流标准体系框架、电子商务标准体系框架及发展现代物流的关键标准。中国物品编码中心等单位通过科技部项目制定了《国家物流标准体系表》《物流标准化总体规范》。鉴于信息技术在物流现代化中的关键作用，2003年，物流信息标准化有了很大的进展，制定了《物流条码技术应用规范》，等等。

针对当前物流信息系统建设中物流信息标识的非标准化现象，中国物品编码中心进行了“现代物流信息标识体系研究”，系统地分析了我国物流供应链上的各作业环节及各环节存在的各级包装单元、用到的物流设施和产生的物流单证等，给出其分类与编码方案，并提出目前实现物流现代化急需制定的物流信息标识标准。内容包括：贸易单元编码、物流单元编码、物流信息属性编码、物流节点编码、物流设施与装备编码、物流单证编码、物流作业编码等。

随着当前电子商务应用，利用互联网进行物流信息交换将逐步取代传统EDI方式而成为新型的物流信息交换模式。XML为现存的EDI交易提供了向后兼容性，无须抛弃现有的EDI投资和知识，因而基于XML的物流信息交换是未来的趋势。2003年，有关的科研机构已经制定了一些物流行业的XML标准，开始系统开展物流信息交换标准化。

5. 企业积极参与物流标准化

近年来，企业参与物流标准化的积极性比以前显著提高。首先企业积极参与标准的制定，例如，中储物流在线有限公司已经制定了《数码仓库应用系统规范》《物资银行》《物流仓储业务服务规范》等标准。此外，企业在物流管理过程中积极采用物流标准，提高物流效率，例如，鉴于条码技术在物流管理过程中的作用，国内企业积极推广条码技术的应用；各大超市为提高自动化管理的程度，纷纷建立国内先进的物流配送中心，积极使用 ITF－14 条码进行分拣和配送。

(二) 中国物流标准化存在的问题

1. 物流设施和设备标准化程度低

我国的物流业起步较晚，在我国，市场需求还没有形成足够的规模，国内除了宝供、海尔等几家大企业之外，很多物流企业都是从传统行业转型过来的中小企业，尽管更换了公司名称，但操作理念和规范还比较陈旧。大多是一种“跟随”、“赶时髦”的思想，没有真正从观念上转变过来，大都认为只要有几个车队、几间仓库就可以开展现代物流，就成为了名正言顺的物流公司(企业)。大多数企业把物流信息化看作“计算机＋软件”的运作模式，毫无物流信息系统的概念。

2. 国际标准采用比例较低

物流标准化要求体现科学性、民主性和经济性。另外，物流标准化具有非常强的国际性，要求与国际物流标准化体系相一致。在长期计划经济的影响下，我国的标准包括物流相关标准在制定过程中较少考虑与国际标准的一致性。尽管权威机构制定了一些相应标准，以便与国际标准接轨，但是这些物流标准所占比例很低，这必将为我国的国际贸易设下壁垒。

3. 物流标准化意识比较淡薄

尽管我国建立了物流标准体系，并制定了一些重要的国家标准，但这些标准的推广应用存在着严重问题，正确率低下的现象广泛存在。这些现象深刻揭示了我国物流标准化管理工作落后的现状。制约物流标准化的推广、执行的因素有很多，一些企业特别是国有企业和相关部门虽然知道物流是“第三利润源”，但是企业“大而全”、“小而全”的经营状况十分严重，市场经济要求社会化的专业细分，很多企业的物流都依赖自己的仓库和车队，物流标准化意识淡薄，标准化程度极低且破损率极高，大大降低了物流速度，提高了物流成本。

4. 物流标准化人才极其匮乏

由于物流及物流管理的思想在中国诞生较晚，加之受历年计划经济体制的影响较深，起初对物流重视的程度不够，虽然现在很多高校开设了物流管理专业，但是对物流人才特别是高级物流人才的需求仍然难以满足，导致物流人才极其缺乏。目前物流行业的从业人员，绝大部分是从其他相关行业转过来的，真正具有扎实的现代物流理论基础与实践经验的人较少。特别是对于物流标准化而言，人才匮乏现象就显得更为严重了。

三、中国实施物流标准化的对策和建议

1. 充分发挥政府部门的组织和引导作用，理顺和协调物流系统内各分系统管理部门之间的关系

从对中国物流标准化的现状分析当中可以看出，体制障碍是制约我国物流标准化进程最大的绊脚石，部门分割是目前亟待解决的问题。由于资源管理的体制性障碍直接造成了

物流标准化管理工作的落后。尽管国家标准的行政主管部门是国家质检总局，但由于物流产业跨越了行业，标准的归口管理大多数设在各个管理部门的标准化技术委员会。而这些标准要达成统一，需要进行很多协调工作，衔接难度非常大。政府部门作为国家标准的组织制定者和推广者，在国家标准的制定中扮演着重要角色。我国已经成立了中国物品编码中心、全国物流信息技术委员会和全国物流标准化技术委员会等全国物流标准化组织，其委员单位包括有关的科研机构、专业技术标委会、行业协会、物流企业，涵盖交通、铁路、民航、机械、贸易、邮政、出版、粮食、医药、信息产业、军事后勤等多个行业。接下来的工作就是要协调好不同部门和不同行业的利益和观点，统一组织，最大限度地统一标准，结束各自为政的局面。同时，要建立专门的组织出钱、出力，负责全面推广标准。对于企业来说，应该积极支持政府部门的工作，积极采用新的标准，在提高物流效率的同时，节约物流成本，从而创造更多的经济效益、社会效益和环境效益。

2. 了解企业需求，进一步完善我国物流标准的制定工作

物流企业确实需要相应的物流标准，尽管我国目前大大小小的标准有许多，但这些标准未必符合企业的需求。显然，要是起不到实质性作用，企业自然不愿意采纳。因此，相关部门和组织在制定物流标准之前，要调查企业对于标准的需求，可采用重点调查的方法，对涉及的各类企业选取重点企业进行调查，然后进行综合和统一。也可以让更多的企业直接参与标准的研究与制定中，并且把一些企业应用较好的标准加以推广，标准的应用率和正确率就会提高。同时，除了不同行业间标准化部门的统一协调之外，在标准规范的制定工作上也应有所改善，例如，制定物流系统标准化总体规范、制定物流基础设施设备标准规范、制定物流标识系统标准规范、建立物流信息服务系统，等等。

3. 物流标准必须与信息化结合，与国际化接轨

现代物流的核心技术是物流系统的信息化，即借助计算机网络和信息技术，将原本分离的采购、运输、仓储、配送等物流环节，以及物流、商流、信息流和资金流进行统一协调控制，实现完整的集成化供应链管理。因此，软件标准中的物流信息标准尤其重要，是现代物流标准化的关键。随着信息化水平的提高，在业务流程得到合理化、标准化的基础上，要融合先进的管理理念，整合各大软件公司的技术，开发先进的、符合实际的企业资源计划、配送需求计划、供应链管理系统、ERP 系统，在企业内推广，从而将物流的标准化固化在企业的运营管理中。随着全球经济一体化进程的加快，国际标准的采用已经十分普遍，是否采用国际标准已经成为企业能否参与国际竞争以及能否获得竞争优势的必要条件。物流标准必须与国际标准接轨，只有实施物流信息标准化，才能实现信息共享，才能实现多方共赢，才能促进中国企业参与全球供应链竞争。

4. 建立物流标准的监督机制和探察机制

物流标准的作用在于节约物流成本、提高物流效率，贵在标准的落实和实施，因此，把握物流标准的动态性，建立物流标准的监督机制和探察机制就显得十分必要。当前，科学技术、信息技术和管理科学的发展日新月异，物流设施设备、操作流程、信息系统和管理方法也随之发生变革。物流标准是用来指导实践的，如果保持一成不变，就会落后于物流实践，不但不会起到物流标准应有的作用，反而会成为物流发展的绊脚石和桎梏。因此，从观念上要把物流标准作为整个物流系统的一部分，保持物流标准和其他要素的协调性，坚持物流的服务定位，保证其平衡性、开放性和动态性，从机制上要设立物流系统的监督机

制和探察机制，定期发掘新动向，及时、适时地修正物流标准。必要时，可以从法律的角度推行相关物流标准，确保其实施的强度和力度。

5. 切实培养物流标准化人才，统一认证标准

在物流标准化人才培养方面，市场上的培训机构很多，可谓琳琅满目，但是究竟有多少“含金量”，能为培养物流人才做多大贡献呢？是不是花钱上课、通过考试呢？这些都值得深思。因此，相关部门应该牵头成立全国性物流人才考试培训认证机构，可以借鉴注册会计师、司法考试等权威性考试的认证模式，例如，建立过程论物流人才培训体系和目的论物流人才培训体系，注重笔试的同时，更应注重实际操作的考核和考查，真正提高物流证书的“含金量”，提高物流标准化人才的素质和水平，为我国物流标准化和物流事业的发展做出应有的贡献。

习题与思考

1. 什么是物流标准和物流标准化？物流标准化的特点是什么？
2. 简述物流标准的内容。
3. 制定物流标准的原则是什么？企业应该如何实施物流标准化？
4. 论述我国物流标准化的发展。

案例分析

上海百大配送有限公司的物流配送标准化管理的实践

上海百大配送有限公司是上市公司昆百大控股的云南百大投资有限公司在物流配送业投资的一个全国性的配送网络(以下简称上海百大配送)，经过近五年的运作，已建成包括上海、北京、南京和昆明四城市四种商业模式的从事第三方物流末段服务的专业公司，获得了上海创股和北京联办等投资机构的注资，形成了自己的标准化业务和管理流程，实现了整体盈利，为今后的配送网络复制和扩张打下了基础，并开始与“阳光网达”等中游物流企业进行企业标准对接。

上海百大配送的标准化内容包括：机构设置及管理制度的标准化；业务流程的标准化；业务开发的标准化；客户开发及维护的标准化；数据库建设的标准化(包括数据采集、分析、提供等)；与供应商、银行、终端消费者接口的标准化；属地公司及配送站建设的标准化等。

上海百大配送物流的标准化管理经历了三个阶段的探索和实践。

(1)第一阶段：基于ISO9002:1994标准建立并实施的标准化管理。

为配合上海百大配送的战略发展需要，该公司在昆明和上海成立了专业的第三方物流配送公司，经过一年多的运作，积累了一定的经营和管理经验，并确立了在全国范围内成立同类的第三方物流配送公司、形成全国直投网络的战略目标。新公司的建立和运作需要有一套规范化、标准化的管理手册作指导。随着昆明和上海两公司物流配送业务量的增长，对运作及管理规范化、标准化的需求促使该公司实施标准化管理。

实施标准化管理的过程中，主要采取了以下措施：按照ISO9002:1994建立质量体系；根据公司行政、财务管理需要，按照ISO9002:1994的理念建立行政财务管理体系；将质量

管理体系与行政财务管理体系有机融合，形成一套完整的公司管理手册（以下称“管理手册V1.0”）；在已成立的公司逐步实施“管理手册 V1.0”，并以引指导新公司的建立和运作。

上海百大配送所属的昆明公司在标准建立之初，即承担了配合设计并试验标准化管理体系及“管理手册 V1.0”的任务。标准化管理体系的建立及实施，规范了公司的运作和管理，使公司的业务运作及行政、财务进入有序状态，提升了公司的服务质量、增强了竞争力，使该公司成为昆明地区物流配送行业的明星企业。随后，公司在“管理手册 V1.0”的指导下在南京、北京相继成立了第三方物流配送公司。

(2)第二阶段：根据实际运作情况，总结并提炼不同类型物品的物流配送运作过程规范化的标准化管理。

上海百大配送在昆明、上海、北京、南京四城市分别成立第三方物流末段配送公司，经过几年的运作，尽管四城市公司经营重点不同，但单一物品的物流配送业务流程已较成熟，而且同类物品的配送在不同地区、不同公司的业务流程与管理基本一致。在此基础上进行了标准化管理的升级。

上海百大配送综合所属四个物流企业的实际运作经验，总结不同物品、不同服务的业务流程，自下而上地收集各环节、各岗位操作指导，并按部门及功能块制订切实可行的管理制度及控制标准，形成了“管理手册 V2.0”。

“管理手册 V2.0”建立并实施后，公司内各部门及功能块控制点清晰，管理目标明确，减轻了中层管理人员的管理难度；各岗位人员严格按照操作指导及标准工作，为公司提升业务量及增加新的配送服务奠定了基础；各地区公司在开展新业务时，依据“管理手册 V2.0”已建立同类业务的业务流程、操作指导及管理控制标准，实施业务的开发、运作及管理，大大加快了各公司业务的拓展。

(3)第三阶段：对有共性的不同物品的物流配送做过程一体化的标准化运作及管理的探索，并增加对客户、用户及合作者的接口标准化内容。

随着上海百大配送在四个城市的运作日趋成熟，各城市公司在物流配送实际运作中都不同程度地实现了不同物品、不同服务过程的资源共享及综合利用（注：资源包括人力、信息、基础设施、工作环境、供方、合作者、银行及财务资源等）。因此，上海百大配送总结公司在不同物品物流配送实际运作中的搭载经验，探索及总结公司关联单位、客户、用户及合作者的业务标准化接口，对实际运作经验进行分析，掌握搭载规律，制订运作及管理标准，在“管理手册 V1.0”及“管理手册 V2.0”基础上，随着业务种类、合作伙伴和合作方式的不断增加，采用 ISO9001:2000 及 ISO9004:2000 标准建立管理体系及标准，形成“管理手册 V2.1”及后续同级版本。

分工合作是现代物流的一大特征，中国物流业需要重新整合才能得到发展，而各方物流的参与者只有使用统一的标准和规范，才能将干线物流、配送中心、物流末段服务等不同环节有机整合成一体，使中国物流全程高效率运行，成为中国新的经济增长点。

案例来源：http://info.jctrans.com/xueyuan/wlyt/wlhbz/200552264257.shtml.

案例思考

上海百大配送有限公司的物流配送标准化管理的实践，其成就在哪里？有哪些需要改进的？

实践训练

查阅相关资料并结合实际调研，了解我国托盘标准化的现状，并提出相应的对策建议。

第十二章

企业物流与物流组织

知识要点

1. 物流系统的概念、特征、功能和目标
2. 生产企业物流和流通企业物流
3. 物流组织发展及类型

第一节　物流系统概述

一、物流系统的基础

（一）物流系统的概念

系统论告诉我们，系统是由两个或者两个以上的要素所组成的互相联系、互相制约并且实现特定功能的整体。物流系统是指在一定的时间和空间里，由所需位移的物资与包装设备、搬运装卸机械、运输工具、仓储设施、人员和通信联系等若干相互制约、互相依赖的动态要素所构成的具有特定功能的有机整体。

物流系统的特定功能是指使物流活动优化及合理化。物流系统虽然庞大，但仍是社会流通系统的一部分，其根本目的是为整个社会经济发展和运行创造有利的物流条件，保证国民经济不断增长和可持续发展。

（二）物流系统的要素

物流系统的要素很多，根据不同的研究目的可以将其分成不同的类型。

1. 物流系统的一般基本要素

物流系统的一般基本要素由三方面构成，即劳动者要素、资金要素、物资要素。

2. 物流系统的功能要素

物流系统的功能要素是指物流系统所具有的基本能力，这些基本能力有效地组合、联系在一起，便成了物流的总功能，便能合理有效地实现物流系统的目的。

物流系统的功能要素一般包括运输、储存、包装、装卸搬运、流通加工和物流信息处理功能。物流的功能要素反映了整个物流系统的能力，增强这些要素，使之更加协调、可靠，能够有效地提高物流系统运行水平。因此，物流要素是物流科学重点研究发展的内容，本节将重点叙述上述各个功能要素。

3. 物流系统的支撑要素

物流系统的支撑要素包括：体制制度、法律规章、组织与管理。

4. 物流系统的物质基础要素

物流系统的建立和运行，需要大量的技术装备手段，这些手段的有机联系对物流系统的运行具有决定意义。主要有四个方面的要素。

(1)物流设施。它是组织物流系统运行的基础物质条件，包括物流站、场、港，物流中心，仓库，物流线路等。

(2)物流装备。它是保证物流系统开动的条件，包括仓库货架、进出库设备、加工设备、运输设备、装卸机械等。

(3)物流工具。它是物流系统运行的物质条件，包括包装工具、维护保养工具、办公设备。

(4)信息设备。它是掌握和传递物流信息的物质手段，包括通信设备及线路、计算机及网络等。

物质基础要素是物流得以顺利进行的必不可少的物质手段。

5. 物流系统化要素

将非常复杂的组成要素构成一个有机的、能够有效运转的系统，需要有将这些分散的要素联系起来的系统化要素，主要有两个方面。

(1)信息和信息技术。信息的及时传递及反馈，是各要素顺利沟通与联系的关键。没有信息作为中介，各个复杂的因素无法连接成物流系统。

(2)标准化。标准化是各个系统形成的主要连接力量，但物流系统对于标准化的要求更高。因为物流系统是一个十分复杂的、稳定性较差的庞大系统，只有标准化，才能使本来不相干或相干性很差的要素实现有机衔接；此外，物流系统的组成要素同时也是其他系统的有机组成部分，只有实现标准化才能够实现跟其他系统的连接。所以，它是保证物流系统各个环节的协调运行、提高流通效率、保证物流系统和其他系统在技术上连接的重要支撑条件。

二、物流系统的特征

(一)物流系统是一个“人-机”系统

物流系统由人和各种设备、工具组成。它表现为物流劳动者利用运输工具、搬卸装运机械、仓库、港口等设施，作用于物资的一系列生产活动。在这一系列的活动中，人是系统的主导。所以，在研究物流的时候要把人和物有机地联系起来，把它们作为一个整体来分析和考察，要把如何发挥人的主动性始终放在首要的地位。

(二)物流系统是一个大跨度的系统

物流系统一般要跨行业、跨地域、跨企业。物流系统的大跨度使管理难度加大，提高了管理费用。

(三)物流系统是一个稳定性较差、不断变动的系统

由于物流系统总是连接多个生产企业和用户，社会的物资需求、能源的供应、供货渠道、企业间的关系、市场价格是不断变化的，为了适应经常变化的社会环境，使物流系统良好地运行，人们必须对物流系统的各个组成部分经常不断地修改、完善。稳定性差就要求系统有足够的灵活性与可变性，这就会增加管理和运行的难度。

(四)物流系统是一个可分的系统

物流系统本身具有可分性，它是由许多相互联系的子系统组成的。这些子系统的多少、层次的阶数，是随着人们对物流系统的认识和研究的不断加深而不断扩充的。同时，系统与子系统之间、子系统与子系统之间存在着时间空间上、资源利用方面的联系。

(五)物流系统的复杂性

从物流活动的从业人员看，队伍庞大；从物流资源来说，物流系统运行对象遍及全部社会物质资源，将全部国民经济产品的复杂性集于一身；从资金占用来看，物流系统的运转需要大量的资金支撑；从物资供应经营网点来看，各种物资中心遍及全国城乡各地。这些人力、物力、财力的有效组织和合理利用是一个非常复杂的问题。

在物流系统的活动中始终贯穿着大量的物流信息。如何有效地收集、处理、利用这些信息以使物流系统的各个子系统有机地联系起来，促进物流系统的有效运转亦是件非常复杂的事情。

(六)物流系统是一个多目标函数系统

物流系统的总目标是通过物资空间位置的转移，为整个社会经济的发展和国民经济的运行创造顺畅的、有效的、低成本的物流条件。然而，围绕这个总目标会出现各种矛盾：对于物流资源，人们希望最大；对于物流时间，人们希望最短；对于物流成本，人们希望最低；对于物流质量，人们希望最高。显然，上述的所有要求无法同时满足，物流系统就需要在这个多目标中选择一最佳方案。

三、物流系统的功能

物流系统的功能可以分为基本功能和增值功能。

(一)物流系统的基本功能

对于物流系统的基本功能，理论界的认识是比较一致的，即运输、储存、包装、装卸搬运、流通加工、配送和信息处理七项基本功能，这些功能也被称为物流的作业环节。

(二)物流系统的增值服务功能

物流增值服务是在物流基本服务基础上延伸出来的相关服务，目前对于物流增值功能的界定还是很模糊的，只要是在物流过程中进行的，不属于基本功能的都是增值功能。

一般认为增值服务是指根据客户需要，为客户提供的超出常规服务范围的服务，或者采用超出常规的服务方法提供的服务。创新、超出常规、满足顾客需要是增值服务的本质特征。超出常规的创新性的物流服务没有明确的服务项目名称，只要客户需要，只要服务

提供方有能力提供或者有能力从市场获得资源来提供，并且这种活动是有利可图的，这类服务就是增值服务。

增值服务一般包括以下几个层次的内容。

1. 增加便利性的服务

一切能够简化手续、简化操作的服务都是增值性的服务。这种简化是相对于消费者而言的，是指为了获取某种服务，以前需要消费者自己做的事情，现在由商品或者服务提供商以各种方式替消费者做了，从而使消费者获取这种服务变得简单。

2. 加快反应速度，使流通过程变快的服务

现代物流认为可以通过两条途径加快物流过程。一是提高运输基础设施和设备的效率，像修建高速公路、铁路提速、制定新的交通管理办法。二是优化生产和流通需要的物流渠道，以此来减少物流环节，简化物流过程，提高物流系统的快速反应能力。

3. 降低成本的服务

在保持现有服务水平的前提下降低成本，是所有生产、流通企业的共同需求，尤其是新型的生产流通形式需求，如电子商务等。企业可以采用第三方物流服务商、电子商务经营者之间或电子商务经营者与普通商务联合，采取物流共同化计划，提高物流运作效率和效益，降低物流成本。

所有这些延伸服务都具有增值性，但也是最难提供的服务，能否提供此类增值服务成为衡量一个物流企业是否真正具有竞争力的标准。

四、物流系统的目标

(一) 服务目标

无论是由生产企业还是由相对独立的物流企业构建，物流系统都起着联系供需双方的作用，因此物流系统必须具有很强的服务性。这种服务以用户为中心，树立“用户第一”的信念，将商品按照用户的需求，以最短的时间、最低的成本送到用户手中。

(二) 节约目标

对于物流系统来说，节约有两个方面。第一，流通时间的节约。对于流通时间的节约，物流系统主要是通过渠道设计和网络分析来提高物流系统的运作效率性、流动性。第二，流通费用的节约。就是要尽力减少物流成本，这是物流系统的一个重要的目标。现代物流被称为“第三利润源”，要挖掘这一利润，节约是很重要的一个方面。

(三) 及时目标

及时不是时间的简单节约，而是指让物品在最恰当的时间送到用户手中。现代物流不仅仅是物流的运输、传递，更是要通过信息的沟通来实现物流最恰当的流动。及时性是服务性、节约性的延伸，也是对物流系统提出的新的要求。

(四) 规模化目标

同生产领域的规模生产一样，在流通领域同样也需要规模化经营。对于物流系统，就是要引进机械化、自动化来提高物流设施的处理能力；通过计算机和通信技术的应用以及

物流网络的构建与完善，来实现信息处理的规模化。此外，物流企业之间还通过重组、整合，实现小系统向大系统的转变，达到规模化的目标。

第二节　企业物流及规划

一、企业物流的基本概念

企业物流是企业一体化管理的重要组成部分，它是指以客户满意为目标和驱动力，在企业内及其供应、营销渠道上，对货物、服务和相关的信息从货源地到目的地进行有效的流通和储存，以满足客户要求的全过程并对这个过程进行计划、协调、执行和控制。与传统物流概念相比，现代企业物流表现出如下特征。

(一)现代物流企业是系统整合的协同物流

从企业内部来讲，现代物流企业是对信息、运输、存货管理、仓储、物料供应、搬运、包装、实物配送等分散的物流作业领域的综合协调管理。从供应链管理的角度出发，现代物流管理指挥着跨企业组织的物流作业，实现供应链的协调。企业物流不仅要考虑自己的客户，而且要考虑自己的供应商；不仅要考虑客户的客户，而且要考虑供应商的供应商；不仅要致力于降低某项物流作业的成本，更重要的是要致力于降低整个供应链运作的总成本。

(二)客户服务是现代企业物流创新的原动力

当今企业经营管理理念的核心已从产品制造转向市场营销和客户服务，与此同时，企业的物流运作在产品生产组织的基础上也向企业生产过程的上下游延伸，特别是增加了产品的售中和售后服务等一系列活动，现代物流将更多地以企业的客户服务为价值取向，强调物流运作的客户导向性。

(三)企业可以通过合理的物流策略获取竞争优势

现代企业物流中，尽管物流成本仍是非常重要的因素，但现代物流的重要性不仅仅是节约成本，最重要的是要平衡成本与客户服务水平、企业长期效益的关系，如何选择物流策略来获取竞争优势。

(四)现代企业物流必须满足客户与企业战略目标的需要

现代企业物流包含效率和效益两个方面，其最终的目的是满足客户价值与企业目标战略的需要，包括整个供应链的物流成本、客户服务水平和企业投资收益的权衡取舍。具体而言，即通常所说的“6R”：在恰当的时间(Right Time)、恰当的地点(Right Place)，以恰当的成本(Right Cost)得到恰当的数量(Right Quantity)的恰当产品(Right Product)，或将恰当的数量的恰当产品提供给恰当的客户(Right Customer)。

(五)现代企业物流是一项非常复杂但又十分重要的企业管理活动

现代企业物流跨度之大、功能范围之广是其他任何活动所无可比拟的。随着世界经济全球化的发展、市场竞争的加剧和科学技术的进步，如何优化重组物流作业流程，使企业物流、信息流和资金流进一步协调统一，成为当今企业变革的重要研究课题。物流作为企业一项重要的新的经营战略，也正与产品营销战略、产品研发战略和财务管理战略一起，受到当今世界的普遍关注，成为企业经营管理战略的重要组成部分。

二、企业物流的目标

企业物流的总体目标是快速、连续，尽可能消除物料滞留现象，这样才能做到缩短生产周期、减少物质储备、加速资金周转、提高经济效益。企业物流的具体目标如下。

（一）快速响应

这是企业物流目标中最基本的要求。快速响应关系一个企业能否及时满足客户的服务需求。比如，一个远在昆明的客户，其公司服务器出现问题宕机，而作为提供服务器备件支援的厂商位于北京，若客户需要在 6 小时内恢复服务器正常运行，那么快速响应就至关重要。

快速响应的能力使企业将物流作业传统上强调的根据预测和存货情况做出计划转向了以小批量运输的方式对客户需求做出反应。快速响应要求企业具有流畅的信息沟通渠道和广泛的合作伙伴支持。在上例中若该服务器备件支援的厂商在成都或昆明有合作伙伴，那么在 6 小时或更短的时间内解决客户的问题、满足客户需求就更为容易。

（二）最低库存

这是企业物流作业目标中最核心的要求。最低库存的目标同资产占用和相关的周转速度有关。最低库存越少，资产占用就越少；周转速度越快，资产占用也越少。因此，物流系统中存货的财务价值占用企业资产也就越低。在一定的时间内，存货周转率与存货使用率相关。存货周转率高、可得性高，意味着投放到存货上的资产得到了有效利用。

企业物流作业的目标就是要以最低的存货满足客户需求，从而实现物流总成本最低。随着物流经理将注意力更多地放在最低库存的控制上，类似“零库存（JIT）”之类的概念已经从 DELL 这样的国际大公司向众多公司中转移并得到实际应用。当存货在制造和采购中达到规模经济时，它能提高投资报酬率。

企业物流作业的目标之一就是要将存货控制在减少到最低可能的水平。为实现最低存货的目标，物流系统设计必须是对整个企业的资金占用和周转速度进行控制，而不是对每个单独的业务领域进行控制。

（三）集中运输

集中运输是企业物流作业中实施运输成本控制的重要手段之一。运输成本与运输产品的种类、运输规模和运输距离直接相关。许多具有一流服务特征的物流系统都采用的是高速度、小批量运输，这种运输通常成本较高。为降低成本，可以将运输整合。一般而言，运输量越大、距离越长，单位运输成本就越低。

因此，将小批量运输集中起来以形成大规模的经济运输不失为一种降低成本的途径。不过，集中运输往往降低了企业物流的响应时间。因此，企业物流作业必须在集中运输与响应时间方面综合权衡。

（四）最小变异

在企业物流领域，变异是指破坏系统作业表现的任何未预期到的事件，它可以产生于物流作业的任何地方。例如，空运作业因为天气原因受到影响，铁路运输作业因为地震等灾害受到影响。减少变异的传统解决办法是建立安全存货，或是使用高成本的运输方式。不过，上述两种方式都将增加物流成本。为了有效地控制物流成本，目前多采用信息技术以实现主动的物流控制，这样变异在某种程度上就可以被减到最少。

(五)质量

物流作业本身就是在不断地寻求客户服务质量的改善与提高。目前，全面质量管理(TQM)已引起各类企业的高度关注，自然，物流领域也不例外。从某种角度说，TQM还是物流得以发展的主要推动力之一。

因为事实上一旦货物质量出现问题，物流的运作环节就要全部重新再来。例如，运输出现差错或运输途中导致货物损坏，企业不得不对客户的订货重新操作，这样一来不仅会导致成本的大幅增加，而且还会影响客户对企业服务质量的感知，因此企业物流作业对质量的控制不能有半点马虎。

(六)生命周期支持

绝大多数产品在出售时都会标明其使用期限。若超过这个期限，厂商必须对渠道中的货物或正在流向顾客的货物进行回收。之所以将产品回收是出于严格的质量标准、产品有效期、产品可能出现的危险后果等方面的考虑。当货物潜藏有危害人身健康的因素时，这时，不论成本大小与否，反向物流必然发生。

传统的物流作业要求要同时达到上述物流作业的目标比较困难，而市场的激烈竞争又对物流作业的全新目标几乎都要求同时满足，因此就要求企业必须对物流作业的各个环节进行高效整合。

三、企业物流的形式

从企业角度研究物流，应该属于具体的、微观的物流活动。按照生产经营性质的不同，企业物流可以划分为生产企业物流和流通企业物流。

(一)生产企业物流

生产企业物流是以购进生产所需要的原材料、零部件、燃料、设备等为始点，经过劳动加工，形成新的产品，到最后供应给社会需要部门为止的全过程，是企业在生产工艺中的物流活动。企业物流活动是伴随在生产工艺过程中的，构成生产工艺过程的一部分。按照生产过程的纵向顺序及伴随生产产生的产品，企业物流要经过企业供应物流、企业生产物流、企业销售物流、企业回收物流等。

1. 企业供应物流

企业供应物流是企业为组织生产所需要的各种物资供应而进行的物流活动。这种物流对企业生产的正常、高效进行起着重大作用。企业供应物流不仅应以保证供应为目标，而且还应以最低成本、最少消耗、最大保证来组织物流活动。

企业供应物流包括物资生产者将物资送达本企业的企业外部物流和本企业仓库将物资送达生产线的企业内部物流。如果生产企业从物资供销部门进货，则外部物流表现为物资供销企业到本企业仓库间这个过程的物流。

企业改进采购供应阶段的物流是降低物流成本的一个重要方面，可以从以下几个方面入手：

(1)选择合适的供应单位，尽可能地减少物资运送距离；

(2)改进供货的包装方法，尽可能地方便装卸作业、方便生产、降低装卸搬运成本；

(3)尽可能做到成组装卸，方便仓库作业及保管，增加物流效益。

2. 企业生产物流

企业生产物流是指企业按生产流程的要求，组织和安排物资在各生产环节之间进行的内部物流。企业生产物流过程应该从原料、零部件、燃料及辅助材料出库开始，之后这些物资进入生产线的开始端，再进入生产过程下一个环节，经过一个一个环节的交接，在生产过程中，还会产生一些废料、余料，直到生产加工终结，再“流”到成品仓库，完成企业生产物流过程。

生产物流不但要注意每个生产加工过程，同时还要注意两个生产过程间的联系。例如，物品不断地离开上一个工序，进入下一个工序，不断发生搬上搬下、前后移动、暂时停滞等物流活动。实际上，在一个周期中，物流活动所用的时间远远大于实际加工的时间。所以，企业生产物流利润潜力、时间节约潜力、劳动力的节约潜力等是非常大的。企业为了降低成本、增加利润应该控制物流的速度，即物资停顿的时间尽可能地缩短，周转尽可能地加快；提高物流的质量，即物资损耗少，搬运效率高；把握物流的运量，即物资的运距短、无效劳动少等。企业在生产阶段物流合理化方面，通常应从以下几点入手：

(1)改变生产节奏，加快物流速度；

(2)合理配置装卸、运输机械，提高物流质量；

(3)改进生产布置，减少物流运量；

(4)加强生产各工序间的紧密衔接。

3. 企业销售物流

企业销售物流企业为实现产品销售，组织产品送达用户或市场供应点的外部物流。对于双方互需产品的工厂企业，一方的销售物流便是另一方的外部供应物流。销售物流对工业企业物流经济效率的影响很大，应当成为企业物流研究和改进的重点。企业销售物流的特点是通过包装、送货、配送等一系列物流实现销售，这就需要研究送货方式、包装水平、运输线路等，采取少批量、多批次，定时、定量配送等特殊的物流方式。

在现代社会中，市场竞争越来越激烈，出现明显的买方市场。因此，企业销售物流带有极强的服务性.以满足买方的要求，实现商品销售。在这种情况下，企业销售物流应以送达用户并经过售后服务才算终结。企业商品生产的目的在于销售，能否顺利实现销售物流是关系企业经营成果的大问题。企业销售物流的合理化，应从以下几个方面入手：

(1)改进商流，因为在商品交易过程中的供货期限、供货批量、输送手段等，都直接影响物流活动的组织；

(2)防止运输途中事故的发生；

(3)降低包装费用并保证包装合理；

(4)降低装卸成本；

(5)采用经济合理的运输方法；

(6)用先进的控制方法压缩库存；

(7)加强客户服务管理。

4. 企业回收物流

企业回收物流是指企业在生产、供应、销售的活动中产生的边角余料和废料及企业返品回收并合理利用的物流。企业返品物流是指由于产品本身的质量问题或市场、用户各种原因的拒收，而使产品返回原工厂或发货地点的物流。

企业在处理这些回收产品时，往往伴随着物流活动。在一个企业中，回收物品处理不当，会影响整个生产环境，甚至会影响产品质量，还会占用很大的空间，造成不必要的浪费。企业应重视回收物流，投入一定的人力、物力、财力，变废为宝，使企业增加利润。

(二)流通企业物流

流通企业物流是指商品流通企业和专门从事实物流通企业的物流。我国的商品流通活动由生活资料的商品流通和生产资料的商品流通两大类构成。一般来说，生产资料的流通比生活资料流通环节少，因此利于实现产需直接挂钩、直达供应等流通形式。生活资料的生产与消费的规模在我国是以多种情形存在的。形成这种状况的基本原因主要有以下几个。

第一，我国生活消费资料的生产以小规模生产为主。

第二，在文化、贸易比较集中的大城市，消费比较集中；而在边远、山区等地，消费规模小而分散。

第三，我国主要消费工业集中在大城市，一些中、小城市生产能力小且产品质量差。

第四，我国是一个多民族的国家，生活资料的需求构成较为复杂。由于种种原因，生活资料的流通，通常比生产资料的流通更趋于复杂。

但是，并不是说生产资料流通全部可以用直达供应来完成。在生活资料和生产资料的流通中必然存在衔接产需双方的商业部门和物资供销部门。流通企业物流按不同形式分为以下几种。

1. 按企业经营的纵向结构划分

流通企业的物流按企业经营的纵向结构划分，可以分为采购物流、流通企业内部物流和销售物流三种形式。

(1)采购物流。采购物流是指流通企业组织货源，将物资从生产厂家集中到流通部门的物流。这部分物流活动与生产企业的部分销售物流合为一体。

(2)流通企业内部物流。流通企业内部物流，包括流通企业内部的储存、保管、装卸、运送、加工等各项物流活动。

(3)销售物流。销售物流是流通企业将物资转移到消费者手中的物流活动。这部分物流与生产企业的部分采购物流合为一体。

2. 按企业经营类型划分

流通企业的物流按企业经营类型划分，又可以分为批发企业物流、零售企业物流、仓储企业物流、配送中心物流、“第三方物流”企业物流等形式。

(1)批发企业物流。批发企业物流是指以批发据点为核心，由批发经营活动引发的物流活动。

批发企业是指专门从事为转售或生产加工时进行大宗商品买卖活动的部门。批发业务是批发企业购销活动的总称。批发业务活动在流通过程中所处的地位和作用与零售企业不同，有其自己的业务活动特点。这些特点主要反映在如下几个方面：批发业务活动购销数量比较大；批发业务活动主要是以大批量购进物资的单位为销售对象，主要是零售企业和生产企业；批发企业经销的商品经过批发后，商品仍然没有脱离流通领域；批发企业的主要销售方式有供应会议、物资交流会、市场批发、广告推销、人员推销、代购代销和联销等；批发业务活动的结算方式是以托收承付和转账支票为主、现金结算为辅。

(2)零售企业物流。零售企业物流是指以零售商店据点为核心，以实现零售为目的的物流活动。

零售企业是指把商品(包括劳务)按零售价格销售给城乡居民、机关、团体等消费者用于生活或非生产性消费的具有独立经济责任和权利的、自负盈亏的经济组织。零售企业活动是指在一定的社会再生产条件下，以满足消费者的需求为出发点，借助各种经营要素，运用适当的经营策略，实现从产品批发企业或生产部门向消费领域转移，尽可能获得最佳经济效益的动态经济活动。零售企业的经营方式千差万别，却具有如下明显的共同特征。

① 面向社会，开放经营。零售企业的商品经营具有开放性，它直接面向广大消费者。不分地区，不分国籍，面向不同层次、不同性别、不同年龄、不同习惯和不同需求的消费者。凡是对某种商品有消费需求的，都可以在零售企业中得到满足。这就使零售企业面对复杂的外部环境，从而使它的经营活动具有灵活的适应性。

② 交易频繁，数量零星。消费者在哪一家商店购买商品具有非目的性和非计划性，因此，零售经营活动的关键在于能否吸引大多数顾客，只有顾客络绎不绝，销售才能扩大，经营效益才能提高。

③ 规模不大，综合经营居多。零售企业一般规模不大，综合经营居多。因为任何一家零售商店都不会单纯经营一两种商品，即使专业性较强的商品专卖店，也会力求做到使这种商品的品种齐全、花色繁多，甚至把全国或全世界的同类商品汇集到一起，以吸引消费者挑选购买。由于零售企业经营规模不大、资金有限，又要做到品种齐全，因此，零售企业在经营活动中必须做到勤进快销，加速商品和资金的流转，才能多做生意、多获盈利。

④ 销售是中心环节。零售企业的经营活动必须以商品销售为中心环节，坚持为商品销售创造最佳机会和条件。进货必须以销定进，储存应以保证销售为准则，不断改善库存结构，保证商品的适销对路。

⑤ 服务质量是重要内容。零售企业的商品经营活动是整个商品流通过程中的最后一个环节，零售企业的销售服务关系千家万户的日常生活，消费者对零售企业经营活动的服务质量非常敏感，因此，企业在组织商品进、销、存的经营业务活动中，处处都要讲究服务质量。特别是在商品经济不断发展、市场竞争日益剧烈的条件下，销售服务不仅能扩大销售、增加利润，而且可以通过取得社会效益来树立企业信誉，为企业经营活动的进一步发展打下良好的基础。

⑥ 零售活动管理必须是经营组合管理。零售企业经营活动的目的是为了满足社会需要，并取得最佳的经营成果。企业应把各项经营要素有计划地组织起来，采取经营组合管理，使商品顺利销售，取得好的经济效益。

在零售企业销售物流中，大件商品采用送货和售货服务的形式，小件商品则是用户自已完成。连锁型零售企业物流的特点是集中进行供货的物流，由本企业共同的配送中心完成。直销型零售企业的物流重点是销售物流。

(3)仓储企业物流。仓储企业物流是以接运、入库、保管保养、发运或运输为主要内容的物流活动。仓储企业是专门从事商品储存保管和中转运输业务的企业。仓储企业为社会提供储运服务，降低生产企业的产品成本，节约流通费用，加快商品周转，促进商品储存，使企业盈利。

(4)配送中心物流。配送中心物流是集储存、流通加工、分货、拣选、运输等于一体的综合性物流过程。配送中心是在市场经济条件下，以加速商品流通和创造规模效益为核心，以商品代理和配送为主要功能，集商流、物流、信息流于一体的现代综合流通部门。

(5)“第三方物流”企业物流。“第三方物流”通常也称为契约物流或物流联盟，“第三方物流”企业是在生产到销售的整个物流过程中进行服务的“第三方”。它是通过签订合作协定或结成合作联盟，在特定的时间段内按照特定的价格向客户提供个性化的物流代理服务。具体的物流内容包括商品运输、储存、配送以及附加的增值服务等。它是以现代信息技术为基础，实现信息和实物的快速、准确地协调传递，提高仓库管理、装卸运输、采购订货以及配送发运的自动化水平。

四、企业物流规划

(一)企业物流规划的内容

企业物流规划主要是根据物流资源建设的国家规划、地区或行业规划，涉及如何使用这些资源、改造自身的业务流程、提高运转效率、降低物流成本。企业物流规划主要包括以下内容。

1. 设定客户服务水平和服务成本分析

设定客户服务水平是企业供应链物流系统规划的首要任务，企业提供的客户服务水平对系统设计的影响比其他因素都要大。客户服务水平低，可以在几个存储地点集中存货，利用廉价的运输方式；客户服务水平高则恰恰相反，在比较多的存储点存货，利用比较先进、快捷的运输方式，采用低的订单服务提前期。

2. 物流服务网络设计

主要是指存储点及供货点的分布，它构成了物流规划的基本框架。主要包括设施的数量、位置、规模以及各个设施的服务范围，这样即确定了产品到服务对象之间的线路。物流服务的核心是综合考虑所有产品位移策略及相关成本，寻求总成本最低或者总利润最高的需求分配方案。

3. 物流管理组织结构和管理模式、管理流程的设计

主要包括负责物流服务组织体系的构建，业务职能和业务流程的分工、设计。有关企业物流组织和业务流程的规划应该从企业供应链、价值链管理的角度出发进行系统、综合的考虑。关键是保证企业物流作业的顺畅、高效以及企业总物流成本最低。管理模式的规划是考虑企业物流是自营还是外包的抉择。

4. 库存战略和运输战略设计

库存战略是指库存管理方式，是采用库存分配到存储点还是通过补货自动拉动库存的

选择，此外还包括产品中的不同品种分别选择在工厂、地区性仓库和基层仓库存放等。运输战略包括运输方式、运输批量、运输线路及运输时间的选择。

5. 物流信息系统的规划设计

随着企业规模的扩大，企业必须将物流信息纳入企业战略规划的范畴。MRPⅡ系统、ERP系统、SCM系统的规划都是围绕企业的物流活动，以使企业物流、商流、信息流和资金流协调、高效地运行。

(二)企业物流规划的原则

1. 客户服务驱动原则

在买方市场的经济时代，企业一切的经济活动必须时时刻刻以客户为中心。客户服务驱动的原则要求企业在内部供应链物流规划设计时以客户为中心，站在客户的立场看待问题，要想客户之所想，急客户之所急，尽量给客户提供时间、地点和交易上的方便，从而提高客户的满意度和忠诚度。

2. 系统成本最优原则

企业供应链管理在实际操作时出现的很多问题都是由于没有把一项决策所有的影响因素都考虑进去，在一个领域做的决策往往会在其他领域产生意料外的结果，如产品包装的改变可能会对运输成本、仓储质量维护等产生直接的影响。由于各种物流活动成本的变化模式常常会相互冲突，所以在进行企业供应链规划的时候，应该实现整个系统总成本的最优，追求供应链系统整体的效益最大。

3. 多样化原则

多样化原则就是根据不同的产品特点、不同销售数量、不同类型的客户要求等因素制定不同的客户服务水平标准，即在同一产品系列中采用多种细分战略。例如，根据销量的高中低将产品分为高中低三组，分别确定不同的库存水平；区分经仓库运送产品及从工厂、供应商或其他货源直接运送到客户手中的产品。

4. 延迟原则

延迟原则是分拨过程中运输时间和最终产品的加工时间应推迟到收到客户订单之后。这种做法有助于提高企业资源使用的柔性，降低了企业生产风险和供应链管理成本，从而提高了企业的整体效益。

5. 大规模定制原则

大规模定制原则主张将小批量并为大批量运输，将早到的客户订单与稍后到达的客户订单合在一起进行集中处理，强调物流、供应链作业活动中的规模经济效益。

6. 标准化原则

物流、供应链渠道中的多样化服务往往会增加库存，特别是原材料库存，提高物流成本。在不增加物流成本的前提下，为市场提供多样化的产品和满足客户需求是企业需要解决的一个迫切问题。标准化和延迟的综合运用常常可以有效地解决这一问题。生产中的标准化可以通过可替换的零备件、模块化的产品设计和生产，以及给同样产品加贴不同品牌的标签来实现。通过延迟可以控制分拨渠道中产品多样化的弊端，例如，在冰箱产品的新品设计汇总中，如能尽量做到零备件的标准化，就可大大降低材料的采购成本和库存成本。

（三）企业物流规划的一般流程

对于企业而言，物流规划已经不仅仅是理论的构建，而应该变成切实的行动。生产企业应该根据自己的战略发展要求把物流规划纳入日程，并着手物流规划的执行。企业物流规划着重于以物流支持营销的规划思路，利用外部物流资源，改造自身的物流流程。企业物流规划的流程如图 12-1 所示。进行企业物流规划首先要确定企业的战略目标，如降低企业经营成本、提高客户服务水平、减少固定资产投入等。然后进行物流成本分析，即实现企业战略目标所需要的物流成本。进行物流成本分析时还要注意从企业全局的、长远的利益来考虑，根据物流成本分析的结果确定适合本企业的物流规划方案，如运输规划、设施选址、库存管理、作业管理等。最后对物流规划方案实施的总体业绩和效果进行评估，以便对物流规划方案进行及时的调整。

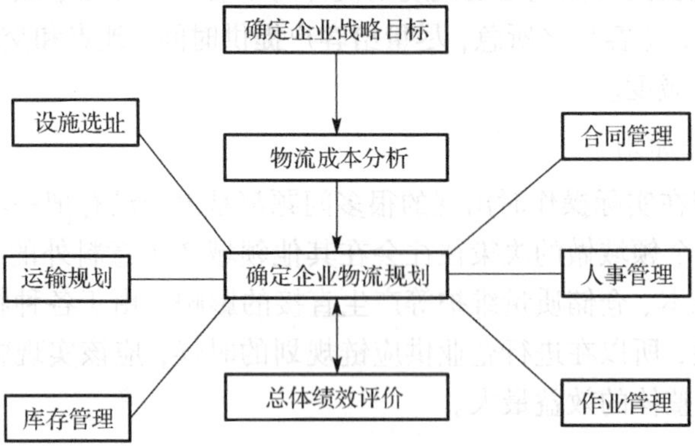

图 12-1　企业物流规划流程

第三节　物流管理组织

一、物流管理组织的定义

一定形式的管理组织，是企业进行有效管理的必要条件。如同公司的生产、销售等其他活动管理一样，现代物流活动同样需要合理的组织和体制做保证。建立健全物流管理组织是实现物流合理化的基础和保证。物流管理组织关系物流系统运行的成败、效率与效益。现代物流已不是以前供应科、供销科、仓储科之类的概念。物流组织的管理者要懂经营、懂生产、懂工艺、会管理，既能指挥现场作业，又能从事物流设计，在改进和完善物流系统中起主导作用。一个成熟的物流组织，应具备快速反应能力，能及时发现和解决问题，促进生产的发展，提高工厂效率。

随着现代物流以及企业管理组织的发展，物流管理组织也经过了一系列相应的演化。在发达国家，物流管理组织经历了功能整合和流程整合，由企业自己管理物流活动发展到外包给第三方。

然而在我国，尽管近年来物流越来越受到重视，但有关的物流管理组织仍然很不健全，甚至有的企业还没有意识到物流的重要性，没有把物流部门放在一个最能够产生效益的地位，没有将日常的物流业务工作和部门、物流规划与开发等综合性、前瞻性工作的职能部门分开，从而导致企业上层管理组织关于物流的指示命令不能直接下达到下层，有时即使能够下达也常常在上下级之间产生矛盾，由此增加了部门间的内耗，加大了企业的运营成本。

现代管理学认为，组织是管理的重要职能之一。组织的定义从静态的角度来理解，就是人与人之间如何相互协作、相互协调完成工作的系统。具体来讲，就是为了实现一定的目标，确定了如何分配权限和责任的系统。从动态的角度来理解，组织就是"确定所要完成的任务、由谁来完成任务以及如何管理和协调这些任务的过程"（Lewis，Goodman and Fandt，1998）。企业必须建立能够为实现共同目标而有效工作的组织。这就要求管理者依据企业的目标设计合理的组织结构，并在管理者的领导下，使信息、资源和任务能够在组织内顺畅流动，提高组织的应变能力，完成组织的任务。

相应地，这里所指的物流管理组织，从静态的角度理解就是，企业为进行物流管理，如何把权限和责任体系化了的组织；从动态的角度理解就是，物流管理组织是确定所要完成的企业具体的物流任务，由谁来完成、怎样完成这一任务以及如何管理和协调这一任务的过程。

从企业具体的组织架构来看，物流管理组织是由进行日常物流业务的现场（工厂、分公司、营业所、物流中心等现场部门）和作为职能部门的总公司的物流组织（如物流部、物流管理部、物流系统部等）组成的，是从全局出发对整个公司的物流活动进行管理的机构，是对分散在企业各个部门的物流管理业务实行统一领导的机构，也可以说将任务分散了的物流予以系统化的机构就是物流管理组织。

二、物流管理组织的发展

物流管理组织的发展是与经济发展、企业管理组织发展相适应的。在经济发展的不同阶段，企业经营发展模式不同，从而管理组织的复杂性不同，相应地，物流管理组织也不同。这一点可以从两个角度来理解。

（一）从根本上看，物流管理组织是随着经济的不断发展而发展的

经济的发展迫使人们认识到了物流作为一项专门功能的存在，从而物流管理组织也在物流功能的不断整合过程中逐渐形成和发展起来。

20世纪50年代以前，由于生产社会化、专业化程度不高，经济社会基本上处在卖方市场阶段。此时，管理的重点在于如何提高作业效率、采用新的生产技术、增加产品数量。物流还没有成为一项特别的需求，企业并未意识到物流作为具体的一项职能的存在，专门的物流管理组织也就无从谈起。这个时候的企业通常把物流功能局限在便利和业务支持方面，物流的各项职能分散在各个不同的组织部门。例如，采购由供应部门分管，运输由运输部门完成，保管由仓库完成等。这种部门分割的现象，意味着物流方面的作业缺乏跨职能的协调，从而导致重复和浪费，信息常常被扭曲或延迟，权利界限和责任常常是模糊的。

随着经济的发展，特别是二战后的日本，随着战时经济向和平经济的发展以及国家经济的逐渐恢复，社会需求逐渐增加，社会生产量也相应地增加。而连接生产与需求的物流却严重滞后。物流管理和货物运输严重落后的情况日益暴露出来。人们的许多需求由于运输成本太高而不能被满足。在这种情形下，国家以及企业的管理人员都逐渐意识到物流成

本对总成本的影响。为了降低物流成本，企业的组织机构需要重新建立，物流功能逐渐结合并由单一的团队管理，物流管理组织也逐渐得以作为一体化的组织出现。在这一过程中，物流管理组织经历了功能整合阶段和流程整合阶段。

1. 功能整合阶段

(1) 局部功能整合组织

局部功能整合组织出现在20世纪50年代末60年代初，它表现为以成本和服务为双重目标，将运输、库存、订单协调起来管理，并综合归并到某些职能机构统一管理。在这个最初的发展阶段，很少有涉及采购和物流分销一体化的组织单位。但是，虽然具体的物流作业是分散在不同的职能部门进行的，其管理和运作却是在一两个统一的管理中心、围绕着某些明确的业务目标而展开的，诸如在生产部门，物流活动围绕着保证生产有机、协调地运行而展开，如图12-2所示。值得注意的是，这一阶段的组织缺陷在于不能对库存直接负责，物流功能整合的程度非常有限，尤其是生产和销售之间的物流协调能力几乎不具备。

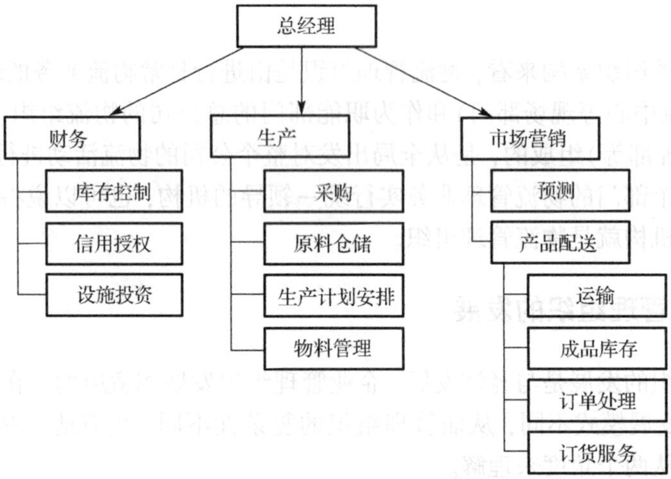

图12-2 局部功能整合组织

(2) 专业职能整合组织

当整个企业获得了统一物流运作的经验和成本利益时，就进入了第二个阶段——专业职能整合组织，如图12-3所示。专业职能整合组织的重要性在于发展相对更为正式的物流组织形式。物流与生产、销售等部门一样设为单独的部门，有专管物流活动的主管，直接协调物流活动，但是供应物流往往不包括在内。具体来看，职能组织是将生产、销售、计划、购买等活动都看成企业的单个职能或部门，各职能部门的调整全部由最高经营层决策，物流也是作为其中的一项职能部门由决策层统一指挥。

职能型组织的主要优缺点如下。

① 从管理者机能看，由于各职能部门的调整全部由最高经营层决策，在组织规模较小的阶段容易从事有效的经营，也有利于管理活动的一致性。但同时，在职能型组织中，容易使经营管理者陷入事务性活动中，从而导致管理责任缺乏明确性。

② 从经营者素质的角度看，由于职能型组织涉及生产、销售、物流、计划等各个方面的活动，以及不同产品、市场间的协调，因此，对经营管理者的素质要求很高。

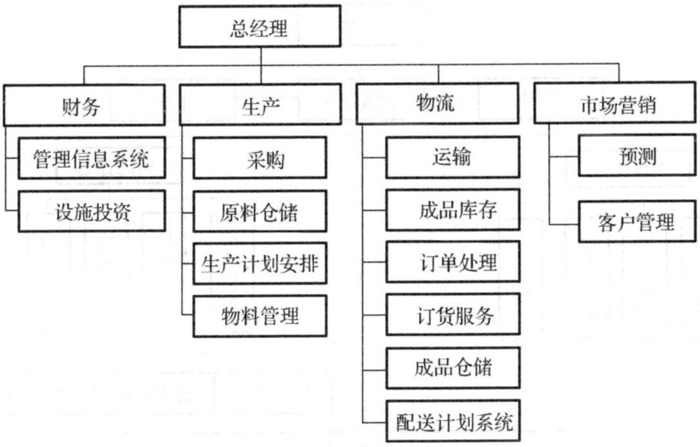

图 12-3　专业职能整合组织

③ 在企业统一性方面，职能型组织是一种集权式领导，容易发挥各个部门的力量，保持管理经营的统一。

④ 在企业的发展战略上，职能型组织适用于多元程度比较低的企业。这类企业经营的中心是一些成熟型产品，而且生产、流通系统比较单一。正因为如此，职能型组织难以对市场变化做出灵敏反应，也不宜从事多元化战略。

⑤ 在利益管理体制上，各职能部门之间重复投资较少。由于实行集权式管理. 容易形成从长远利益着眼的物流投资。但是，其弊端是无法按部门来进行利益管理，并实现从工厂到经营等各职能阶段成本的控制和正当价格的计算，因而根本无法实现物流活动的有机整合以及物流成本的总体控制。

(3) 全面职能整合组织

20 世纪 80 年代初，是物流管理组织发展的第三个阶段。这一时期，物流管理组织的特点在于物流活动的全面一体化，既包括采购供应，又包括产品配送，并建立起有一定职权范围的机构协调各项物流活动，其目的是对所有原材料和产成品的物流活动进行战略管理，以使其对企业产生最大化利益。具体来讲，它改变了原来单纯以部门为中心的组织体系，实行某些职能管理活动的统一化和集中性管理；打破了部门之间的界限，成立全体企业的物流组织是其中的重要变化之一。由于现代物流既在横向上集中了各事业部的物流管理，又在纵向上包括了采购、生产、销售等伴随企业经营活动而发生的物流活动，所以在企业组织机构中，经常将这种全企业层次的物流组织称为物流总部。但是，物流总部的设立并不一定要把物流现场作业全部集中到总公司进行，一般物流现场作业仍然由各事业部自己开展，物流总部统一决策的是从流通全体来看的物流战略的设立和管理。例如，在信息系统构筑方面，最近 EDI 交易已成为企业间交易的主要手段，因此，信息系统已成为企业全体的课题。在这种状况下，全体企业的信息系统与物流系统如何建立，这在战略上是必须加以研究的，如果这项活动由各事业部独自进行，可能因为缺乏整体性和部门间的有机联系而丧失效率，进而失去客户的信赖。所以，物流总部的职能是建立基本的物流体系、决定物流发展战略，并在与现场作业相吻合的条件下不断完善物流管理系统并推动其发展。

全面职能整合组织如图 12-4 所示。

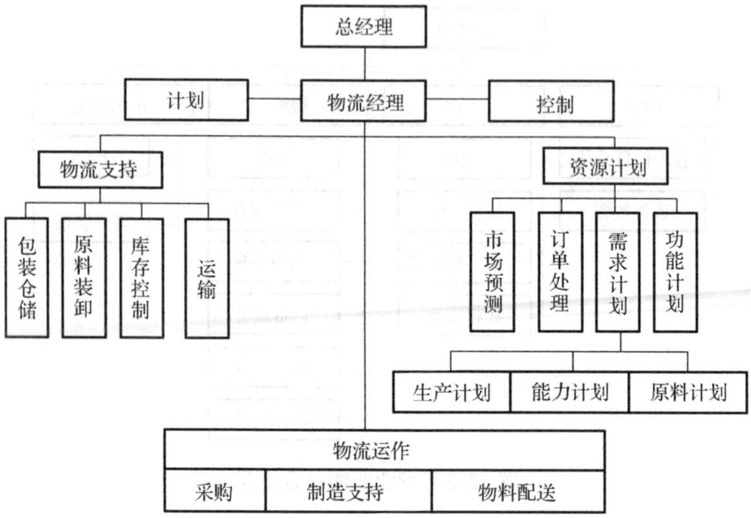

图 12-4 全面职能整合组织

2. 流程整合阶段

(1)企业流程整合物流组织

虽然上述的物流管理组织在一定程度上降低了企业的物流成本，但是它仅仅改变了集权化与分权化的程度或客户、地区、产品之间的合作，并没有对基本作业流程进行任何创新性的设计，从而没有对企业的服务和生产效率的提高起到重大的推动作用。而流程整合组织就是为了解决传统组织的这种缺陷而形成的。因此，企业的流程整合物流组织强调的是物流管理的全面一体化，不仅包括了企业整体的物流控制，也包括通过水平组织参与生产和流通的全过程。

把物流作业的各个流程进行整合的宗旨有两个：一是所有的物流活动都服从于客户的增值活动，物流活动切实地降低了成本，从而提高了客户的利益并且同时实现了企业的利益，被视为有效活动；二是物流管理活动的开展不是单方面进行的，而是需要与企业的生产活动和营销活动紧密联系在一起，只有这样相互协调、相互推进，物流管理组织才能真正发挥出组织系统的力量。

(2)物流子公司

从最近企业物流组织的进一步发展变化看，有许多发达的企业或公司不仅整合了内部的物流组织结构，甚至将物流作业也从企业中独立出来，成立单独的物流子公司，从而进一步提高了物流管理组织的管理成效。

物流子公司的管理组织形式的进步主要在于更有利于降低物流成本与推进企业整体发展。首先，在当前的企业物流管理活动中，还没有衡量物流成本的统一计算体系。企业并不容易确定本企业物流成本在销售额中所占的比例。在企业财务管理中，并没有物流费用这一项。许多与物流有关的费用散列在各种账户里。例如，运输费用可能会列入原材料的成本，企业内物流设备的折旧、税收等费用和物流部门的人力费用等都与其他部门的费用一起所示，因而在企业财务中无法真正了解物流部门全体的费用，在这种状况下，实现降低物流成本的目标将变得十分困难。成立物流分公司或子公司后，一方面由于物流分公司是一个近似自负盈亏的独立经营实体以及物流子公司本身就具有法人地位，它们具有自己的利益，因而在内部管理上会更为有效，可以消除重复投资等遏制物流成本上升的一些主要因素；另一方面，针对各事业部或各事业分公司来讲，由于成立物流分公司或者子公司，形成了企业内市场，因而各自的物流费用支出都要在各自事业部或者其他分公司、子公司的财务上显示出来，进而有利于促进它们的物流管理效率。

其次，物流分公司或者子公司的自主经营权利比较大，因此，对其利益的维护也非常注重。为了避免物流分公司或子公司陷入经营危机、出现赤字，在总公司不断降低成本的要求下，会促使分公司或子公司努力实现物流合理化、现代化和高度化发展。一方面力求能满足总公司和各产品事业部的要求，另一方面又能与其他物流企业的竞争和实现服务、成本上的优势。长此以往，可以形成物流分公司或子公司独特的经营模式。在此基础上，不仅满足本企业的业务，而且还能扩大经营其他企业的物流业务，拓展经营领域，进而形成第三方物流组织。

(3)独立的物流企业

随着经济的进一步发展、社会分工的进一步深化，企业往往需要集中精力做其核心业务。在这种情形下，与其企业自身去涉及不熟悉的物流业务，不如交由专做物流的第三方、甚至第四方。因此，独立的物流企业应运而生。这里的“独立”是相对于物流需求者而言的。

这种物流管理组织不仅强调了单个企业组织内流程的整合，而且将这种业务流程的整合功能延伸到了企业之间，所以，从这个意义上讲，独立的物流企业是物流管理的供应链一体化，不仅包括了单个企业的综合物流管理，也包括了整个供应链甚至供应网络的共同协调和管理。

(二)从企业组织结构的角度来看，企业管理组织发展的不同阶段对物流管理组织的要求也不同

一般来说，企业的组织类型主要有直线型组织、职能型组织和事业部制组织三类，具体还可以分为直线制、直线-职能制、职能制、事业部制、超事业部制、矩阵制等。企业采用什么样的组织形态往往是随企业的成长、环境变化而不断发展的。企业规模较小、生产品种较少的阶段适应于直线型、职能型组织。但是随着企业的规模逐渐扩大、生产品种的逐渐增多，市场的变化发展使得仅仅依靠本企业生产、销售全部商品变得越来越困难，也难以对市场的不断变化做出迅速的反应，因而在这种状况下，根据不同的产品种类和市场形态，分别建立各种集生产、销售为一体，自负盈亏的事业部制成为企业的组织发展战略。

相应地，随着企业组织类型的发展，物流管理组织也在不断地发展之中。采取直线型组织的企业，可能仅仅设置几名物流人员或者直接将企业的物流业务外包给第三方。采取职能型组织的企业中，物流管理组织以部门的形式存在，如同采购、销售等部门，仅仅是一种功能性的机构。事业部制是一种分权式的管理方法，由于各事业部形成了单独利益责任单位，因而纠正了集权管理方式的缺陷，使组织具有创造性和机动性，促进经营全体的发展，这其中对物流活动的管理也被分配到各个事业部单独进行。这是一种完全形式的事业部。然而某些活动的分散在事业部层次上来说并不是有效率的，最明显的是研发和物流。这些活动是一种跨越事业部界限、面向整个企业的战略行为。因此，随后物流管理组织的发展便是改变原来单纯以事业部为中心的组织体系，将管理活动统一化和集中性管理，打破事业部的界限，成立整个企业的物流管理组织，即所谓的超事业部。由于这种类型的物流管理组织既在横向上集中了各事业部的物流管理，又在纵向上统括了购买、生产、销售等伴随企业经营行为而发生的物流活动。所以在企业的组织机构中，经常将这种全企业层次的物流组织称为物流总部，其主要职能是统一决策企业整体的物流战略的设立和管理。但是，物流总部的设立并不一定是将物流现场作业全部集中到总公司进行，一般物流现场作业仍然由各事业部独自开展。

当企业的规模进一步扩大，采取超事业部，相应地增加了企业的管理层次和管理幅度，此时企业的发展要求物流作业独立出来，成立单独的物流子公司。此时，物流管理组织便是单独的物流子公司形式。更进一步，当企业为了能够专心从事自己的核心业务，降低物流成本，可以与第三方物流企业合作，将物流作业外包。而第三方物流企业也是一种更高级形态的物流管理组织。

三、建立健全物流管理组织的基本原则

物流管理组织的功能在于能够明确物流业务的范围，并在此范围内明确分工与合作，以及实施统一的管理。所以，物流管理组织的建立健全必须围绕着这一核心职能。由于物流本身是多种业务的整合，因此组织者首先要有系统观念。物流管理组织的系统观念，就是站在企业整体的角度，考虑企业所需要的物流任务，进而立足于物流任务的整体，综合考虑企业内部各部门、各要素的关系，围绕共同的目的建立组织机构，对组织机构中的全体成员在明确职位、明晰职责的基础上保证信息畅通、相互间合作与协调，以达到物流管理组织的合理化，使该组织能以最大的效率实现既定目标。其次，由于物流管理组织是管理组织的一种，因此它的建立健全要遵循管理组织设计的一般原则；同时由于物流活动又有自己的特点，相应地，物流管理组织的建立健全原则在一般的组织设计原则上又有自己的特殊性。

总体来说，物流管理组织的建立健全要从企业的实际情况出发，根据物流系统管理的总体需要，确定明晰、有效的目标，遵循统一领导和分级管理原则、合理管理幅度原则、权责相符原则、弹性结构原则、协调原则，使其能够成为高效率的管理组织。

(一) 目标明晰原则

任何组织都是为了完成特定的任务或职能而设立的。每个组织都有自己明确的目标。一定的组织结构就是实现这个目标的载体。组织的结构应当与组织的目标相一致，应当最有利于组织目标的实现。

物流管理组织也不例外。物流管理组织的设立必须要有明确的目的。由于物流在实践中并没有统一的定义。每个公司的物流活动不完全相同，物流作业的范围也大不一样。企业必须明确其所需要完成的物流活动都有哪些，建立相应的管理组织。企业所需要完成的物流目标直接决定了物流管理组织的规模及类型。例如，一个小规模的企业可能只要在内部设立物流职能部门就可以了，而一个大的集团公司可能要建立物流事业部或者物流子公司。但是无论什么样的物流管理组织，必须要有明确的需要完成的物流目标。

(二) 有效性原则

有效性原则要求物流管理组织必须是有效率的。这是物流管理组织基本原则的核心，也是衡量组织结构是否合理的基础。效率问题，始终是组织管理工作的中心议题。这里所讲的效率，包括管理效率、工作效率和信息传递效率。这三方面的效率不仅体现在物流管理组织的内部，而且体现在物流管理组织与企业其他组织之间的协调合作上。首先，管理

的效率主要是指在第一时间发现问题所在，并以最快的速度把问题处理掉。它体现了物流管理组织的反应能力。其次，工作效率侧重于物流管理组织内部人员完成日常工作、与其他组织人员沟通合作的能力和效益，能够在最短的时间内利用各方资源，完成既定的任务，达到最大效益。组织内不存在冗余人员、不存在怠工等现象。最后，信息的传递分为纵向和横向两个方向。纵向的信息传递效率是指物流管理组织内部上下级之间以及物流管理组织与其上下级之间的信息传递渠道通畅，信息可以有效地自上而下或者自下而上传递；横向的信息传递效率是指物流管理组织内部同级部门之间以及与企业内同级的其他管理组织之间存在能够有效传递信息的机制。由于物流涉及企业内部的资源整合，因此其他部门的支持与协助是必不可少的。由于企业组织的权威性，上下之间的信息传递一般比较容易，但同级之间的信息传递则往往比较困难。因此，考察物流管理组织的信息传递效率更应该注重与同级管理组织的信息传递机制是否能够真正起作用。

物流管理组织的效率最终表现为组织内各部门均有明确的职责范围，节约人力、节约时间，发挥组织成员的能力与积极性，使物流企业能够以最少的费用成本实现目标。

物流管理组织的成效最终表现为实现物流目标的总体成果上。所以，有效性原则要贯穿在物流管理组织的动态过程中。在物流管理组织的运行中，组织机构要反映物流管理的目标和规划，要能适应企业内部条件和外部环境的变化，并随之选择最有利的目标，保证目标实现。物流管理组织的结构形式、机构的设置及其改善，都要以是否有利于推进物流合理化这一目标的实现为衡量标准。

(三)统一领导和分级管理原则

统一领导、分级管理原则是建立物流管理决策领导系统的原则。其实质在于建立物流管理组织的合理的纵向分工，设计合理的垂直机构。

首先，物流管理组织是面向整个企业或公司的，它必须能够站在企业或公司的高度做出决策，发布命令，因此，为了使物流部门内部协调一致，更好地完成物流管理任务，必须遵循统一领导的原则，使物流管理组织成为有权威的组织。

其次，根据物流任务不同层次的需要，在统一领导下还要建立相应的分级管理体制。一般形成三级物流管理层次，即最高决策层、执行监督层和物流作业层。高层领导的任务是根据企业或社会经济的总体发展战略，制定长期物流规划，决定物流组织机构的设置及变更，进行财务监督，决定物流管理人员的调配等；中层领导的任务是组织和保证实现最高决策的目标，包括制订各项物流业务计划、预测物流量、分析设计和改善物流体系、检查服务水平、编制物流预算草案、分析物流费用、实施活动管理、进行物流思想宣传等；物流作业层的主要任务是依据领导层的决策以及计划、标准等完成现场的物流作业。

管理层次的划分，体现了管理组织纵向的分工和分权原则。物流管理组织层次的合理划分，是形成强有力的物流管理领导体系的前提；而物流管理领导体系的建立对于实现物流管理组织化、改变人们轻视物流的传统观念具有重要意义。

(四)合理管理幅度原则

管理幅度是指一名管理者能够直接而有效地管理其下属的可能人数及业务范围，它表现为管理组织的水平状态和组织体系内部各层次的横向分工。管理幅度与管理层次密切相关，管理层次是指管理组织的垂直状态和组织体系内部上下级的纵向分工。这两者是相互制约的。管理幅度大就可以减少管理层次，反之，则要增加管理层次。

管理幅度的合理性是一个十分复杂的问题。因为管理幅度大小涉及许多因素，诸如管理者及下属人员素质、管理活动的复杂程度、管理机构各部门在空间上的分散程度等。管理幅度过大，会造成管理者顾此失彼，同时因为管理层次少而事无巨细、鞭长莫及；反之，必然会增加管理层次，造成机构繁杂，增加管理上人力、财力支出，并会导致部门之间的沟通及协调复杂化。在物流管理组织中，合理的管理幅度原则一方面要求适当划分物流管理层次，减少不必要的中间环节，精简机构；另一方面要求适当确定每一层次管理者的管辖范围，保证管理的直接有效性。

（五）权责相符原则

在委以责任的同时，必须委以自主完成工作所必需的权利，反之，权利的赋予是为了能够完成相应的任务。这里的权责是指职权与职责。无论是管理组织的纵向环节还是横向环节，都必须贯彻职责与职权对等原则。这是管理组织原则中非常重要的一项。

理解这项原则，首先要明确职责、职权和职位的定义。职权是指在一定职位上，在其职务范围内为完成所承担的责任而应具有的权力。职责即职位的责任。职位则是指组织机构中的位置，是组织体系内纵向分工与横向分工的结合点。在组织体系内，职责是组织机构之间的连接环。把组织机构的职责连接起来，就是组织体的责任体系。如果一个组织体没有明确的职责，这个组织体就没有存在的必要性。相应地，职权是组织机构之间的连接关系。把组织机构的职权连接起来，就是组织体的权利体系。如果一个组织体没有明确的职权，这个组织体就无法完成其职责。

其次，要明确职责和职权之间的相符关系。职责越大，其职权也越大。与职权的相适应称为权限，即权力限定在责任范围内，权力的授予要受职务和职责的限制。不能有职无权，无职也不能授权，这两种情况都不利于调动组织成员的积极性，影响他们工作的责任心，从而降低工作效率，使组织达不到有效性原则。

在物流管理组织中，权责相符原则主要体现在：物流的最高决策层担负决策责任，就必须有较大的物流决策权；执行监督层承担执行任务的监督责任，就要有监督和执行的权力。物流作业层完成现场作业的责任，就要有利用现场资源的权力。贯彻权责对等的原则，就应在分配任务的同时，授予相应的职权，以便有效率、有效益地实现目标。

（六）弹性结构原则

现代组织理论非常强调组织结构应具有弹性。所谓具有弹性是指一个组织的部门机构、人员的职责和职位都应适应环境的变化而做相应的变动，包括根据环境和完成组织目标的需要，定期审查组织内任何一个部门、职位存在的必要性。如果没有必要存在应及时做出改组、撤销或更换。有时是根据环境和工作要求，成立临时工作小组，有关工作人员从各部门抽出，组成一个工作小组解决专门问题，任务完成后该机构即解散。这一点对物流管理组织尤为重要。物流活动的最终作用是保障最终消费者的需求能够得到满足。在当前以销定产的生产企业或者以销供货的商业企业中，需求的变动需要生产或供货及时做出反应。这就迫使连接两者的物流管理组织要有弹性，以便企业能对市场需求做出迅速的反应。

（七）协调原则

物流管理的协调原则，是指对管理组织中的一定职位的职责与具体任务要协调、不同职位的职能要协调、不同职位的任务要协调。协调包括纵向和横向两个方向。纵向协调是指构成各级机构等级链的上下级之间的工作协调和指挥协调。横向协调是指同级组织机构之间的工作协调。具体地讲，就是物流管理组织各层次之间的纵向协调、物流系统各职能要素的横向协调和部门之间的横向协调。由于物流管理组织职能的发挥需要各个部门紧密地配合，所以横向协调更为重要。遵循协调原则措施：要求建立职能管理横向工作流程，使业务管理工作标准化，将职能相近的部门组成系统，实现一体化以及建立横向综合管理机构。

物流管理组织的上述原则，都将具体体现在物流组织的类型之中。

四、物流管理组织的类型

物流管理的组织职能是以一定的组织结构形式体现的。组织结构的形式是物流组织各个部分及其与整个企业经营组织之间关系的一种模式。人们常把建立组织机构视为管理组织职能的静态表现，而把组织过程及职能管理视为动态表现。现代企业经营管理组织结构形式的不断演变，使物流管理组织结构形式也不断发展变化。

根据不同的目标，可以对物流管理组织进行不同的划分。通常而言，有以下四种分类方法。

(一) 根据物流管理组织所处的领域不同分类

1. 生产领域的物流管理组织

各生产企业的物流管理机构即是生产领域的物流管理组织。它的主要职责是组织生产所需的各种生产资料的进货物流、生产工序间的物流以及产品的出厂物流。不仅包括厂内物流，也包括厂外物流。这种方式也称为非专业性的物流组织。

2. 流通领域的物流管理组织

流通领域的物流管理组织是指那些专门从事产品实现空间位移的组织机构，因此也可称为专业性的物流组织。专业性物流组织的特点是：各项机构的设置完全是以实现物流各项活动为目的的。

(二) 按物流管理组织在物流管理中的任务不同分类

1. 物流管理的决策组织

物流管理的决策组织的任务是根据经济和企业发展的总体发展战略，制定长期物流发展战略和计划、编制物流管理制度和办法，决定物流管理组织的设置以及变更，进行财务监督。

2. 物流管理的决策组织

物流管理的执行组织负责依据决策组织制定的战略和计划，制定各项物流作业的短期计划，分析设计物流作业体系，监督检查物流作业质量，编制物流作业预算、分析物流成本等。具体包括进行各项物流活动的组织，如运输管理组织、仓储管理组织等。

3. 物流现场作业组织

物流作业组织负责执行各项物流计划，依据领导层的决策以及计划、标准等完成现场的物流作业。

(三) 按物流组织的管理系统分类

1. 国家物流管理机构

国家物流管理机构是指国民经济各主管部门所设立的物流组织。

2. 地区物流管理机构

地区物流管理组织机构是指各省、自治区、直辖市以至区、县一级的专门从事物流活动的专业公司、站、库等机构。

3. 企业物流管理机构

企业物流管理机构是指工业企业、流通企业以及其他各类型企业所属的物流管理机构。

(四)根据物流管理组织在企业中的地位分类

根据物流管理组织在企业中的地位分类，可以划分为非专业性的物流管理组织、直线型物流管理组织、直线－职能型物流管理组织、事业部型或超事业部型物流管理组织、物流子公司、独立物流企业或公司六种组织类型。

1. 非专业性的物流管理组织

非专业性物流管理组织的特点，主要是在企业的组织结构中，没有专门的物流管理组织。物流管理组织在机构上是不存在的，只是在活动中存在。物流业务人员分属于生产或销售部门，物流合理化的计划、方案以及企业物流体制效率化的任务都由生产、销售部门的管理人员兼管。物流成本也无法单独体现。这是物流管理组织的最初形式。在这种形式下，只有生产、销售等部门和物流以外的现场部门协助合作，才能妥善地开展物流工作。其基本模式如图 12-5 所示。

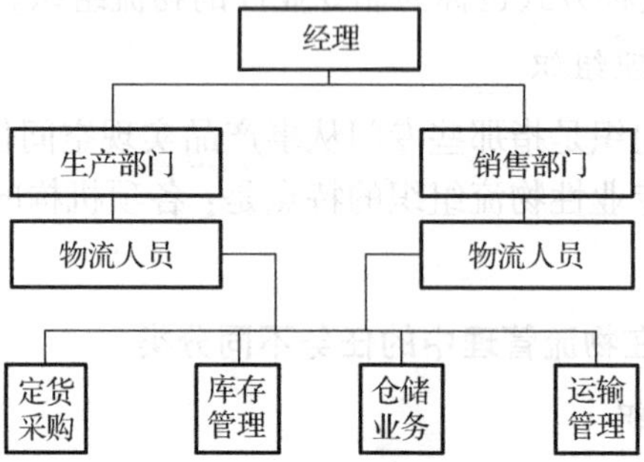

图 12-5　非专业性的物流管理组织

2. 直线型物流管理组织

直线型物流管理组织的特点是，物流管理组织取得了独立的形式。物流管理部门与生产、销售部门并列，并安排有全企业物流总管，统一指挥各执行物流活动的分支机构，以物流改善作为推动物流工作的中心。但是物流活动的计划、成本控制等活动仍然由各分支机构自己做出。这种形式适用于实行直线制经营管理组织形式的企业，其基本模式如图 12-6 所示。

3. 直线–职能型物流管理组织

在这种组织形式中，物流系统的各项活动，如装卸、包装、输送、仓储等仍保持原状，由生产或销售部门的物流现场人员承担。但是整个企业的物流战略、计划、成本的控制及综合分析、推进企业物流合理化工作，是由面向整个企业的物流部门负责的。可以说物流活动的权利进一步集中。其基本模式如图 12-7 所示。

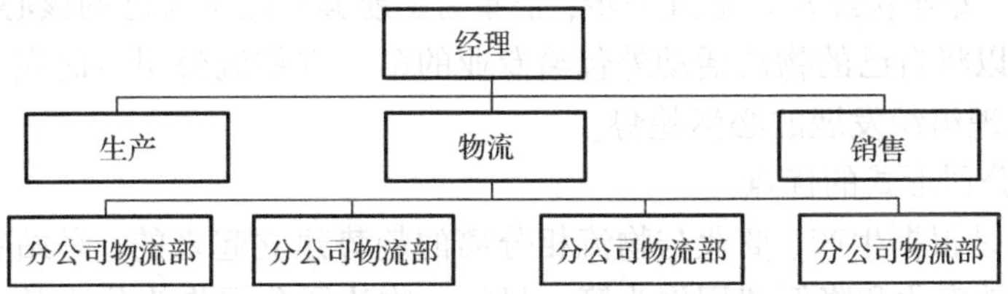

图 12-6　直线型物流管理组织

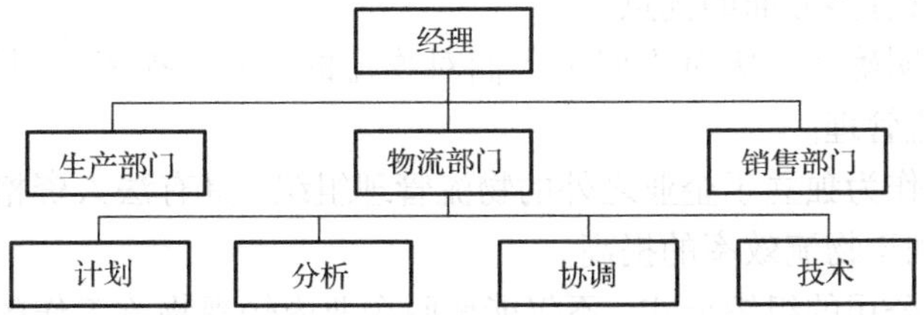

图 12-7　直线-职能型物流管理组织

4. 事业部型或超事业部型物流管理组织

这种结构主要应用在规模较大、实行分权的事业部型或超事业部型组织形式的企业中。以事业部门的产品为中心组织物流活动，需要物流人员结合在一起发挥作用，或者专门组织物流人员活动。传统的产品事业部中，物流活动由各个事业部以自己的产品为中心组织。但是由于物流活动的特点以及企业总体效率的要求，企业逐渐将物流管理活动统一化和集中化，打破了事业部的界限，成立了面向整个企业的物流管理组织，即超事业部。这种结构把围绕产品发生的整个物流活动一体化，不仅包括产品物流，而且包括组织资材供应、库存管理、商品配送等许多方面。在这里，真正的总物流——从产品原材料一直到把产品送达消费者的整个过程，都依靠一个物流管理组织进行管理，这一组织一般被称为物流总部。但是，物流总部的设立并不一定是将物流现场作业全部集中到总公司进行，一般物流现场作业仍然由各事业部独自开展。其基本模式如图 12-8 所示。

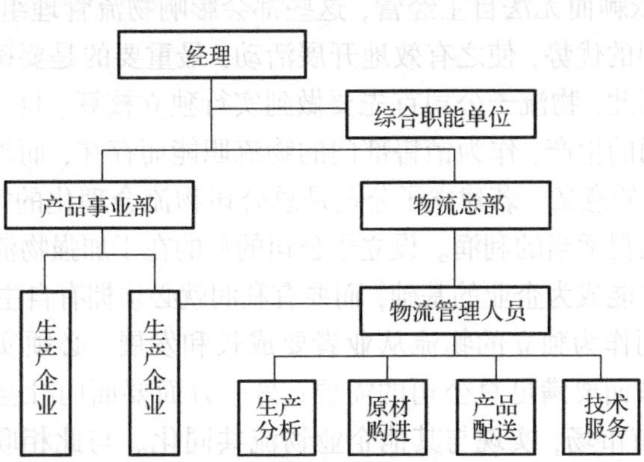

图 12-8　事业部型或超事业部型的物流管理组织

5. 物流子公司

物流子公司是 20 世纪 60 年代后期出现的一种新的物流管理组织。这种管理组织形式是把公司或企业的物流管理的一部分或全部分离出来，由一个具有法人资格的独立的企业，实行社会化、专业化经营。更进一步，企业为了能够专注于自己的核心竞争力，降低物流成本，甚至可以将自己的物流活动外包给专业的第三方物流公司。而完全独立的物流公司是当前物流管理组织发展的必然趋势。

(1)物流子公司形式的优点

物流子公司是根据生产、商业与物流相分离的趋势建立起来的，是站在整个企业的立场，以物流管理效率化和降低费用作为第一目标。物流子公司作为代表整个企业专门行使物流管理的组织，作为物流管理组织的一种形式，和上述几种非独立化的属于企业内的物流管理组织相比，具有多方面的优点。

① 使物流费用明确化，从而改变了人们对物流的看法，提高了对物流成本核算的认识，有利于加强物流管理。

② 物流子公司作为独立于企业之外的物流管理组织，具有法人资格，能够进行以利润为中心的管理，有利于物流效率的提高。

③ 采取物流子公司的组织形式，不仅能摆脱企业内轻视物流工作的陈腐观念，而且大大改变了物流业务的地位，从而有利于调动物流工作人员的积极性。同时，由于物流业务专门化和统一指挥，也便于加强对物流人员的劳务管理。

④ 建立物流子公司，能开拓物流业务新领域。如前所述，从属于一个公司或企业的物流管理机构，它的活动领域只限于本公司内部；而物流子公司是独立的物流业者，就不受这种限制，它实行社会经营，可以承担许多企业、公司的物流业务，其业务领域是无限制的。而这一点是公司内部物流部门所不具备的重要长处。

(2)物流子公司形式的缺点

但是，物流子公司这种组织形式也不是十全十美的，它的缺点主要表现在如下方面。

① 物流管理业务独立化之后，子公司与原有企业成为主顾关系，两者之间的抗衡、竞争和矛盾会使原有企业不愿接受子公司提出的物流合理化建议，从而不利于原有企业物流合理化的推进。

② 如果物流子公司不和原有企业彻底脱钩，也会因原有企业转嫁损失、物流不合理以及由于对原有企业的依赖而无法自主经营，这些都会影响物流管理组织的有效性。

要发挥物流子公司的优势，使之有效地开展活动，最重要的是要确保物流子公司自主经营和扩大业务范围。因此，物流子公司首先要做到实行独立核算、自负盈亏。如果物流子公司只是为了支援总公司的生产、作为销售部门的物流职能而存在，而没有企业的独立核算性质，那就失去了子公司的意义。若建立子公司是总公司物流合理化的需要，就应该在提供廉价而优质服务的同时获得适当的利润。设立子公司的目的在于加强物流管理、降低物流费用，那么子公司只有获利才能成为企业的基础，而要有利润就必须拥有自主经营的权力。

其次，物流子公司作为独立的物流从业者要成长和发展，必须实行社会化经营，扩大业务领域。为此，一方面要满足总公司的需要；另一方面要面向社会开拓新的业务，谋求攻进物流专业者的现有市场，实现与其他企业物流共同化。与此相联系，必须注重物流开发研究以及改进物流管理技术，同时应发展横向联合，实现共同繁荣。

6. 独立的物流企业或公司

前面已经提到，如果物流子公司只负责本公司的物流业务，那么除非公司的规模相当大，否则物流子公司的利润来源无法保证，而且很可能导致资源浪费。在这种情况下，物流子公司就需要面向社会，形成规模效应。

然而，从另外一个角度来考虑，在社会分工日益深化的今天，企业要想在激烈的市场竞争中立足，必须要集中精力和资源关注自己的核心竞争力。因此，在这种情况下，与其企业自己从事自身并不熟悉的物流行业，不如交由专业化的物流公司。这样，不仅为企业节约了资源和精力，而且能够在很大的程度上降低物流成本。更重要的是，将物流外包不仅具有物流子公司的一切优势，而且规避了物流子公司的缺点。合作双方是两个独立的公司，通过合同来规范双方的关系和利益，是硬性的约束。但是，由于物流是一项长期的活动，双方是否能够相互信任，形成长期良好的合作关系，是值得重视的问题。

上面介绍了几种现代企业物流管理组织结构形式，每个企业应根据自身发展的实际情况，选择有效的物流管理组织。

习题与思考

1. 什么是物流系统？物流系统有何特点？
2. 举例说明生产企业物流的类型。
3. 简述企业物流规划的内容和原则。
4. 什么是物流管理组织？物流管理组织的类型有哪些？

案例分析

经营中的尴尬局面

在一家街头的零售店里，某饮料企业的一位理货员来给店里送货，以下是他和零售店老板之间的对话。

企业理货员："张老板，我来给您送货。"零售店店主："你们公司送货怎么这么慢呢？我订的货应该在昨天就送到了！可现在你才来，你看，我的客户都跑掉了！"企业理货员："对不起，我们公司那边有点问题。"零售店店主："怎么你们送来的货与我的订单内容不一样啊？"企业理货员："是吗？"零售店店主："这个产品不对，我要的是150毫升的饮料，你送的是500毫升的；这个产品也不对，我要30瓶，你们只拿了20瓶！真是乱七八糟的！像你们这样送货，客户全都得跑光了。产品不对！时间也不对！我要退货，真是受不了你们，我不会再和你们打交道了！"

案例来源：http://www.ppkao.com/wuliu/2012/60625.html.

案例思考

1. 饮料企业经营中存在什么问题？
2. 你认为应该怎样解决问题？

实践训练

实地考查一家工商企业的物流状况，了解其物流规划内容与物流组织类型。

第十三章

第三方物流

知识要点

1. 企业物流的运作方式，企业物流外包的原因及容易出现的问题
2. 企业核心竞争力的概念、特性、价值及作用
3. 第三方物流的概念及特征
4. 第三方物流企业的评价指标、评价方法及选择
5. 第三方物流的实施

第一节 企业物流外包

一、企业物流的运作模式

企业物流运作模式是指一个企业应该采用何种方式来运作其所需要的物流活动。企业物流运作模式分为三种形式：市场采购、物流自营与外包。外包又分为内部外包和外部外包。

(一)市场采购

在市场上通过讨价还价的形式，采购公共物流服务，如在公共市场上采购一般货物的运输或储存就属于市场采购。

(二)物流自营

物流自营是指企业自建物流系统，成立自己的物流部门，由其来完成从原材料采购到产品销售的一系列运输、储存、装卸、搬运、包装、流通加工、配送、信息处理等环节的物流模式。

(三)物流外包

物流外包是介于市场采购和物流自营中间的形式。物流外包又可进一步分为内部外包和外部外包。

企业将业务交由集团公司的独立利润中心(在公司之间，市场因素起着作用)或组建独立公司的横向协作体或采用一般服务公司(合资企业)，甚至资本投资等形式运作物流都属于内部外包。

企业将物流业务以合同的形式较长时期地交给第三方物流企业，属于外部外包。

外部外包既不同于单个的、自由的市场交易，又不同于内部一体化。物流外包的高级形式是战略联盟，合作双方不需要签署正式的合同。物流需求方以非正式合同的形式、以相互信任为基础，将物流业务外包给第三方物流企业，旨在维持合作关系。

在不同的背景下，企业物流的选择模式不同。随着科学技术的发展，工业型社会正在向信息型社会转变，企业的经营方式由垂直一体化经营到虚拟经营，企业之间的焦点主要集中在知识、信息和创造力上，选择并形成企业自身的核心竞争力是企业的最终选择。物流业务外包正是这个背景下的产物。

二、企业物流外包的原因和容易出现的问题

自从20世纪90年代以来，外包已成为商业领域中的一大趋势。企业越来越重视集中自己的主要资源与主业，而把辅助性功能外包给其他企业。物流外包是一种长期的、战略的、相互渗透的、互利互惠的业务委托和合约执行方式。企业物流外包所推崇的理念是：如果我们在产业价值链的某一环节上不是世界上最好的，如果这又不是我们的核心竞争优势，如果这种活动不至于把我们同客户分开，那我们应当把它外包给世界上最好的专业企业去做。即首先确定企业的核心竞争优势，并把企业内部的技能和资源集中在那些具有核心竞争优势的活动上，然后将剩余的其他企业活动外包给最好的专业企业。从这样的理念可知，企业物流外包的目的就是以供应链为腹地，跨越企业边界合理配置资源，提高企业核心竞争力。其推动力来自竞争和供应链的发展，因为21世纪的竞争不是企业与企业之间的竞争，而是供应链与供应链之间的竞争，这就是企业物流外包的基本推动力。企业物流外包不单是业务形式的变化，还有更深层的原因。从发展核心竞争力的角度看，企业物流外包是一个相当紧迫的问题。

(一)企业实施物流业务外包的原因

1. 集中精力发展核心业务

在企业资源有限的情况下，为取得竞争中的优势地位，企业只掌握核心功能，也即把企业知识和技术依赖性强的高增值部分掌握在自己手里，而把其他低增值部门虚拟化。通过借助外部力量进行组合，其目的就是在竞争中最大效率地利用企业资源。如耐克、可口可乐等企业就是这样经营的，它们没有自己的工厂，而是把一些劳动密集型部门虚拟化，并把它们转移到许多劳动成本低的国家进行生产，企业只保留核心的品牌。

2. 分担风险

企业可以通过外向资源配置分散由政府、经济、市场、财务等因素产生的风险。因为企业本身的资源是有限的，通过资源外向配置，与外部合作伙伴分担风险，企业可以变得更有柔性，更能适应外部变化的环境。

3. 加速企业重组

企业重组需要花费很长的时间，而且获得效益也需要很长的时间，通过企业外包可以加速企业重组的过程。

4. 辅助业务运行效率不高、难以管理或失控

当企业出现一些运行效率不高、难以管理或失控的辅助业时，需要进行业务外包，值

得注意的是，这种方法并不能彻底解决企业的问题，相反，这些业务职能可能在企业外部更加难以控制。在这种时候，企业必须花时间找出问题的症结所在。

5. 使用企业不拥有的资源

如果企业没有有效完成业务所需的资源，而且不能盈利时，企业也会将业务外包。这是企业业务临时外包的原因之一，但是企业必须同时进行成本/利润分析，确认在长期情况下这种外包是否有利，由此决定是否应该采取外包策略。

6. 实现规模效益

外部资源配置服务提供者都拥有能比本企业更有效、更便宜地完成业务的技术和知识，因而他们可以实现规模效益，并且愿意通过这种方式获利。企业可以通过外向资源配置避免在设备、技术、研究开发上的大额投资。

(二) 物流外包容易出现的问题

成功的物流业务外包可以提高企业的劳动生产率，可以使企业集中精力做好自己的核心业务，但是业务外包的发展速度并不是很快，特别在我国，企业“大而全、小而全”的管理模式还普遍存在。

首先，业务外包一般可以减少企业对业务的监控，但它同时可能增加企业责任外移的可能性。企业必须不断监控外部企业的行为并与之建立稳定、长期的联系。

另一个问题来自职工本身，随着更多业务的外包，他们会担心失去工作。如果他们知道自己的工作被外包只是时间问题的话，就可能使这些职工的职业道德和业绩下降，因为他们会失去对企业的信心、失去努力工作的动力，导致更低的业绩水平和生产率。另一个关于员工的问题是，企业可能希望获得较低的劳动力成本。越来越多的企业将部分业务转移到不发达国家，以获得廉价劳动力以降低成本。企业必须确认自己在这些地方并没有与当地水平偏差太大，并且必须确认企业的招聘工作在当地公众反应是否消极。公众的反应对于企业的业务、成本、销售有很大影响。

企业业务的任何环节都不应该成为弱项，企业把物流外包给第三方物流商不是简单地只专注于核心业务，而是转变为对合作方的控制和管理。现在许多人都在谈论企业物流外包，认为企业只要专注于生产，把运输、仓储业务交给物流公司是最好的选择。其实事情并非这么简单。有一点必须明确说明，外包是企业间互相交换各自善于解决的问题。外包方善于业务的操作，而出包方要建立和完善对外包方的管理。

成熟的外包业务具有两方面的条件。第一个条件是，企业自己的业务理得较顺、模块化较强。如果企业业务模块化做得好，物流可以外包；做得不好，更应该外包。外包第二个条件是，企业只有相信物流公司能比自己做得好才会考虑外包。外包有时是一个经济理性问题，但有时需要在理性之上。理性的企业会考虑其对外包部分的控制能力。

企业在选择物流外包时，首先应考虑物流是否是企业的核心竞争力，物流对企业的战略重要性如何，然后再考虑成本因素。

三、企业核心竞争力

企业的资源包括内部资源和外部资源，对于企业来讲，外部资源的获得机会并不是均等的，因为不同企业在自身的能力上是有差异的。而企业外部资源决策的前提是企业内部资源的分析，因为外部资源本身不具有某一组织的特性，只有当外部资源和内部资源相互作用后，整合的资源才具有企业的特性。如何根据企业内部资源的特点，利用好外部资源，是企业核心竞争力的内在反映。

(一)企业核心竞争力的概念

企业核心竞争力是指企业独具的、支撑企业可持续性竞争优势的核心能力。更详细地表述为，企业核心竞争力是企业长期形成的，蕴含于企业内质中的，企业独具的，支撑企业过去、现在和未来的竞争优势，并使企业长时间内在竞争环境中能取得主动的核心能力。

核心竞争力的概念是由布罗哈德和哈默在1990年的《哈佛商业评论》一篇论文中提出的。最初关于这理论的讨论都是定性的。经过学术界、众多的管理咨询公司和企业界的努力，有关核心竞争力的模型已经走向定量化，变成一种问题解决方法。分析企业核心竞争力，要运用以价值为焦点的思维，考虑什么是公司的目标以及如何将之最大化。最大化企业的价值是个动态的概念，而不是静态概念。例如，许多人认为企业的目标是利润最大化，问题是最大化哪年的利润呢？能否以下一年的利润为代价最大化今年的利润呢？显然这样做是不对的。因此企业的目标应该是利润的净现值最大化，这就是一个动态的概念。

企业的一般竞争力，如营销竞争力、产品竞争力等，只是企业某一方面的竞争力。企业核心竞争力却是处在核心地位的、影响全局的竞争力，是一般竞争力的统领。例如，本田汽车公司的引擎设计和制造能力，联邦航空公司的追踪及控制全世界包裹运送的能力。根据企业核心竞争力的不同表现形式，可将企业核心竞争力分为三类：核心产品、核心技术和核心能力。它们之间关系密切，产品来自技术，技术来自能力。

(二)企业核心竞争力的特性

企业核心竞争力与其他类型竞争力之所以不同，是因为它具备如下三个主要特性。

1. 价值性

核心竞争力富有战略价值，它能为顾客带来长期性的关键性利益、为企业创造长期性的竞争主动权、为企业创造超过同业平均利润水平的超值利润。

2. 独特性

企业核心竞争力为企业独自拥有。它是在企业发展过程中长期培养和积淀而成的，孕育于企业文化，深深融合于企业内质之中，为该企业员工所共同拥有，难以被其他企业所模仿和替代。

3. 延展性

核心竞争力的价值，在于它能够为顾客提供根本性、关键性的效用和贡献。但是顾客的消费倾向、消费习惯和消费心理，以及价值判断标准又是不断变化的。

核心竞争力是相对的，它总是与其他企业的能力相比较而言的。如果缺乏必要的应变能力和延展性，在竞争对手的追赶和冲击下，其优势地位将不可避免地被侵蚀、削弱，直至被取代。同时，企业的核心竞争力不仅仅局限于某一领域或某种产品，而是能够为企业适应环境，在多个领域和相关活动中为竞争行为提供有力的支持。

(三)企业核心竞争力的本质

在企业的战略决策中，核心竞争力是重要的因素。成功的企业都通过将资源集中在一个或有限的几个能力，去超过竞争者，发掘与众不同的竞争优势。并且这些企业都会将其所需要的核心能力建立在行业平均水平以上，围绕其竞争优势，很少将资源投向非核心能力。物流能力无疑是形成企业竞争优势的一个重要基石。企业必须通过物流来实现其业务目标，同时满足企业自身的需求和顾客的需求。所以明确物流能力是否是其核心能力，企业是否能够积极地利用这种能力去获得竞争优势，是企业决定“自建还是外包”首先要考虑的。

企业之间竞争的实质，就是企业为其生存和发展进行的对环境中企业所需资源的争夺战，企业竞争力是企业争夺环境中资源的能力。传统企业竞争力理论未能对企业长期性的盛衰原因做出令人满意的回答。核心竞争力理论从对企业的短期性资源优化配置能力的研究，延伸到对企业的长期性资源优化配置能力的研究。为确保企业可持续性生存和发展，就必须要有比其竞争对手更强的长期性优化配置资源能力，也就是必须要有很强的核心竞争力。所以说，企业核心竞争力的本质简单地概括就是企业的资源。

第二节　第三方物流

物流在西方发达国家的实践中是降低成本的“第三利润源”，是提高服务水平的利器，因此在物流理论引入我国后，受到了我国各级政府和各类企业前所未有的关注。作为物流专业化、社会化集中表现的第三方物流，也首当其冲、备受推崇并迅速升温。跨国公司更是对我国的物流市场觊觎已久，入世后已经逐步进驻我国物流市场。越来越多的人对第三方物流的前景看好，物流成为继 IT、金融之后最受追捧的行业之一。

一、第三方物流的概念

对于第三方物流的概念，国内外有多种理解方式。比较普遍的理解是企业全部或部分物流的外部提供者。第三方是相对于第一方供应方和第二方需求方而言的。它是通过第一方或第二方，或者与这双方的合作来提供专业化的物流服务。中华人民共和国国家标准 08/718354—2001 物流术语中给出了“第三方物流”的概念：“第三方物流”是指由供方与需方以外的物流企业提供物流服务的业务模式。“第三方”是指提供物流交易双方的部分或全部物流功能的外部服务提供者。在某种意义上可以说，它是物流专业化的一种形式。

第三方物流，英文表达为 Third- Party Logistics，简称 3PL，也简称 TPL，是相对“第一方”和“第二方”而言的。3PL 既不属于第一方，也不属于第二方，而是通过与第一方或第二方的合作来提供其专业化的物流服务。它不拥有商品，不参与商品的买卖，而是为客户提供以合同为约束、以结盟为基础的、系列化、个性化、信息化的物流代理服务。最常见的 3PL 服务包括设计物流系统、EDI 能力、报表管理、货物集运、选择承运人、货代人、海关代理、信息管理、仓储、运费支付、运费谈判等。

第三方物流随着物流业发展而发展。第三方物流是物流专业化的重要形式。物流业发展到一定阶段必然会出现第三方物流的发展，而且第三方物流的比例与物流产业的水平之间有着非常规律的相关关系。实证分析证明，独立的第三方物流完成量要占社会物流总量的 50%，物流产业才能形成。所以，第三方物流的发展程度反映和体现着一个国家物流业发展的整体水平。

二、第三方物流的特征

(一)第三方物流是个性化物流服务

第三方物流服务的对象一般都较少，只有一家或数家，但服务延续的时间较长，往往长达几年。这是因为需求方的业务流程不尽相同，而物流、信息流是随价值流流动的，因而要求第三方物流服务应按照客户的业务流程来定制。这也表明物流服务理论从“产品推销”发展到了“市场营销”阶段。第三方物流企业提供物流服务是从客户的角度考虑，为客户提供定制化的服务。从这个角度来看，第三方物流企业与其说是一个专业物流公司，不如说是客户的一个专职物流部门，只是这个“物流部门”更具有专业优势和管理经验。

(二)第三方物流是合同导向的一系列服务

第三方物流有别于传统的外协，外协只限于一项或一系列分散的物流功能，如运输公司提供运输服务、仓储公司提供仓储服务等。第三方物流虽然也包括单项服务，但更多的是提供多功能、甚至全方位的物流服务，它注重的是客户物流体系的整体运作效率与效益。同时，第三方物流都是根据合同条款的要求，而不是客户的临时需求，提供规定的物流服务。

(三)第三方物流要求需求方与供应方之间建立长期的战略合作伙伴关系

在西方的物流理论中，非常强调企业之间的“相互依赖”关系。也就是说，一个企业的迅速发展光靠自身的资源、力量是远远不够的，必须寻找战略合作伙伴，通过同盟的力量获得竞争优势。而第三方物流企业扮演的就是这种同盟者的角色，与客户形成的是相互依赖的市场共生关系。客户通过信息系统对物流全程进行管理和控制，物流服务企业则对客户的长期物流活动负责。第三方物流企业不是货代公司，也不是单纯的速递公司，它的业务深深地触及客户企业销售计划、库存管理、订货计划、生产计划等整个生产经营过程，远远超越了与客户一般意义上的买卖关系，而是紧密地结合成一体，形成了一种战略合作伙伴关系。从长远看，第三方物流的服务领域还将进一步扩展，甚至会成为客户营销体系的一部分。它的生存与发展必将与客户企业的命运紧密地联系在一起。第三方物流与客户企业的关系如图13-1所示。

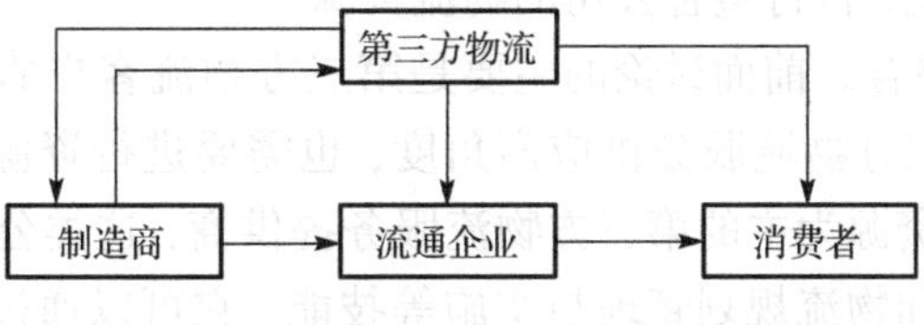

图13-1　3PL与客户企业的关系

(四)第三方物流以现代信息技术为基础

信息技术的发展是第三方物流出现和发展的必要条件。现代信息技术实现了数据的快速、准确传递，提高了仓库管理、装卸运输、采购订货、配送发运、订单处理的自动化水平，使订货、包装、保管、运输、流通加工实现一体化，客户企业可以更方便地使用信息技术与物流企业进行交流和协作，企业间的协调和合作有可能在短时间内迅速完成。同时，计算机软件的迅速发展，使得人们能够精确地计算出混杂在其他业务中的物流活动的成本，并能有效管理物流渠道中的商流，从而促使客户企业有可能把原来在内部完成的物流活动交由物流公司运作。

三、第三方物流创造价值的来源和作用

第三方物流发展的推动力就是要为客户及自己创造价值。第三方物流公司必须以有吸引力的服务来满足客户需要，服务水平必须符合客户的期望，要使客户在物流方面得到利润，同时自己也要获得收益，因此，第三方物流公司必须通过自己物流作业的高效化、物流管理的信息化、物流设施的现代化、物流运作的专业化、物流量的规模化来创造价值。

(一)经济价值

1.第三方物流运作价值

第三方物流服务供应商面临的挑战是要能提供比客户自身物流运作更高的价值。他们不仅考虑同类服务提供者的竞争，还要考虑潜在客户的内部运作。第三方物流提供商一般需要从提高物流运作效率、与客户运作的整合、发展客户运作三方面创造运作价值。

(1)提高运作效率。物流运作效率的提高意味着对每个最终形成物流的单独活动进行开发(如运输仓储等)。例如，仓储的运作效率取决于足够的设施与设备及熟练的运作技能。在作业效率范围内，另一个更先进的作用是协调连续的物流活动。除了作业技能外，还需要协调和沟通技能。协调和沟通技能在很大程度上与信息技术相关联，因为协调与沟通一般是通过信息技术这一工具来实现的。如果存在有利的成本因素，并且公司的注意力集中在物流方面，那么用较低的成本提供更好的服务是非常有可能的。

(2)客户运作整合。第三方物流服务带来增值的另一个方法是引入多客户运作，或者是在客户中分享资源。例如，多客户整合的仓储和运输网络，可以利用相似的结合起来的资源，整合的运作规模效益成为提高效率的重要方面。第三方物流整合运作的复杂性很高，需要更多的信息技术与技能。这一整合增值方式对于单个客户进行内部运作的很不经济的运输与仓储网络也适用。因此表现出来的规模经济效益是递增的，如果运作得好，将导致竞争优势及更大的客户基础。当然，一些拥有大量货流的大客户也常常投资信息技术，提高协调和沟通技能，自行整合公司的物流资源。

(3)横向或者纵向整合。前面讨论的主要是第三方物流客户的内部运作外包化带来的效率的提高，其实从第三方物流服务供应商角度，也需要进行资源整合、业务外包。对无资产主要是以管理外部资源为主的第三方物流服务提供商，这类公司为客户创造价值的技能是强有力的信息技术和物流规划管理与实施等技能，它可以通过纵向整合，购买具有成本和服务优势的单项物流功能作业或资源，发展同单一物流功能提供商的关系，也是创造价值的一种方法，这样，物流供应商可以专注于自己新的能力的服务。在横向上，第三方物流公司如果能够结合类似的但不是竞争的公司，可以联合为客户服务，扩大为客户提供服务的地域覆盖面。

(4)发展客户运作。第三方物流公司为客户创造价值的另一类方式是通过发展客户公司及组织运作来获取价值，这种第三方物流服务基本上接近传统意义上的物流咨询公司所做的工作，所不同的是，这时候提出的解决方案要由物流供应商自己来开发，完成运作。

增值活动中的驱动力在于客户自身的业务过程，所增加的价值可以看作愿与供应链管理与整合。

2. 第三方物流的成本价值

在竞争激烈的市场上，降低成本、提高利润率往往是企业追求的首选目标。这也是物流在20世纪70年代石油危机之后其成本价值被挖掘出来作为“第三利润源”受到普遍重视的原因。物流成本通常被认为是企业经营中较高的成本之一，控制物流成本，就等于控制了总成本。完整的企业物流成本，应该包括物流设施设备等固定资产的投资、仓储、运输、配送等费用(狭义的物流费用)，以及为管理物流活动所需的管理费、人工费和伴随而来的信息传递、处理等所发生的信息费等广义的物流费用。在衡量物流成本的增减变动时，应全面考虑所有这些有关的费用构成的物流总成本，而不能仅以运输费用和仓储费用的简单之和作为考察物流成本变动的指标，否则企业在进行物流成本控制或采用第三方物流后，最终核算时有可能会得出企业物流成本不降反升的错误结论。

企业将物流业务外包给第三方物流公司，由专业物流管理人员和技术人员，充分利用专业化物流设备、设施和先进的信息系统，发挥专业化物流运作的管理经验，以求取得整体最佳的效果，企业可以不再保有仓库、车辆等物流设施，对物流信息系统的投资也可转嫁给第三方物流企业来承担，从而可减少投资和运营物流的成本；还可以减少直接从事物流的人员，从而减削工资支出；提高单证处理效率，减少单证处理费用；由于库存管理控制的加强可降低存货水平，削减存货成本；通过第三方物流企业广泛的结点网络实施共同配送，可大大提高运输效率、减少运输费用，等等。这些都是第三方物流能够产生的成本价值。对企业而言，应建立一套完整的物流成本核算体系，以便真实地反映企业实施物流控制或采用第三方物流所带来的效益，促使企业物流活动日趋合理化。

3. 第三方物流的服务价值

在社会化大生产更加扩大、专业化分工愈加细化的今天，服务成为企业竞争的关键因素。以最小的总成本提供预期的顾客服务已成为企业努力的方向，帮助企业提高顾客服务水平和质量也正是第三方物流所追求的根本目标。服务水平的提高会提高顾客满意度、增强企业信誉、促进企业的销售、提高利润率，进而提高企业市场占有率。在市场竞争日益激烈的今天，高水平的顾客服务对于现代企业来说是至关重要的，它是企业优于其同行的一种竞争优势。物流能力是企业服务的主要内容之一，会制约企业的顾客服务水平。例如，在生产时由于物流问题使采购的材料不能如期到达，也许会迫使工厂停工，不能如期交付顾客订货而承担巨额违约金，更重要的是会使企业自身信誉受损、销量减少，甚至失去良好合作的顾客。这就是为什么现代企业如此重视服务、重视物流的原因之一。物流服务水平实际上已成为企业实力的一种体现。而第三方物流在帮助企业提高自身顾客服务水平上自有其独到之处。利用第三方物流企业信息网络和结点网络，能够加快对顾客订货的反应能力，加快订单处理，缩短从订货到交货的时间，进行门对门运输，实现货物的快速交付，提高顾客满意度；通过其先进的信息技术和通信技术可加强对在途货物的监控，及时发现、处理配送过程中的意外事故，保证订货及时、安全送达目的地，尽可能实现对顾客的承诺；产品的售后服务、送货上门、退货处理、废品回收等也可由第三方物流企业来完成，保证企业为顾客提供稳定、可靠的高水平服务。

企业对物流的控制和管理，实际上就是成本与服务之间的一种均衡，而且在市场环境下，服务甚至比成本更重要。现代企业必须充分认识到顾客服务的重要性，在考虑是否采用第三方物流时，应处理好成本与服务的均衡问题，不应一味追求物流成本的削减，即使在企业自己从事物流时也应如此。因为低成本往往容易导致低服务，过分压价，会使第三方利益受损，无力通过自身积累来扩大规模，也就无力给企业提供更好的服务，反过来也会损害企业自身的长远利益。应该说，只要企业顾客服务水平的提高所带来的效益大于其成本支出，那么这种决策就是可取的。只有当企业采用第三方物流后，既增加成本服务水平又不见提高甚至下降时，企业才应该重新决策。

4. 第三方物流的风险分散价值

企业如果自己运作物流，要面临两大风险：一是投资的风险，二是存货的风险。前面已经说过，企业自营物流是要进行物流设施、设备的投资的，如建立或租赁仓库、购买车辆等。这样的投资往往比较大，而如果企业物流管理能力较低，不能将企业拥有的物流资源有效协调、整合起来，尽量发挥其功用，致使物流效率低下，物流设施闲置，那么企业在物流上的投资就是失败的，这部分在物流固定资产上的投资将面临无法收回的风险。另外，企业由于自身配送能力、管理水平有限，为了及时对顾客订货做出反应，防止缺货和快速交货，往往需要采取高水平库存的策略，即在总部以及各分散的订货点处维持大量的存货。而且一般来说，企业防止缺货的期望越大，所需的安全储备越多，平均存货数量也越多。在市场需求高度变化的情况下，安全库存量会占到企业平均库存的一半以上，对于企业来说就存在着很大的资金风险。尽管存货属于流动资产的一种，但它不仅不是马上就能动用的资产，而且还需要占用大量资金。存货越多，变现能力往往越弱，企业资金越少。随着时间的推移，存货有贬值的风险。在库存没有销售出去变现之前，任何企业都要冒着巨大的资金风险。企业如果通过第三方物流企业进行专业化配送，由于配送能力的提高、存货流动速度的加快，企业可能减少内部的安全库存量，从而减少企业的资金风险，或者把这种风险分散一部分给第三方物流企业。

5. 第三方物流的竞争力提升价值

企业利用第三方物流，可使自身专注于提高核心竞争力。生产企业的核心能力是生产、制造产品，销售企业的核心能力是销售产品。而且随着外部市场环境的变化，企业的生产经营活动已变得越来越复杂。一方面，企业需要把更多的精力投入自己的生产经营当中；另一方面，企业交往的对象更多了，所要处理的关系也更为复杂，在处理各种关系和提高自身核心能力上，企业的资源分配便会出现矛盾。如果将企业与顾客间的物流活动转由第三方物流企业来承担，便可大大降低企业在关系处理上的复杂程度。企业通过采用第三方物流后，原来直接面对多个顾客的一对多关系变成了直接面对第三方物流的一对一关系，企业在物流作业处理上避免了直接与众多顾客打交道而带来的复杂性，简化了关系网，便于将更多精力投入自身的生产经营中。

此外，作为第三方物流企业，可以站在比单一企业更高的角度上来处理物流问题，通过其掌握的物流系统开发设计能力、信息技术能力将原材料供应商、制造商、批发商、零售商等处于供应链上下游的各相关企业的物流活动有机衔接起来，使企业能够形成一种更为强大的供应链竞争优势，这是个别企业所无法实现的工作。

在专业化分工越来越细的时代，再有实力的企业也不可能面面俱到，什么都做得很好。把自己较不擅长的部分，或者说不是自己核心能力的部分给第三方来承担，扬长避短，实际上就使得企业和第三方物流各自的优势得到强化，既能促使企业专注于提高自身核心竞争力，有助于企业的长远发展，又有利于带动物流行业整体的发展。

(二)第三方物流的社会效益

以上所说的，实际上可归为第三方物流的经济价值，而除了其独特的经济效益外，第三方物流还具有另一项为大多数人所忽视的价值，即其社会效益。

1.第三方物流可将社会上众多的闲散物流资源有效整合、利用起来

在过去的计划经济体制下，受大而全、小而全思想的影响，我国很多企业都建有自己的仓库、车队，而且往往存在仓储设施老化、仓储管理人员素质低下等问题。企业各自进行分存储，导致物流设施使用低效，有的企业仓库不足，需扩建，而有的企业仓库则大量闲置、浪费，造成社会物流资源的不合理配置；自行组织运输则使运输效率低下，社会运力得不到有效利用，车辆空驶现象普遍，运输成本高。而且企业由于受到原有一套物流系统的限制，很难依靠自身力量来进行更新改造，强化物流管理。而通过第三方物流企业专业的管理控制能力和强大的信息系统，对企业原有的仓库、车队等物流资源进行统一管理、运营、组织，共同存储、共同配送，将企业物流系统社会化，实现信息、资源的共享，则可从另一个高度极大地促进社会物流资源的整合和综合利用，提高整体物流效率。

2.第三方物流有助于缓解城市交通压力

通过第三方物流的专业技能，加强运输控制，通过制定合理的运输路线，采用合理的运输方式，组织共同配送、货物配载等，可减少城市车辆运行数量，减少车辆空驶、迂回运输等现象，解决由于货车运输的无序化造成的城市交通混乱、堵塞问题，缓解城市交通压力。由于城市车辆运输效率的提高，可减少能源消耗、减少废气排放量和噪声污染等，有利于环境的保护与改善，促进经济的可持续发展。

3.第三方物流的成长和壮大可带动中国物流业的发展，对中国产业结构的调整和优化有着重要的意义

资源整合是企业战略调整的手段，也是企业经营管理的日常工作，整合就是要优化资源配置，就是要有进有退、有取有舍，就是要获得整体的最优。3PL是指生产经营企业为集中精力搞好主业，把原来属于自己处理的物流流动，以合同方式委托给专业物流服务企业，同时通过信息系统与物流服务企业保持密切联系，以达到对物流全程管理和控制的一种运作与管理方式。我国3PL服务市场目前基本上还处于分散、封闭和无序竞争的状况，“物流泡沫”正在形成，面对中国入世有关物流业的市场准入承诺和国外物流业巨头对我国物流市场的战略争夺，3PL资源整合是目前最重要的事情。

我国第三方物流自出现以来，取得了迅速的发展，但发展水平不高，功能结构单一。对第三方物流进行资源整合，成为加快我国物流发展过程中亟须解决的问题。服务创新是能力资源整合的有效途径。就物流市场发展的实际情况来看，发达国家3PL企业的能力资源整合方式，除了我们所熟悉的并购方法外，更多地表现在通过推出新的服务产品和建立广泛的战略联盟来建立和完善物流服务网络。以物流服务创新来整合3PL企业能力资源将有效地避免仅仅是为了“做大”所进行的整合和整合以后的貌合神离。所谓1+1>2的部分就源于物流服务创新。从本质上说，3PL竞争力优势的激活和更新离不开对3PL本身资源

和外界资源的统一和整合，离开了资源整合，就谈不上形成和发展竞争力优势。竞争力优势的识别过程和发现方法实际上就是资源整合的过程，从而更好地认清企业。

第三节　第三方物流的选择与实施

一、第三方物流企业的构成

据中国仓储协会对中国家电、电子、日化、食品等行业具有代表性的450家大中型企业进行的物流调查显示，我国第三方物流企业基本来自四大板块：一是传统运输与仓储企业转型的物流企业，如中远物流、中铁物流等；二是中外合资与外商独资物流企业，如佐川急便、联邦快递等；三是民营物流企业，如天津大田、北京宅急送等；四是制造企业建立的物流公司，如海尔物流、安得物流等。根据中国物流与库存协会2003年不完全统计数据，在国内的第三方物流市场中，四类公司各有领先者。

外资第三方物流公司依靠先进的物流管理理念、完善的服务体系和强大的信息支撑系统为其客户提供比较优势的服务，而且全球化经营使得他们在经营进出口、跨国物流任务时尤其有优势。缺点在于没有完善的国内网络和支线配送运输能力。

传统运输公司多是国家投资，多年的行业垄断经营和建设使得这些企业在国内或专属行业拥有别人难以比拟的网络优势和规模。而其缺点正是外资物流企业的优势，即现代物流理念不强、服务意识和全球网络缺乏、信息技术和人才贫乏。公司内部物流多数是由行业龙头企业建立，拥有最好的行业契合力，对于行业内企业物流服务不再限于外部或企业间物流，甚至可以利用自身优势开拓企业内部物流的外包业务。

合资物流企业多数是外资和国内物流企业为了长短优势互补、达成一个商业目的、开拓一个细分的商业市场而建立的，拥有相对均衡的竞争力。

二、第三方物流的选择与实施

对第三方物流的选择与实施，要经过以下几个步骤：物流自营或外包战略的选择；对第三方物流企业进行评价与选择；第三方物流实施。

（一）物流自营或外包战略的选择

首先看企业是否有自营物流的能力，如果没有，就将物流外包，如果有自营物流的能力，就要考虑企业物流系统的战略地位、物流总成本和服务水平。

1. 企业物流系统的战略地位

企业的自营物流能力是指企业自己经营物流的能力，即企业具备的物流设施和技术。企业物流系统的战略地位一般可从以下几方面进行判断：

(1)它们是否高度影响企业业务流程？

(2)它们是否需要相对先进的技术，采用此种技术能否使公司在行业中领先？

(3)它们在短期内是否不能为其他企业所模仿？

如能得到肯定的回答，那么就可以断定物流子系统在战略上处于重要地位。由于物流系统是多功能的集合，各功能的重要性和相对能力水平在系统中是不平衡的，因此还要对各功能进行分析。某项功能是否具有战略意义，关键就是看它的替代性。如其替代性很弱，提供服务的物流公司少或物流公司很难完成，几乎只有本企业才具备这项能力，企业就应保护好、发展好该项功能，使其保持旺盛的竞争力。

2. 企业物流系统的总成本

物流总成本可用公式表示如下：

$$D = T + S + L + F_W + V_W + P + C$$

式中：D 为物流系统总成本；T 为该系统的总运输成本；S 为库存维持费用，包括库存管理费用、包装费用以及返工费；L 为批量成本，包括物料加工费和采购费；F_W 为该系统的总固定仓储费用；V_W 为该系统的总变动仓储费用；P 为订单处理和信息费用，指订单处理和物流活动中广泛交流等问题所发生的费用；C 为顾客服务费用，包括缺货损失费用、降价损失费用和丧失潜在顾客的机会成本。

这些成本之间存在着二律背反的现象。例如，在考虑减少仓库数量时，虽然是为了降低保管费用，但是在减少仓库数量的同时，会带来运输距离变长、运输次数增加等后果，从而导致运输费用增大。如果运输费用的增加部分超过了保管费用的减少部分，总的物流成本反而增大了，这样减少仓库数量的措施就没有了意义。在选择和设计物流系统时，要对系统的总成本加以检验，最后选择成本最小的物流系统。

3. 物流服务水平

物流服务水平是物流能力的综合体现，它指消费者对物流服务的满意度。工商企业重视物流不仅仅是为了节约成本，而是越来越认识到物流对提高顾客服务水平的重要性。这种物流服务的衡量要素包括三个部分，即事前要素、事中要素和事后要素。

顾客服务的事前要素是指公司的有关政策和计划，如服务政策、组织结构和系统的灵活性；顾客服务的事中要素是指在提供物流服务的过程中影响顾客满意度的各要素，如订货周期、库存水平、运送的可靠性等；顾客服务的事后要素是指产品在使用中的维护情况，如维修服务、对顾客的抱怨处理和产品退换等。各要素包含的具体内容如下。

(1)顾客服务的事前要素

① 服务政策。是否在内部和外部交流、是否被理解、是否具体化或量化？

② 可联系性。是否易于联系、是否有固定的联系方式？

③ 组织结构。是否有顾客服务的管理机构，其对服务过程的控制水平如何？

④ 系统的灵活性。是否可以调整服务运送系统以满足特殊顾客的需要？

(2)顾客服务的事中要素

① 订货周期。从订货到运送需要多长时间，可靠性如何？

② 库存情况。每种物品可直接由库存提取的比例有多大？

③ 订单完成率。在指定期间内完成订单的比例有多大？

④ 运送的可靠性。运送途中货物的破损率是否较低、货物是否在指定的时间和地点送给顾客？

(3)顾客服务的事后要素

① 备用零件的库存水平。备用零件的库存水平有多大，是否能够满足顾客在指定维修期内的需求？

② 维修服务。顾客需要维修时，等待时间有多长，维修率可以达到多少？

③ 产品跟踪和质量保证。是否知道单个产品的售出地点，产品质量如何？

④ 顾客抱怨和投诉。是否能够迅速处理顾客的抱怨和投诉，处理情况如何？

(二)对第三方物流企业进行评价与选择

当企业不具备自营物流的能力时，就要将物流业务外包出去。企业可以将物流业务外包给一家第三方物流企业，也可以外包给多家第三方物流企业。要想选择好第三方物流企业，就必须对第三方物流企业进行合理的评价。

1. 衡量第三方物流效率的指标

衡量第三方物流效率的指标根据企业的不同角度，衡量物流效率的指标可分为：经济性指标、技术性指标、社会性指标。

(1)经济性指标。该指标涉及成本和效益两个方面，能够全面反映企业实施第三方物流的经济性。

(2)技术性指标。主要从技术上衡量第三方物流实施后各项指标的表现程度：快速性，指物流过程的迅速程度；便利性，指企业实施第三方物流后利用物流手段的方便程度；直达性，货物从起点出发，无须办理中转而直接抵达目的地的特性，它包括单一物流方式的单运直达和多种物流方式的联运直达；安全性，指在物流过程中不发生意外，正常运达目的地的特征；舒适性，特指企业在接受物流服务过程中所感受到的舒适程度，这主要取决于物流方式、运载工具设备、运行时间长短及服务水平；灵活性，指运载工具对物流线路的非依赖程度及采取某种临时性紧急措施的可能程度。

(3)社会性指标，主要从宏观的角度来衡量第三方物流的出现对整个社会的影响程度：社会节约程度，指社会全部资源的整体化配置程度；社会综合发展程度，指第三方物流的出现与发展对社会整体综合发展状况的贡献程度；提高物流的整体服务质量，指第三方物流的出现与发展对整个物流行业服务水平的提升程度。

2. 第三方物流企业的评价方法

确立了第三方物流企业的评价方法后就要对物流企业进行评价。目前常用的评价方法有层次分析法(AHP)、(逼近)理想解法(TOPSIS)、灰局势决策法等。

层次分析法(Analytic Hierarchy Process，AHP)是20世纪70年代由美国学者A. L. saaty创立的一种定性与定量分析相结合的多目标评价决策方法。它基于多目标的层次结构，根据主观判断计算一系列备选方案的相对重要程度，由顶层依次向下计算，通过决策者为每一水平和子水平提供主观两两相对重要性的判断，为每一单元创立向下的成对比较矩阵。通过计算比较矩阵的特征向量得到同层次各元素对上一层次同一单元的相对重要性，然后再按照从底层依次向上的顺序，计算综合重要度，最后得到各备选方案(决策单元)的排序值。因而AHP法被广泛应用于质量控制系统、优先级评价、企业发展规划的选择方面，它适用于长期合作伙伴的评价、选择。

(逼近)理想解法(Technique for Order Preference by Similarity to Ideal Solution，TOPSIS)是Hwang和Yoon于1981年提出的一种适用于根据多项指标、对多个方案进行比较选择的分析方法。这种方法的中心思想在于首先确定各项指标的正理想值和负理想值，所谓正理想值是一设想的最好值(方案)，它的各个属性值都达到各候选方案中最好的值，而负理想值是另一设想的最坏值(方案)，然后求出各个方案与正理想值、负理想值之间的加权欧氏距离，由此得出各方案与最优方案的接近程度，作为评价方案优劣的标准。

灰局势决策法是灰决策的一种类型，是应用灰色系统理论从被处置、被决策的对策中选择满意对策来应付的决策。局势、目标和样本是灰局势决策的三要素，是事件与决策的二元组合，目标是评价局势优势的根据、要求，样本(也称局势的效果样本)是在一定目标下局势的数字表现。灰局势决策的基础是效果测度(样本的变换值)极性一致空间，决策运作方式是通过一定的目标来评价对策效果的优劣，然后确定满意对策。

以上介绍的这三种评价方法各有优缺点，除了这三种方法外，还有模糊层次分析法、AHP－TOPSIS 等组合方法，在第三方物流企业的选择实践中，应根据实际情况选择合适的评价方法。

3. 提高第三方物流效率的方法

(1)兼顾企业自身业务和社会资源的优势。首先，考虑我国目前的经济条件和市场环境，对于大多数即将进入物流领域的我国企业而言，利用资源比投资新建更有意义。核心竞争力，一般而言是指企业在研发、设计、制造、营销、服务等某一两个环节上明显优于且不易被竞争对手模仿的，能够满足客户价值需要的独特能力。企业应该集中资金、人才、资源等优势于核心竞争力的业务环节，采取外包等方式将其他从属业务交给对这些业务有核心竞争力的企业来完成。形成强强联合的方式，达到双赢的目的。

(2)整合社会资源。社会企业的刚性物流系统模式运行成本高，也需要将自身的储运资源进行全社会的整合，增加这部分业务的收入，减少开支。

(3)大力加强人才培养和引进。在培养和引进人才时，要着重加强其接受继续教育能力和实际操作能力的培养，创造出行业所真正需要的人才。

(4)提高信息技术的运用，实施一体化、信息化管理。对企业物流、资金流、信息流进行统筹，利用构件化技术将采购、销售、客户服务、财务同物流紧密结合。真正实现财务、业务的一体化运作，有效保证资金、物资和信息的高效有序流动和交互。总之，通过利用现有资源的方式发展第三方物流，投入少、起步快，在实践中具有极强的操作性，非常适合我国的国情。从发达国家第三方物流的发展经验来看，大多数第三方物流企业是以传统的“类物流”企业为起步而发展起来的，并通过逐步发展进入物流企业。

(三)第三方物流实施

在与第三方物流企业签订物流合同以后，企业应从以下四个方面努力，致力于对第三方物流进行优化，以建立长期的伙伴关系，达到互惠互利的目标。

1. 密切与第三方物流企业的战略合作关系

第三方物流合同的签订，使得企业与第三方物流企业的利益捆绑在一起。对于企业而言，第三方物流企业的运作效率直接关系其供应链总成本和响应速度，关系其竞争的成败。有鉴于此，企业必须密切与第三方物流企业的战略伙伴关系，信守承诺，努力克服自身的机会主义行为。

2. 强化与第三方物流企业的信息沟通

信息沟通不畅是许多企业物流外包效率低下的主要原因之一。因此，企业首先应完善自身 ERP 系统的建设，并强化基础数据的收集、存储和维护工作。在对第三方物流企业进行选择时，需要考虑双方信息系统的有效兼容问题。在与第三方物流企业签订物流合同后，双方应就信息系统联网中可能遇到的问题展开深入调研、讨论，并提出有效的解决方案，以实现信息系统的无缝衔接。

3. 共同设计物流操作指南

由于不同企业之间的物流要求千差万别，企业实施物流外包，不能一包了事，应与第三方物流企业就各项具体的物流活动进行详细讨论，确定合理的业务流程、信息沟通渠道，编制物流操作指南，供双方参考使用。物流操作指南能够使双方对口人员在具体的作业过程中步调保持一致，减少偏差与失误，同时，也为检验对方作业是否符合要求提供了标准和依据。

4. 对第三方物流企业进行动态的考核

货主企业应对第三方物流企业的服务态度、服务质量、服务费用等方面进行动态的综合评价。对于各方面都比较满意的第三方物流企业，续签第三方物流合同；对于某些方面未能令人满意的第三方物流企业，按照物流合同的条款要求其限期整改；对于主要的条款未能令人满意的第三方物流企业，则应考虑更换物流服务提供商。

习题与思考

1. 企业物流的运作方式有哪些？企业物流外包的原因和容易出现的问题是什么？
2. 企业核心竞争力的概念、特性及作用是什么？
3. 第三方物流的概念、特征、评价指标、评价方法是什么？如何选择第三方物流？
4. 第三方物流如何实施？

案例分析

第三方物流——企业互动协作关系

第三方物流(3PL)是个相对比较新的物流术语。在传统物流企业向现代物流企业转型的时候、在物流服务从初级形态向高级形态进化的时候，第三方物流的概念将扮演重要的角色。

理论来自实践。尤其是当一个新的理论或概念产生于几乎完全不同的制度环境和经济环境条件下的时候，要真正理解它并用于指导实践，最好的办法就是看其理论的基础来源，即看原来的实际运作。我们不仅要知道它们现在是怎么做的，更要知道它们当初为什么要这么做。

从发达国家第三方物流的实际运作情况来看，企业的动机和合作的方式是各种各样的，而且第三方物流的运作几乎涉及企业经营活动的所有环节。

美国的通用汽车公司在1996年前后，发现其存货和配送成本不断上升，装配厂里到处都是不足整车的货运卡车出出进进。分析原因发现，当时有分布在14个州的400多个供应商通过电话指令向通用公司的30个装配厂供应物料。于是，通用公司求助于第三方物流服务公司 Penske 为自己设计一个解决方案。目标有三：降低成本，改善物料回运管理和相关的信息处理方法，减少承运人的数量。第三方物流服务公司首先对通用公司的物料回运和配送过程进行了诊断，然后提出在克里夫兰设立一个可进行换装作业的战略配送中心，由该中心负责回运物料和零部件配送的组织管理。战略配送中心全部由第三方物流公司的人来操作和管理。第三方物流公司还为通用公司配置了全天候的专职运输车队，设立 EDI 专线系统，安排供应商的送货时间，设计物料回运路线，并对总装厂实施 JIT 配送。

同样是汽车工业巨头的福特公司，在 1999 年 3 月份决定把它在北美的整车配送业务外包给了 UPS 公司的一个分支机构——UPS 全球物流服务公司。但该第三方物流服务公司并不自己运输车辆，而是代表福特公司管理整车的配送工作。该公司要重建福特公司的配送网络、要引入新的管理方法、要消除配送瓶颈、减少等候时间，还要提供配送信息管理系统以实现每辆整车配送全程的有效监控。福特公司的目标是把整车配送的时间从当时的 14～15 天缩短到 9～10 天，让客户更满意；同时减少存货水平、提高设施利用率、降低成本、提高市场竞争力。合同规定双方合作的过渡期是 18 个月。第一阶段主要是在美国西部和西南地区。然后再逐步扩大到全美、加拿大和墨西哥。

案例来源：http://www.56885.net/news/20061225/7028.html.

案例思考

1. 美国通用汽车公司和福特公司为什么选择第三方物流？
2. 第三方物流公司如何选择？

实践训练

实地调查当地一家物流企业，了解该企业的业务及业务流程，并给企业提出改进建议。

第十四章

回收物流、逆向物流和绿色物流

知识要点

1. 回收物流与废旧物资概述
2. 可再生资源的回收和利用
3. 企业逆向物流的概念、产生的原因及管理
4. 废旧包装物的回收和利用
5. 废弃物的种类及处理的物流方式
6. 绿色物流的概念、发展及对策

第一节　回收物流概述

一、废旧物资和回收物流的概念

工业生产企业的废旧物资是指报废的成品、半成品、加工产生的边角余料，冶炼过程出现的钢渣、炉底，更新报废的机械设备、工具和各种包装废弃物等。按照唯物辩证法的观点，废与不废是相对的。在自然界中，任何一种物质资料都有它的特定属性和用途。“废弃物”一词具有相对的内涵。“废弃物”只是在一定时期、一定的范围内，由于物资资料的形态或用途发生了变化，而物资资料本身可以被利用的属性并没有消失，只要被人们发现和利用后，它就可以变成有用的资源，即变废为宝。所谓回收物流，是指废旧物资通过一定的手段回收、加工，重新投入使用所经过的一系列的流动过程。

二、企业废旧物资产生的原因

企业废旧物资的产生大体上有以下几个方面。

(1)企业的生产工艺性废料。生产工艺废料是指企业在生产商品的工艺过程中产生的废料。例如，化工类型生产企业中化学反应的剩余物、排放物和副商品等；金属轧钢生产企业中产生的切头、切尾、汤道、钢渣、炉底等；采矿企业中产生的剥离废料、尾矿排泄物等；造纸企业中产生的边角料、废液等；金属加工企业中产生的废屑、边角余料等。

(2) 企业生产过程中产生的废品。企业在生产过程中产生的废品并不是企业生产工艺的必然产物，但无论足成品、半成品或各种中间产品，都有可能产生一定数量的废品。

(3) 企业生产中损坏和报废的机械设备。企业机械设备的损坏多数是由于生产过程中各种不同的事故造成的。企业机械设备的报废是由于设备经过使用而产生的正常磨损到终极限度而必须更新，从而退出生产过程的设备。改革开放前，我国设备折旧年限和更新周期平均在 25 年以上；现在一般为 7 ~ 10 年。设备的更新周期，随着科学技术的迅速进步而逐渐缩短。设备更新周期越短，报废的旧设备就越多。

(4) 企业生产维修过程中更换下来的各种废旧零件和材料。

(5) 原材料和设备的各种包装废弃物。

(6) 精神磨损产生的废旧物质。精神磨损也称无形磨损，它是由于劳动生产率的提高、科学技术的进步造成某些物资、设备继续使用会产生不经济的现象。随着科学技术的飞速发展，新技术转化为新产品的时间不断缩短。40 年前平均周期为 8 年；20 年前为 5 年；10 年前为 3 年。有些产品甚至一年内要更新几次。在经济发达国家中，一年内更新的产品要占全部产品的 40% 以上。应当指出，由于精神磨损而淘汰的物资、设备的使用价值一般并没有失去。因此，受精神磨损的物资、设备归入废旧物质应有一定的限度。

三、废旧物质的使用价值分析

废旧物质的使用价值与科学技术的发展是紧密相连的，某种废旧物质，在一定时期的科学技术基础上，可能会失去使用价值或成为“废弃物”。但当科学技术不断进步，人们逐渐认识到废旧物的潜在使用价值，使其重新使用，这时，废旧的物质就变成一种有用的新资源了。

(一) 废旧物质残存着原物质的使用价值

有些产品在消费使用中，部分或大部分使用价值丧失，但仍有少部分使用价值残存，例如，煤炭经过一次燃烧后有 90% 转化为热能，但仍有约 10% 的使用价值残存下来。

(二) 物质在某一应用方面消费后，使用价值丧失，但另一方面的使用价值仍然尚存

这种情况主要表现为废旧物质与原物质相比，没有发生本质的变化，仍可发挥作用。如金属材料、麻布等物质的边角余料，在原使用方向上可能在规格、尺寸、形状等已不能满足要求，但在另一个使用方向上它还具有其他的使用价值。

(三) 废旧物质经简单加工恢复其使用价值

对于一些回收的废旧物质，经过简单加工，在既不改变使用方向、也不减少使用价值的情况下，就可重新投入使用。如回收的包装箱、酒瓶、酸奶罐等经简单整理、清洁就可以重新发挥其原来的效能。

(四) 废旧物质经深加工恢复到原来的形态，发挥更大的使用价值

废旧物质的深加工是采用物理的、化学的方法，使废旧物质恢复到最初的原始形态，例如，从电子器件触点中提炼铂、金；从洗相废液中提炼白银等。

第二节 可再生资源的回收和利用

一、企业可再生资源的概念

企业可再生资源是可以再生利用的一类资源的总称。它是企业生产加工制造过程中尚未失去使用价值的排放物。各企业都存在一定数量的可再生资源。企业可再生资源种类繁多、地点分散，因此这就对可再生资源的回收和利用提出了特殊要求。

二、企业可再生资源的种类

生产企业中几乎各行各业都有排放物。由于不同行业排放种类不同、排放方式不同，所形成的可再生资源也不相同，归纳起来主要有以下几种。

(1)钢铁冶炼工业的主体可再生资源是废金属和废渣。废金属主要是通过企业内部物流，更新进入生产工艺过程中；废渣主要是进行厂内处理(如水淬)，进入全社会废弃物物流，或由其他行业实行再生加工利用。

(2)煤炭工业的主体可再生资源是煤矸石。煤矸石的物流特点是装运量大、占地面积大、物流成本高。回收利用的关键是降低成本，创造经济效益。

(3)电力工业的主体可再生资源是粉煤灰。粉煤灰形态特殊，污染严重，一般不能通过社会回收物流来利用。粉煤灰的排放大都是连续排放，电力企业内部一般也难以消化。这类资源常采用专用物流管道排放或输送到利用粉煤灰的其他企业，形成稳定的、专用的物流线。

(4)林产业、木材加工业的主体可再生资源是木屑和木材下脚料。林产业的主体可再生资源是林木采伐，加工中产生的枝条、树皮、刨花和碎木等；木材加工业的主体可再生资源主要是木屑(包括锯木、刨花、碎木等)，这类资源主要是企业内部复用或企业内部设立再利用生产线，一般不进入社会物流领域。

(5)机械加工业的主体可再生资源是金属废屑、边角头残余和机械加工废品等。这些资源的物流特点是装运难度大、体积不规则时容量低，因此，这些资源往往经过压块的流通加工后再运输，利用社会公共物流设施送至需要单位。也有的企业内部设熔炼设备，再生成原状态后再重新使用。

(6)粮食加工业的主体可再生资源是谷、壳和糠等。这些资源的利用主要是企业再加工成饲料和其他产品，也可以利用社会物流运输出厂，供其他企业使用。

(7)化工工业的主体可再生资源有化工原料、材料、化肥、日用、化工产品及这些企业生产的排放物(电石废渣、废油脂、废碱、废酸等)。这些资源主要是企业内部综合利用或提供给相关企业。

(8)畜牧屠宰业的主体可再生资源有废毛、角壳、骨等。这些资源主要是参与社会物流综合加工利用。

三、企业可再生资源物流的特点

(一) 可再生资源物流种类繁多

可再生资源种类繁多是由于它的产生渠道多、方式复杂，这就决定了可再生资源物流方式的多样性。

企业可再生资源种类繁多是由以下三个因素决定的。

(1) 几乎所有的生产企业都可能产生可再生资源，企业类型不同，产生的可再生资源不同。

(2) 几乎每个生产企业的每一道工序，每个阶段的生产过程都会产生可再生资源。

(3) 社会各行业，几乎所有人类的成果，最终都可能产生可再生资源。

(二) 企业可再生资源的物流数量大

企业可再生资源数量一般较人，这不仅是总量大，而且许多种类的可再生资源有单独处理数量较大的特点。这就决定了可再生资源物流要消耗很大的物化劳动及活劳动，需要有一个庞大的物流系统来支撑。

(三) 企业可再生资源物流的粗放运作

企业可再生资源中除少数特别有价值外，绝大多数是价值低、数量大的。一般经过一次生产或消费之后，主要使用价值已耗尽。因而在纯度、精度、质量、外观等方面都不是很高，这就决定了采取粗放运作的物流方式处理企业可再生资源是很必要的。这样，可以使可再生资源在重新使用过程中所产生的物流成本不至于太高。

(四) 企业可再生资源物流的路程较短

企业可再生资源物流的路程一般都较短，这是由于企业在处理再生资源时，承受的物流费用较高。企业一般都尽可能在企业内部解决或在相关企业消化。企业再生资源的主要使用价值已丧失，新的使用价值需要承受的物流费用和研究费用等决定了它就近利用的性质，因而企业再生资源的物流路程不会太长。

四、企业几种主要可再生资源的回收利用

(一) 废钢铁的回收和利用

废钢铁是企业可再生资源重要的一部分。它是指失去原有使用价值的钢铁材料及其制品。废钢铁虽然是生产建设和人民生活中产生的废料，但是它又是生产建设的重要材料。随着企业生产和基本建设规模的不断扩大，企业产品的废钢铁在不断增加，非常有必要很好地回收和利用，使之转化为新的生产要素。

1. 企业回收废钢铁的经济意义

(1) 扩大社会的钢铁资源。回收的废钢铁，通过直接回炉冶炼，旧物换新，加上改制，可以扩大社会的钢铁资源。据统计，企业每回收 1 吨废钢铁可以炼好钢 360 公斤左右。至于企业产生的钢铁材料中的边角余料，可以直接利用生产制造小农具、小五金等产品。氧化铁皮是粉末冶金的重要原料。废合金中含有钨、镍、钒、钛等贵重金属，也是国家的一笔

重要财富。例如1吨旧高速钢中就含有钨180公斤、铬40公斤、钒10公斤。

(2)节省矿产资源和能源。钢铁是工业原材料的重要组成部分，是生产劳动工具的主要原材料，在工业原料中占有十分突出的地位。钢铁产量常被看成国家工业发达程度的主要标志。国家增加钢铁的产量就必须相应增加铁矿石、石灰石等矿产资源，同时，还要投入大量的电力、焦炭、天然气等能源。在增加钢铁的同时，加强废钢铁的回收是非常重要的。每利用1吨废钢铁，可以节省铁矿石4吨、焦炭0.68吨、石灰石0.28吨，再加上其他填充材料，可节省原料4~5吨。炼1吨铜，一般需要60吨铜矿石，如果在炼铜中加入废铜，只需1吨多一点铜矿石，可节约电能50%左右。据有关资料表明，炼钢使用废钢铁比矿石冶炼要节省能源75%、节省用水40%、节省矿石95%，此外，还可以节省大量的建设资金、运输能力等。

(3)可以节省企业生产运作资金。企业加大对废钢铁的回收和利用，不仅可为国家扩大资源,节省大量的能源，同时,还可以节省企业的生产运作资金。企业可以直接利用企业的钢铁边角余料，节省原材料购进费用。如果充分利用社会回收网络、充分利用废旧钢铁，要比直接购进生产的钢铁原材料经济得多。

2. 企业废钢铁的回收渠道

企业废钢铁的回收渠道主要是三个方面。

(1)企业生产性回收。钢铁生产企业的废钢铁的回收，炼钢过程中的铸余，中注管、钢水罐底，边沿残钢、渣钢等回收率达4%~8%；铸钢、铸铁过程中产生的氧化铁皮、切头、切尾、切边和废次材料等坏轧材回收占轧材回收总量的15%~20%。

(2)机械加工生产企业和基本建设单位的废钢铁的回收。在机械加工过程中产生的料头、料尾、边角余料、钢屑、氧化铁皮等废旧钢铁回收较多，占回收总量的20%~25%；基本建设单位在施工建设过程产生的边角余料、切头、切边等基建回收的废钢铁占回收总量的2%~3%。

(3)社会回收。社会回收指非生产性的其他回收，是指社会各种机械设备的更新改造而报废的钢铁及家庭报废的钢铁器具。另外还有车船、钢轨、武器装备、工程机械、钢铁建筑等的报废钢铁。这是指设备超过使用年限，已失去使用价值而报废或因生产过程中发生某些重大事故，设备损坏而报废的钢铁。目前我国设备报废的废钢铁占设备总量的比例较小，占设备吨数的5%左右,但在废钢铁中占的比例较大，约为28%。

3. 企业对废钢铁的加工利用

(1)企业对废钢铁的回收加工。企业对废钢铁的回收加工主要经过气割、剪切、破碎、打包压块、分选等过程。

气割是指用氧气切割，对各种重型设备、大型构件、构筑件的拆解，如废旧船舶、车厢拆解、汽车解体等。气割可以根据用途不同，有目的地切出有用的可用件。

剪切是按不同的使用要求，将废旧钢铁剪切成不同尺寸的钢件，供使用单位使用或回炉冶炼。

破碎是对机械加工切削下来的长螺旋状切屑或团状切屑，用破碎机进行破碎或废旧铸铁件落锤破碎和爆炸破碎等。

打包压块是指为满足废旧钢铁回炉冶炼对材料的工艺要求，缩小废钢屑或轻薄料的体积、增加炉料金属密度、提高回炉冶炼效率，将废钢铁屑和轻薄料打成紧密块件，使之便于运输，又符合冶炼要求。

分选是将各类繁杂的废钢铁，根据用途、材料和化学性质等，进行分类、挑选、剔除杂质，用于直接使用或冶炼回炉。

(2)企业对废钢铁的再利用。企业回收的废钢铁用于社会再利用。废钢铁的用途很广，它是炼钢、铸造、制造中小农具及小五金产品的重要原料。

废钢铁用于炼钢主要是用于回炉。利用废钢铁炼钢，可以缩短炼钢时间、增加熔炼容积、降低原材料消耗，而且所炼的成品钢材成本低、质量好。

废钢铁也是铸造的重要原料，铸造需要的废钢铁的数量由铸造任务和废钢比决定。一般铸钉件配用20%，回炉铁配用30%，铸钢件配用90%左右。

废钢铁是制造中小农具和小五金产品的重要原料。利用废旧钢铁的中板边角余料生产锹、锄、镐、钢叉等；利用马口铁边角生产瓶盖、玩具；利用镀锌铁皮残料制造圆钉、文具用品、鞋眼扣等；利用薄铁边生产水桶、炉铲、拉手等；利用硅钢片下脚料制造镇流器、稳压器、变压器等。

(二)企业废纸、纸板的回收利用

企业废纸资源较分散，回收难度较大。废纸、纸板回收利用的一个明显的特点是，必须建立一个稳定的废纸收集系统。只有回收足够的废纸、纸板，才能批量供给再生加工。

企业废纸、纸板的集货系统起点是依靠简单的人力劳动或半机械化劳动，在集货结点处进行集货加分捡，可以再复用的应首先满足复用，不能复用的可打捆成大包装件，由大规模物流再利用的用户或企业再利用，如图14-1所示。

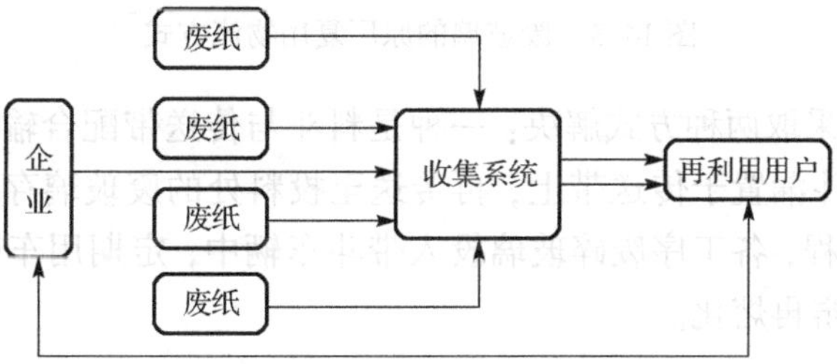

图14-1 企业废纸、纸板回收物流系统

(三)废玻璃瓶、废玻璃的回收利用

1. 废玻璃瓶的回送复用

废玻璃瓶可再生资源利用物流方式的特点是：需要一个回收复用的运输系统，依靠这个运输系统，可以将使用过的旧玻璃瓶再回运给生产企业，这种回送复用的运输系统是配送运输的逆运输，在实践中，配送运输和回送复用运输两者构成一个往返的物流系统，如图14-2所示。

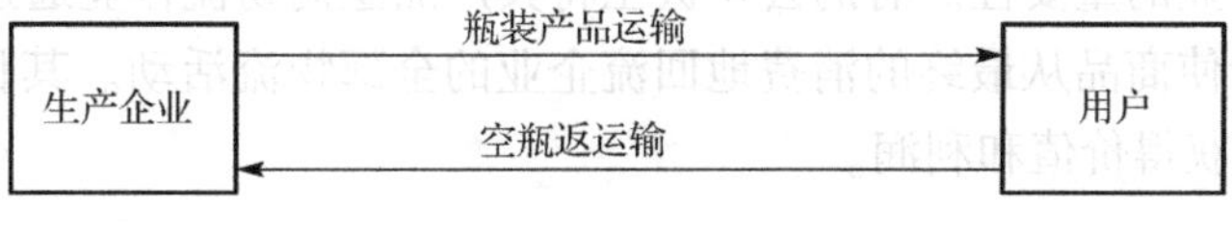

图14-2 企业玻璃瓶的回送复用系统

这种双向回收复用系统的主要优点在于：回收复用运输并不用专门安排运力，而是一个配送回程的“捎脚”运输，因此并不增加多少费用投入，便于解决空瓶回运问题，也不至于增加城市区域的物流密度。

值得注意的是这种回收复用系统，只适用于短途汽车运输方式。如果返程实载以火车或大型汽车等进行远程物流，则返程只载空瓶运力浪费很大，运费有可能超过使用新瓶的价格，生产企业不如购买新瓶。

2. 企业废玻璃的原厂复用

玻璃生产企业的碎玻璃原厂复用，是将各生产工序产生的碎玻璃都回运到配料端。由于这种废玻璃的成分与本企业生产的玻璃成分相同，无须再进行成分的化验和组成计算，只需按一定配料比例与混合料一起投入炉内重新熔制，这是一种经济可行的再生资源物流方式，如图 14-3 所示。

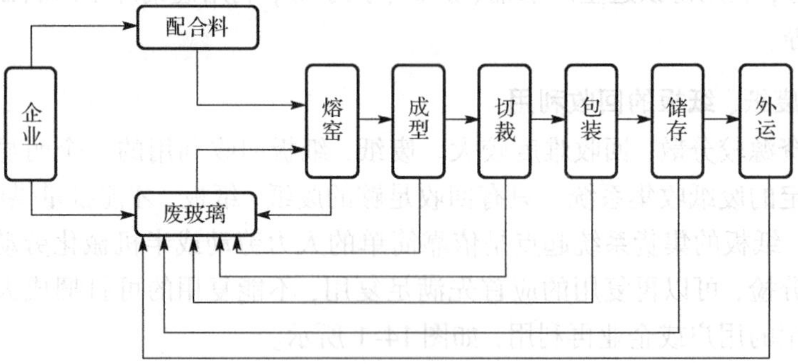

图 14-3　废玻璃的原厂复用物流方式

这种物流系统可采取两种方式解决：一种是料斗与传送带配合输送，各工序将废玻璃投入料斗中，通过料斗漏置于传送带上，再传送至投料处的废玻璃存放场；另一种是采用作业车辆完成物流过程，各工序废碎玻璃投入带斗车辆中，定期用车辆运至投料处的废碎玻璃存放场，用于熔窑再熔化。

第三节　企业逆向物流

一、企业逆向物流的概念

随着市场经济的不断深入，人们对物流的重要性有了更进一步的认识，使人们开始关注逆向物流。许多以前对逆向物流的理解和管理上投入不够的企业开始重视逆向物流。有些企业指派专门的员工主持物品的回流。有些思想先进的企业已经意识到拥有一个先进的逆向经营系统对企业的重要性。有的公司甚至将其产品逆向物流作业通过 ISO 认证。

逆向物流是指使商品从最终的消费地回流企业的全部物流活动。其目的是适当地处理逆向物流商品，并获得价值和利润。

二、企业逆向物流的产品

企业逆向物流产品大致可以分为两大类，即返品和包装物。

企业返品是指由于产品出厂在储存、运输过程中损坏及消费需要变化等多种原因而退回企业的产品。

在市场竞争日益加剧的形势下，企业返品的数量和频率越来越高成为困扰企业的重要问题。就返品的回流过程来说，较高的回流率来自顾客，由顾客引发的回流率大约为6%。不同产业的产品回流率不同，例如：

(1)杂志期刊社的产品回流率为50%；

(2)图书出版社的产品回流率为20%~30%；

(3)电器分销商的产品回流率为10%~12%；

(4)计算机制造商的产品回流率为10%~20%；

(5)汽车业的产品回流率为4%~6%；

(6)家用药品的产品回流率为2%~3%。

相比来说，采用直销模式的企业的商品回流率高于其他模式的企业。直销企业的回流率最高可达35%，平均水平大概在25%，因此，这类企业必须改善企业商品回流的控制管理。对于直销企业比较好的销售管理,应为"以订单而生产"的模式。采取这种管理模式的企业，商品回流率一般低于传统方式的直销企业。

从某种意义上讲,企业返品在一定程度上并没有丧失使用价值，可以采取综合开发的方式解决。大多数产品回流率较高的企业，都在其内部制定了产品回流流程。他们从战略角度利用其逆向物流，想方设法降低产品的回流率，减少相关的成本。例如，企业可以制定有利于激励零售商降低产品回流率的措施。当消费者要求退回商品时，零售部门可以把它送到离消费地最近的一家店铺，并激励零售部门尽量自己处理退货商品，如果零售部门不能处理掉这件商品时，应将这件商品送到直销商品配送中心，尽可能减少商品返回的运输距离和回流费用。返品回流后，企业可以为返品开辟新的市场再销售；对返品进行简单的流通加工、更新包装等，挖掘返品新的使用价值再销售；将返品用于慈善施舍，捐赠到学校、慈善机构等，发挥应有的作用。企业返品既可以纳入本企业生产经济计划统筹管理，也可以由几个相关企业联合起来建立一个返品处理基地,或者责成社会第三方物流外包解决。

就商品包装物的回流来说，主要问题是包装物是否能重新使用和按使用者要求重新处理。

三、逆向物流产生的原因

逆向物流所涉及的范围很广，其产生原因也很复杂，根据商品种类和来源，逆向物流的原因归纳起来主要有两类：一类是最终消费者；另一类是供应链使用伙伴。

由最终消费者引发的逆向物流主要有以下几个方面：被消费者认为有缺陷的产品或不需要的产品；法定回流物品；回收的物品；特殊处置的商品。

如果被消费者认为商品有缺陷或者客户故意声称商品有缺陷以达到退货的目的，在这种情况下，即使商品本身是好的，客户也认为它是有缺陷的。这类回流的商品可以作为"无缺陷次品处理"。如果产品仍然有用，顾客也可能因为服务问题或企业回收而退回商品。如果商品到了它的使用寿命，可以将产品返回产品制造商，而由制造商处置和回收该产品。

由产品供应链合作伙伴引发的逆向物流，主要有以下几个方面：平衡库存的回流商品；

营销性回流商品；由于生命周期性或季节性引发的回流商品；由于运输损坏的回流商品。

企业因供应链合作伙伴关系返回的商品，很可能是因为商家购买了太多的商品，但实际上并没有像预期中卖得那样好，为平衡库存而退回商品；也可能是因为商品过了它们生命周期或过了销售季节，造成积压而退回商品；还可能是商品在运输过程中遭到损坏而退回商品。

现在，大多数企业都战略性地利用逆向物流，使逆向物流战略与清除销售渠道中的库存联系在一起。企业运用逆向物流来消除自己的库存，同时，尽可能清除顾客的库存。一些企业在管理下游企业的库存时，积极主动、尽可能有计划地提高库存的新、奇程度，不断更新库存，会使企业有一个更好的卖价，从而确保企业利润。

四、逆向物流的运作过程

逆向物流的运作过程是：把使用过的、损坏的、不需要的(包括平衡库存产品)或者是过时的商品及包装物，从最终使用者转移到新的出售者。

1. 返品逆向物流的作业

有关返品逆向物流的作业环节如下：

(1)返回供应商整修；

(2)重新出售再造；

(3)通过经销商出售回收物料；

(4)当作处理品出售，循环利用；

(5)修理掩埋。

商品退回企业后，企业可以有许多处理方法。如果可以以原价返回给上级供应商的话，应该返回给上级供应商；如果商品还未被使用，企业也可以把它卖给另一个消费者或者通过经销商重新出售；如果商品不能通过国内渠道流通，也可以通过次品经销商出口到国外市场或贫困区域；如果企业回流的商品不能够原样出售，可以通过整修、改造后出售，往往回流商品经整修、改造更新后能卖出更好的价格。如果企业不能亲自经营这些业务，企业也可以将该业务交付给第三方公司经营或直接出售给第三方公司。对有些回流产品已不能再整修的，企业应以最低成本处理该产品，如掩埋等，但在掩埋之前，应把可以循环利用的物料分离出来进行再回收利用。

2. 商品包装物逆向物流作业

有关商品包装物逆向物流的作业环节如下：

(1)废旧包装物的重新利用；

(2)废旧包装物的整修；

(3)废旧包装物的物料回收；

(4)废旧包装物的贱卖。

一般来说，回流到企业的废旧包装材料可以重新使用。如托盘作废之前可循环利用好几次，损坏了的托盘在整修后也能重新使用。修理工作既可以自己来做，也可以让专业修理公司来做。当废旧包装物破损到不能进行修理时，应合理处置这些材料，注意在掩埋之前，把可以循环利用的材料尽可能分离出来回收利用。

欧洲法律规定，要求生产企业回收它们产品的包装物。为了降低成本，这些公司总是尽量使用他们回流的包装物，在包装材料实在无法利用时，也尽可能回收其有价值的材料。

总之，企业在运用逆向物流战略时，不仅要考虑降低成本，使企业盈利，还应综合考虑企业经营策略，如注重环保意识、提升企业形象和企业产品品牌效益等。

例如，耐克公司在营销过程中，鼓励消费者把自己穿破的耐克鞋送回到当初买走鞋的那家商店。这些破旧的鞋被送回耐克公司后，被加工碎化，制成篮球场和跑道碎胶填充料。在这一过程中，耐克公司不是给予消费者优惠，而是把废旧材料捐赠给公益部门制成篮球场，并成立基金会以维护这些篮球场。

也有的企业战略性地应用逆向物流，例如利用废旧材料制成的产品，为社区造福，帮助那些生活困难的人们。

五、企业逆向物流管理应采取的措施

(一)加强逆向物流的起始点控制

企业应重视逆向物流的起始点的工作，给予更多的关注。就是在逆向物流流程的起始点，对有缺陷或无依据回流的商品进行严格的控制。企业要想使整个返回的物品实现利润，良好的起始点控制是一个非常重要的因素，例如成功的企业总是能让顾客满意，加强与客户的联系，加强售后服务。一个企业如果能承担商品缺陷、破损等风险，往往能更好地吸引客户，增加企业销售额。

(二)缩短回流商品的处理周期

企业除了要控制逆向物流的起始点外，还应设法缩短回流商品的时间、转移和处置的回流周期。对许多企业来说，商品回流往往是他们的额外作业。企业应该努力减少回流商品的数量、提高回流商品的处理速度，才可以减少企业损失，使企业盈利。相对来讲，在供应链中，把回流商品转移到邻近的上级供应商是比较容易做到的，这种做法可以减少个人和公司的风险，建立与贸易伙伴合作的共赢关系。

(三)加强逆向物流的信息系统管理

企业在运作逆向物流的决策过程中，常常遇到一个比较严重的问题，就是没有一套完善的信息系统。企业很难收集到逆向物流运作过程中的信息。要做好逆向物流，必须加强逆向物流的信息系统管理。

(四)建立集中式的回流商品处理中心

在集中式回流商品处理中心的集中式系统中，所有要进入逆向物流系统中的产品被送到处理中心，在那里经过分类、加工后运到下一个目的地。这种系统的好处在于，处理中心为每个逆向物流的客户创造了尽可能大的价值，使顾客从回流商品中获得较大的收益。建立集中式回流商品处理中心，可以使企业最大化地回流商品，使每件商品找到最佳的回流目的地。企业采用集中式回流商品处理中心，可以给企业带来以下10点好处：

(1)简化零售商店的工作；

(2)改善和供应商的关系；

(3)改善企业库存商品的控制；

(4)提高库存周期速度；

(5)降低企业行政成本；

(6)降低零售店铺成本；

(7)减少商品贬值；

(8)提高零售商品的核心能力；

(9)减少土地掩埋回流商品的费用；

(10)改善逆向物流的信息管理。

(五)采用零返回商品流

零返回商品流是指在实施营销计划中，制造商和分销商不允许商品从回流通道中回流。企业采用零返回商品流时，一般给零售商和其他下游成员一个回流额度，并为他们确定回流商品的处理规则和指导章程。

企业采用零返回商品流策略可以使企业免于接收回流商品，能降低企业成本。企业可以通过预先设定回流商品的成本限额来减少回流成本的不确定性。企业运用零返回商品政策来稳定商品回收率,改善企业计划，提高企业利润。

值得指出的是，企业采用零返回商品流策略看起来可以降低与回流商品有关的处理成本，但是，却使回流商品的大部分进入了其他的流通渠道，如跳蚤市场等。在评价零返回商品流政策时，也应注意对商品销售渠道的影响。

(六)企业重新制造、整修回流商品

企业重新制造、整修回流商品可以分为五类，即修理、整修、重新制造、拆卸和循环利用。前三类涉及产品的修理和升级，它们的相互区别在于改善的程度不同。修理的工作最简单，而重新制造涉及的工作较复杂。拆卸是把一部分可重复使用的部件从回流商品中拆除下来，以恢复和整修。循环利用则是对商品中心的某些部件的再利用。

第四节　废旧包装物的回收和利用

一、企业废旧包装回收利用的概念

企业废旧包装的回收是利用使用过的产品包装容器和辅助材料，通过各种渠道和各种方式收集起来，然后由企业重新使用。企业废旧包装的利用是将回收上来的旧包装，经过修复、改制，交给企业再次使用的过程。产品包装的回收和利用不同于一般废旧物质的回收和利用。一般废旧物质的回收利用是将废旧物质改作其他用途或通过回炉加工成新的材料。而包装的回收和利用则是对原物再次使用，重新用来包装产品，并且还有可能连续回收、复用多次。不能利用的废包装可看成一般废旧物质不再列入废旧包装中。

二、企业废旧包装回收利用的意义

我国生产企业每年产生的旧包装数量惊人，回收利用潜力巨大。每年生产企业消耗的包装材料的使用数量十分惊人，每年用于包装的板纸平均在40吨以上；包装用牛皮纸的用

量也很大，仅水泥袋一年就需12亿只左右，相当于30吨牛皮纸；木材公司每年供应包装用木材约计55万立方米；每年包装用布2亿多米、麻袋4亿多条；每年生产瓶酒约100万吨，需玻璃瓶20亿只。这表明企业回收利用废旧包装的市场潜力还是相当巨大的。

(一)企业回收利用旧包装能解决企业的部分急需，并能降低生产成本

企业回收旧包装，经过加工整理，重新供企业使用，可以减少企业对包装材料的采购，而且回收利用旧包装的周期比制造新包装用的时间短，常能解决企业生产的急需。另外，企业回收旧包装还会降低企业的生产成本。例如，上海市的一些胶鞋生产企业，一年回收利用胶鞋包装纸箱10万只，新旧纸箱差价为1.20元，此举每年可节约包装费用12万元。如果全国所有企业都采取这种回收利用的办法，其经济效益是相当可观的。

(二)企业回收利用旧包装有利于物流的进行

产品包装的保护功能在物流过程中是时刻不能缺少的。如果由于资源或成本过高使商品包装不足或供应不及时，就会影响产品的物流活动。商品包装的回收利用，能及时解决产品的包装问题，保证产品物流活动的顺利进行。

(三)企业回收利用旧包装可以为国家节省资源

我国的资源有限，不可再生资源的使用更是紧张，包装材料对资源的消耗数量巨大，企业如能回收利用旧包装，能为国家节省大量的资源。以木制包装为例，我国的森林资源严重不足，工农业各行业用量较大，造成有些森林乱砍滥伐，已经造成严重的不良后果，不仅减少森林数量，而且造成生态失衡、水土流失、气候异常等。国家正在加大力度对这方面进行治理。在这种情况下，包装用材不仅要严格控制，而且更应大力开展回收复用，才能合理利用有限的资源。我国企业产品木制包装用木料约18万立方米，如果能回收复用，就相当于少砍伐约3万亩森林。

(四)企业回收利用旧包装可以为国家节约能源

我国按人口平均的能源并不丰富。目前，平均每人拥有的矿物能源的可采储量比世界平均水平还低，而绝大多数包装材料的生产制造都需要消耗大量的能源，例如，生产1吨纸板需煤570公斤、电350度；生产1吨玻璃瓶约需煤1 400公斤，电1 100度。而且生产这些材料的原料如烧碱等，也需要消耗大量的燃料和电力。塑料属于节能型的包装材料，生产一个同样容量的饮料容器所消耗的电能是：铝为3度，玻璃为2.4度，铁为0.7度，纸板为0.18度，塑料仅为0.11度。在英国等西欧国家1公斤以上的玻璃瓶都已被塑料瓶罐代替。即便这样，塑料等高分子材料的合成还是要消耗大量的石油。因此，企业回收复用旧包装，能为国家节约大量的能源。

三、企业废旧包装的回收和利用

(一)建立企业废旧包装回收的渠道

企业生产的产品种类不同，所用包装种类繁多。包装随产品分散到全国各地各行业及最终消费者，回收起来难度相当大。但就商品的流向来看，商品包装与商品的流向是一致的，也就是说：什么地方有商品，什么地方就会有腾空的包装可以回收。建立适当的废旧包装回收渠道，企业回收复用旧包装的潜力还是相当大的。

具体来说，企业废旧包装的回收渠道主要有以下几个方面。

1. 商业部门渠道

商业部门主要经销生活资料商品，是企业废旧包装回收的主要渠道，例如，各级百货商店、纺织品公司、五金交电公司、副食品公司及零售商店等，都有较大的废旧包装回收潜力；医药、中药材、医疗器械，也有大量的商品包装可供回收；各种粮油的专用包装、进口商品的各种包装都可以回收利用。

商业部门不仅可以回收本系统经销的废旧包装，还可以回收终点消费者手中的废旧包装，例如，厂矿企业购进原材料及劳保用品的包装；医疗单位的药品、医疗器材的包装；机关和科研单位的文化用品包装，甚至是流散在消费者手中的能回收复用的旧包装，如啤酒瓶、酸奶瓶、酱油瓶等。

2. 生产资料产品销售部门

这些部门主要指经营各级生产资料的机电设备公司、轻化工材料公司、建筑材料公司、交通配件公司等，这些公司大都有废旧包装。其中相当一部分是专用包装，如平板玻璃木箱、化工原材料铁桶、电缆盘等。

3. 社会废旧物资回收公司或回收队伍

利用社会废旧物资回收公司或回收队伍，可以回收那些专业回收单位或综合回收机构不回收的旧包装。如各种杂乱玻璃瓶、塑料瓶和其他棉、麻、金属制品包装。

4. 企业废旧包装回收渠道

(1)企业设门市回收。由企业设立专门的回收门市部门，在固定的地点、时间专门回收各种产品包装。

(2)企业上门回收。企业定期定点或预约时间到交回包装的单位上门回收包装。

(3)企业在产品销售部门设回收包装柜台。企业在产品销售部门设立回收包装柜台，产品销售部门在出售商品时，要求消费者交回已购买使用过的旧包装，可用押金的形式来约束。例如用空瓶换瓶装啤酒、酱油、醋等办法来回收旧包装。

(4)企业与销售使用单位对口交回。由产品销售部门或使用部门直接负责回收产品旧包装，交给生产企业重新使用，中间不经过旧包装回收单位。一些大中型专用包装，如平板玻璃专用箱、电缆盘、周转包装等都可以采用这种渠道。

(二)企业对产品旧包装的复用

1. 社会回收旧包装复用的途径

社会回收的旧包装经过适当的修复加工，按一定的途径交给使用部门，如供给轻纺、化工等部门用作工业产品的包装；供给商业批发部门用作发运商品用包装；供给储运部门用作换拼、拼装分运商品所需要的包装。

2. 生产企业对回收旧包装的复用

生产企业对回收旧包装的复用主要有以下几个方面。

(1)原企业复用。原企业复用就是把回收的旧包装交给原生产企业复用。

(2)同类企业通用。同类产品生产企业通用的包装是指某产品的包装在规格实现统一后，其包装可以在同类产品的各个生产企业中通用。在产品包装实现通用化和标准化以后，同类产品在各个生产企业产生的包装规格型号相同，减少了包装规格种类数，便于同类产品企业间回收复用。

(3)旧包装异厂代用。旧包装的异厂代用是指对一些零散、过时及某些生产企业已不再使用的无销路的产品包装，通过试装、套装将甲商品包装改送乙企业用于产品包装使用或用原来甲产品的包装来装乙产品。

3. 企业对旧包装的修复和加工改制

企业对一些不能直接复用的旧包装，经过一系列的修复和加工改制后可继续使用。这个过程一般分为挑选整理、修复和加工改制三个过程。

(1)挑选整理。企业对旧包装的挑选整理是对回收旧包装的初步加工。回收的旧包装品种繁多，又都混杂在一起，无法直接复用，只有通过对旧包装的挑选、分类、除杂、分割等一系列操作，才能对旧包装进行进一步的修复和加工改制。

(2)修复。企业对旧包装的修复是对完整无损或稍有破损的旧包装，经清洁、修补、拼配等加工过程便可使用的过程。

(3)加工改制。企业对旧包装的加工改制是在原包装不能恢复复用的前提下，将回收的旧包装作为材料，重新制作包装的过程，如以大改小、以小拼大、混合拼制，等等。

第五节　企业废弃物物流

一、企业废弃物的概念

企业废弃物是指企业在生产过程中不断产生的、基本上或完全失去使用价值、无法再重新利用的最终排放物。

企业废弃物这一概念不是绝对的，只是指在现有技术和经济水平条件下，暂时无法利用的物资。目前，各国都很注重对废弃物的开发研制工作，许多发达国家最终废弃物仅为原垃圾的50%以下，我国也在加强这方面的研究。我国许多地区将生活垃圾用于堆肥、制肥，尽可能地使之资源化。

二、企业废弃物的种类及物流特点

(一)固体废弃物

固体废弃物也被称为垃圾。其形态是各种各样的固体物的混合杂体。这种废弃物物流一般采用专用垃圾处理设备处理，在没有专用处理设备的地方，可采用一般固体物物流工具处理。

(二)液体废弃物

液体废弃物也称为废液。其形态是各种成分液体混合物。这种废弃物物流常采用管道方式。

(三)气体废弃物

气体废弃物也称为废气。主要是工业企业，尤其是化工类型工业企业的排放物，多数情况下是通过管道系统直接向空气排放或利用。气体废弃物的物流形式较简单。

(四)产业废弃物

产业废弃物也称产业垃圾。产业废弃物通常是指那些被再生利用之后不能再使用的最终废弃物。产业废弃物来源于不同行业，如第一产业最终废弃物为农田杂屑，大多不再收集，而自行处理，很少有物流问题；第二产业最终废弃物则因行业不同而异，其物流方式也各不相同，多数采取向外界排放或堆积场堆放、填埋等；第三产业废弃物主要是生活垃圾和基本建设产生的垃圾，这类废弃物种类多、数量大，物流难度大，大多采用就近填埋的办法处理。

(五)生活废弃物

生活废弃物也称生活垃圾，是企业生活区和生产作业过程产生的日常生活垃圾，如废弃食物形成的有机物，废弃包装物和建筑物、家具、用具损坏形成的无机物等。生活废弃物的物流特点是难度大，费用较高，对环境卫生有很大影响，有污染、有异味、有细菌传播和蚊蝇滋生。生活废弃物排放点分散，经常性连续排放，所以需用专用的防止散漏的半密封的物流器具储存和运输。

(六)环境废弃物

企业环境废弃物一般有固定的产出来源，主要来自企业综合环境中，如街道杂土、落叶及其他丢落于公共场所的废弃物等。环境废弃物产生的面积大、来源广泛，对环境危害大。其处理方式是收集掩埋，会产生收集环境废弃物并输送到处理掩埋场的物流。另外，环境废弃物的流通加工也是废弃物物流的特点。不过这种流通加工的目的不同于一般产品的流通加工，主要不是为了增加价值，而是为了减少危害。

三、目前企业对废弃物的几种物流方式

(一)废弃物掩埋

目前大多数企业对企业产生的最终废弃物，在政府规定的规划地区，利用原有的废弃坑塘或用人工挖掘出的深坑，将垃圾运来倒入一定的处理量之后，表面用好土掩埋。掩埋后的垃圾场，还可以作为农田进行农业种植，也可以用于绿化或作为建筑、市政用地。这种物流方式适用于对地下水无毒害的固体垃圾。其优点是不形成堆场、不占地、不露天污染环境，可防止异味对空气污染；缺点是挖坑、填埋要有一定投资，在未填埋期间仍有污染。

(二)垃圾焚烧

这是在一定地区用高温焚毁垃圾以减少垃圾和防止污染及病菌、虫害滋生。这种方式只适用于有机物含量高的垃圾或经过分类处理，将有机物集中的垃圾。有机物在垃圾中容易发生生物化学作用，是造成空气、水及环境污染的主要原因，而其本身又有可燃性，因此，采取焚烧的办法是很有效的。

(三)垃圾堆放

在远离城市地区的沟、坑、塘、谷中，选择合适位置直接倒垃圾，也是一种物流方式。这种方式物流距离较远，但垃圾无须再处理，通过自然净化作用使垃圾逐渐沉降风化，是

一种低成本的处置方式。

(四)净化处理加工

这是对垃圾(废水、废物)进行净化处理，以减少对环境危害的物流方式。尤其是废水的净化处理是这种物流方式有代表性的流通加工方式。在废弃物物流领域，这种流通加工极具特殊性，这种流通加工不是为了实现流通和为了衔接产需两种典型的流通加工，而是为了实现废弃物无害排放的流通加工。这种物流活动主要是社会活动而不是经济活动。

四、企业废弃物的物流合理化

企业废弃物的物流合理化必须从能源、资源及生态环境保护三个战略高度进行综合考虑，形成一个把废弃物的所有发生源包括在内的广泛的物流系统，如图 14-4 所示。

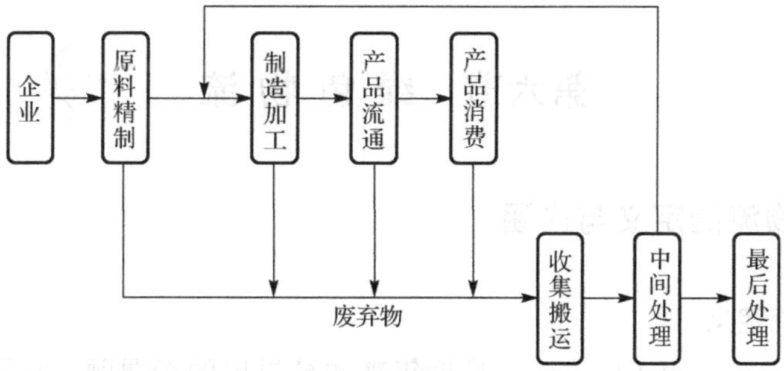

图 14-4　企业废弃物的产生、处理系统

这一物流系统实际包括三个方面：一是尽可能减少废弃物的排放量；二是对废弃物排放前的预处理，以减少对环境的污染；三是废弃物的最终排放处理。

(一)生产过程中产生的废弃物的物流合理化

为了做到对企业废弃物的合理处理，实现废弃物物流合理化，企业通常可以采取以下做法。

(1)建立一个对废弃物收集、处理的管理体系，要求企业对产生的废弃物进行系统管理，把废弃物的最终排放量控制到最小的限度之内。

(2)在设计研制产品时，在可能的情况下，要考虑废弃物的收集及无害化处理的问题。

(3)加强每个生产工序变废弃物为宝的利用，并鼓励职工群策群立解决生产中的问题。

(4)尽可能将企业产生的废弃物在厂内合理化处理。暂时做不到厂内处理的要经过无害化处理后，再考虑向厂外排放。

(二)产品进入流通、消费领域产生的废弃物的物流合理化

为了建立一个良好的企业市场营销形象，加强对社会环境的保护意识，企业还应关注产品进入流通、消费领域产生的废弃物的物流合理化。

(1)遵守政府有关规章制度，鼓励商业企业和消费者支持产品废弃物的收集和处理工作，如可以采取以旧换新购物方式等。

(2)要求消费者对产品包装废弃物纳入企业废弃物的回收系统，不再作为城市垃圾而废弃，增加环境压力，例如，购买产品时对回收部分收取押金或送货上门时顺便带回废弃物。

(3)教育企业职工增强环保意识，改变价值观念，注意本企业产品在流通、消费中产生的废弃物的流向，积极参与物流合理化的活动。

(三)企业排放废弃物的物流合理化

为了做到企业最终排放废弃物的物流合理化，要做到以下几点。

(1)建立一个能被居民和职工接受，并符合当地商品流通环境的收集系统。

(2)通过有效的收集和搬运废弃物，努力做到节约运输能量。

(3)在焚烧废弃物的处理中，尽可能防止二次污染。

(4)对于最终填埋的废弃物，要尽可能减少它的数量和体积，使之无害化，以保护处理现场地周围的环境。

(5)在处理最终废弃物的过程中，尽可能采取变换处理，把不能回收的部分转换成能量或其他有用物资，如用焚烧废弃物转化的热能来制取蒸气、供暖、供热水等。

第六节　绿色物流

一、绿色物流的定义与内涵

(一)绿色物流定义

绿色物流(Environmental Logistics)是近年来才被提出的新课题，也是当今世界经济可持续发展的一个重要组成部分。目前还没有一个成熟的定义。通常认为，所谓绿色物流，就是以降低对环境的污染、减少资源消耗为目标，利用先进物流技术规划和实施运输、仓储、装卸搬运、流通加工、配送、包装等物流活动。它要求在物流过程中抑制物流对环境造成危害的同时，实现对物流环境的净化，使物流资源得到最充分的利用。

绿色物流是一个多层次的概念，它既包括企业的绿色物流活动，又包括社会对绿色物流活动的管理、规范和控制。从绿色物流活动的范围来看，它既包括各个单项的绿色物流作业(如绿色运输、绿色包装、绿色流通加工等)，还包括为实现资源再利用而进行的废弃物循环物流。

绿色物流其实是物流管理与环境科学交叉的一门分支，就是要改变原来经济发展与物流、消费生活与物流的单向作用关系，在抑制物流对环境造成危害的同时，形成一种能促进经济发展和人类健康发展的物流系统，即向环境共生型的物流、循环型物流转变。对这一问题进行探讨具有重要的理论意义和实践意义。1987年，国际环境与开发委员会发表了名为《我们共有的未来》的研究报告。为了实现长期、持续、稳定的发展，就必须采取各种措施来维护我们的自然环境。在研究社会物流和企业物流时，我们必须考虑环境问题。尤其在原材料的取得和产品的分销过程中，运输作为主要的物流活动，对环境可能会产生一系列的影响。而且，废旧物品如何合理回收，以减少对环境的污染，且最大可能地再利用也是物流管理需要考虑的内容。

(二)绿色物流的内涵

绿色物流的目标不同于一般的物流活动。一般的物流活动主要是为了实现物流企业的盈利、满足顾客需求、扩大市场占有率等，这些目标最终均是为了实现某一主体的经济利益。而绿色物流强调了全局和长远的利益，强调了全方位对环境的关注，在上述经济利益目标之外，还追求节约资源、保护环境这一既具有经济属性、又具有社会属性的目标。从宏观角度和长远利益看，节约资源、保护环境与经济利益的目标是一致的。

绿色物流体现了企业的绿色形象，是一种全新的物流形态。一般来说，绿色物流的内涵包括以下几个方面。

1. 集约资源

这是绿色物流最本质的内容，也是发展物流的主要指导思想之一。通过整合现有资源、优化资源配置，企业能够提高资源利用率、减少资源消耗和浪费。这正是可持续发展所提倡的。这也是我国发展绿色物流亟待逾越的障碍。以基础设施建设为例，我国有的地区在新建物流中心时，没有考虑和原有物流硬件设施的兼容问题，结果新的修起来，旧的就弃置了，造成资源的巨大浪费。据悉，我国物流设施空置率高达60%，这显然与物流发展的方向背道而驰，更不要说绿色物流了。

2. 绿色运输

运输过程中的燃油消耗和尾气排放，是物流造成环境污染的主要原因之一。绿色运输首先是要对货运网点、配送中心的设置做合理布局与规划，通过缩短路线和降低空载率，实现节能减排的目标。绿色运输的另一个要求是改进内燃机技术和使用清洁燃料，以提高能效。绿色运输还应当防止运输过程中的泄漏问题，以免对局部地区造成严重的环境危害。

3. 绿色仓储

绿色仓储要求仓库布局合理，以节约运输成本。布局过于密集，会增加运输的次数，从而增加资源消耗；布局过于松散，则会降低运输的效率，增加空载率。仓库建设前还应当进行相应的环境影响评价，充分考虑仓库建设对所在地的环境影响。例如，易燃易爆商品仓库不应设置在居民区，有害物质仓库不应设置在重要水源地附近。

4. 绿色包装

包装是商品营销的一个重要手段，但大量的包装材料在使用一次以后就被消费者遗弃，从而造成环境问题，例如，现在我国比较严重的白色污染问题，就是不可降解的塑料包装随地遗弃引起的。绿色包装要求提供包装服务的物流企业进行绿色包装改造，包括使用环保材料、提高材质利用率、设计折叠式包装以减少空载率、建立包装回用制度等。

5. 逆向物流

逆向物流是指所有与资源循环、资源替代、资源回用和资源处置有关的物流活动，它能够充分利用现有资源，减少对原材料的需求，常被发达国家作为建设循环型经济的重要举措。实施逆向物流是一项系统的工程，需要有完善的商品召回制度、废物回收制度以及危险废物处理处置制度。在我国，逆向物流还没有得到充分发展，只是局限于废旧物资回收、生活垃圾分类等初级行为，经济效益尚不明显。我国的逆向物流工作基本上是在政府的组织下进行的，作为企业自身行为的逆向物流活动还不多见。

二、绿色物流兴起的原因

绿色物流的提出，有以下几个方面的原因。

(一)绿色物流是现代物流可持续发展的必然

随着世界经济的不断发展，人类的生存环境也在不断恶化。能源危机、资源枯竭、生态系统失衡等问题日益严重。在认识到生态环境保护的意义后，可持续发展成为热门话题，绿色消费运动在世界各国兴起，绿色物流也应运而生。物流业作为现代新兴产业，有赖于社会化大生产的专业分工和经济的高速发展。而物流要发展，一定要与绿色生产、绿色营销、绿色消费等绿色经济活动紧密衔接。

绿色物流是可持续发展的一个重要环节。它与绿色制造、绿色消费共同构成了一个节约资源、保护环境的绿色经济循环系统。绿色制造(亦称清洁制造)是制造领域的研究热点，是指以节约和减少污染的方式制造绿色产品，是一种生产行为。绿色消费是以消费者为主体的消费行为。绿色物流与绿色制造、绿色消费之间是相互渗透、相互作用的，绿色制造是实现绿色物流和绿色消费的前提，绿色物流通过流通对生产的反作用促进绿色制造。通过绿色物流管理来满足和促进绿色消费。

(二)各国政府和国际组织的倡导

绿色物流的发展与政府行为密切相关。凡是绿色物流发展较快的国家，都得益于政府的积极倡导。各国政府在推动绿色物流发展方面所起的作用主要表现在：一是追加投入以促进环保事业的发展；二是组织力量监督环保工作的开展；三是制定专门政策和法令来引导企业的环保行为。

(三)经济全球化潮流的推动

随着经济全球化的发展，一些传统的关税和非关税壁垒逐渐淡化，与所有行业一样，物流业的竞争也日趋激烈。与此同时，环境壁垒逐渐兴起，物流企业要想在国际市场上占一席之地，发展绿色物流是其理性选择。

(四)绿色物流还是企业最大限度降低经营成本的必由之路

一般认为，产品从投产到销出，制造加工时间仅占10%，而几乎90%的时间为仓储、运输、装卸、分装、流通加工、信息处理等物流过程。因此，物流专业化无疑为降低成本奠定了基础。

三、绿色物流的理论基础

(一)可持续发展理论

可持续发展理论的内容包括以下方面。

1. 生态持续

生态持续要求改变单纯追求经济增长、忽视生态环境保护的传统发展方式，切实保持整个生命保障系统的完整性，保持生物多样化，保护人类赖以生存的大气、淡水、海洋、土地、森林等自然资源不受污染和肆意侵害，积极治理和恢复已遭到破坏和污染的环境。

2. 经济持续

经济持续要求通过产业结构调整和开发应用高新技术，转变经济增长方式，改善质量，优化配置，节约能源，降低消耗，增加效益，实行清洁生产和文明消费，减少有害废弃物的流出和排放，使经济和发展既能满足当代人需要，又不致对后代人构成危害。

3. 社会持续

社会持续要求以提高人类生活质量为目的，积极促进社会向文明、公正、安全、健康的方向发展。为此，必须控制人口数量、提高人口质量；合理调节社会分配关系，消除贫富不均和两极分化；大力发展教育、文化、卫生事业，提高全体人民的科学文化素质和健康水平；建立和完善社会保障体系，保持社会政治稳定。

由此可见，可持续发展既不单指经济发展或社会发展，也不单指生态持续，而是生态-经济-社会三维复合系统的可持续。在这个可持续经济、可持续生态和可持续社会组成的三维复合系统中，是以生态可持续为基础、经济可持续为主导、社会可持续为根本的可持续发展。可持续发展应用于现代物流活动中，就是要求从环境保护的角度对现代物流进行研究，形成一种与环境共生的综合物流系统，改变原来经济发展与物流之间的单向作用关系，抑制物流对环境造成危害，同时又要形成一种能促进经济和消费生活健康发展的现代物流系统。这就产生了“绿色物流”这一全新的概念。

（二）生态经济学理论

所谓生态经济学理论，是指研究再生产过程中，经济系统与生态系统之间的物流循环、能量循环和价值增值规律及其应用的科学。物流是社会再生产过程中的重要一环，物流过程中不仅有物质循环利用、能源转化，而且有价值的实现。因此，物流涉及了经济与生态环境两大系统，理所当然地架起经济效益和生态环境效益之间彼此联系的桥梁。经济效益涉及目前和局部的更密切相关的利益，而环境效益则关系更宏观和长远的利益。经济效益和环境效益是对立统一的。后者是前者的自然基础和物质源泉，而前者是后者的经济表现形式。绿色物流以经济学的一般原理为指导，以生态学为基础，对物流中的经济行为、经济关系及规律与生态系统之间的相互关系进行研究，以谋求在生态平衡、经济合理、技术先进条件下的生态与经济的最佳结合以及协调发展。

（三）生态伦理学理论

人类所面临的生态危机，迫使人们不得不反思自己的行为，不得不承担人类对于生态环境的道德责任。这就促使了生态伦理学的产生和发展。生态伦理学是从道德角度研究人与自然关系的交叉学科，它根据生态学提示的自然与人相互作用的规律性，以道德为手段，从整体上协调人与自然环境的关系。生态伦理迫使人们对物流中的环境问题进行深刻反思，从而产生了一种强烈的责任心和义务感。为了子孙后代的切身利益，为了人类更健康和安全地生存与发展，人类应当维护生态平衡。

四、绿色物流在国外的发展

美国经济高度发达，是世界上最早发展物流业的国家之一。美国政府在物流高度发达的经济社会环境下，不断通过政府宏观政策的引导，确立以现代物流发展带动社会经济发展的战略目标，其近景远景目标十分明确。美国在其到2025年的《国家运输科技发展战略》中规定，交通产业结构或交通科技进步的总目标是：“建立安全、高效、充足和可靠的运输系统，其范围是国际性的、形式是综合性的、特点是智能性的、性质是环境友善的。”一般企业在实际物流活动中，对物流的运输、配送、包装等物流活动的绿色化提供强有力的技术支持和保障。

欧洲也是引进“物流”概念较早的地区之一，而且也较早地将现代技术用于物流管理。在20世纪80年代，欧洲就开始探索一种新的联盟型或合作式的物流新体系，即综合物流供应链管理。它的目的是实现最终消费者和最初供应商之间的物流与信息流的整合，即在商品流通过程中加强企业间的合作，改变原先各企业分散的物流管理方式，通过合作形式实现原来不可能达到的物流效率，从而减少无序物流对环境的影响。该系统对运输、装卸、管理过程制定出相应的绿色标准，加强了政府和企业协会对绿色物流的引导和规划作用，同时鼓励企业运用绿色物流的全新理念（重点在于规划和兴建物流设施时，应该与环境保护结合起来；要限制危害人类生态最严重的公路运输的发展，大力推进铁路电气化运输）来经营物流活动，加大对绿色物流新技术的研究和应用，如对运输规划进行研究，积极开发和试验绿色包装材料等。

最近欧洲又提出一项整体运输安全计划，目的是监控船舶运行状态。通过测量船舶运动、船体的变形情况和海水状况，可以提供足够的信息，避免发生事故，或者是在事故发生之后，及时采用应急措施。这一计划的目的是为了尽量避免或者减少海洋运输对环境的污染。

日本自1956年从美国全面引进现代物流管理理念后，大力进行本国物流现代化建设，将物流运输业改革作为国民经济中最为重要的核心课题予以研究和发展。日本一直把物流行业作为本国经济发展的生命线，从一开始就没有忽视物流绿色化的重要意义，除了在传统的防止交通事故、抑制道路沿线的噪音和振动等问题方面加大政府部门的监管和控制作用外，还特别出台了一些实施绿色物流的具体目标值，如货物的托盘使用率、货物在停留场所的滞留时间等，来降低物流对环境造成的负荷。另外，为解决地球的温室效应、大气污染等各种社会问题，日本政府与物流业界在控制污染排放方面，积极实施在干线运输方面推动模式转换（由汽车转向强化对环境负荷较小的铁路和海上运输）和干线共同运行系统的建构，在都市内的运送方面推动共同配送系统的建设以及节省能源行驶等。日本于1997年、2001年、2005年和2009年，由经济产业省和国土交通省共同制定了四个《综合物流施策大纲》，是内阁会议通过并颁布的关于日本物流事业的纲领性政策文件。这些文件把绿色物流作为整个经济的一个重要基础加以考虑，其目标也不局限于行业自身。

进入21世纪，物流必将把有效利用资源和维护地球环境放在发展的首位，建立全新的从生产到废弃全过程效率化的、信息流与物质流循环化的绿色物流系统。目前，世界上各国都在尽力把绿色物流的推广作为物流业发展的重点，积极开展绿色环保物流的专项技术研究（如在物流系统和物流活动的规划与决策中尽量采用对环境污染小的方案；采用排污量小的货车车型、近距离配送、夜间运货，以减少交通阻塞、节省燃料和降低排放等），促进新材料的广泛应用和开发，进行回收物流的理论和实践研讨，以及积极出台相应的绿色物流政策和法规，努力为物流的绿色化和可持续发展奠定基础。

五、发展绿色物流的价值与意义

（一）绿色物流的价值

有人认为，绿色物流只是一种环保理念，是不切实际的幻想，因为它不能带来任何的经济效益，相反还会增加企业物流成本；也有人认为，绿色物流是政府的事情，和企业无关。这些观点都有失偏颇。国内外的实践足以证明绿色物流是有价值的，而且不单体现在概念价值上，还体现在实体价值上。

概念价值是一种虚拟的价值，它包括企业形象、企业信誉、企业责任等。企业伦理学指出，企业在追求利润的同时，还应努力树立良好的企业形象、企业信誉和履行社会责任。后者虽然仅仅是一种概念价值，但却能直接影响企业的实体价值。这就是为什么很多跨国公司关注公益事业、关注社会问题的原因。不可否认，绿色物流对现代物流企业的概念价值有重要作用。绿色物流将物流企业推向可持续发展的前沿，有助于物流企业树立良好的企业形象和赢取公众信任。

实体价值是物流企业实实在在的收益。西方的最新研究指出，一个具有良好环境表现的企业通常也具有良好的盈利表现，道琼斯可持续发展（DJSG）指数等投资分析统计证明了这一事实。因此，绿色物流是可以为物流企业创造价值的。首先，绿色物流利于树立良好的企业形象，使企业更容易获得股民和其他投资者的青睐；其次，绿色物流企业通过对资源的集约利用、对运输仓储的科学规划合理布局，可以大大压缩物流成本、降低物流的环境风险成本，拓展有限的“第三利润”空间；最后，资源循环、资源回用等逆向物流的举措可以给物流企业带来实际收益，成为物流企业利润的新源泉，据西方学者估计，目前全球逆向物流市场达200亿美元规模之巨。

（二）绿色物流发展的意义

1. 绿色物流适应了世界社会发展的潮流，是全球经济一体化的需要

加入WTO后，我国将于三年内取消大部分产品的分销限制，外国商人可以分销进口产品及我国产品，而在物流服务方面，经过合理的过渡期后，将取消大部分外国股权限制，不限制外国物流企业进入我国市场。国外物流企业起步早，经营管理水平相当完善，势必给国内物流企业带来巨大冲击。我国物流企业要想在国际市场上占一席之地，发展绿色物流将是其理性选择。

2. 物流绿色也是物流不断发展壮大的根本保障

物流作为现代新兴行业，有赖于社会化大生产的专业分工和经济的高速发展。而物流要发展，一定要与绿色生产、绿色营销、绿色消费紧密衔接，人类的经济活动绝不能因物流而过分地消耗资源、破坏环境，以至造成再次重复污染。选择绿色物流是物流发展的必然。

3. 绿色物流是最大限度降低经营成本的必由之路

专家分析认为，产品从投产到销出，制造加工时间仅占10%，几乎90%的时间为储运、装卸、分装、二次加工、信息处理等物流过程。因此，物流专业化无疑为降低成本奠定了基础。但当前，物流基本还是高投入大物流、低投入小物流的运作模式，而绿色物流强调的是低投入大物流的方式。显而易见，绿色物流不仅是一般物流的节约和降低成本，更重视的是绿色化和由此带来的节能高效少污染，它对生产经营成本的节省是无可估量的。

六、物流对环境的影响及我国发展绿色物流的对策

（一）物流对环境的影响

推崇绿色物流对于中国物流业来说意义非凡。必须承认，我国的一些物流活动，对环境的影响是很大的。

1. 运输对环境的负面影响

运输是物流活动中最主要、最基本的活动。运输车辆的燃油高耗和燃油污染，是物流作业造成环境污染的主要原因。不合理的运输网点及配送中心布局，导致货物迂回运输，增加车辆燃油消耗，加剧了废气污染和噪声污染。同时，过多的上路车辆增加了道路面积的需求，加剧了交通阻塞。

2. 储存对环境的负面影响

储存是物流的一项重要功能，它解决了商品生产与消费在时间上的差异，创造了商品的时间效益，但若储存方法不当，储存货物腐败变质或泄漏，尤其是化学危险品泄漏，就会对人和周围环境造成影响。

3. 装卸搬运对环境的负面影响

装卸搬运是伴随运输和储存而附带产生的物流活动，贯穿物流的始终。许多物流企业在装卸搬运时，野蛮操作，发生货损，造成资源浪费和废弃，而废弃物如化学液体商品又造成了水源污染和土壤污染。

4. 包装对环境的负面影响

包装具有保护商品品质、美化商品和便利销售及运输等作用。但现在大部分商品的包装材料和包装方式不仅造成了资源的极大浪费，而且严重污染了环境。如市场上流行的塑料袋、玻璃瓶、易拉罐等包装材料，使用后给自然界留下了长久的污染物，对自然环境造成了严重影响……

(二)我国发展绿色物流的对策

党的十八大报告指出：要建设生态文明就必须坚持节约资源和保护环境的基本国策，坚持节约优先、保护优先、自然恢复为主的方针，着力推进绿色发展、循环发展、低碳发展，形成节约资源和保护环境的空间格局、产业结构、生产方式、生活方式，从源头上扭转生态环境恶化趋势，为人民创造良好生产、生活环境，为全球生态安全做出贡献。这也为物流业的发展指明了方向。

面对“绿色风暴”，中国的物流企业应该采取积极的应对态度，充分认识绿色物流是经济可持续发展的必然结果，对社会经济的不断发展和人类生活质量的提高具有重要意义，应该积极地学习、实施和发展，而不应排斥和回避。

要实施和发展绿色物流，首先必须从政府政策的角度，对现有物流体制进行管理，构筑绿色物流发展框架；其次，物流企业必须将其经营战略与环境保护有机联系起来；最后，要充分发挥民间组织的倡导作用。

1. 政府要积极制定、执行政策法规

对于政府来说，要发挥政府的引领和导向作用，政府要把社会经济全过程的绿色环保作为施政的基本策略，不能只强调生产和消费的绿色化，而忽视物流的绿色化。政府在物流绿色化刚起步阶段，要高度重视，积极支持，采取措施全面引导，使物流企业绿色化能顺利进行。借鉴发达国家的实践经验，政府可以从以下三个方面制定政策法规，在宏观上对物流体制进行管理控制。

(1)控制物流活动中的污染发生源。物流活动引起环境污染的主要原因在于货车运输量的增加。政府应该采取有效措施，从源头上控制物流企业的发展造成的环境污染，例如，治理车辆的废气排放、限制城区货车行驶路线、发挥经济杠杆作用、收取车辆排污费、促进低公害车的普及，等等。

(2)限制交通量。通过政府指导作用，促进企业选择合适的运输方式，发展共同配送，统筹建立现代化的物流中心，最终通过有限的交通量来提高物流效率。

(3)控制交通流。通过道路与铁路的立体交叉发展、建立都市中心环状道路、制订道路停车规则以及实现交通管制系统的现代化等措施，减少交通阻塞，提高配送效率。

2. 企业经营战略与环境保护结合

物流企业从保护环境的角度制定其经营管理战略，对于推进绿色物流，具有非常重要的作用。要努力实现物流运作的绿色化。

(1)选择绿色运输策略。通过有效利用车辆、降低车辆运行、提高配送效率，如合理规划网点及配送中心、优化配送路线、提倡共同配送、提高往返载货率等；改变运输方式，由公路运输转向铁路运输或海上运输；使用"绿色"运输工具，降低废气排放量等。

(2)提倡绿色包装。绿色包装就是符合环保要求的包装，它要求商品包装无害于生态平衡，无害于人类健康。具体而言，绿色包装泛指包装用料节省资源，采用可降解的包装材料，设计简易包装，减少一次性包装，提高包装废弃物的回收再生利用率，加强绿色包装宣传等。面对国际市场上的绿色包装要求，必须大力推进包装科技的开发。

(3)开展绿色流通加工。绿色流通加工主要包括两个方面措施：一是由分散加工转向专业集中加工，以规模作业方式提高资源利用率，减少环境污染；二是集中处理流通加工中产生的边角废料，减少废弃物污染。

(4)搜集和管理绿色信息。物流不仅是商品空间的转移，也包括相关信息的搜集、整理、储存和利用。绿色物流要求搜集、整理、储存的都是各种绿色信息，并及时运用于物流中，促进物流的进一步绿色化。

(5)积极申请ISO14000环境管理体系系列标准认证，以标准化促进绿色化。ISO14000是国际标准化组织1993年成立的"ISO/TC207环境管理委员会"制定的国际环境管理系列标准。它要求用产品生命周期方法，使产品在设计、加工、包装、贮藏、运输、销售、消费乃至废弃后的回收、再生资源化等方面，都符合环境标准。现在，环境管理在欧、美、日等许多国家已经规范化、法制化。我国于1996年就引进了ISO14000环境管理体系标准，1999年到2001年是我国企业申请并通过ISO14000环境管理系列标准认证的高峰期，3年内共有1 024家企业通过认证，随后趋势渐缓，2005年有279家，2006年有334家，而2008年则只有215家。已申请并通过ISO14000环境管理系列标准认证的企业后续执行结果不佳，每年都有部分企业被撤销、注销认证资格。面对世界"绿色革命"浪潮，我国的物流经营者应积极创造条件申请ISO14000体系系列标准认证，用国际标准来规范自身的物流行为，塑造绿色物流形象，进而增强在国际市场的竞争能力。

3. 发挥民间组织的倡导作用

推进绿色物流除了政府和企业的努力外，还必须重视民间组织的倡导。这里的民间组织主要指行业协会、企业联合会、商会及社会团体等，它们是政府与企业的桥梁，在消费群体中有良好的基础，在推进绿色物流中有独特的优势。民间组织倡导的绿色物流对策主要有促进共同物流体系的建立、物流标准化的广泛实施、促进物流的社会化、推广低公害物流技术的应用，等等。可持续发展战略，是国家的基本国策，也是社会发展的需要。

可持续发展战略的实施，就是要求企业在生产经营活动中承担社会责任，将物流活动同自然环境、社会环境的发展协调起来，使物流活动有利于环境的良性循环。

因此，大力发展绿色物流，实现物流系统的整体最优化和对环境的最低损害，将有利于我国物流管理水平的提高。保护环境和可持续发展政策，对于我国的经济发展意义重大。

习题与思考

1. 什么是回收物流？什么是可再生资源？简述可再生资源的种类。
2. 什么是逆向物流？企业逆向物流管理采取的措施有哪些？
3. 废旧包装物的回收利用有何意义？
4. 简述企业废弃物的种类及物流特点。如何实现企业废弃物的物流合理化？
5. 什么是绿色物流？分析发展绿色物流的价值与意义。

案例分析

Henderson 电器公司的逆向物流系统

家用电器商——Henderson 电器公司最近开发了一套逆向物流系统，以管理其来自主要经销商的返品。尽管有一些产品是在顾客那里损坏的，但主要的损坏还是来自运送途中。作为逆向物流领域的一名“新丁”，公司为此从头开始设计了一个高效信息系统，这对公司来说多少有点奢侈。这个系统帮助 Henderson 公司将每个顾客的每个返品都同初始订单、初始制造厂和制造商的数据联系起来。公司的产品和质量工程师利用这些数据评定制造上的缺陷，提高流程，甚至重新设计包装以杜绝以后低劣产品的出现。公司的最终目标是消除运送途中造成的返品，因为这类返品的比率极高。例如，当某种类型的损坏时常发生时，工程师就会重新设计产品包装以防止运输途中类似情况的再发生。这种改革极大地节约了成本，提高了公司过去两年的收入。

在新系统中最有趣的是，它允许 Henderson 根据顾客所贡献的长期价值进行区别对待。管理层也意识到，一些顾客的服务成本明显高于其他顾客。Henderson 能根据返品历史来评估经销商，这也可以帮助 Henderson 评估其经销商对公司的贡献。滥用 Henderson 返品政策的经销商会发现，它们不得不另寻供应商了。通过更有效的管理每个经销商在返品上给公司造成的服务成本，Henderson 已经看到明显的成本改进了。

Henderson 还在其逆向物流系统里构筑了另外一个复杂元素：极大化其返品利润的能力。收到损坏的返品后，产品工程师立即定位损坏之处，计算零部件的成本和将产品修复到初始状态所需耗费的劳动。例如，当一个冰箱因为底板损坏而不能使用时，工程师马上计算要花费多少费用，才能更换掉底板并使它能够重新使用。基于以上的修复成本，Henderson制定了电器是需要修复、还是在二手市场销售、或者是拆成备品备件的一般原则。通过这种方式，Henderson能够最小化存货成本，并保证返品能够给公司带来最大收入。

总的来说，对于收入和成本管理能给公司带来的正面影响，Henderson有着充分的认识。而在不久以前，这家电器制造商还是简单地将其返品销毁。现在，修复处理和再营销已经成为公司有利可图的活动了。

案例来源：http://news.clb.org.cn/2009-02-05/10136_2.html.

案例思考

Henderson电器公司逆向物流系统有什么特点？它对企业的成本管理有何影响？

实践训练

1. 调查所在城市的垃圾处理方法及过程。
2. 搜索相关资料，了解“天津8.12爆炸事故”的原因及爆炸对环境的影响。

参考文献

[1] 吴彬，孙会良. 物流学基础［M］. 北京：首都经济贸易大学出版社，2006.
[2] 叶怀珍. 现代物流学（第二版）［M］. 北京：高等教育出版社，2007.
[3] 王自勤. 现代物流管理［M］. 北京：电子工业出版社，2007.
[4] 傅莉萍. 物流管理概论［M］. 北京：中国农业大学出版社，2009.
[5] 霍红. 物流学导论［M］. 北京：科学出版社，2009.
[6] 邓明荣，张红，等. 现代物流管理（第二版）［M］. 北京：高等教育出版社，2009.
[7] 蒋长兵，白丽君. 仓储管理与库存控制：案例、习题与解答［M］. 北京：中国物资出版社，2010.
[8] 崔介何. 物流学概论（第4版）［M］. 北京：北京大学出版社，2010.
[9] 王之泰. 新编现代物流学［M］. 北京：首都经济贸易大学出版社，2012.
[10] 王伟. 物流管理概论［M］. 北京：中国铁道出版社，2012.
[11] 翁心刚. 物流管理基础（第4版）［M］. 北京：中国财富出版社，2013.
[12] 郭冬芬. 现代物流概论［M］. 北京：人民邮电出版社，2013.
[13] 刘刚. 物流管理［M］. 北京：中国人民大学出版社，2014.
[14] 余冰，李勇. 物流供应链管理［M］. 北京：清华大学出版社，2014.
[15] 孙秋菊. 现代物流概论（第二版）［M］. 北京：高等教育出版社，2015.
[16] 王红艳. 现代物流概论［M］. 北京：机械工业出版社，2015.
[17] 雷勋平. 中国物流标准化现状、问题及对策研究［J］. 中国标准化，2007，（10）.